新标准学科教育系列教材

历史课堂教学技能训练

第二版

主编◎华春勇　夏辉辉　何成刚

XUEKE

JIAOYU

XILIE

JIAOCAI

华东师范大学出版社
·上海·

图书在版编目(CIP)数据

历史课堂教学技能训练/华春勇,夏辉辉,何成刚主编.—
2 版.—上海:华东师范大学出版社,2023
ISBN 978-7-5760-4474-4

Ⅰ.①历… Ⅱ.①华…②夏…③何… Ⅲ.①中学历史
课—教学法 Ⅳ.①G633.512

中国国家版本馆 CIP 数据核字(2023)第 250190 号

历史课堂教学技能训练(第二版)

主　　编　华春勇　夏辉辉　何成刚
责任编辑　张　婧　师　文
特约审读　邓利萍
责任校对　王丽平
装帧设计　俞　越

出版发行　华东师范大学出版社
社　　址　上海市中山北路 3663 号　邮编 200062
网　　址　www.ecnupress.com.cn
电　　话　021-60821666　行政传真 021-62572105
客服电话　021-62865537　门市(邮购)电话 021-62869887
地　　址　上海市中山北路 3663 号华东师范大学校内先锋路口
网　　店　http://hdsdcbs.tmall.com

印 刷 者　浙江临安曙光印务有限公司
开　　本　787 毫米×1092 毫米　1/16
印　　张　22.5
字　　数　501 千字
版　　次　2024 年 3 月第 2 版
印　　次　2025 年 1 月第 2 次
书　　号　ISBN 978-7-5760-4474-4
定　　价　59.00 元

出 版 人　王　焰

前 言

党的二十大报告中指出:"培养造就大批德才兼备的高素质人才,是国家和民族长远发展大计。"百年大计,教育为本。教育大计,教师为本。教师的培养是涉及人才战略能否顺利实现的伟大事业。按照师德高尚、业务优良的标准"培养高素质教师队伍"是党的工作部署,也是师范教育从业者奋斗的方向。

教育教学是一门科学,也是一门艺术。作为科学的教学强调有学理的依据,追求可复制的、稳定的输出效果。作为艺术的教学,也需要有实施的抓手和精美灵动的课堂呈现。因此,无论科学还是艺术,教学本质上都必然外化表现为一种技艺。一个合格的老师,首先应该做一个合格的教书"匠":程序合理,动作规范,招式得当,有板有眼,力图创新。

教师专业技能是师范生培养的重要内容,也是年轻教师初上讲台时较难提升的专业短板。2008年,由何成刚博士领衔、陈亚东老师和夏辉辉老师等联合主编的《历史课堂教学技能训练》正式出版。当时恰逢新课程改革在全国各地如火如荼地实施,此书对于促进师范生教育技能训练走向规范化和提升青年教师的教学技能,无疑起到了积极的指导作用。10余年以后,基础教育改革进入全新阶段,历史教学要求以培养学生的核心素养为教育取向,坚持立德树人的教育诉求。2018年国家颁布了《普通高中历史课程标准(2017年版)》,2020年颁布修订版,2022年《义务教育历史课程标准(2022年版)》也已经颁布,高中、初中历史教材由原来的"一标多本"统一向"一标一本"转变。这一切都预示着基础教育将迎来一个全新的教育教学改革时代。

展现在各位读者面前的这本《历史课堂教学技能训练(第二版)》,便是基于时代的需要而重新修订编写的一本教材。本教材的编写前后历时四年,主要参与人员均为陕西、云南、广东等地"80后"新生代力量。我们编写本书,主要是为了能够给在校的历史教育学专业的本科、硕士师范生提供一本任职前学习的基本教材,同时也为青年教师的自学提供专业支持。

本书在编写过程中力图实现以下几个基本目标。

(1) 尽可能囊括历史教师教育教学活动全过程所需的技能。目前市面上已有讲教师课堂教学技能的教材,基本上局限在课堂呈现方面。本书将教师教育活动分为课前、课堂、课后三个系统,按照三个流程所需的各项技能依次展开,如课前系统包括了解学生、了解课程、了解并搜集资源、了解教学环境、撰写教学计划、撰写教学设计、制作课件和演练等七个方面;课堂系统包括导入主课、导引流程、组织环节、总结提升、讲授的技能、与学生互动的技能、对学生反馈和点评的技能、组织活动与课堂操作能力、课堂呈现和表现能力等九个方面;

课后系统包括教学反思与改进、教学评价与反馈、思想教育与辅导、课程资源开发与利用、品牌建设与维护、教研与进修、引领与帮扶等七个方面。这种分类从学理的角度来看是否科学、是否严谨，当然有进一步商榷的余地，比如对学生反馈和点评的技能也可以算是与学生互动的技能；作业设计和原创命题严格来说，可以归为教学评价和反馈的内容，也可以单独列出，甚至作业设计在备课中已经发生，也可以算成课前系统；课程资源的开发与利用，其实贯穿于课前、课堂、课后三个系统中；此类问题不一而足。但是，为了更方便各位学习者在对应的教学实施环节中找到对应的操作规范，我们还是做了这样的区分。再比如，在信息化时代，教育多媒体和信息技术素养与技能是所有技能的基础，我们在教育环节流程中没有专门体现，而是单独作为一章进行系统论述。之所以这样分类和论述，最主要是基于实践的便捷性。我们的目的不在于编写一本学理严谨并高深的教育教学理论著作，而是给师范生和青年教师提供一本拿来即可上手的行为指导手册。

（2）内容多是各个参与编写者的个人经验的总结，具有鲜明的个性化特点。作为一本教材，体例统一、结构完整、语言风格一致是基本的要求。这本教材经过了主编数次统稿编辑，符合教材的这些基本要求。作为个人经验的总结，其内容分类的学理依据未必完全科学，然而，教学既然有艺术性的特点，就必然是一个个性化、创造性的过程，基于这种认识，我们力图让读者既能够学到基本的规范，又能够领略参与编写的各位老师的个性化的教学风采，因此，在编写过程中，我们尽可能保留了编写者提供的较为完整的案例，而非断章取义地依需截取，这使得部分节次的内容略显冗长，各章节的容量也不均衡。

（3）立足于教学实践，以能"师"能"范"作为编写诉求。我们深知，师范生和一线教师最关心的不是"告诉我该怎么做"，他们更期待的是"你做给我看"，因此，本书力图用案例给读者以切实的学习抓手。

尽管我们设想得很好，到底效果如何，终究要本书的使用者来评判。我们自知，任何一本著作的面世都只是以往经验的总结，面对现实教学的新问题、新困境，我们只有和各位读者一道，兢兢业业、勤勤恳恳工作实践，踏踏实实研究改进，才能够不负重托！

期待着在师范教育这条充满挑战却又可以创造奇迹的魅力大道上和诸位青年学子一道砥砺前行！

本书编写者
2023 年 12 月

目 录

第一章
核心素养背景下的历史教师技能

师者，所以传道授业解惑也。教师需要具有丰厚的学识、高尚的情操，但这不意味着，有了这些教师就可以完成职业赋予的光荣使命。要能够胜任教师职业，必须具备一定的传道授业解惑的技能，我们将这些笼统地称为教师职业技能。《中华人民共和国教师法》总则第三条规定："教师是履行教育教学职责的专业人员，承担教书育人、培养社会主义事业建设者和接班人、提高民族素质的使命。教师应当忠诚于人民的教育事业。"教师是知识的传承者，从事教书育人的活动，被誉为人类灵魂的工程师。教师作为专业人员，为一定社会的教育目的——培养社会主义事业建设者和接班人、提高民族素质的使命，承担起了一定的教育任务。能否有效地对学生开展教育实践活动、胜任使命，关键在于是否可以运用自己所掌握的知识与技能，调动一定的教育资源，达成教育目的。教师作为教育实践活动的主体之一，其自身的知识与技能是其专业性水准高低的重要凭据。

第一节　中学历史教师技能概说

"教学若被视为一种专业，则首先需要教师具有专门的知识与能力，教师要学习应该教的知识和如何教授这些知识的专门知识。"[①]对历史学科而言，是否具备"教授这些知识的专门知识"，这恰是历史教育者和历史学者之间最大的区别。如何具备这些知识并在这些知识的基础上外显为一种规范且具有个性化的操作程序，这正是教师专业技能要研究的范畴，也是本书要探讨的话题。一个合格的历史教师抑或者是历史教学师范专业的学生，必须在掌握丰富而准确的历史知识的同时，特别重视教师技能相关知识的学习和实操能力的培养。对于师范生而言，历史学科知识和历史教育技能犹如鸟之两翼，缺一不可。

一、教师技能的内涵

《说文》中对"技"的解释为："技，巧也。""技"是一个形声字，"手"与"支"组合起来表示一种维持生活的手艺，它像人的四肢可以支撑本体那样支撑人的生活。所以技是"术"，养家糊口安身立命之术，称为"技术"。技也是能力，称为"技能"，水平高，运用巧妙便是"技巧"。"技""术""能""巧"，如果不做严格意义上文字学的考证，大体意思相近，都是说人赖以谋生的手艺，俗称看家的本事、吃饭的家伙。

① 联合国教科文组织.教育——财富蕴藏其中[M].联合国教科文组织总部中文科,译.北京:教育科学出版社,1996:142.

教师是一种职业，从事这种职业，需要一些基本技能，这些技能就是教师安身立命的根本。我们平常所说的"教师技能"概念，其实是教师"职业技能"，是指其"教书育人的行为方式和能力"[①]，其形成不但需要有教育、教学理论基础，还需要有实践的积累。粗浅地理解教师技能，就是指那些可以表现出来的实践能力，比如能说会写。这一定义可以视为"教师技能"的外在标准。这是教师技能的第一层含义。

我国的《教育大辞典》中，"技能"被定义为"主体在已有知识经验的基础上，经练习形成的执行某种任务的活动方式。具有初步知识，经过一定的模仿和练习即可获得的是初级水平技能；在丰富经验和知识基础上经过反复练习，基本动作达到自动化水平的是技巧。按其性质和特点，分智力技能和操作技能两类。前者指在头脑中对事物进行分析、综合、抽象、概括等智力活动，如构思、心算；后者指由大脑控制机体运动完成的动作、本领，如书写、舞蹈。在教学过程中，其形成一般以知识为基础，同时又是获得新知识的条件"。[②] 这个概念至少包含着以下几个信息：（1）技能的基础是知识。知识和技能是相互关联的。技能以知识为前提，技能是知识运用的自动化阶段。获得技能以后，又可以进一步获得知识，形成良性循环。两者关系的交融状态，其实又代表不同的发展阶段。因此，割裂甚至对立地来看知识和技能是有害的。在实践中强行区分教师知识和技能既没必要也绝无可能。因此，教师技能的概念包含形成这些技能的必备知识。（2）技能的获得依赖于实践。因此技能外显的标准就应该是是否能做到。关于技能的知识的记忆、理解是形成技能的前提，是"学"的过程。在实践中体会运用是"习"的过程。技能的获得是通过"学"和"习"两个程序完成的，在这个过程中技能必须通过"习"来获得。这是技能区别于知识的显著特点。正是基于此，2011年颁发的《教育部关于大力推进教师教育课程改革的意见》和《教师教育课程标准（试行）》都提出了要强化教师教育的实践环节，加强技能训练，以期待补齐教师职前教育中的短板。（3）模仿是技能学习的重要途径，也是提升技能的便捷门径。（4）技能可以被分类。按其性质和特点，分智力技能和操作技能两类。操作技能是大家熟悉的，而智力技能往往被忽视甚至被混同于智力。技能的两分法，很好地解释了支持人类工作行为的技能基础，良好的教师技能显然是智力技能与操作技能完美结合的例证。（5）同一种技能也可以被分级。技能可以按照不同的表现水准被观察和测量。

《教育大辞典》中关于"技能"的概念，无疑拓宽了我们对于教师技能的认知视野。

然而这两个层次的定义多是从社会职业角度出发的。教育活动既表现为一种社会职业行为，更表现为师生之间基于情感互动的一种身份角色关系。与其他行业如工人、农民、手工业者的技能相比，教师技能的服务对象不是机器、土地、原料等没有情感的"死物"，而是活生生的人。中学教师面对的更是心智没有成熟，但要注定生活在未来的人。因此，教师技能就必然要包含着基于人未来成长的那些教育的理论内涵，同时包含可以充满人性温度的能

① 朱新春，等.教学工作技能训练[M].北京：人民教育出版社，2001：9.
② 教育大辞典编纂委员会.教育大辞典：第一卷[M].上海：上海教育出版社，1990：147.

够有助于建立现实关系的有效行为。教师技能是一种基于角色、在真实发生的人际交往中形成的能力。

基于此,心理学家进一步提出了"角色技能"的概念。他们认为:"教师能否成功地扮演角色,将主要取决于其角色技能。角色技能是个体所拥有的能有效而令人信服地扮演角色的那些特征,例如,能力、经验和特定的训练等。"①认知技能和活动技能是两类主要的角色技能。其中,认知技能包括分析和推断能力,角色代演能力,设身处地理解他人、从他人角度看待事物、预测他人行为的能力。而最重要的活动技能是表达,善于运用面部表情、姿态、身体动作、言语和语调来表达情感的微妙含义。这一定义更强调教师与学生相处时构建关系的能力。这是我们理解的教师技能的第三层含义。

就教师技能的低端层面,如知识的呈现技巧来说,数字媒体、人工智能技术在很多方面已经超越了教师,因此大量教师会面临职业困境。但就"角色技能"而言,教师职业则基本没有可能被取代,因为任何机器都不太可能全真地模仿人的情感和表达。基于这种角色技能的理解,我们才可以真正理解,为什么在互联网和人工智能时代知识变得如此容易获得,教师职业仍然具有不可取代性。我们甚至可以断言,越是科技发达的时代,那些真正拥有高端技能的"走心"教师越是不可替代。

二、教师技能的构成要素

国家教委在 1994 年下发的《高等师范学校学生的教师职业技能训练大纲(试行)》中,把教学工作技能分为五类:教学设计技能、使用教学媒体技能、课堂教学技能、组织和指导学科课外活动技能和教学研究技能。其中,又主要设定了九项基本技能,即导入技能、板书板画技能、演示技能、讲解技能、提问技能、反馈和强化技能、结束技能、组织教学技能、变化技能。认为"教师职业技能"的"课程性质是融理论与训练为一体的实践性很强的教育专业课程",其主要特征是综合性、操作性和实践性。

《基础教育课程改革纲要(试行)》《中小学教师教育技术能力标准(试行)》将师范技能划分为:基础技能、教学技能、教育技能、教研技能四大部分。基础技能指三字一画、普通话、职业口语和沟通技能、书写技能、常用工作文体写作技能。教学技能包括十大教学技能、教学设计技能、说课技能、评课技能和多媒体计算机辅助教学设计与应用技能。教育技能包括思想道德教育技能和班级管理技能。教研技能包括教学研究技能与教育研究技能。

历史教育学的一些专家对教师技能的范畴也给出了自己的理解。

姬秉新教授把教师技能概括为:备课技能、讲课技能、课堂管理技能、考试技能、组织历史课外教育活动技能、语言表达技能和板书技能。② 这一分类着眼于教师工作的各个流程,带有强烈的以教师为中心的"讲课"时代的课堂教学烙印。

---

① 邵瑞珍.学与教的心理学[M].上海:华东师范大学出版社,1990:375.
② 姬秉新.浅议中学历史教师素质之提高[J].西北师范大学报(社会科学版),1994(03):93—95.

也有一线教师将教师技能简单地归结为"三会"：会教、会说、会写。会教，就是课上得好，能吸引学生爱学并且学得好，教学成绩好，优秀学生多。会教的教师能很好地掌控课堂，引导学生自觉地学、听、做，讲时善用板书或课件使学生对应理解的知识一目了然，不讲时学生自主学习目的明确。会说，就是能把自己的教学观点、心得体会、观察思考、处理教材的意见以口语的形式很好地表达出来，体现在会议课、会说课、会评课、会演说、会答问。会写，就是在课前能进行很好的教学设计，所写的教学设计能很好地为教学服务；在课后能进行有效的总结并写出较高价值的教育教学心得，甚至出版个人专著；能编制适合自己学生使用的习题、变式题。①

纵观国内自20世纪90年代以来对于教师技能的论述，主要还是着眼于教师为中心的知识的传授和自身知识能力的提升，着眼点在外在的"可观察行为能力"。整体来看是静态而刻板的，其不足在于，忽略了教师作为社会角色的"认知技能""角色技能"，忽视了如前文所言"设身处地理解他人、从他人角度看待事物、预测他人行为的能力"。形成这种认知的主要原因是长期以来我们低估了教学的复杂性、动态性和不可预测性，也低估了教师的知识基础、理论涵养与技能的相关性及其对于教学技能的支持作用。

进入21世纪，对教师认知技能的研究逐渐兴起。这些能力包括，教师对学生信息的感知能力（了解学情），对课堂信息选择、注意、加工的能力（教学资源的选择、开发能力），对课堂情境信息等的感知辨别能力（课堂掌控力），教学反思能力，等等。这些能力只有依托于"真实的课堂情境"才可以得到外显，在与特定学生的互动中发生、表现与成长，是教师可以胜任"角色"的重要"角色技能"。

教学是"教"和"学"两个维度的良性互动。从"教学法"教师往往被简称为"教法"教师而非"学法"教师，我们就可以看出，长期以来我们重教轻学。因此，我们必须正视长期以来只单方面强调如何教的误区，并且调整方向，更关注学习者如何学习。现代教育观念要求教师要把视角从教学内容转向教学对象，要依据教学对象来调整教学策略。教师不再只是知识的传递者，而是围绕着学生学的教学活动的设计者，学习环境的开发者，学习过程的帮助者、调控者和评价者。

另外，现代教育观念追求学习者能力的全面发展，不只是认知能力的提高，更是社会型人格和能力的全面培养。现代教育观念与传统的教育观念不同，必须围绕着培养"人"这一核心话题做文章，要围绕着培养适应未来社会的人这一话题做文章。它是现代社会对教育的要求，是教育面对急剧发展的社会作出的必然反应。因此全面围绕"立德树人"展开教育研究不仅是党和国家的政治要求，也是教育自身发展的必然要求，"立德树人"必然是教师教育教学活动的指导思想。

教育是关乎未来的事业，教师的素质和技能，关乎教育的兴衰成败，无论是现任教师

① 黄清钿.掌握十项技能　做个"三会"教师——谈中小学教学技能的内涵及考评要素[J].福建基础教育研究,2011(02)：15—16.

还是未来将成为基础教育教师的师范生,都必须在知识、素质和能力方面和谐发展。其中,教师的职业技能是决定师范生能否走上讲台、站稳讲台,利用三尺讲台书写精彩人生的关键。

就我们在基础教育工作的经验而言,教师技能可以分为课前、课堂、课后三大系统。

(一) 课前系统

课前系统包括收集信息(如图1-1右侧所示)和实际操作(如图1-1左侧所示)两个环节。

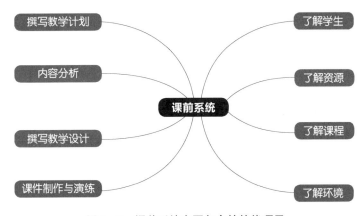

图1-1　课前系统主要包含的技能项目

具体到各项内容,又分别有对应的不同技能要求。

1. 了解学生

了解学生包括:(1)通过设计课前问卷、个案调查了解学生原有知识和技能。(2)了解学生现有认知能力。包括了解在学习过程中学生能否独立获取知识,如收集、处理信息的能力和动手操作的能力等。(3)能够获取学生原有生活经验并进行分析。每名学生在来到学校学习的同时,也带有各自不同的生活经历和不同的观点、看法。这种已有的经历、经验和对待社会的观点,对于即将进行的课堂学习生活具有深刻的影响。(4)通过学生的情感分析,了解学生学习动机。(5)通过学生的身心特征分析,了解其学习习惯。

2. 了解资源

了解资源包括:(1)了解校内教学资源的范畴,包括教材、辅导资料、图书资料、实验设备、教师群体和学生群体,能及时发现各种教学实践及活动的资源价值,并利用到自己的教学过程中,为教学服务。(2)了解校外教学资源的范畴,包括各种场馆(如博物馆、科技馆、图书馆、动物园、植物园、公园、高校、科研院所等)、各领域的专家(如科学家、学者、运动员、书画家、民间艺术家等),并能根据教学需求,及时与上述单位或人员联系,为教学服务。(3)能够充分利用网络上的新闻、图片、视频等作为自己的教学素材;能够充分利用各类教学网站上的资源为自己的教学服务。了解本学科的主要文献种类;掌握图书馆书目的检索方法;掌握用电脑在网络上收集和传送资料、相互交流的技能（包括电子邮件、社交媒体等）。

3. 了解课程

了解课程包括：（1）了解学期课时安排。（2）了解各单元课时安排与学习基本要求。（3）了解课程标准，包括课程与学段、学期适配的整体目标，学期教学内容的具体目标，教学建议与课堂活动实施策略，评价方式。（4）了解课程的重点、难点。包括重点单元，中考、高考学业评价的高频考点。

4. 了解环境

了解教学环境包括了解物理环境和社会文化心理环境两个方面的内容。物理环境是由学校内部的各种物质、物理因素构成的，如校舍建筑是否有利于课程开展，桌椅摆放能否展开课堂讨论和活动，教学工具如课桌椅、实验仪器、图书资料、运动器材和各种电化媒体手段（包括录像机、录音机、电视机、多媒体计算机、语音室等）是否够用，是否能用。社会文化心理环境是一个看不见、摸不着的无形环境，但它对师生的心理活动和社会行为，乃至整个学校的教育、教学活动都有着重要的影响。主要包括校风、班风、学风与课堂气氛，情感环境与师生关系，文化观念与民族传统，宗教信仰与禁忌等。

5. 撰写教学计划

要求能够熟悉课程标准和教学大纲所规定的教学目标和要求，清楚自己所授课程在本年级总体教学计划中的地位和作用，能够根据总体教学计划制订详细的学年、学期、单元和课时的课程授课计划及教学进度计划表；能够熟悉所任教学生的情况，避免两极分化，实现整体提升，保持计划的均衡与有效落实；能够根据课程改革的需要，调整创新课程模式，促进课程改革。

6. 内容分析

要求能够准确地判断教材与课标之间的适配性，可以依据课标对教材的内容进行取舍；能够知道教学内容与本地学生的适配性；了解学生对初中课堂教学中已有知识的掌握程度与高中课堂教学的有效衔接程度；了解本区域可开发资源与教学内容的关联；了解时政热点；了解党和国家的现实政策；能够将所教历史内容与党和国家的现实政策进行有效衔接；能够落实历史课程思政的教学任务。

课堂教学内容是落实学科素养的基本素材。统编教材作为教学内容的重要载体，对于课堂教学的基本内容作出了规定性的限制，是组织课堂教学内容的重要依据。教材依据课程标准组织编写，但并不意味着教材与课程标准天然具有适配性。教师需要对照课标、考虑教材内容，找到落实课标、用好教材的最佳结合点。教学内容能否有效地发挥最大的教学价值，还在于教师能否把教学内容与学生实际、与学校实际的教学资源和素材进行有效的衔接，因此将教学内容与学情、教学环境、课程资源进行综合分析，也是教师在进行教学前准备工作的重要内容。同时，时代的变迁日新月异，教材的编写则具有一定的滞后性，将教材中的教学内容与时代结合进行分析,并决定课堂教学内容的取舍,以保证课程具有时代的先进性和鲜活性,也是教师课前备课时进行内容分析的必要环节。

7. 撰写教学设计

掌握撰写教案的基本程序和方法;正确把握教材内容的结构与重难点;能够根据课程标准和学生的接受能力对教材进行恰当的处理;能说明教学目标的确立和实现教学目标的基本思路;掌握突出教学重点、突破教学难点的策略;提出优化教学过程结构的设想;说明教学方法的选择和教学手段的使用;进行教学效果的预测。能够根据教学内容和教学对象制定恰当的教学策略,优化教学方法;熟悉教学对象的总体思想状况和知识基础;会编制电子教案,在课堂上演示和供学生在校园网上学习。

8. 课件制作与演练

掌握 Word、PPT、Flash 等课件制作软件的使用方法,能有效地融合音频、图片、动画、视频等数字化资源,制作演示型课件、交互型课件、游戏型课件、网络型课件和专题学习网站等。

(二)课堂系统

课堂系统是教师专业技能的核心组成部分,包含的技能项目如图 1-2 所示。

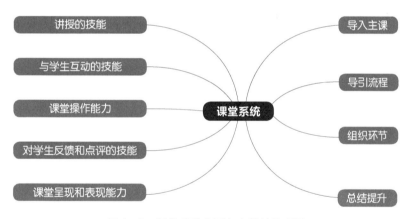

图 1-2 课堂系统主要包含的技能项目

1. 导入主课

了解导入新课的类型,选择适当的导入方法,合理控制导入时间;能够建立和维持正常课堂教学秩序;集中注意力,创造师生交流的和谐环境。

2. 导引流程

针对不同课堂教学类型和教学内容,能选择适宜的讲述方法与节奏;善于引导学生把握事物的内在联系和规律,发展学生的思维能力。

3. 组织环节

能把握好讲课进度,完成教学任务,达到教学目标;能恰当地维持课堂秩序,活而不乱、静而不闷；能灵活处理教学中的突发事件。

4. 总结提升

归纳总结要简练、概括、突出重点；总结要使教学内容前后呼应，形成体系，同时具有启发性，有利于学生拓展、延伸以及后续课程的自学与预习，课后回味无穷；结课时机选择得当，教学时间得到充分利用而不拖堂。

5. 讲授的技能（包括讲述、讲评、讲解、讲析）

讲授具有科学性、教育性、启发性和艺术性。首先是运用教学语言的技能，要求普通话达到相应的等级；能用比较标准的普通话讲课，掌握并熟练运用课堂教学语言艺术，声调高低和语速快慢适中，语言生动、形象、优美、简洁易懂；口头表述与体态语言相结合。其次，神态语言丰富，肢体语言恰当，服饰外形等与课堂讲授内容氛围适配。

6. 与学生互动的技能（包括提问、追问、设问、故问）

设问要有针对性，富有启发性，方法多样；措辞精当，时机适宜；速度适中，有必要的停顿，注意学生的反馈；能根据问题的层次性合理地选择学生回答问题，能根据学生的回答进行追问，公平对待每一个学生，给予更多人互动的机会。

7. 课堂操作能力（包括操作、演示、实验、表演）

能熟练地操作和演示实验、实物、标本、模型、挂图、幻灯投影、视频等；操作方法正确，安全意识强。掌握常规及现代教学媒体的使用方法以及常见教学软件的安装与使用，包括电脑的安全防护、教学资料的分类管理和定期更新等。

8. 对学生反馈和点评的技能（包括倾听、点评、指导、回答）

身心投入地倾听学生，学生回答问题后应给予分析评价和必要的引导、总结与鼓励；对学生的疑问作出解释和回答，准确捕捉教学生成信息，并就有价值的生成信息进行深入讨论。

9. 课堂呈现和表现能力（包括诵读、歌唱、舞蹈、板书）

具备必要的朗诵能力，歌曲的示范能力。板书能力，要求：板书设计层次分明、简练、逻辑性强；布局合理，字体大小适当，疏密得当；文字书写规范，并保持适宜的书写速度；能反映教学的主要内容，突出教学重点。任课教师能有效地利用教材内容和教学环节，选择恰当的方法及时进行育人工作；通过言传身教的方法经常开展育人工作，同时不断完善自身的人格魅力。针对不同课堂教学类型、教学内容以及教学对象和自身素质，能恰当地选择适宜的教学方法，辅助以相关的教学手段，达到最佳的教学效果。

（三）课后系统

课后系统包含的技能项目如图1-3所示。

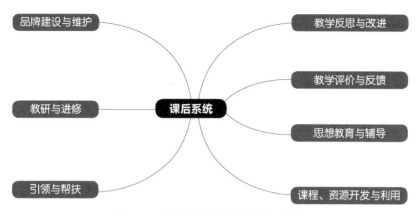

图1-3　课后系统主要包含的技能项目

1. 教学反思与改进

掌握课堂教学评价的常见方法与手段;熟悉课堂教学评价的主要内容,如主要优缺点,教师所运用的教学方法与手段,教学中体现出的特色与风格,教学效果与学生反应,等等。具有及时进行教学反思的意识;会应用教学日志、教后感或教学心得、教学案例、教学课例、网络教研反思自己的教学行为。

2. 教学评价与反馈

布置作业的技能:能够根据课程标准和教学内容选择作业形式,注意理论联系实际,启发学生思考;能根据学生的能力差异选择作业的数量和难易程度,明确规定具体完成时间;在学生完成作业的过程中,能适当予以指导。

批改作业的技能:能够选择合理的批改作业方式,将批与改、批与评相结合;能发现学生在作业过程中出现的错误并及时更正,对普遍性问题能集中再讲解;能根据学生的作业状况反馈的信息及时调整教学方法和节奏。

试卷命题的技能:能够准确把握教学目标要求,并根据试题编制的一般原则和教学内容的特性以及教学对象的实际情况确定题目的难度和题型。

评卷及分析试卷的技能:掌握评卷的一般程序和方法,以及评分标准;能够科学地分析每个考试题目和考试结果的信度与效度,并撰写客观、科学的考试质量分析报告。

对中考、高考发展方向的判断技能:能有选择性地收集各类考试、复习材料;分析各类考试题的共性与特色,并准确地判断本课程考核内容与方式的未来发展趋势;建立有效的试卷交流网络。

3. 思想教育与辅导

能够依据学生实际进行思想教育,掌握基本的情绪梳理调整技能和基本的心理疏导技能。

了解并指导学生的技能:作为任课教师应熟悉教学对象的总体思想状况、知识基础和个体差异，并能针对全体学生存在的共性问题，有效地加以解决；能及时发现学生个体存在的问题，及时与学生交流，协助学生共同解决问题；能有效地结合课程内容进行课程思政教育。

班干部的使用技能：能公开、公平、合理地选拔班干部；大胆使用、细心考察、及时教育、热情帮助班干部。

开展班级活动技能：制订每学期的班级活动计划，稳步实施，定期总结；在班级活动中，能遵循安全性、有益性、公平性原则。课程内容的辅导与学习方法的指导、个别辅导与小组辅导能较好地结合；开展以探索为目的的研究性学习，并注意及时回答、解决学生提出的疑问。以多种途径指导学生掌握一定的学习方法，能够使学生在一定的学习情境中科学地选择和运用相应的方法。

4. 课程、资源开发与利用

国家课程的校本化实施技能：教师能根据国家课程的基本要求，结合本人及学生特点，对国家课程进行改编、增添、整合等二次开发，以更好地开展教学。

校本课程开发技能：了解什么是课程，熟悉课程开发的基本原理；了解校本课程的内涵与特点，能够根据课程开发的基本原理，结合本校的实际情况，包括教师的知识储备与能力基础、学校所能提供的资源、学生的兴趣等开发校本课程，拓展学生的视野，培养学生的特长及生活、学习上的综合素质与能力。

指导综合实践活动技能：综合实践活动包括研究性学习、社区服务与社会实践。教师要能结合本地区、学校、学生的特点，以及本人的专业特长等方面的因素，指导学生选择研究主体，并进行有效研究；指导学生有针对性地开展社区服务和社会实践，引导学生了解社会、关心社会、服务社会。

5. 品牌建设与维护

作为一个商品或者企业，品牌是其和顾客沟通的最有效、最忠诚的载体。作为一名教师，口碑和名声也是其和学生家长沟通最有效的通行证。教师从事教育教学职业，其实质是知识服务商，要给未成年人，以及家长提供知识服务。教师职业具有公众性的特点，教师工作通常是通过个人的知识，尤其是个人的一言一行来影响学生、助力学生成长的。教师不仅要言传，更要身教、要示范。因此，作为教师当然需要考虑个人品牌的建设与维护。教师需要树立品牌意识，要注意个人形象，做到衣着得体，举止大方，言行雅致，表里如一，在学生和家长中间、在校园里和社区中都能够树立良好的口碑。

与学生家长的交往技能：善于待人接物，能在公平性、全体性、相互尊重的原则下积极与每位家长交往与合作。

教师形象设计技能：教师能根据自身情况，在服装、外在形象、肢体语言等方面逐步形成自己的形象特征，并与教学风格相适应。

教师人际交往技能：教师能有效地与同行相互交流、相互学习；能和谐地融于集体中，积极参加相关活动；能与领导正常地交往。

6. 教研与进修

掌握教学研究的基本方法：掌握经验总结、调查问卷、科学观察、行动研究、教育实验等教育应用研究以及课题选择的基本程序和方法；知道如何对教学研究资料进行统计、分析并撰写课题总结和研究论文；熟悉相关领域的期刊特点和发表论文的相关程序。

了解本学科发展的动态，吸收本学科和相近学科先进的科技成果及其应用，适时更新教学内容。

7. 引领与帮扶

教师的成长一般离不开专家引领、同伴互助、自主研修三个基本途径。在互联网时代，知识的获取变得越来越便捷，经验在教师成长过程中虽然还具有一定的功能，但其所占的比重越来越小。这也就意味着，老教师所具有的职业优势在日益地弱化。现实也反复表明，那些善于学习的师范生和青年教师经过三五年的积累，往往可以迅速脱颖而出，成为一个区域内具有引领价值和示范导向的领军人物，承担示范课、研讨课等各种教学任务。因此引领和帮扶的技能，也是教师职业技能中需要学习的内容。

引领与帮扶技能包括：组织公开课、示范课；组织教研组活动；设计教研活动主题；指导青年教师业务提升；主持名师工作室工作；开展区域性教研工作；组织并承担教育教学专业学术讲座。

三、教师技能研究的价值

（一）于学生而言

在 21 世纪，教师应该具备怎样的知识观、教育观、人才观，这是教师必须思考的问题。我们要教给下一代什么样的知识？什么样的知识是有力量且富于生命力的、有创造力的、有助于产生新知识的？这样的知识作为教育者的我们是否已经具备，还是同样需要学习？作为中学历史教师，教师专业知识到底包括哪些范畴？知识应该达到什么样的广度与深度？教师的哪些专业技能是知识教学不可或缺的？教师如何运用自身的知识技能去教授学生必需的知识技能？在职业生涯中如何去发展这些知识与技能？师生共同的终身知识学习与技能历练如何达成？这一系列问题是每一个严肃的、负责任的历史教育工作者都必须面对的专业拷问。

教育部颁发的《基础教育课程改革纲要（试行）》明确提出："今天的教师在教学过程中应与学生积极互动、共同发展，要处理好传授知识与培养能力的关系，注重培养学生的独立性和自主性，引导学生质疑、调查、探究，在实践中学习，促进学生在教师指导下主动地、极富个性地学习。教师应尊重学生的人格，关注个体差异，满足不同学生的学习要求，创设能引导学生主动参与的教育环境，激发学生的学习积极性，培养学生掌握和运用知识的态度和能力，使每个学生都能得到充分的发展。"针对当代学生互联网时代"原住民"的特点，纲要还强调我们应该"大力推进信息技术在教学过程中的普遍应用，促进信息技术与学科课程的整合，逐步实现教学内容的呈现方式、学生的学习方式、教师的教学方式和师生互动方式的变革，充分发挥信息技术的优势，为学生的学习和发展提供丰富多彩的教育环境和有力的学习工具"。①

作为新时期的教师，全面提升教学技能，就是要从观念上彻底转变围绕课程和知识打转的传统做法，转变教学视角，以为学生终身发展负责的态度，关注学生，研究教学技术。作为信息时代的新型教师，信息技能在教师技能中具有贯穿始终的特点，正因为此，上文的讨论中并未将信息技能专门列出，不容置疑，信息技能对于今天的很多中老年教师均是巨大的挑战。

（二）于教师而言

董泽芳教授说："教师专业发展既有赖于专业知识的充实和专业情意的培养，又有赖于专业技能的提高；没有专业技能的培养，专业知识就无法得到运用，专业情意也无法得到表达；与专业知识、专业情意相比，专业技能的提高需要经过长期严格的训练。"②从教师职业性质的定位考虑，研究教师职业技能的内涵是推进教师专业化的需要。教师职业是一种典型的个人专业主义，教师知识与技能对于个人的意义，必然首先体现出教师职业生存的价值，但又远不止于此。这是因为，在今天这个知识经济的时代，教师知识与技能恰是显示一个国家与时代实施知识选择与传递的风向标。难以想象，教师未能掌握的知识能够被准确而有效地传递给学生。承担重要的知识传承之责的学校教育，最终要由教师实施。因此，追求个人专业知识与技能的可持续发展与改进，是没有止境的。

（三）于学校教育管理者而言

教师主要职业技能考核的核心问题是其结论的公正性和权威性。从上述要求出发，应由省级以上教育行政部门制定中小学教师主要职业技能的分类分级标准，确保评价尺度的统一性。中小学管理者若能了解与把握教师知识与技能发展的规律，便能更有意识、更富成效地为身处不同发展阶段的教师提供专业发展的条件，并客观地评价教师，促进他们更快、更自觉地实现自身的专业发展。

（四）于教师培养培训主体而言

从教师教育发展的历史看，世界各国都非常关注教师教育的过程、内容、方法及其评价。良好的职前教育是构筑未来优秀教师成长的基石，而专业知识与技能，又是构成教师职前教育课程的基础和主体。了解教师教育技能的相关理论，对比教师教育目前的课程的特点与优势，以及它们对于构建教师知识技能的特定作用，对于改进我国教师教育的课程及其构成，提升教师知识技能教学的有效性，具有启示性意义。

---

① 钟启泉，崔允漷，张华.为了中华民族的复兴　为了每位学生的发展　《基础教育课程改革纲要（试行）》解读[M].上海：华东师范大学出版社，2001：7—8.
② 董泽芳.加强师范生专业技能培养势在必行[J].大学（研究与评价），2008（06）：79—82.

第二节　教师技能与历史学科核心素养

　　课程核心素养是课程育人价值的集中体现,是学生通过课程学习而逐步形成的正确价值观、必备品格和关键能力。通过核心素养的培育,达到立德树人的根本要求。

　　初中阶段"历史课程要培养的核心素养,主要包括唯物史观、时空观念、史料实证、历史解释、家国情怀五个方面"。[①] "其中,唯物史观是历史学习的理论指引,是其他素养得以达成的理论保证;时空观念是历史学科本质的体现,是其他素养得以达成的基本条件;史料实证是历史学习的必备技能,是其他素养得以达成的必要途径;历史解释是对历史思维与表达能力培养的基本要求,是其他素养得以达成的集中体现;家国情怀体现了历史学习的价值追求,是其他素养得以达成的情感基础和理想目标。"[②]

　　以"学科核心素养"为显著标志的《普通高中历史课程标准(2017年版2020年修订)》颁行以后,可以预见的是,在经历了"三维目标"改革时代之后,中学历史教学全面迎来了以核心素养为追求目标的教育改革时代。随之,中学历史课程、教材、教学、评价等诸多方面都将面临变化与革新。百年大计,教育为本。教育大计,教师为本。教育振兴,需要建设一支高素质专业化教师队伍。教师是教育发展的首要资源,是国富民强的重要基石。2010年颁布的《国家中长期教育改革和发展规划纲要(2010—2020年)》提出了"努力造就一支师德高尚、业务精湛、结构合理、充满活力的高素质专业化教师队伍"的总目标。其中"师德高尚、业务精湛、充满活力"均可作为新时期教师的基本要求。中学历史课程在我国的学校教育体系中处于核心位置,中学历史教师肩负着讲授历史知识、育化学生心灵、培养健全人格和立德树人的重要使命。

　　中国学生发展核心素养颁布后,高中历史学科也凝练出了学科核心素养,包括唯物史观、时空观念、史料实证、历史解释、家国情怀五个方面。历史学科核心素养的提出,是对历史教育本质的再次追问。赵亚夫先生曾说过,有什么样的历史教师,就有什么样的历史教育,历史教育在基础教育中的地位有赖于历史教师的水平和觉悟。[③] 历史学科有其自身的特质,核心素养的提出对中学历史教师最大的挑战是要转变学科本位和知识本位的思想与教法,从育人的高度上实施历史教育。教育部颁布的《普通高中历史课程标准(2017年版2020年修订)》贯彻了"立德树人"的根本任务,注重学生历史学科核心素养的培养,选用通史与专题史结合的方式贯穿三类课程,建构了中国特色的普通高中历史课程体系。2022年《义务教育历史课程标准(2022年版)》也已经颁布。历史课程标准的修订,必将引起中学历史教师素养追求的对应变化。

一、历史教师的技能与素养

　　20世纪90年代,姬秉新提出历史教师应该从专业知识、思想道德、教学技能三个方面提

① 中华人民共和国教育部.义务教育历史课程标准(2022年版)[M].北京:北京师范大学出版社,2022:4.
② 中华人民共和国教育部.义务教育历史课程标准(2022年版)[M].北京:北京师范大学出版社,2022:6.
③ 赵亚夫.历史教师也应拥有四个世界[J].中学历史教学参考,2016(03):9—13.

升自己的素质。①

随着时代的发展，2011年以后，中学基础教育改革的步伐加速，中学历史教师如何胜任新时期课程改革的要求，是中学历史教育界必须面对和回答的问题。广西师范大学邓璟生老师提出了新的标准：第一，具有热爱中学教育并能献身中学教育的事业心。这是热爱学校、热爱学生、教好课程、尊重自己职业的基础和前提条件。第二，具有"以人为本""以学生发展为本""师生平等"的教育教学理念。这是关怀学生、帮助学生完成教学任务的重要保证，也是21世纪中学教师的必备条件。第三，具有较广泛的科学文化知识和较扎实的学科专业知识，具有较强的教学技能技巧。这是中学教师胜任教学工作的基本条件。第四，具有一定的基本理论修养，尤其是历史唯物主义和辩证唯物主义理论的修养，有把马克思主义理论与学科专业理论相结合的基本能力。这是当好中学历史教师的重要条件。第五，具有较高的教育理论修养，懂得教学工作的基本原理和基本规律，熟悉教学的各项原则，能灵活运用多种教学方法，能够自如地驾驭课堂及课外教学活动，特别是能够熟练操作各种现代化教学设备，能够创造性地完成国家和学校规定的教学任务。这是中学历史教师不可缺少的基本素质。②

黄牧航先生认为，从胜任特征的角度分析，历史教师的专业发展内容包括以下五大方面。

第一，历史教育智慧。历史教师的教育智慧体现在能够充分利用历史学科资源对学生进行价值观教育，其内涵远大于单纯的历史知识传授和历史教学技能的提高。具体说来包括三个方面，一是能够领悟、提炼和认同人类社会中的核心价值理念；二是能够辨析、判断和澄清人类历史中的各种是非正误；三是能够引导学生树立正确的价值观念。

第二，历史思辨能力。历史知识是不可能穷尽的，在信息化的时代，思维教学的重要性远大于知识教学。历史学的魅力在于思辨，而历史教育的重点也在于教会学生正确的思维方法。对历史教师来讲，提高思辨能力是一个需要毕生修炼的能力。离开了思辨能力，就无从进行启发式教学，无从组织互动式教学，更无从应对学生提出的大量生成性的问题。

第三，学科拓展能力。在基础教育中，历史教师务必打破学科和学段的界限，具备课程开发的能力。历史学本是一个没有边界的学科，加强各学科的融合是历史学的天然优势；从幼儿园到大学，各学段的教学方式方法都各具特点，互补性强，历史教师不宜固守某一学段的教学套路；而在社会经济迅猛发展的今天，无论是历史学还是教育学，呈现的新问题也越来越多，历史教师应该具备把问题转化成为课程的能力。

第四，人格影响力。人格影响力是指由个人的品德、操守、才能、学识等素质凝聚起来的一种能影响、改变人们心理与行为的能力。这种能力源自教师自身学养和教养的不断提高，而要对学生施以影响，则需要大量的交流互动，这意味着教师必须是一个乐于和善于跟学生打交道的人。同样的历史内容，为什么在不同的老师口里表达出来效果会完全不一样？这就取决于教师本人的人格魅力。富有感染力的历史教师才能开展真正有力量的历史教育。

---

① 姬秉新.浅议中学历史教师素质之提高[J].西北师大学报(社会科学版),1994(03):93—95.
② 邓璟生.新课程背景下中学历史教师的专业素质提升[J].职业时空,2011(06):78—79.

　　第五,成就动机。成就动机是指一个人所具有的追求和达成目标的驱动力。对生活的强烈无意义感、对工作的强烈倦怠感是不少教师的常态。如果一名历史教师对学科缺乏热情,对教育缺乏激情,无论他掌握了多少历史知识,都不是一个具有胜任特征的教师,因为他所做的只能是低层次信息传递工作。因此,唤醒教师对学科的兴趣、对工作的热爱、对事业的信念,是教师专业发展的重要内容。①

　　这些基于实践和经验的反思与总结,对于指导教师提升自身素养,胜任教师工作起到了积极的作用。

　　历史学科核心素养的提出,对中学历史教师最大的挑战就是——不能再单纯地从历史学科的角度来理解历史教育,而必须从人的素养提升的角度来理解。简单说来,就是为学生的素养而教,而不是为了历史学科而教。这意味着历史教师在观念上、思维方式上和操作方法上都会发生非常重大的改变。

　　从全球范围来看,在师范教育的课程设置上,普遍经历了从单纯重视学科知识到重视学科教育系统知识的转变过程。20世纪70年代以前比较强调教师的普通知识和专业知识;70年代之后,开始注重教师的教育学科知识,尤其是一般教学知识。80年代以来有些学者又特别强调学科教学知识(Pedagogical Content Knowledge,简称PCK)对提高教学成效和促进学生理解的重要作用。

　　1987年,美国国家专业教学标准委员会(National Board for Professional Teaching Standards)成立,该组织负责制定各学科的专业教学标准,美国斯坦福大学著名教育心理学家舒尔曼(Shulman)教授负责"国家教师专业标准研究",将PCK列为教师专业标准的一个部分。②

　　舒尔曼教授把教师应具备的教学知识进行了系统分析,提出"一个教师知识的视角",并将其分成三个种类:学科内容知识(subject matter knowledge)、学科教学知识(pedagogical content knowledge)、课程知识(curriculum knowledge),并据此首次提出PCK理论,即学科教学知识理论。在此基础上,舒尔曼把教师教育课程分为七大范畴。(1)内容知识:学科本位的知识基础,学生必须对所任教的学科有专业的和深刻的认识。(2)学科教育学知识:教授这些知识所需要的教学技巧。(3)学习者的知识:认识学习理论和学习者的特征,如教育心理学、发展心理学和学生辅导等。(4)一般教学法知识:针对课堂管理与组织的理念和战略。(5)课程知识:课程的基本理论以及对学校课程的认识。(6)教育脉络知识:了解教师群体的文化特征,学校、社区及政府政策之间的关系。(7)目的、价值、哲学和社会背景知识:即教育哲学、教育社会学、教育价值的知识。

　　PCK是教师区别于其他学科专家的根本特征,是教师所特有的、作为其专业基础的知识。舒尔曼说,确认教学的知识基础之关键就在于学科知识和教育知识的交互作用

① 黄牧航.历史学科核心素养与历史教师的专业发展[J].历史教学,2016(11):14—19.
② 杨薇,郭玉英.PCK对美国科学教师教育的影响及启示[J].当代教师教育,2008(03):6—10.

(intersection)，就在于教师拥有的下面这种能力，即将他知晓的学科知识改造成（transform）在教学意义上有力的、能够适应学生不同能力和背景的形式。教师区别于生物学家、历史学家、作家和教育研究者的不在于他们掌握专业知识的质量和数量，而在于他们如何组织和使用知识。

历史学是一门研究人类历史进程的学科，"是在一定历史观指导下，叙述和阐释人类历史进程及其规律的学科"，"义务教育历史课程是展现中外历史发展进程、传承人类文明、培育人文素养的基础课程，具有思想性、人文性、综合性特点"，是在正确历史观的指导下对人类历史进行叙述并予以阐释，由此探寻历史真相，明确历史规律，总结历史经验。史学在传承人类文明遗产、提高公民素质等方面有着重大的意义。"马克思主义指导下的历史学，以探寻历史真相、总结历史经验、认识历史规律、认清历史发展趋势为其重要功能。"[①]我国开设的历史课程在中学教育体系中有着重要的学科意义，发挥着历史学独有的教育功能，用历史唯物主义观点，展现历史演进，呈现人类文明成果，揭示人类历史发展的规律与趋势。学生在学习历史的过程中可以进一步拓宽视野，形成历史思维，提高历史学科核心素养，认同社会主义核心价值观和中华优秀传统文化的价值，树立正确的世界观、人生观和价值观，为自己的终身发展打下基础。历史课程承载着立德树人的根本任务。教师在历史教学过程中要帮助学生形成现代公民所应具备的历史学科核心素养，历史教师需要具备特定的学科教学知识，形成胜任历史教学的能力，从而有效完成历史教学任务。

2015 年 3 月，教育部教师工作司委托首都师范大学牵头，研制历史学科教师培训标准，项目组长是首都师范大学的赵亚夫教授。项目组结合教材时序，以帮助历史教师提升专业素养为基本诉求，着眼于"教师素养提升的最终目的是促进学生核心素养的发展"这一核心使命，参照了中学生历史学科核心素养中唯物史观、时空观念、史料实证、历史解释和家国情怀等内容，从核心理论、思维、方法、能力和价值观几个角度分析研究中学历史教师的素养要求，最终确定了"历史事实""历史理解""历史方法""历史价值"四个二级指标。培训课程内容的三级指标，以 PCK 理论为指导，从历史教师的教学目标知识、历史课程知识、学生知识、教学策略和方法知识以及评价知识五个方面界定教师培训课程的层级与内容。

例如，对于初中教师在中国古代史领域的教学技能和素养，这一标准规定如下：[②]

领域：中国古代史

素养 1：历史事实

主题 1：中国古代史知识体系

- 掌握教科书建构的中国古代史知识体系，厘清中国古代史的发展脉络。（**层级** 1、2）概括各个历史阶段的基本特征，认识历史发展的趋势。（**层级** 1、2）

---

① 中华人民共和国教育部.义务教育历史课程标准(2022 年版)[M].北京:北京师范大学出版社,2022:1.
② 苏争艳.中学历史教师培训课程标准与评估体系研究[D].西安:陕西师范大学,2018:73—76.

- 感悟历史规律,总结历史经验。(*层级 1、2*)
- 理解历史的变化与延续、继承与发展、原因与结果。(*层级 2、3*)

主题 2: 中国古代史整体教学

- 将唯物史观作为历史教学的指导思想。(*层级 1*)
- 明确义务教育阶段中国古代史教学的基本要求,掌握中国古代史教学的特点。(*层级 1、2*)
- 统筹安排中国古代史教学,把握中国古代史教学的重点和难点,掌握破解重点和难点的教学策略。(*层级 1、2*)
- 明确历史学科核心素养的要求,熟悉中学生历史学习特点与水平,善于将核心素养的培养融入历史教学。(*层级 2、3*)
- 吸收历史研究的新成果并合理运用于历史教学。(*层级 2、3*)

素养 2:历史理解

主题 1: 历史现象的感知

- 用文字、地图、图片等多种形式再现历史情境,感知历史现象。(*层级 1*)
- 按照时间顺序与空间要素建构历史事件、历史人物的关联。(*层级 1、2*)
- 分析历史事实与历史现象的关系,透过历史的表象认识历史本质。(*层级 2、3*)
- 运用唯物史观的立场和方法,全面客观地认识历史。(*层级 2、3*)

主题 2: 基于历史现象的历史教学

- 以历史教科书为基础,融合历史史料与材料,为学生创设历史情境。(*层级 1*)
- 利用博物馆、图书馆、历史遗存等开展实地教学。(*层级 1*)
- 运用现代教育技术丰富教学形式、拓展教学资源。(*层级 1、2*)
- 帮助学生运用想象力感知历史现象、形成历史理解。(*层级 2、3*)

主题 3: 历史解释

- 区分历史叙述中的历史事实与历史解释。(*层级 1*)
- 能够在史料中感知历史现象,从历史表象中发现问题。(*层级 1、2*)
- 分析事物之间的因果关系,从不同角度解释历史问题,并予以评价,形成观点。(*层级 2、3*)

主题 4: 基于历史解释的历史教学

- 善于在历史教学中为学生展现历史现象。(*层级 1*)
- 启发学生发现历史问题,探究问题的根源,从不同角度分析问题,提出观点,形成合理的历史解释。(*层级 1、2*)
- 指导学生能够以实证精神面对现实社会生活中的问题。(*层级 2、3*)

- 帮助学生建构历史意识。（**层级 3**）

素养3:历史方法

主题1：历史阅读

- 明确历史阅读的意义。（**层级 1**）
- 掌握历史阅读的基本方法。（**层级 1**）
- 区分一般性阅读与专业性阅读。（**层级 1、2**）
- 遴选与中学历史教学相关的经典阅读书目。（**层级 1、2**）
- 掌握将典籍内容应用于历史教学的方法。（**层级 2、3**）

主题2：基于历史阅读的历史教学

- 指导学生阅读理解教科书,对学生阅读的难点进行针对性的辅导,帮助学生掌握历史阅读的基本方法。（**层级 1**）
- 为学生推荐适合的课外历史阅读材料。（**层级 1、2**）
- 指导学生通过阅读建构自己的历史知识体系,形成历史认识,表达观点。（**层级 2、3**）

主题3：历史史料

- 知道史料的价值。（**层级 1**）
- 掌握搜集史料的基本方法与途径。（**层级 1**）
- 分析辨析史料的真伪。（**层级 1、2**）
- 能够从史料中获取信息,对历史进行合理叙述。（**层级 2、3**）
- 以实证的精神对待历史与现实的问题。（**层级 2、3**）

主题4：基于史料的历史教学

- 帮助学生了解多种类型的史料。（**层级 1**）
- 掌握史料搜集的基本途径和方法。（**层级 1**）
- 明确史料作者的意图,判断史料的真伪和价值。（**层级 1、2**）
- 依据可信的史料努力重现历史真实、得出科学的结论,在学习过程中体会"实证精神"。（**层级 2、3**）

主题5：历史调查方法

- 明确历史调查对培养学生探究精神与创新能力的意义。（**层级 1、2**）
- 掌握历史调查的基本方法,选定调查对象、确定调查主题、制定研究方案、设计调查问卷、开展实践调查、整理数据信息、撰写调查报告。（**层级 2、3**）

主题6：基于历史调查的历史教学

- 指导学生开展形式多样的历史调查,参观历史遗存,访问亲历者或见证人,搜集历史中的故事、传说、族谱、歌谣等,撰写家庭史、社区史、学校史等调查报告。帮助学生通过历史调查,开阔历史视野,丰富历史理解。(**层级 1、2**)

- 在历史调查中培养学生自主学习、合作学习和探究学习的能力。(**层级 2、3**)

素养 4:历史价值

主题 1:中华传统文化的内涵与价值

- 理解中华传统文化的内涵与特点,明确优秀传统文化的教育价值。(**层级 1、2**)
- 理解历史教育在中华传统文化传承中的作用。(**层级 1、2**)
- 从世界文明的角度理解中华传统文化的精髓。(**层级 2、3**)

主题 2:中华传统文化的教学

- 在历史教学中融入中华传统文化教育。(**层次 1**)
- 培养学生的历史使命感,增强对伟大祖国的认同,对中华民族的认同,对中华文化的认同,对中国共产党的认同,对中国特色社会主义道路的认同。(**层级 1、2**)
- 培养学生的世界意识和国际视野。(**层级 2、3**)
- 帮助学生形成正确的世界观、人生观、价值观。(**层级 1、2、3**)

这些研究,对于我们了解新时期教师素养具有重要的引领作用。

二、核心素养时代的教师专业技能发展

我们必须承认教师是有专业的,因此,随着时代的发展,教师不断提升自身专业水准,是这一职业专业性本身的要求。

1966 年 10 月,联合国教科文组织与国际劳工组织提出教师职业的专业性。20 世纪 60 年代,凯米斯(Kemmis,S)在斯滕豪斯(Stenhouse,L)"教师即研究者"的观点上进一步提出教师即"解放性行动研究者",称教师只有"解放"自己及其专业,才能促进专业发展。20 世纪 70 年代初期,杰克逊(Jackson,P.W)提出教师应对自身教学经验进行反思总结,以此获得专业成长。1980 年,美国展开了以促进教师专业发展为核心的教育改革。受教育改革影响,美国卡内基教育与经济论坛在 1986 年发表的报告《国家为培养 21 世纪的教师做准备》中,表述了美国对提高 21 世纪教师专业能力的强烈愿望,同时也提出了提高教师专业化的相关建议。受欧美各国教育思想影响,1971 年日本中央教育审议会在《关于今后学校教育的综合扩充与调整的基本措施》报告中指出,"教师职业是专业性很强的职业",并分别于 1997 年、1998 年、1999 年通过了题为《关于新时期教育职前培养的改善方案》《充分发挥师资培养中的硕士研究生课程的作用》和《职前培养、入职、职后培养一体化》的报告,明确规定了作为专门职业的教师应具备的专业能力,促进了日本教师专业化的发展。[①]

---

① 蹇良凤.历史学科核心素养与中学历史教师专业发展研究[D].重庆:西南大学,2018:3—4.

(一)历史学科核心素养与历史教师专业发展内在的一致性

历史教育是基础性教育,承担着培养学生具备核心素养的责任。"历史课程是落实立德树人根本任务的重要课程,注重培育学生核心素养。通过发掘人类优秀文化遗产的育人功能,使学生树立正确的历史观、民族观、国家观、文化观,增强责任意识和社会担当,成为德智体美劳全面发展的社会主义建设者和接班人。"①新一轮课程改革既呼唤历史学科核心素养的培育,又要求促进历史教师专业发展。历史学科核心素养作为历史教师专业发展的重要组成部分,二者关系紧密。历史学科核心素养的培养依托于历史学科教学,要求历史教师通过具体的历史教学培养学生历史学科核心素养;同时,历史教师专业能力的不断发展又能让历史教师更好地在教学任务中落实核心素养培养要求,培育学生关键能力和必备品格。从这一点来看,历史学科核心素养和历史教师专业发展在许多方面都具有一致性。

历史学科核心素养从历史学科特性出发,对学生在史料实证、历史解释、家国情怀等方面提出了具体的素养要求。历史教师只有通过课堂的讲授、课下的引导才能对学生的历史学科核心素养进行针对性的培育。没有教师的生命质量的提升,就很难有教育质量的提高;没有教师的精神发展,就很难有学生的主动发展。

无论是简单时空观念的培养,复杂历史解释与历史理解的区分,还是重要的家国情怀的形成,都离不开历史教师的指导。教师不仅通过指示、计划、解释、引导、控制、奖惩、帮助和扶持协助学生的学习,使其顺利达到目的,而且教师还要成为学生学习的榜样。教师是传递知识以及价值的社会代表,学生自觉或不自觉地受到教师的影响,这种影响既有知识层面的,也包括人格、品质等精神层面。班杜拉的观察式学习认为学习者可以通过观察他人的行为并稍加变化,形成自己的新的行为。而这一观察式行为产生的因素是榜样能够引起观察者的注意。

教师知识渊博,学生就会想要像教师一样学富五车;教师品德高尚,学生就会立志做一个高尚的人。作为学生的镜子,教师要有意识地、自觉地发挥自我榜样的作用,必须要在知识层面、精神层面不断地提升自己,自觉约束、规范、修正自己,正所谓"学高为师,身正为范"。历史学科核心素养的提出,顺应了教育改革的趋势,从素养角度分别对教师和学生提出了新的要求。历史教师学科核心素养是历史教师在日常教学中形成与发展起来的,是通过具体的历史教学表现出来的。因此,历史教师学科专业能力的发展必须依托历史教师的具体教学实践,通过自身专业能力的不断提升,在言传身教中使自我的历史学科核心素养逐步成熟。历史教师专业发展是建立在历史教师对历史学科核心素养的理解与掌握基础上的专业成熟过程。

对历史学科核心素养的准确认识,有利于促进历史教师专业发展。学生历史学科核心素养的形成与发展是与历史教师的教育教学联系在一起的。无论是历史知识的获取,还是历史价值观的养成,都必须依托有效的历史课堂教学。历史教师若想完成对学生历史学科

---

① 中华人民共和国教育部.义务教育历史课程标准(2022年版)[M].北京:北京师范大学出版社,2022:2.

核心素养的培育，就必须进行自我发展，丰富知识层次，更新教学手段，提升职业道德，提高教学质量。在这一自觉或不自觉的过程中，历史教师的历史学科核心素养在不断提高，专业能力也得到不断发展。我们需要具备历史学科核心素养的历史教师来培养学生的历史学科核心素养。总之，无论是从历史教师历史学科核心素养的形成有利于有效的历史课堂教学的开展说起，还是从历史教师应该培养学生历史学科核心素养的职责说起，历史教师历史学科核心素养的提出，都有利于促进历史教师从不成熟到成熟的转变，实现专业发展。

(二) 教师专业发展的主要路径

做教师有三重境界："一是职业境界：把教书当作谋生手段。只求课堂有序，学生听话。这种人知识有余，才情不足。二是专业境界：术业有专攻，教学有方法。享受教书的乐趣，体现学术的价值。三是事业境界：把教书作为实现人生价值的事业去追求，但讲奉献，不求回报，与学生同忧乐。是为'经师易得，人师难求'。教书追求的高下自明。我对教书事业的追求有一个从自发到自觉的过程，最初是凭感觉教书，有兴趣；后来是依理解教书，觉得重要；再后来是尽情享受教书，教书乐人乐己。"①李明赞老师的职业生涯表明，掌握教师技能，是成为一名好教师的前提之一，但并不是全部。好的教师应该具有扎实的学问和高尚的道德，这样才能轻松驾驭教学之法，让教学法为我所用，而不是陷入技巧的泥潭而不可自拔。

教师的发展与师范生的发展最大的区别在于，教师的发展更多地依赖于个人的努力，而其中起决定作用的还是观念。我们前文所说的角色技能的底色是"角色意识"，教师角色意识在决定其专业成长过程中具有重要的价值与意义。"他影响着教师的其他教育观念与心理健康，支配着教师的教育行为，影响着教师的自我成长与发展。"②

教师专业发展的途径很多，如研究、自主反思、教学合作、同伴互助、专业引领等，而培训是很重要的途径。核心素养的提出，将使中学教育发生巨大的变化。要使这种变化落到实处，前提就是教师的专业发展先行先试，以教师的胜任特征为目标，实行务实高效的教师专业培训。面向核心素养的培训，不是听几场专家报告就能收到效果的，必须在总结过去教师培训经验的基础上，实现一场教师培训方式的大变革。就历史教师而言，黄牧航先生提出了以下六方面的发展方向。

第一，加强历史教师专业发展的学术研究，把它作为一门学问甚至一门学科来进行研究。如何培养中学生和师范生，我们有大量的研究，但如何有效地培训在职教师，我们才刚刚起步。历史教师的专业发展，除了符合教师发展的一般规律外，也有其自身的特征。例如，历史教师的社会阅历对其专业水平影响极大，增加社会实践的机会对塑造一名优秀的历史教师至关重要。又例如，优秀的历史教师需要对各个学科领域的知识都有所涉猎，创造更多的机会让教师了解各行各业的运作，能够极大地拓宽教师的视野，因此，历史教师的专业发展路径研究将成为今后历史教育研究的重点和热点问题。

---

① 李明赞.我的历史教育思考(上)[J].中学历史教学参考,2008(07):11—19.
② 于友西,赵亚夫.中学历史教学法(第4版)[M].北京:高等教育出版社,2017:257.

第二，协同创新，充分整合高校、教研系统和一线教师的人力资源，为历史教师的专业发展提供多方位的指导。十年新课程改革，历史学科的突出现象是大量优秀的历史教师脱颖而出，其数量之大，成果之多，让高校的教师都相形见绌。历史教师的专业发展尤其需要榜样人物、领军人物的指导，因为品格的养成需要言传身教、长期熏陶，单凭阅读和听课，对激发教师的成就动机、提供人格感染力作用不大。

第三，改进培训课程内容，切实提高历史教师的专业素养。今后历史教师的培训内容将不再局限于知识更新和技能训练，而是以历史教师的胜任力为目标、以历史学科核心素养为内容进行课程设计，增加现场教学的环节，强化思维的训练和品格的锤炼，促进教师成长为优秀的历史教育工作者而不是历史学者。这方面的研究空间非常巨大，需求也异常迫切，而当前几乎是一片空白。这需要我们深化对历史学科核心素养的研究，并把它转化成为有效的训练教师和培育学生的实践性课程。

第四，创新培训方式，拓宽历史教师专业发展的途径。中学生核心素养的养成必然是多渠道的，势必引发教学方式大变革的浪潮。同样，教师的专业发展也需要通过形式多样的途径来进行。近年来，我们总结全国各地的教师培训经验，试用了丰富多彩的教学形式，如360度课堂、"反串"课堂、"锵锵三人行"、即时互动论坛、研修工作坊、世界咖啡、"被学习"、示范带学、影子学习、教学思想提炼等，极大地提升了教师的思辨能力和水平，也在互动合作中改变了教师的行为习惯，提升了他们的个性修养，增进了他们的道德品质。

第五，培训重心下移，打造历史学科的学习共同体。以学校或县区为单位打造学习共同体是历史教师专业发展的可靠保证。单凭一个人的力量孤军奋战成名成家的时代已经过去，每个人的成功都离不开同伴的鼓励和帮助。一个人可以走得很快，一群人才能走得更远。当前全国各地纷纷成立的历史名师工作室，成就的不仅仅是工作室主持人，更是一大群青年教师。真正好的工作室，成为了教师的精神家园，既有导师学术的引领、人格的感染，也有同伴间的相互激励、良性竞争，让教师40年的专业发展持续不断，成为常态。

第六，充分利用网络信息技术实行混合式的培训。在信息技术迅猛发展的今天，要实现全国30多万中学历史教师的整体发展，必须大力开拓和运用网络技术。目前，许多老师对远程培训不以为意，问题的根源还是在于我们没有开发出好的课程和搭建好的平台。为此，我们要做到四方面的整合——线上研修和线下培训的整合；信息技术与学科教学的整合；网络研修与校本研修的整合；虚拟学习与教学实践的整合。网络信息技术不但能够改变我们的思维方式，使我们的学习模式和教学模式发生颠覆性的转变，而且能够实现优质资源共享，缩小全国各地的教育差距。[1]

---

[1] 黄牧航.历史学科核心素养与历史教师的专业发展[J].历史教学，2016(11)：14—19.

第二章
基于核心素养的历史教学设计

《普通高中历史课程标准(2017 年版 2020 年修订)》指出,"历史课程要将培养和提高学生的历史学科核心素养作为目标,使学生通过历史课程的学习逐步形成具有历史学科特征的正确价值观念、必备品格与关键能力。课程结构的设计、课程内容的选择、课程的实施等,都要始终贯穿发展学生历史学科核心素养这一任务"。[1] 义务教育阶段的历史课程目标是"落实立德树人的根本任务,体现历史课程的育人功能,培养学生的核心素养,引导学生初步树立正确的历史观、民族观、国家观、文化观,明理、增信、崇德、力行"。[2] "核心素养"的落地,最关键的环节就是课堂教学,如何通过教学设计突出核心素养,在教学活动中落实核心素养,这是新时期课堂教学对历史教师提出的严峻考验。核心素养的立足点和最终追求都是育人,因此课堂教学设计是否做到了"眼中有人"就成为了评价学科教育是否成功的重要标准。在历史教育教学活动中实践核心素养需要注意:历史教学目标的确立要符合学生认知水平,历史教学立意的确定要有正确的价值导向,历史教学活动的设计要能调动学生的参与,历史教学设计的撰写要从学生出发。

第一节　如何确定基于素养培养的教学目标

教学目标是关于教学将使学生发生何种变化的明确表述,是指在教学活动中所期待得到的学生的学习结果。在教学过程中,教学目标起着十分重要的作用。教学活动应该以教学目标为导向,且始终围绕实现教学目标来进行。一般来说教学目标可以分为三个层次:一是课堂教学目标;二是课程目标;三是教育目标,也就是教学的最终目标。所谓课程目标,实际上就是在教育部各个学科的课程标准里,要求每个参与基础教育的教学工作者,在教学的过程中,要认真关注的内容。课堂教学目标就是课堂教学过程中的教与学的互动目标。

课堂教学目标是课程目标分解、细化了的一小部分。当完成和落实了每一个课堂小教学目标的同时,课程需要关注的大目标也就实现了。课堂教学目标应该是在一节课的教学中可以达到的,不像理想目标那样的遥远,可望不可即。

平时人们常说的教学目标,在没有特殊说明的情况下,实际上指的就是课堂教学目标。

① 中华人民共和国教育部.普通高中历史课程标准(2017 年版 2020 年修订)[M].北京:人民教育出版社,2020:2.
② 中华人民共和国教育部.义务教育历史课程标准(2022 年版)[M].北京:北京师范大学出版社,2022:6.

课堂教学目标常常被人们简化为"教学目标"。

一、常见的教学目标问题

教学目标是一节课的出发点和落脚点，一个科学、有效的教学目标可以为课堂教学提供明确的方向，让授课教师有的放矢。

在现实教学实践中，教师往往着眼于内容的设计、流程和活动的设计，教学目标则成为了可有可无的甚至是东拼西凑的点缀。在一些教师看来，教学目标是在课程标准中都已经明确规定好了的，无需自己多言。这种放之四海而皆准的教学目标必然造成课堂教学的游离和散漫，缺乏针对性。造成这种现状主要是因为教学实践中不少教师对教学目标还存在一些误解。

第一，把课程标准的内容规定等同于教学目标。这种现象较为普遍，许多教师在制定教学目标时，往往直接照搬课程标准的内容作为整节课授课的目标，导致教学目标的确定存在过于宏大、缺乏具体可操作性等问题。这在本质上忽略了课程标准与教学目标之间的区别，课程标准是宏观目标，是发展性目标，而教学目标是微观目标，是习得性目标，二者既有联系，也有不同。确定教学目标必须以课程标准为依据，但是一定要结合具体的教学实际，细化落实。

第二，把核心素养的终极追求等同于具体课程的教学目标。追求又大又全的设计，套用大量理论术语，流于形式。这样的目标确立过程缺乏对学生学情深入而具体的分析，对教学环境缺乏精当而细致的把握，成为无效目标。

第三，教学目标描述模糊，不可检测和评价。这样的教学目标叙写不科学，不能从学生角度进行描述，没有指明预期的学习效果。

二、教学目标相关概念以及相关关系

（一）课程目标、教学目标与教育目的之间的关系

所谓课程目标，就是指一定教育阶段的学校课程力图促进该阶段学生的身心发展所要达到的预期程度。简言之，课程目标是指课程本身要实现的具体目标，是期望一定教育阶段的学生在发展品德、智力、体质等方面达到的程度。广义上，课程目标定位于教育与社会的关系，视角比较广，涵盖面是全层次的，体现了"教育方针""教育目的"，包含了"培养目标""课程教学目的"和"教学目标"。

教学目标一般从科学探究、情感态度与价值观、科学知识、科学技术社会环境四个方面提出某一课期望达到的目标。或者理解为：课程目标是指导课程设置、编排、实施和评价的整个过程的准则，也是课程自身性质和理念的体现；教学目标即教学目的和要求，专指课程教学中教师对学生学习结果的预期。通过一个特定教学过程（如一节课），学生的学习结果可以是某种知识、某种技能，也可以是某种观念、态度的形成或获得。教学目标的构成也有

层次之分,我们可以将其分为学年教学目标、学期教学目标、单元教学目标、课时教学目标等。这四者相互关联,前者是后者的依据,后者是前者的具体化。

课程目标是个相对宏观的概念,如果我们将学段课程目标进一步细分,就进入了教学目标的范畴。教学目标是教师在教学实践中根据实际情况制定的教师教的目标和学生学的目标的统称。

一般而言,课程目标由学科专家制定,而教学目标则是由课程实施的教师制定。

尽管课程目标是教学目标的上位概念,课程目标引领教学目标,教学目标服从于课程目标,但课程目标是专家制定的课程本身要实现的学生的学习结果,而教学目标则是教师根据课程目标和学生具体实际制定的教师教的目标和学生学的目标;教学目标依据课程目标但又不拘泥于课程目标,课程目标往往是最低限度要求,教学目标可以根据学生需要超越课程目标。

课程目标体现着课程的共性、统一性,而教学目标则是更为具体、个性的课堂实施目标。课程目标是一个国家、一个地区制定的比较宏观层次的教育目标,一经制定,便不会随意变动。所以说,课程目标是共性的、统一的,而教学目标是每个教师根据学生实际制定的微观层次的目标,教学目标可以因学校、教师、学生的实际情况而不同,并可以随时调整变化。所以说,教学目标是具体的、个性的。

另外,课程目标往往是制度化的产物,基本上处于静止状态,而教学目标是实践化的产物,处于活动状态。尽管许多学者认为,课程目标本身包含了生成的成分,但这种教学中生成的目标已不是原意上的课程目标了,更确切地说应是教学实践的一部分,是教学中的生成。

教育目的是按一定社会要求把受教育者培养成什么样的社会角色和具有什么样素质的根本性问题,是一定社会教育的总目标。它反映了教育与社会之间的关系,具有很高的概括性和宏观性,处在一定社会条件下的不同类型、不同阶段的一切教育活动都要循着这一目的,并为实现这一目的而努力。教育目的是一定社会教育活动的最终目标,一定社会的一切教育活动必须遵循这个目的。按照从上到下、从宏观到微观的顺序,教育目的之下应是不同层次、不同类型教育的培养目标,比如基础教育的培养目标、中等职业教育的培养目标、高等职业教育的培养目标、高等教育的培养目标等。各种层次和类型教育的培养目标与教育目的是一致的,是教育目的在不同层次、不同类型教育领域的具体化。课程目标与教学目标都是服务于教育目的的(图2-1)。

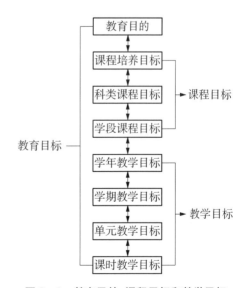

图2-1 教育目的、课程目标和教学目标

（二）核心素养与三维目标关系

从"双基"到三维目标再到核心素养，通常被表述为发展与超越的进程。但要看到，"双基"与三维目标的关系、三维目标与核心素养的关系，不是等距的，也不是等值的。前者是转折性的，彼此冲突；后者是递进式的，两者有着高度的内部一致性。核心素养对三维目标的发展和超越，主要表现在课程改革进一步"深化"方面，"超越"并非"超出"，核心素养并非因此就可以替代三维目标。现在似乎存在这样的认识，认为有了核心素养就可以淡化甚至不用再谈三维目标了，这显然是个误解。

三维目标作为新的课程理念，主张课程回归真正的知识，回归真实的知识学习。对三维目标的质疑，主要是基于旧的知识观，即知识是客观的、对象化的。一切知识都是人的知识，没有人也就无所谓知识。知识一经产生，就很难逃脱客观化的命运，这是人类保存、传播知识的策略。但是，知识的主语终究是人。教育与学习，就是要促进知识"返乡"，赋予知识本当有的"人称性质"（佐藤学），进而使学习进入知识发生状态。这就是三维目标作为课程观的本质所在。三维目标是一个整体，三个维度的表述只是分析性的，任何一个维度都包含着其他两个维度。从分析者的观感看，知识与技能维度，与对象化的、单向度的"双基"不同，呈现为三维目标的"固体"状态，蕴含着其他两个维度"引而不发，跃如也"的势能；过程与方法维度，呈现为三维目标的"液体"状态，表现为学生知识学习时的思考与行动状态；情感、态度和价值观维度，呈现为三维目标的"气体"状态，表现为弥漫在学生学习行为中的身体—心理、感性—理性交融的精神元素。

关于"核心素养"，《中国学生发展核心素养（征求意见稿）》表述为"学生应具备的、能够适应终身发展和社会发展需要的必备品格和关键能力"。这个定义兼具了"品格"与"能力"两方面，较为周延。对相应的英文单词 competencies、competences、skills、capabilities 等是否可以翻译为汉语的"素养"，学术界意见很不一致，有些专家认为翻译成"能力"更为妥帖。首先，就各国和国际组织核心素养体系的框架、维度和要素看，其内涵显然不是汉语的"能力"一词所能涵盖的；其次，各个核心素养体系的定义都不是单一的，具有显著的实用性取向，给思考和实践者提供了相当的阐释空间。汉语的"素养"由"素""养"两个词素组成，具有独特的教育价值和课程价值，将"人"与"教育"交融共在并落实于"人"。所以，我们不必在意用"素养"一词翻译是否贴切，而要看到汉语"素养"一词自身表达的精准性和丰富性。

我们无法将"素养"客观化、对象化。"素养"是知识与技能（当然不仅于此）的内化状态与水平，有着鲜明的具身性和整体性。这与三维目标的价值追求高度一致。从课程改革的工作推进来看，核心素养是三维目标的深化、具体化。从概念外延看，三维目标宽于核心素养，因为除了核心素养，还有更多的非核心素养。从概念内涵看，核心素养倾向于"内在"，即教育内容内在于人的状态与水平；三维目标倾向于"内化"，即教育内容内化的机制。两者俱为一体，共同对学习行为以及受教育者素质给予结构性、整体性阐释。面对有人提出的"有了核心素养是否就不提三维目标"的疑问，就好回答了：要形成核心素养，离不开三维目标；

另一方面,因为"素养"的内在性,当它朝向未来学习时就能焕发出三维目标的势能,走向更加丰饶的核心素养。[①]

三、教学目标的功能

(一)用教学目标引领基础教育"立德树人"的育人方向

现阶段基础教育课程改革,在培育目标上校正了以往过分强调智能培育所存在的片面化倾向,从宏观角度提出了应使学生具有爱国主义、集体主义精神;热爱社会主义,继承和发扬中华民族的优秀传统和革命传统;具有社会主义民主法治意识,遵守国家法律和社会公德;逐步形成正确的世界观、人生观、价值观;具有社会责任感,努力为人民服务;具有初步的创新精神、实践能力、科学和人文素养以及环境意识;具有适应终身学习的基础知识、基本技能和方法;具有健壮的体魄和良好的心理素质,养成健康的审美情趣和生活方式,成为有理想、有道德、有文化、有纪律的一代新人。义务教育阶段的历史课程标准中明确,历史课程的目标是"落实立德树人的根本任务,体现历史课程的育人功能,培养学生的核心素养,引导学生初步树立正确的历史观、民族观、国家观、文化观,明理、增信、崇德、力行"。[②] 很明显,上述课程目标改变了过去片面强调"社会本位"价值取向的缺陷,避免了过分强调"知识本位"价值取向的局限性,从生命整体发展的角度出发,较好地体现了社会、个人、自然三者的有机结合,彰显了历史学科的教育功能,确定了历史教育的本质含义。

> 一位曾在"二战"期间的德国纳粹集中营中遭受过非人折磨的幸存者,战后辗转到美国,做了一所中学的校长。每当新教师来到学校,他都会交给新教师一封信,信中这样写道:"亲爱的老师,我是一名纳粹集中营的幸存者,我亲眼看到了人类不应当见到的情景:毒气室由学有专长的工程师建造;儿童被学识渊博的医生毒死;妇女和婴儿被受到高中或大学教育的士兵枪杀。看到这一切,我疑惑了:教育究竟是为了什么? 我的请求是:请你帮助学生成长为具有人性的人。你们的努力决不应当被用于创造学识渊博的怪物、多才多艺的变态狂、受过高等教育的屠夫。只有在使我们的孩子具有人性的情况下,读写算的能力才有其价值……"[③]

这是我们十分熟悉的一个经典故事,那位幸存者的告诫语重心长、振聋发聩。是的,我们疑惑了,教育究竟是为了什么? 拥有知识就是教育的本义? 回首历史,这应当引起我们每一位教育工作者的关注和思考。令人欣慰的是,随着时代的变迁、知识经济的来临,全球化的课程改革浪潮已引领我们重新确定教育的价值取向:以人为本,关注人的个体性、社会性和自然性,促进人的全面和谐发展。

---

① 杨九诠.三对关系中把握核心素养[N].中国教育报.2016-07-13(9).
② 中华人民共和国教育部.义务教育历史课程标准(2022年版)[M].北京:北京师范大学出版社,2022:6.
③ 齐健.初中历史新课程教学法[M].北京:开明出版社,2003:1.

（二）用教学目标保障基础教育"怡情养心"的人文教育功能

情感因素是历史教育中固有的丰富资源,历史中的悲、喜、美、丑真真切切,有血有肉。在某种程度上,读史唯一需要的是用心用情感去体会、去体验。在这个意义上,历史如诗,历史如画,历史如歌。历史是人的活动,历史学是以人为中心来研究的。与其他自然科学不同,历史学科不仅要回答"是什么"的问题,更主要的是回答"为什么"的问题。在历史学习过程中,一方面认识和了解历史上的人物和事件"是什么";另一方面要作出价值的判断,是好的还是坏的,是美的还是丑的,从而触动心灵和情感。[①]

历史是有血有肉的,那些各领风骚的历史人物,各有各的个性和传奇;那林林总总的社会生活,千姿百态。它们在时间的交替中,构成了川流不息的历史长河。历史教学当然要引导学生"了解中国历史上的英雄人物,崇尚英雄气概,传承民族气节"。[②] 历史如诗,那是不同的民族在各自栖息地上的诗意创作——有的民族尚武,英勇善战;有的民族崇文,讲求儒雅;有的民族勤劳,风俗淳朴;有的民族智慧,追求创新;有的民族热情,注重友谊;有的民族诚信,讲究信誉……历史如画,那是历史长河中英雄人物追求美好生活的掠影。那里有孔子的仁爱慈善,商鞅的"立木"诚信,岳飞的精忠报国,林则徐的廉洁奉公,邱少云的严守纪律,焦裕禄、王进喜、邓稼先的艰苦奋斗、奉献为民和科学求真等。历史如歌,那是一首饱含人类超越自我、与时俱进,在不断的失败、不断的成功之中探索前进的赞歌。泱泱华夏,文明之光映照五千载。先人们爱祖国、辨美丑、讲智信、知荣辱的传统美德,深深熔铸进中华民族的灵魂,形成社会赖以发展的价值体系和泽被后世的文化精神。然而,重新审视我们过去的历史教学,不难发现,我们往往缺失了"生命"、丢失了"灵魂",有意无意地把历史完全等同于一堆毫无生气的"秦砖汉瓦",把学生看作"物化的工具"、知识的"容器"。

我们的历史教学,唯有以人为本,坚持社会主义荣辱观教育,让学生追问自我,生成智慧,形成正确的荣辱观、价值观和世界观,才能全面落实教学目标,才能促进生命质量的提升与超越——这,才是教育的真谛!

四、核心素养背景下教学目标设计的策略

历史教师应从发展学生历史课程核心素养的角度制定教学目标,将核心素养的培养作为教学的出发点和落脚点,使教学目标在培养学生核心素养方面起到指引性、规定性的作用。

在设计教学目标时,教师要注意以下几点:(1)根据学生现有的认知水平确定其经过学习后在核心素养方面的达成度,避免以单纯识记知识作为教学目标;(2)确定核心素养五位一体的综合性教学目标,改变以往机械地分别列出知识、能力、方法、情感态度与价值观的目标表述;(3)教学目标的制定要以课程标准中的课程目标、学业要求和学业质量标准为依据,聚焦问题解决的实际程度,尤其是学生探究问题和解决问题的正确价值观、必备品格和关键

① 齐健,赵亚夫.历史教育价值论[M].北京:高等教育出版社,2003(09):11.
② 中华人民共和国教育部.义务教育历史课程标准(2022年版)[M].北京:北京师范大学出版社,2022:7.

能力;(4)教学目标要具有可操作性和可检测性,使之指向学生通过学习表现出来的进步程度。[①]

(一)依据学情确定教学目标

确定教学目标一定要明确:课为谁而备?是为学生而备。一节课即便设计得再完美,如果脱离了学生的学情,那就是空想,教学效果也不理想。因此了解学情是确定教学目标的第一步。

第一,把握学生的兴趣点,依据不同学段学生的兴趣点确定教学目标。初中生和高中生的特征不一样,初中和高中的不同学段的特征也不一样,这需要教师对不同年龄段的中学生有充分的了解。一般而言,初中生喜欢听故事,对图片化、形象化的细节感兴趣;高中生喜欢问缘由,对逻辑化、推理性强的内容感兴趣。因此在最新《义务教育历史课程标准(2022年版)》中也强调"学生初学历史,需要培养兴趣,调动学习的积极性。在教学过程中,教师要通过情境再现、问题引领、故事讲述和多样化的资源运用等方式,引发学生的求知欲,促进学生积极、主动地学习历史"。[②] 了解了学生的兴趣点,教师就有了入手点。

第二,把握学生的知识掌握情况,依据原有知识确定课程目标。问题是在新旧知识的联系处、思维的冲突处产生的。分析学生的学情一定要注意了解学生已经掌握了什么,还有什么欠缺的地方,对知识的认识有无偏差,对历史事件的评价有无错误。了解学情可以通过调查问卷,或者随堂测试的方式。如果掌握了学生的知识情况,在教学目标确定中就可以提高针对性。

了解了学生的生活经历等基本情况,有助于在确定目标时创设相应的教学情境,增强学生的体验感。从历史学科的特点来看,历史具有客观性和过去性的特点,并且有着时间、空间、人物等特定的场景。我们可以结合学生的兴趣点和知识掌握情况,运用多样化的教学手段使历史教学情境化,再现具体时间和空间条件下历史人物和历史事件,再现人类社会的生活方式、风俗习惯、心理特征。教师备课,不能再一味地考虑自己该如何教,而是思考学生会怎样学。教学方案要根据学生的知识基础、认知能力、学习兴趣来设计,要根据课程标准提出的目标整合的要求来设计,要考虑教材与本校学生的适应性,要努力开发课程资源,用足、用好教材,做到"用教材教,而不是教教材"。

(二)落实大概念教学,重视核心概念的突破

大概念是指那些能够将分散的知识、技能、观念等联结成为整体,并且赋予它们意义的概念、观念。教学中的大概念是课程内容所要围绕的核心和基石,处于教学内容的核心位置,对学生学习具有引领作用。根据大概念建构学习内容的框架,设计教学过程及环节,围绕大概念来组织和开展教学活动,以大任务、大问题来统领整个学习过程,避免学生的知识学习陷入碎片化,引领学生建构合理的历史知识结构,促进学生掌握探究历史的方法和路

---

① 中华人民共和国教育部.义务教育历史课程标准(2022年版)[M].北京:北京师范大学出版社,2022:56.
② 中华人民共和国教育部.义务教育历史课程标准(2022年版)[M].北京:北京师范大学出版社,2022:15.

径，扩大学生认识历史的视野。

历史教学中的大概念可以进行多层面的整合和提炼：一是能够统领整个学习板块的大概念，如中国古代史中的"统一多民族国家"，中国近代史中的"国家独立、人民解放"，中国现代史中的"社会主义现代化"，世界古代史中的"多元文明"，世界近代史中的"资本主义、工人运动、民族解放"，世界现代史中的"战争与革命，和平与发展"；二是学习单元中的大概念，即能够成为单元主题学习重要抓手的大概念，如中国古代史中的三国两晋南北朝，可将"民族交往、交流、交融"作为这一学习单元的大概念；三是每课中的大概念，即课时教学内容中的核心概念或重要观念，如有关春秋战国时期的历史，可将"社会变革"作为大概念，使学生从这一视角认识这一时期在政治、经济、民族、文化等多方面的发展与变化。[①]

《普通高中历史课程标准（2017 年版 2020 年修订）》在教学内容上指出："重视以学科大概念为核心，使课程内容结构化；以主题为引导，使课程内容情境化，促进学科核心素养的落实。"[②]落实核心素养，要重视核心概念。核心概念是历史事件的本质、特征、内在联系等各种因素相互整合下所产生的联系，是对历史事件的概括与总结。在核心概念的突破中，要了解其本身的属性，将其置于整体时空中进行思考。例如《中外历史纲要》中"早期中华文明"这一部分，课标中的内容要求是："通过了解石器时代中国境内有代表性的文化遗存，认识它们与中华文明起源以及私有制、阶级和国家产生的关系；通过甲骨文、青铜铭文及其他文献记载，了解私有制、阶级和早期国家的特征。"[③]其中，"早期国家"就是核心概念，其产生的标志、演进的规律对后世影响深远。夏、商、西周是中国早期国家的起源时期，许多教师讲解这一段历史只注重对王朝的都城、时间和建立者等朝代史实进行介绍，缺乏对早期国家的核心内涵如标志、特点等的探究。所以，确定教学目标，就需要对"早期国家"这一核心概念进行解读、分析，对早期国家的产生标志、发展历程、了解途径、主要制度展开学习，最终落实到探讨早期国家的特点和王朝更替的规律。

（三）重视教材分析，基于教材内容确定教学目标

教材分析是整个教学设计过程中的重要环节，教材分析的深度直接取决于教师的专业素养，教学立意是在广泛而深入的教材分析的基础上确定的。教师自己读懂教材，才能有效运用教材。比如有教师讲解部编版义务教育历史教科书七年级下册第二单元中的一课"辽、西夏与北宋的并立"，就进行了以下的教材分析：

> "辽、西夏与北宋的并立"一课的教学，多是从"民族关系"视角切入，然后从政治变迁到民族战和，再到价值讨论，基本出不了政治交往、战争交合、经济交流的范畴。但部编版义务教育历史教科书将这节课置于七年级下册第二单元"辽宋夏金元时期：民族关系发展和社会变化"之中，单从单元标题已经透露出从"民族关系发展"到"社会变化"的

---

① 中华人民共和国教育部.义务教育历史课程标准(2022 年版)[M].北京：北京师范大学出版社,2022:58.

② 中华人民共和国教育部.普通高中历史课程标准(2017 年版 2020 年修订)[M].北京：人民教育出版社,2020:4.

③ 中华人民共和国教育部.普通高中历史课程标准(2017 年版 2020 年修订)[M].北京：人民教育出版社,2020:13.

教学理解要求。基于此,我们将教学定义在通过民族关系的事实判断,从政治而经济,进而从文化交融认知中华民族文化内涵的发展,从而揭示出这一时期"社会变化"的深刻主题。[①]

授课教师在进行教材分析时注重对单元主题、教学内容的理解和分析,这是我们经常使用的方法。基于此,教师确立了以下的教学思路:

> 课标要求"知道辽、西夏与北宋的对峙局面",这里的"知道"深有意味,既包括"并立"的形成,也包括"并立"的表现,重点是这一时期各民族的发展和社会的整体变化。教学中应该认识到"并立"是对历史实际情状的概括性表述,战和关系变化是其具体表现,实质上是不同民族文化之间的交流、交融和中华文明的发展。

教学目标确定如下:

> 知识与能力:理解少数民族政权辽、西夏的先后建立;探讨辽宋战争、澶渊之盟、宋夏和战等的原因。
>
> 过程与方法:通过地图强化学生对民族政权统治区域的认知;通过列表归纳的方法理清北宋与辽、西夏之间的关系变化;通过小组讨论、交流认识少数民族政权与中原政权的战和关系。
>
> 情感态度与价值观:思考并讨论民族间的战和问题,树立正确的民族观,客观看待历史上的民族关系。

我们可以发现,教师撰写教学目标依然使用"三维目标"的表达方式,关于这是否符合核心素养时代的写法,徐赐成老师认为:这是一个表达方式的转换问题,不要"因文害意"。沿袭"三维目标"的写法,也可以表达出基于内容理解的独到目标定位,若从"素养"视角观察,"三维目标"的表达方式或许也能体现"素养"的要求和立意。[②]

完成了以上的工作,我们可以进行教学目标的撰写工作。教学目标的撰写,要融入核心素养的理念,但是任何一个教学设计,都不可能只培养一种核心素养,需要根据课题类型、课程内容来确定重点围绕哪一核心素养,整合五大素养进行教学设计。比如有教师以"早期国家的产生与发展"一课为例,设计了以"历史解释"为核心的教学设计,理清教学思路,撰写了如下的教学目标:

> 知道夏朝是我国历史上第一个国家,同时认识到要想知道夏朝的真实情况,还需要更多的考古发掘。了解早期国家文明的产生和发展历程;探析西周实行分封制的深意;感悟王朝兴衰更替的规律和汤武革命的实质。[③]

---

① 姜佩君,徐赐成.《辽、西夏与北宋的并立》教学实录评析[J].中学历史教学参考,2019(06):56—58.
② 姜佩君,徐赐成.《辽、西夏与北宋的并立》教学实录评析[J].中学历史教学参考,2019(06):56—58.
③ 何成刚,赵剑锋,柯志强.以历史解释为核心的教学设计——以"早期国家的产生与发展"为例[J].中学历史教学参考,2018(06):16—22.

这一教学目标的确立,紧紧围绕"早期国家"核心概念,在具体设计中,进行了八种类型的历史解释:唯物史观指导下的历史解释;特定时空背景下的历史解释;史料实证为基础的历史解释;培养正确价值导向的历史解释;探明历史因果的历史解释;阐释历史意义的历史解释;进行客观评判的历史解释以及其他历史解释,很好地落实了"历史解释"这一核心素养,并整合了其他核心素养。

在撰写过程中,还需要对目标用语进行科学分类。根据"目标分类学"理论和相关学者研究,历史教学目标常用目标分类学词汇及其层次划分如下:

表2-1 常用目标分类学词汇[①]

结果性目标	了解	说出、写出、列举、复述、描述、辨认、识别等
	理解	解释、说明、阐释、分类、概述、判断、整理等
	应用	分析、比较、探讨、质疑、总结、评价等
表现性目标	经历	感受、参与、尝试、讨论、合作、分享、考察等
	反应	认同、接受、欣赏、关心、尊重、珍视、怀疑等
	领悟	形成、养成、具有、坚持、确立、追求等

我们在撰写教学目标的时候,应该对照目标分类,科学运用词汇进行表达,既能明晰每一步骤需要达到的要求,也能明确主要形成的方式。

第二节 如何确定教学立意与逻辑

《普通高中历史课程标准(2017年版2020年修订)》强调以立德树人为历史课程的根本任务,即"历史课程最基本和最重要的教育理念,是全面贯彻党的教育方针,切实落实立德树人的根本任务,坚持育人为本、德育为先,使历史教育成为形成和发展社会主义核心价值观的重要途径。发挥历史课程立德树人的教育功能,使学生能够从历史的角度关心国家的命运,关注世界的发展,成为德智体美劳全面发展的社会主义建设者和接班人"[②]。《义务教育历史课程标准(2022年版)》也强调历史课程是"提高人文素养的课程,具有思想性、人文性、综合性、基础性特点,具有鉴古知今、认识历史规律、培养家国情怀、拓宽国际视野的重要作用"[③]。因此,历史课必须落实课程思政的教育目标,挖掘历史课程的育人价值,这就需要教师根据教学内容挖掘教学立意。

一、教学立意的概念

所谓教学立意,我们认为是指基于历史教学内容,学生通过历史课程的学习,可以汲取

① 赵亚夫,徐赐成,刘红梅.历史教学设计的流程、诊断与教学策略(第六讲)[J].中学历史教学参考,2015(03):4—10.
② 中华人民共和国教育部.普通高中历史课程标准(2017年版2020年修订)[M].北京:人民教育出版社,2020:2.
③ 中华人民共和国教育部.义务教育历史课程标准(2022年版)[M].北京:北京师范大学出版社,2022:1.

的超出历史知识层面的历史智慧、经验、教训,掌握的历史学科核心能力,树立的核心价值观。[①] 具体到每一节课的教学立意,必须细化到具体的教学内容中。教学立意是一节课的中心与主题。在教学过程中,教师应该让学生明白历史知识中所包含的世界观、价值观等,这是教学的最高目标。每一节历史课都有其教学主题存在,在教学中,教师要围绕一个主旨来进行教学,这样才能够更好地促进历史教学的顺利进行。教学立意是一节课的灵魂。一课一中心,一课一主题,这是由教学立意所决定的。一节课之所以与众不同,听了意味深长,往往不是因为老师的表演多么丰富,学生的配合多么精妙,也不是运用了多少多媒体手段,教学效果如何大气磅礴,而是因为教学立意有高度,有历史的厚重感。

二、教学立意在历史教学中的价值

(一) 充分体现历史学科人文教育的学科特色

历史属于人文学科,培养学生的人文素养,是历史学科基本的教育使命。所谓人文素养是指做人应具备的基本品质和基本态度,包括按照社会要求正确处理自己与他人、个人与集体、个人与社会、个人与国家乃至个人与自然的关系。通常人们把人文素养教育看作是关于人生存目的的教育,即教会学生"如何做人",如何很好地处理人与自然、人与社会、人与人之间的关系,并比较好地解决人自身的理性、意志和情感等方面的问题,帮助每个人智力、德行、感情、体格各个组成部分达到和谐状态,从而提高人的整体素质。"欲流之远者,必浚其泉源",历史教学要产生"流之远"的高效课堂的效果,应在"教学立意"上下功夫。作为一节课的"魂",教学立意能让学生从更高的角度理解历史、感悟历史并运用历史。正如肖川教授所言:"历史既不是子虚乌有的过去,也不是凝固的实体性的存在。历史的丰富性、偶然性给了我们感受历史的体温、气息和色彩的畛域,给了我们尽情地展开想象的翅膀的广袤的空间,给了我们的心灵自由地舞蹈的宽阔舞台。在历史的荒原中,有我们可以发现的、能够深刻地校正我们观念的最为异己的文化,使我们获得对于我们自身所处状态的一种洞见,从而使我们自己获得应付陌生事物的信心。就是这样,我们一次又一次地从狭隘走向广阔。"[②]如果历史课堂缺少教学立意,只有事件的罗列、知识的堆砌、年代的枚举这些毫无色彩的历史表述,历史课程也就丧失了生命力和赖以存在的基础。

(二) 规定课程开展的逻辑和顺序

确定了教学立意,结合课程资源,我们就可以确定教学的逻辑,将教学立意内化到教学环节中。

例如,教学"鸦片战争"这一内容时,本节课学生需要掌握的历史知识较多,若是教师直接单纯地罗列知识,学生便很难准确掌握历史事件。所以,在教学中,有教师便围绕"侵略"

① 何成刚,代宁华,沈为慧.史学阅读与教学立意(上)——以"隋朝的灭亡"微课设计为例[J].中学历史教学参考,2015(03):18—21.

② 肖川.教育永恒的支柱:历史与文学[J].当代教育科学,2003(10):37—38.

这一条主线,以列强的入侵为主题,以列强入侵的原因、目的以及对中国的影响等为线索,对学习的内容进行系统化的归纳、总结。如此一来,学生便能够对本节课的知识内容有更加深刻的认知。而该种学习方式,对于他们之后学习"第二次鸦片战争"这一知识也有一定的帮助。

在复习这一部分知识的时候,教师便可以以"侵略"与"反抗"这两个点为主线,以历次战争签订的条约为线索,带领学生进行复习。如此,学生便有了一个比较清晰的脉络来巩固知识。且在这个过程中,他们也能了解到,正是由于近代中国过于落后才会遭到侵略,在此基础上,他们就会明白祖国强大的重要意义,这也能在一定程度上鼓励他们树立起远大的目标。

在教学过程中,教师应该明确本节课的教学立意,确定其教学主题与线索,以帮助学生更好地学习历史知识。

主题是一节课的核心和灵魂,主线是贯穿整节课始终的内在联系,以人民版必修Ⅰ专题五"现代中国的外交关系"中的第二课为例,这一课主要介绍 20 世纪 70 年代中国外交所取得的一系列重大成就,在专题教学中具有承上启下的作用,既是对建国初期外交政策延续性的学习,也为新时期改革开放外交政策与成就的讲述进行了铺垫。通过本节课的教学,可以使学生了解 20 世纪 70 年代中国在外交方面取得的重要成就,分析取得成就的原因,探讨其对国际关系产生的重要影响。关于"外交关系的突破"一课,基于对历史课程标准、高中历史教材的研究,结合教师的教学实践经验和所教学生的实际情况,教学设计思路可以是:紧紧围绕"外交关系的突破"的关键是"中美关系从对抗到正常化"这条主线逐一展开,将本课的"重返联合国""中美关系解冻""中日邦交正常化"三个知识模块整合为"新中国外交关系突破的背景"——中国重返联合国等相关内容,"新中国外交关系突破的过程"——中美关系正常化的过程,"新中国外交关系的突破的影响"——中日邦交正常化等相关内容。通过这一主线的引领,整合相关的教材资源,将"外交关系的突破"一节内容置于中美关系发展的大历史背景之下。

（三）学生提升认识水平的着眼点

在教学中,只有立意高远,才能更好地培养学生的读史能力,才能在当下"能力立意"的高考中立于不败之地。

在近几年的文综高考成绩中,历史成绩往往偏低,历史试题争议很大。"没有最难,只有更难"成了历史教师和考生对历史试题评价的共识。可是,认真研究了高考试题,会发现高考真题立意的精妙,以至于学生被"吊打",丢分甚多,恰恰反映了历史课堂教学立意的平庸。

（2014·全国新课标卷Ⅰ文综·30）20 世纪 20 年代,上海成为中国电影的制作中心,当时上海放映的各种影片中,外国片与国产片比例约为 2∶1;而在北京和天津,这一比例高达 5∶1 甚至 6∶1.上海与京津放映中外电影比例不同,能够说明这一现象的应是（　　　）

  A. 外国电影的制作水平较高   B. 京津民众对外来事物更具热情

  C. 中国电影拷贝流通税费重   D. 上海民众的社会心态更为开放

该题得分率仅在三分之一左右,很多考生选择了 B 选项。从表面上看,京津民众看外国电影的比例远远高于国产电影,貌似京津民众对外来事物更具热情。可是题干的意思是在上海,国产电影放映的比例远远高于北京和天津,再结合题干"上海成为中国电影的制作中心"的信息,这说明中国电影拷贝流通税费重,故 C 项正确。

在讲述中国近代史的时候,首先要思考的是,近代历史究竟该如何看,教学立意首先定位在哪里? 首先站位于正确理解中国近代的社会性质。中国社会的性质影响了近代一系列的历史问题。我们对中国资产阶级的历史命运、中国革命道路的选择、中国民主革命的历程等一系列问题的讲解都要结合中国社会的性质考虑。结合中国社会性质思考该题,中国处在半殖民地半封建社会,一方面,关税主权的破坏便利了外国商品的倾销;另一方面,中国国内商品流通税重,阻碍了中国国内商品经济的发展,同时也使得中国的商品在和国外商品竞争中处于劣势。如果在历史的学习中学生掌握了这些阶段历史课程的立意,就很容易得出正确答案。

古希腊雅典梭伦改革、克里斯提尼改革和伯利克里改革是高考中常考的内容。这部分知识很容易命制难度较大的试题。学生不仅要熟记改革的具体内容,而且要能够结合材料和所学知识去理解改革的相关知识。

(2014·全国新课标卷Ⅰ文综·32)古代雅典法律规定:如果公民试图自杀,必须事先提出申请,以获得批准;未经允许的自杀被视为犯罪行为。这反映出在古代雅典(　　　)

A. 法律体系已达到完备的程度　　　B. 法律具有尊重生命价值的人文精神

C. 公民个人自由受到严格限制　　　D. 自杀有违崇尚自然法则的理性精神

该题材料中,"如果公民试图自杀",学生往往忽略了"公民"二字。该题还可以进一步追问:公民不能随意自杀,说明了什么? 如果教师在"古希腊历史"的教学中,把古希腊城邦政治和雅典民主政治作为该课的重点,要讲清楚,在雅典城邦中,公民是国家的主人,公民要积极参政议政。公民要珍惜自己的权利并珍惜自己的生命,正如亚里士多德所说"公民不得私有其自身"。但是,古希腊的民主对于公民的个人自由又造成了很大的制约,直接民主又容易产生集体暴政。古希腊的民主制度孕育了伟大的、深深影响了现代文明的古希腊文明,古希腊的艺术、建筑与哲学都空前地繁荣,也涌现出了一些伟大的思想家。但这些思想家却并不见得都赞同民主制度,倒是持反对意见的多。如果这节课教师可以将民主的内涵与时代的观念演变充分展开,学生也不至于片面地将民主视为绝对正面的价值。

(四)教师提升历史素养的必要训练

教学立意并不是教材和课程标准的规定,和教学内容一样,教学和教育的视角不同,教学立意也会不同。好的教学立意一定是教师多视角地解读教学内容,综合比较分析出来的独特性、个性化的历史解释和教育价值解读。因此,深挖教学立意,本身也是教师训练教学文本深度解读能力,提升历史理解与历史解释素养的必要过程。根据课程标准并结合近年教育改革的特点,一方面要坚持唯物史观的核心地位,另一方面在唯物史观基础上,也要熟知史学研究的新范式、新视角，并运用这些视角对不同主干知识进行整合，引导学生多角度地看问题，培养学生从不同视角发现、分析和解决问题的能力。

三、教学立意确定的方法策略

（一）加强史学阅读，深挖史学内涵

教师在确定教学立意的过程中之所以感到困难，最重要的原因是缺乏高质量的史学阅读，缺乏对本课教学内容的史学研究成果的了解，不明白教科书在重要问题表述上的变化。因此，广泛而深入的史学阅读和对史学内涵的深入挖掘就成为确定教学立意的关键。

那么如何研读教学素材呢？一位年轻老师准备《中外历史纲要（下）》"全球航路的开辟"一课的过程，对此做了一些有益的探索。

案例：《中外历史纲要（下）》第6课"全球航路的开辟"教学立意的确定[①]

课程标准中对本课的课程目标描述如下："通过了解新航路开辟所引发的全球性流动、人类认识世界的视野和能力的改变，以及对世界各区域文明的不同影响，理解新航路开辟是人类历史从分散走向整体过程中的重要节点。"课程标准给我们提供了两条思路：一是要有人，以人为中心分析新航路开辟的过程；二是要有视野，即从人类历史由分散到整体的视野认识新航路的开辟。

我首先选择一本相关专著进行阅读，初步了解历史事件的脉络，我找到四川大学张箭老师《地理大发现研究》（商务印书馆，2002年），该书成书于1998年，是目前我能找到国内关于地理大发现研究最全面和权威的专著，历经近20载，书中的许多观点仍显得很新颖，纠正了很多自己的认识误区：

1. 把"新航路开辟"等同于"地理大发现"

过去我们经常把这两个概念混淆。

从概念上讲，作者认为"地理发现"包括三个方面的含义：①文明人类抵达前所未有的陆地和水域；②文明人类开辟了到各地区、各海洋去的前所未知或虽已知但未能开通的新航线或新航道；③文明人类熟知了前所未有的陆地和水域。我们说的"新航路开辟"属于第二种情况。

从阶段上讲，"地理大发现"可以分为两个阶段：第一阶段，15—16世纪中叶，葡、西两国充当急先锋，发现美洲，开辟欧洲到亚洲的航路，实现环球航行；第二阶段，16—17世纪，荷、俄、英、法当主角，荷兰人发现大洋洲，俄国人发现亚洲北部，开辟北冰洋航路，英、法发现美洲大部分，以及格陵兰岛等其他区域。我们所说的"新航路开辟"指的是第一个阶段。

因此"新航路开辟"是"地理大发现"的重要内容和第一阶段，但不是全部，不能

---

① 案例来源：昆明市第三中学茶建楠老师。

等同。

2. 把"资本主义萌芽"作为根本原因

过去我们一直把"资本主义萌芽"作为"地理大发现"的根本原因。14—15 世纪，西欧最早出现资本主义萌芽，导致欧洲出现"黄金荒"，再加上奥斯曼帝国阻碍商路，才促使人们开辟新航路。可是，我们回归史实就会发现：资本主义与地理大发现之间不存在必然的联系。意大利是最早出现资本主义萌芽的地区，但意大利并没有参加地理大发现，大批意大利航海家和工匠为了人生梦想也加入了葡、西两国的探险队伍中。葡、西两国最早开辟新航路，但 15、16 世纪，两国并没有资本主义萌芽，开辟航路之后也没有率先建立资本主义制度，在殖民地推行的也是封建统治。第二阶段的主角俄国更无资本主义萌芽，16、17 世纪它还在加强封建农奴制。德国的资本主义已经有相当发展，但德国并没有加入"大发现"行列。16、17 世纪的亚洲国家，中国、日本和印度也出现了资本主义萌芽，但未参与其中。

资本主义萌芽，原始积累只是促成地理大发现的重要因素，而不是根本、决定性的原因。地理大发现是多因素综合作用的结果：

（1）政治：中央集权，绝对王权建立；

（2）经济：商品经济发展，资本主义萌芽，追求贵重金属；

（3）宗教：具有扩张性的基督教；

（4）地理环境和商路问题；

（5）马可·波罗等旅行家催化；

（6）自然地理学基础；

（7）文艺复兴和宗教改革运动的影响；

（8）觅友遏制土耳其和仙岛金地的传说；

（9）造船术、航海仪器、天文学和制图术的发展；

（10）信息术和热兵器的发展。

阅读了这本专著后，沿着作者的思路，我逐渐对以下几个问题感兴趣：

（1）地理大发现为什么发生并完成于 15—17 世纪？

（2）为什么是欧洲人最先开始而不是亚洲人、非洲人？

（3）为什么是葡萄牙、西班牙最先开始而不是英、法？

这些问题都很有意思，处理得好是可以用到教学当中的。在对相关知识有了一定的了解后，我开始着手理思路。

第一稿：从课题入手，"什么是全球航路""为什么要开辟全球航路""如何开辟全球航路"以及"开辟全球航路带来了什么"，这是最传统的"背景—经过—影响"三段论，也是最容易上手的。可是具体操作起来就有了困难，第一个问题是重复，比如"什么是全球航路"与"如何开辟全球航路"，都要通过同一张地图呈现，前后重复。第二个问题是过程怎么讲，讲哪一个人物还不确定，如何把人物内涵挖掘出来？第三个问题就是影响很复杂，有人将其归纳为"资本主义发展之路""世界市场形成之路""人类文明交流之路""思想震撼之路"，其中商业革命和价格革命内容很难，我要怎么讲？第一遍看上去思路是清晰的，可是具体到内容就无法往后推动了，究其原因，还是没把相关知识弄明白。

我找来《哥伦布航海日记》《美国历史教科书的谎言》《1492：世界的开端》《哥伦布大交换：1492年以后的生物影响和文化冲击》《1493：物种大交换开创的世界史》，对人物和事件影响两个方面加强学习，对哥伦布航海动机有了新的认识：一位来自热那亚底层的探险家希望出人头地的过程；了解到美洲人民对于哥伦布截然相反的评价；对地理大发现的影响也有了新的思考角度，"哥伦布大交换"是物种、人种、思想上的大交换、大融合，这种交换在今天仍在继续。这些书籍的阅读使我的思路开阔了许多，重新整理以后继续第二稿。

第二稿：围绕"什么是全球航路""为什么要开辟全球航路""全球航路是如何开辟的""如何认识全球航路"来设计。在第二个问题处设计了小问题：为什么叫新航路？为什么要去东方？为什么是葡萄牙、西班牙？把所有与开辟相关的因素找出来之后再重新整合，问哪些因素是东方也具备的，哪些是西欧特有的？最终落脚点：为什么主角不是东方？

在讲述过程中我运用了葡萄牙"发现者纪念碑"，这是为了纪念恩里克王子而修建的，碑上有32位对葡萄牙航海事业做出极大贡献的人物，其中就有迪亚士、达伽马和麦哲伦，最后讨论对麦哲伦活动的不同角度的评价，效果比较好。

这是一位年轻教师的备课案例，尽管在内容上存在许多问题，但是客观真实地反映了一位教师在确定教学立意过程中，思维不断深化的过程。在这个过程中，史学阅读起到了重要的作用。中学历史教学虽然不是历史专业学习，但是对于史学价值的追求不能忽视。在史学阅读的基础上，确定教学立意，有助于体现中学历史教育的价值。

有教师在讲授"甲午战争"一课时，进行了深度阅读，最终确定了深度教学立意，分别从三个视角分析"甲午战争"。视角一，社会舆论的价值；视角二，军事体制的落后；视角三，留日学生的觉醒。通过三个视角剖析甲午战争，形成多元认识，帮助学生学习与理解历史，挖掘历史经验与教训，汲取历史智慧。这些都是建立在高质量的史学阅读以及深度教学立意的基础之上的。[①]

（二）罗列关键问题，理清教学逻辑

确定了教学立意，明确了教学主题，就需要把主要问题进行分解，分解成一个又一个的小问题，教学逻辑也就在问题串之间建构起来了。下面我们来看一看"马克思主义诞生与传播"一课对教学环节和问题的设计。

---

① 何成刚，汤红琴，沈为慧. 史学阅读与教学立意（中）——以"甲午战争"为例[J]. 中学历史教学参考，2015（03）：11—17.

案例："马克思主义的诞生与传播"教学环节和问题的设计①

1. 重新认识马克思——三张面孔与人生选择：通过穿越"大胡子"的表象，观察马克思在"大赢家"和"落魄者"之间作出的抉择，感悟马克思的自由的灵魂、坚定的信念和伟大的人格，引发同学们对马克思思想的兴趣。

2. 马克思主义诞生的背景——社会危机与天才构想：通过设计"马克思生活在一个什么时代""工人阶级如何应对这一时代""理想的社会应该是怎样的"三个问题，深入分析马克思主义诞生的时代背景。

3. 马克思主义的内容及其世界意义——伟大理论和伟大实践：设计了两个活动"读原著，学原文，悟原理"，并谈了自己对"理想社会"的认识，"每个人的自由发展是一切人自由发展的前提"，理解思想体系。从内容中导向实践：从空想到科学，从理论到实践，从一国到多国，得出它是解放人类的阳光大道的世界意义，回归专题主题。最后谈了今天依然需要马克思主义的基本认识：只要社会还存在人的价值感迷失，只要西方社会还存在压迫人、背离人的现象，马克思主义就永远不会过时。

针对三个环节，细化为五个问题：马克思生活在一个什么时代？人类理想世界应该是什么样的？人类的理想世界如何实现？马克思主义是怎样改变世界的？今天我们还需要马克思主义吗？层层推进，将本课"人"的教学立意具体落实。

（三）内化教育诉求，确定教学立意

深入挖掘史学内涵，教师对教学内容有了充分的理解，那么要从什么角度进行立意呢？中学历史课堂作为中学历史教育的主战场，承担着在历史课堂上完成"立德树人"根本任务的伟大使命，承担着落实核心素养育人理念的价值追求，确定教学立意就必须寻找与学生实际需要相契合的立足点，中学历史教育要让学生形成对家乡、国家和中华民族的认同感，具有国际视野，成为有理想、有担当的社会主义建设者和接班人；中学历史教育要回答"培养什么人""怎样培养人""为谁培养人"三个核心问题。

例如有老师准备"马克思主义诞生与传播"一课时，在经过大量的史学阅读、挖掘史学内涵以后，确定了"马克思主义是关于人的学问，解决的是人的问题"这一教学立意。教师认为马克思主义的核心是在说"人"这个问题，不像我们日常所理解的那么遥不可及，可以也需要进行实践。因为越是在人的价值迷失、被异化的时代，马克思主义就越发显现出它的伟大价值。马克思主义的诞生可以挖掘的内涵非常丰富，教师为什么会选择这样的立意呢？这样的立意是基于目前中学生对马克思的印象过于脸谱化，对于马克思主义的理解浮于表面，甚至认为马克思主义已经过时的现象而确定的。马克思主义是我们党的指导思想，是普遍原理，学习和认识马克思主义的理论价值和现实意义是进行理想、信念、价值观教育的重要组成部分。如何把马克思、马克思主义以中学生

---

① 案例来源：昆明市第三中学茶建楠老师，"马克思主义的诞生"教学反思。

乐于接受的形式呈现给他们，并且能够对他们的人生理想有所影响呢？这是摆在教师面前的大问题。如果以"人"为教学立意，马克思解决的是"人"的问题，那么只要人的价值感迷失，这样的情况在中学生中普遍存在，马克思主义就永远不会过时，它永远是人类的理论高山，所以我们依然需要马克思主义。所以，教学立意的确立一定要符合学生的教育需求，落实"立德树人"的根本任务。

总之，挖掘教学立意，需要教师有一双慧眼。挖掘教学立意，就是挖掘核心内容，就是能够透过历史知识的表象去剖析历史的本质，找到历史知识的一般性规律，就是挖掘历史线索，找到链接历史的内在"灵魂"，并将之转化为滋育学生的学科素养。挖掘教学立意，需要教师引导学生对教材内容认真研读，思考单元与单元之间、课与课之间、目与目之间的内在联系及变化规律，找到贯穿知识链的"绳"，找到单元的"魂"、课的"魂"。挖掘教学立意，需要教师引导学生对教学内容进行深度思考，"莫为浮云遮望眼"，透过现象看本质。挖掘教学立意，需要教师多关注学术成果，将学术成果转化为教学立意，让教学立意引领历史课堂教学。

第三节　如何撰写教学设计

历史教学设计是为了实现一定教学目标，历史教师依据历史课程内容主题、学生的认知发展和学习特点及相关的客观环境条件，运用教与学的原理，在提供精选的优质的历史学习资源的基础上，设计一个完整的学生学习历史的过程。撰写教学设计的过程，就是呈现学生如何学、教师如何教、如何评价的过程。

一、教学设计的主要组成部分

按照教学活动开展的顺序，教学设计一般包括三个系统，课前准备系统、课堂实施系统和课后评价反思系统。

课前准备系统主要是做教学分析，教学分析又由教学内容分析、学情分析及教学条件分析三部分组成。教学内容分析要分析课程标准、教材本身的内容与特点，分析教材内容及知识和学生认知水平的差距，理清重难点，从而确定目标。教材内容分析包括分析单元主题、目标要求、历史学习材料、活动以及难度、课程育人价值、主题、主线、叙述逻辑等。学情分析可以先从已有的知识、技能、能力、兴趣方面分析，甚至可以从多元智能的角度进行分析，也可以从学习者的学习风格、思维特点进行分析。教学背景是进行教学活动的情况和条件，包括物质条件和非物质条件。物质条件主要指学习资源、学习设备、空间、设施等。非物质条件包括校园文化、班风、学习氛围、学习者的动机状态、家庭背景、社区环境、城市文化、民族传统、风俗习惯等，非物质条件涉及学生的部分也是宏观的学情分析的内容。

课堂实施系统包括教学目标设计与调试、教学策略设计、教学过程设计、教学活动设计、板书设计以及作业设计。教学目标可分为宏观与微观目标、显性与隐性目标、三维与五大素养目标。教学策略设计包括教学媒介的选择、教学模式的选择、教学技巧的利用、教学技术的运用及教学评价的设计。教学过程的组成部分一般包括导入、准备、呈现、练习、应用及评价、课堂小结等,还包括任务型或项目学习。教学活动的设计要考虑什么样的活动可以促进学生参与? 什么样的活动能够帮助达成学习目标? 还要考虑活动的层次梯度、学习目标的差异性、活动的多样性、活动的真实性,包括活动的目的、人物角色、形式、语境要真实,语法形式要与功能、情境、任务相一致。关于作业设计在后面章节会有专门论述。

课后评价反思系统一般是对教学设计实施效果的评价和反思。教学评价是对学生学习效果以及教师自身教学效果的评价。教学评价设计要以所设定的教学目标为标准,检测教学目标的实现情况。评价方式应尽可能多元化,要尽可能设计出学生乐于参与,又能客观地、确切地反映每个学生学习效果的评价方法。可以是形成性评价也可以是总结性评价;可以是过程性评价也可以是目标达成评价。评价方式可以是理解也可以是表达。教学反思指教师对教育教学实践的再认识、再思考,并以此来总结经验教训,进一步提高教育教学水平。教学反思一直以来是教师提高个人业务水平的一种有效手段,教育上有成就的大家一直非常重视。现在很多教师会从自己的教育实践中来反观自己的得失,通过教育案例、教育故事或教育心得等来提高教学反思的质量。

教学设计是服务于教师教学的,教学是个性化的创造过程,因此教学设计也不可能千篇一律,也应该是个性化的规划,因此这些环节和内容并非在每一个教学设计中都要面面俱到。

二、基于素养的教学设计案例

案例:《中外历史纲要(上)》第 3 课"秦统一多民族封建国家的建立"[①]

一、教学目标

1. 通过梳理从战国到秦朝的历史发展脉络,培养学生在特定的时间和空间联系中对事物进行观察、分析的意识和思维方式,增强学生的时空观念。

2. 运用唯物史观理解秦朝统一的历史条件、影响及秦短命而亡的原因,全面、客观地评价秦朝在中国历史上的地位,引导学生形成科学的历史观和方法论。

3. 通过史料的搜集、整理和辨析,客观地理解郡县制与分封制的区别,引导学生对上述制度的演变作出合理的历史解释。

4. 通过理解秦朝开创的专制主义中央集权制度及其影响,增强学生对国家的认同感、归属感,增强学生社会担当的使命感。

二、教学活动

(一)导入设计——情境体验,培育时空思维

通过播放秦兵马俑的剪影视频创设情境,引导学生思考:秦朝为什么能创造出这样闻名世界的人类杰作? 兵马俑这一奇迹又与秦短命而亡有什么关系? 进而导

---

① 高敏霞.核心素养取向高中历史课堂教学设计——以《中外历史纲要(上)》第 3 课"秦统一多民族封建国家的建立"为例[J].中学历史教学参考.2022(04):43—45.

入新课。

设计意图:通过导入视频创设情境充分激发学生参与课堂学习的积极性,让学生对秦朝的历史进行时空定位,并由此引发其内在的民族自信心和自豪感,培养责任意识。

(二) 过程设计——由因及果,深化历史思维

1. 统一天下开新篇

学习任务一:秦实现统一的原因。

通过展示《秦灭六国形势图》,引导学生用唯物史观和时空观念分析秦国实现统一的历史因素。

设计意图:深化学生对秦统一的原因的认识。从客观角度分析,统一是春秋战国以来历史发展的必然趋势。从主观角度而言,与秦朝自身的条件有关。重点是引导学生基于唯物史观理解秦朝的统一,认识生产力决定生产关系、历史是不断发展的、历史发展是客观与主观的统一、经济基础决定上层建筑等理论,同时培养学生时空观念与历史解释能力,深化学生的历史思维。

学习任务二:秦朝巩固国家政权的措施。

通过展示秦朝疆域辽阔图片和视频、音频、文字材料等方式,引导学生思考秦朝巩固统治采取的措施,让学生理解专制主义中央集权制度的确立对中国历史发展的影响,增强制度自信和文化自信。

设计意图:深化学生对秦朝皇帝制度、三公九卿制度、郡县制度三大政治制度的系统把握,感受制度是随着时代的变化发展而不断调整创新的,体会制度创新对古代中国社会发展所产生的深远意义,强化其对历史知识的理解,提高学生的历史解释能力。

学习任务三:从分封制与郡县制的区别中认识制度变化对时代变迁的推动作用。

材料一 丞相绾等言:"诸侯初破,燕、齐、荆地远,不为置王,毋以填之。请立诸子,唯上幸许。"始皇下其议于群臣,群臣皆以为便。廷尉李斯议曰:"周文武所封子弟同姓甚众,然后属疏远,相攻击如仇雠,诸侯更相诛伐,周天子弗能禁止。今海内赖陛下神灵一统,皆为郡县,诸子功臣以公赋税重赏赐之,甚足易制。天下无异意,则安宁之术也。置诸侯不便。"

——《史记·秦始皇本纪》

设计意图:通过对比分封制与郡县制,使学生对其理解更有深度,并能结合唯物史观体会制度创新对历史发展的推动作用。同时引导学生结合时空观念体会郡县制在中国古代对加强地方治理的积极作用,理解时代发展与制度创新是相互促进的,进而从宏观上理性审视制度的发展变化,增强制度自信。

学习任务四:结合秦朝为巩固统治采取的其他措施,整体把握秦朝统一的历史意义。

设计意图:构建秦朝巩固统治的知识体系,深化学生对秦朝"立国虽二世,遗制越千年"的理解。引导学生深刻体会秦朝开创的多民族封建国家是相当长时期内华夏族的向心力、凝聚力所在,增强对国家的高度认同感、归属感、责任感和使命感。

2. 危机萌动起烽烟

结合秦朝长城图片,引出秦朝衰亡的话题——暴政和农民起义。提供关于"阿房宫"的不同类型史料,引导学生辨析史料,并作出历史解释,助力其历史思维能力的提升。

材料二 秦阿房宫的叙述在诗人笔下、历史文献和考古学上存在着巨大差异,综合所给材料提出你的观点,并运用史学研究的方法加以阐释。(要求:观点准确,史论结合,逻辑清晰)

表 2-2

杜牧《阿房宫赋》	"蜀山兀,阿房出。覆压三百余里,隔离天日。骊山北构而西折,直走咸阳……楚人一炬,可怜焦土。"
司马迁《史记》	"(始皇)三十五年(公元前212年)……乃营作朝宫渭南上林苑中,先作前殿阿房……故天下谓之阿房宫。""上(始皇)崩,罢其作者。""二世皇帝元年(公元前209年)……四月……复作阿房宫……七月,戍卒陈胜等反。""三年……二世自杀。""项羽引兵西屠咸阳……烧秦宫室,火三月不灭。"
李毓芳《阿房宫前殿遗址的考古收获和研究》	自2002年10月至2004年12月,考古队对阿房宫的主要建筑前殿遗址进行发掘,勘探面积35万平方米,在其夯土台基及附近未发现秦代宫殿建筑中墙、殿址、壁柱、明柱、柱础石、廊道和排水设施等相关遗迹,未发现相应的砖瓦、瓦当等建筑材料,也未发现当时被大火焚烧过的痕迹。而在秦都咸阳的宫殿建筑考古中则有被大火焚烧的痕迹。

设计意图:阿房宫被誉为"天下第一宫",和万里长城同样作为秦朝的标志性建筑之一。关于它的修建问题,很多学者提出了自己的看法。通过对不同类型的阿房宫史料的引入,引导学生对历史问题和现象坚持理性分析和客观评判的态度,重视史料的搜集、整理和辨析,去伪存真,渗透历史学科思维。

以气势磅礴的背景音乐辅助,总结秦朝的制度创新及其对我国统一多民族国家发展的贡献,归纳对秦朝迅速衰亡的历史思考,升华情感,提升学生的历史价值观,引导其形成正确的国家观和民族观。

设计意图:制度变革要顺应时代的发展,也要根据时代的变化不断调整自身,以更好地适应统一多民族国家的发展。通过对秦朝历史的系统学习,引导学生全面、客观地认识历史现象,形成科学的历史观和方法论。同时引导学生以史为鉴,结合我国多民族共同发展的社会现实,理解学习和探究历史要充满人文情怀,以服务国家强盛、民族自强和人类社会的进步为使命。

以"秦朝兴衰之思"为题,撰写一篇历史论文,培养学生运用所学知识解决历史问题的能力以及创新思维能力。

设计意图:秦朝的开创性和二世而亡的历史是值得后人深思的,学习秦朝历史具有重要意义。引导学生把本课的学习以论文的方式予以落实,培养其思考、梳理历史问题的能力,有助于学生形成问题意识,培养和提升历史学科思维能力。同时,结合课程标准将历史学科核心素养有机渗透到历史的学习过程和总结回顾中,把历史学习与当今社会现实紧密结合,从而达到学以致用的目的。

案例评析:该设计案例对历史学科核心素养的渗透较为全面。通过分析秦朝统一的原因,让学生理解经济基础与上层建筑的关系,体现了唯物史观指导下对历史问题的分析。从秦灭六国、完成统一、巩固统一到秦朝二世而亡,学生体会到历史事件是在特定的时空框架中发生、发展的,体现时空观念素养。通过提供阿房宫的不同史料,学生学会辨别史料真伪与价值,增强实证意识,体现史料实证素养。秦朝是我国封建社会统一多民族国家的建立时期,其后统一多民族国家继续向前发展,要从历史的角度认识中国的国情,认识中华民族多元一体的历史发展趋势,体现了历史解释和家国情怀素养。当然,核心素养的培养不可能在同一节课就全部实现,每一节课有不同的侧重,最终形成综合素养才是我们应该追求的境界。

案例:统编版《中国历史》七年级上册第三单元"秦汉时期:统一多民族国家的建立和巩固"第12课"汉武帝巩固大一统王朝"

表2-3 "汉武帝巩固大一统王朝"教学设计

教学环节	教师活动	学生活动	设计意图
导入新课	从课题导入,引出大一统的概念。引导学生回顾:秦朝采取了一系列巩固统一的措施,可由于秦朝二世而亡,大一统局面受到冲击;西汉吸取秦速亡的教训,经过西汉初年休养生息政策的实施,出现了中国古代的第一个治世"文景之治",为汉武帝巩固大一统局面奠定了重要基础。	回顾秦朝大一统措施和西汉之初的"文景之治"。	激发学生学习兴趣,明确历史概念,培养学生历史解释的核心素养,通过回顾已学过的知识,形成联系性的知识脉络。
一、背景	提出问题:汉武帝为何要巩固大一统?当时的社会出现了什么问题? 根据教材内容和学案上的材料,指出汉武帝时期在政治、经济、思想、军事方面出现的问题。 出示材料:(附学案) 材料一:西汉前期形势图(图片略) 材料二:西汉初期富豪及从事行业	小组合作,总结概括汉武帝时期所面临的危机。 (一)政治:诸侯势力过大,豪强地主骄横。 (二)经济:地方豪强财力雄厚,国库空虚。	通过对汉武帝时期社会背景的探究,让学生能身处历史环境中考虑社会问题,进一步培养学生的唯物史观。

(续表)

教学环节	教师活动	学生活动	设计意图

<table>
<tr><th>名次</th><th>富豪</th><th>致富行业</th></tr>
<tr><td>第一名</td><td>四川卓氏</td><td>冶铁</td></tr>
<tr><td>第二名</td><td>四川程郑</td><td>冶铁</td></tr>
<tr><td>第三名</td><td>南阳孔氏</td><td>冶铁</td></tr>
<tr><td>第四名</td><td>山东曹邴氏</td><td>冶铁</td></tr>
<tr><td>第五名</td><td>山东刀闲</td><td>盐商</td></tr>
<tr><td>第六名</td><td>山东东郭氏</td><td>盐商</td></tr>
<tr><td>第七名</td><td>山西罗氏</td><td>盐商</td></tr>
</table>

——《史记》

材料三:

(冒顿单于派人送一封信给西汉王朝皇太后吕雉)"如今你的丈夫也去世了,你成了老寡妇,咱俩如此闷闷不乐,不如搭伙过日子,岂不美哉?"

吕后回信:"我吕雉年老色衰、牙齿都掉了、走路都站不稳了。如果这样做会玷污了您的。"

——整理自班固《汉书》

学生活动:
(三)思想:社会思想混杂,动摇社会安定。
(四)军事:匈奴不断袭扰,侵犯西汉国威。

二、措施

过渡:当时的少年天子刘彻年仅16岁,比大家大不了多少,还是一个懵懂的青春期少年,可他并没有退缩,而是勇敢扛起时代的重任,一步一步解决西汉王朝的问题。你能结合课本57—61页的知识,总结概括汉武帝应对危机,分别在政治、经济、思想、军事方面实行了哪些措施吗?

(一)政治:实施"推恩令"

首先针对诸侯势力过大的问题,汉武帝没有直接暴力削藩除国,而是采纳主父偃的建议,实施了推恩令。

出示材料:推恩令示意图

师:结合课本58页的知识,说说什么叫作推恩令?谁推的恩?(汉武帝)谁受到恩惠?(诸侯嫡长子及其子弟)推恩令前后诸侯领地有什么变化?(越来越小)

学生活动:
观察推恩令前后领地变化,分析得出结论:诸侯国越来越多,诸侯王的封地和势力越来越小。

设计意图:
通过史料实证,结合教材内容和所学知识,引导学生总结出汉武帝实行的相应的解决措施,培养学生"论从史出"的观念和唯物史观。

(续表)

教学环节	教师活动	学生活动	设计意图
	谁才是背后最大的获益者？（汉武帝）为什么呢？推恩令表面上是汉武帝在推广自己的恩德，其实是增加分封的人数，削减诸侯的封地，一边削你的地，一边还要让你感恩戴德，实属高招、妙招！ 过渡：面对豪强地主的骄横无理，汉武帝还设置刺史制度。 出示材料： 一、豪强强占田宅超过定制，以强凌弱； 二、长官背公向私，侵渔百姓； 三、长官不恤百姓，肆意杀人； 四、长官任人不当，徇私弃贤； 五、长官的子弟仗势欺人，为非作歹； 六、长官与豪强勾结，背令枉法。 ——改编自《刺史六条》 师：刺史是谁派去的？刺史主要监视哪些人和哪些方面？ 过渡：通过这些措施，进一步加强了中央对地方的控制，加强了中央集权。 （二）经济：盐铁专卖 过渡：地方豪强财力雄厚，而中央却国库空虚，面对这一局面汉武帝又是如何巧妙构思的呢？ 出示材料：西汉盐铁官分布图（图片略） 师：汉武帝想从根本上把国民经济命脉（盐铁的经营权）从豪强地主手里转移到国家手里，在全国各地设盐铁官。 师：盐铁专卖主要打击了谁？（豪强地主）而谁又从中获利了呢？（百姓：保证正常的生活所需；中央政府和皇帝：巧妙地削弱地方财力，让大量财富集中于中央，充盈国库。） 除此之外，汉武帝还把铸币权收归中央，统一铸造五铢钱。 出示材料：秦半两和五铢钱 秦半两　　　　五铢钱 师：五铢钱因为重量较轻，携带方便，通行达七百年之久，是中国历史上使用时间最久的钱币之一。 过渡：汉武帝又在全国范围内统一调配物资，平抑物价，让老百姓吃得起、用得起，生活安定、经济发展，这些措施进一步加强了中央对经济的控制，加强中央集权。	解读史料，认识刺史监视的对象和内容。	

教学环节	教师活动	学生活动	设计意图
	（三）思想："罢黜百家，尊崇儒术" 过渡：最难控制的就是人的思想，面对诸子百家思想混杂的社会局面，汉武帝采纳了董仲舒提出的建议"罢黜百家，尊崇儒术"。 师：什么叫作"罢黜"？（抑制）百家指哪几家？包含儒家吗？为什么汉武帝最终采纳了董仲舒的建议尊崇儒术呢？ 出示材料： 　　董仲舒把儒家思想与当时的社会需要相结合，并吸收了其他学派的理论，创建了一个以儒学忠君守礼为核心的新的思想体系，深得汉武帝的赞赏。 ——整理自统编版《中国历史》七年级上册 师：董仲舒不断汲取各家思想之精华，适应社会发展和君主统治所需，创建了一个以儒学为核心的新的思想体系。 师：新在哪里？（春秋战国时期儒家思想主要是以"仁"为核心，倡导民贵君轻，但是汉武帝时期却以忠君守礼为核心，忠君代表以君主为核心，以法令、权威来让臣民慑服，加强中央集权）这是哪家的思想？（法家）由此可见此时的儒家思想融合了各流派理论，符合君主集权的需要，受到汉武帝的赞赏，也成为历朝历代统治者巩固大一统的精神支柱。 师：汉武帝又是采取什么方式，统一思想、尊崇儒术的呢？ 出示材料：秦坑儒谷和汉代讲经图 　　　秦坑儒谷　　　汉代讲经图 师：秦朝为统一思想，采取了焚书坑儒的措施，汉武帝运用了另一种方式——办学（太学等机构）讲经，"经"主要指哪家学派的经典？（儒家的《诗》《书》《礼》《易》《春秋》）秦汉都是在统一思想，哪种方式更有智慧呢？为什么？ 师：汉武帝通过教育，将其倡导的思想渗透到社会的各个阶层，加强中央对思想的控制。并且西汉时期入仕从政必须要通晓儒学，这就意味着西汉的统治阶层皆是儒士，进一步加强了中央对各个阶层思想方面的控制，加强了中央集权。	理解历史概念，形成正确的历史解释。 秦汉对比，分析秦汉统一思想的不同方式，感受汉武帝的雄才大略。	

（续表）

教学环节	教师活动	学生活动	设计意图
	过渡:汉武帝通过政治、经济、思想方面的措施,使西汉国力得到了提升;面对边疆匈奴的侵扰,汉武帝又将如何应对呢? （四）军事:北击匈奴 师:西汉与匈奴的交战中,最有名的就是漠北战役,请大家观看视频,结合教材60页,找到这场战役的几个关键词(时间、将领、结果、影响)。 播放视频:《漠北战役》 师:汉武帝通过北击匈奴,进一步加强中央对边疆的控制,在军事上加强了中央集权。 在与匈奴的战争中,汉武帝没有摒弃其他民族的文化,不同的文化相互碰撞,也相互融合,慢慢地形成我们民族特有的文化基因。 出示材料:西汉疆域图(图片略) 汉武帝将汉初"文景之治"时的两百余万平方公里拓展到四百余万平方公里。而人口经过暴增之后,已经达到6000万上下,占当时世界的总人口的60%。 ——整理自葛剑雄《中国历代疆域变迁》 师:西汉疆域相比秦朝和西汉初年"文景之治"时更加辽阔,人口数量迅速增加,占世界总人口数的60%。 出示材料: 中国之政,得秦皇而后行。中国之境,得汉武而后定。 ——夏曾佑《中国古代史》 师:汉武帝时期,广西、贵州、云南等地首次纳入中央版图,奠定了今日中国版图的基础。 出示表格:	观看视频,了解漠北战役。	

领域	问题	解决措施	影响
政治	诸侯势力过大,豪强地主骄横	实施"推恩令"	巩固大一统
经济	地方豪强财力雄厚,国库空虚	盐铁专卖	
思想	社会思想混杂,动摇社会安定	"罢黜百家,尊崇儒术"	
军事	匈奴不断袭扰,侵犯西汉国威	北击匈奴	

（续表）

教学环节	教师活动	学生活动	设计意图
	师：回顾本课，汉武帝在政治上实施"推恩令"，经济上盐铁专卖，思想上"罢黜百家，尊崇儒术"，军事上北击匈奴，进一步加强了中央对地方、对边疆的统一领导，形成高度中央集权的政治局面，巩固了大一统。西汉王朝由此疆域辽阔、人口众多、政治清明、经济发展、社会安定、国力强盛，这是一个比"文景之治"更加繁荣开放的治世，西汉开始进入鼎盛时期。 而建立这一切的，就是汉武帝。 出示材料： 他建立了一个国家前所未有的尊严。 他给了一个民族挺立千秋的自信。 他的国号成了一个民族永远的名字。 ——《汉武大帝》 师：少年天子汉武帝有勇气、有担当，运用智慧解决了社会问题，用自己的胸怀包容不同民族、不同文化，从汉武帝时期开始，世界开始真正认识到中国，国家有尊严、民族有自信的大国形象开始出现在世界舞台之上，让汉不仅仅成为一个王朝的名字，更成为一个民族永远的名字。	总结本课知识，探究汉武帝大一统的影响。	
三、影响	学生活动：这样的大一统会产生什么影响？ 师：大一统会促进国家繁荣、社会发展，因此它成为后世追求的一种典范。 大一统促进民族融合，各民族在历史发展中相互取长补短，兼收并蓄，形成强大的凝聚力和强烈的认同感，成为你我心中无法割舍的情怀。		通过进一步阐述大一统的重要影响和意义，培养学生的家国情怀，落实历史学科的核心素养。
板书设计	单元主题：大一统 第12课 汉武帝巩固大一统王朝 一、政治：实施"推恩令" 二、经济：盐铁专卖 ⎫巩固 三、思想："罢黜百家，尊崇儒术" ⎬大 四、军事：北击匈奴 ⎭一统		

三、如何进行说课

"说课"是在备课的基础上，面对同行或专家领导，在规定的时间内，针对具体课题，采用讲述为主的方式，系统地分析教材和学生等，并阐述自己的教学设想及理论依据，然后由同行评议，达到互相交流、共同提高的一种教研活动。说课一般在授课之前，要求说课者就本人对所授课内容的教学目标、重点难点的确立和分解以及对教材内容的处理,包括教学程序的设计、教学方法的选择以及教学手段的采用,学法指导等诸方面观点的简述。说课最重要的就是告知听课者:你要如何上课,你为什么这么上课。说课过程要简短精要,主要由以下几个方面组成。

（一）说教材

说清教材在单元中的地位,教材内教学内容的逻辑关系。说教材的目的有两个:一是确定学习内容的范围与深度,明确"教什么";二是揭示学习内容中各项知识与技能的相互关系,为教学顺序的安排奠定基础,知道"如何教"。说教材包括以下两个方面内容。

（1）说教材的地位、作用。一是理清楚课标和教材的关系。要说明课标对所教内容的要求。二是说明所教教学内容在节、单元、年级乃至整套教材中的地位、作用和意义。三是说明教材编写的思路与结构特点。

（2）说教材的重点、难点。教学重点除知识重点外,还包括能力和情感的重点。教学难点,是那些比较抽象、离生活较远或过程比较复杂,使学生难以理解和掌握的知识,并要具体分析教学难点和教学重点之间的关系。

案例:说教材[①]

【教材地位】

"独立自主的和平外交"选自统编版《中国历史》八年级下册第五单元第 2 课。这一单元主要介绍新中国成立后我国在国防建设和外交方面所取得的成就。整个单元展现了新中国建设的巨大成就,是教师实施爱国主义教育和学生落实家国情怀的重要单元。本课承上启下,涉及内容是新中国成立初期执行独立自主的外交政策的开始及成就,在中国现代外交史上具有开篇的地位和作用,学习本节内容有利于理解今天的中国外交和观察当今国际事务。

重点

本课的重点是和平共处五项原则。

难点

新中国成立初期美苏对华政策的不同和万隆会议上一些国家对中国的指责、攻击所揭示的国际关系的本质。

（二）说学生

说学生,就是分析教学对象。因为学生是学习的主体,因此教师说课必须说清楚学生情况。这部分内容可以单列,也可以插在说教材部分里一起说。说学生包括以下三个方面内容。

（1）说学生的知识经验。这里说明学生学习新知识前他们所具有的基础知识和生活经

---

① 案例来源:广东省惠州市大亚湾第一中学（初中部）周泽欣老师。

验,这种知识经验对学习新知识产生什么样的影响。

（2）说学生的技能、态度、习惯。就是分析学生掌握学习内容所必须具备的学习技巧,以及是否具备学习新知识所必须掌握的技能和态度。

（3）说学生的心理特点与学习风格。说明学生年龄特点,以及由于身体和智力上的个体差异所形成的学习方式与学习风格。

案例:说学生[①]

　　学生通过前面的学习,已经掌握了古代中国的外交及近代中国的屈辱外交,对于外交的基本内涵,已经有了初步的认识。大多数学生对周恩来总理了解比较多,便于本课的学习。八年级的学生在学习方面已经具有接受较为系统的知识、理解相对抽象的历史概念、探究比较复杂的历史问题的能力。但同时他们看问题还不够全面深刻,还具有求新鲜、求趣味的特点。学生在学习过程中,更多地依靠形象思维,而抽象、逻辑思维能力则相对较弱。

（三）说教学目标

教学目标的确定要依据课标的规定、教材呈现的教学内容以及学情三个方面综合考虑。说教学目标至少也应该包括以下三个方面的内容。

（1）教学目标的具体内容。教学目标应该包括知识与技能、过程与方法以及情感态度三个方面的目标。尽管现在强调核心素养的培养,但并不意味着三维目标已经过时。实际上三维目标恰恰是在具体课时中培养学科核心素养的重要桥梁。除了三维目标之外,还应该说清楚本课所着眼涵育的核心素养。

（2）目标的确定依据。需要说清楚,确定目标的理论依据,目标与教材分析和学情分析之间的关系。

（3）目标的可行性。教学目标需要符合课标的要求,切合各种层次学生的实际,目标要具体、明确,能直接用来指导、评价和检查该课的教学工作。

案例:说教学目标

　　通过阅读教材相关材料,结合教材中所给的地图和图片（过程方法）（史料实证素养）,知道中国的外交政策,能说出"和平共处五项原则"提出的背景、简单过程和主要内容、作用（时空观念素养）,掌握万隆会议的相关史实及"求同存异"方针（知识）。分析新中国的外交态度,提高识图、解图的能力,以及归纳、分析解释历史问题的能力（能力）（历史解释素养）。感受周恩来等老一辈革命家的外交风范,领悟"和平共处五项原则"和"求同存异"方针的含义,及其对处理国与国、人与人关系的重要价值;分析我国的外交成就,增强爱国热情（情感态度价值观）（家国情怀）。

---

① 案例来源:河南省郑州市郑东新区美秀初级中学(金水校区)于晴老师。

（四）说教学方法

说教学方法就是说出选用什么样的教学方法和采取什么样的教学手段，以及采用这些教学方法和手段的理论依据是什么。

（1）说教法组合及其依据。教法的组合，一是要考虑能否取得最佳效果，二是要考虑师生的劳动付出是否体现了最优化原则。一般一节课以一二种教学方法为主，穿插渗透其他教法。说教法组合的依据，要从教学目标、教材编排形式、学生知识基础与年龄特征、教师的自身特点以及学校设备条件等方面说明。因为教学过程是教与学的统一过程，这个过程必须是教法和学法同步的过程，因此教师在说课时还要说明怎样教会学生学习的方法和规律。

教法相对应的是学法，学法指导也是说课过程中不可缺少的一个环节。说教学法，切忌只罗列教学法的名称。有些教师在这个环节中多一言以蔽之：我运用了启发式、直观式等教学法，学生运用自主探究法、合作讨论法等，甚至有的教师把"学法指导"误解为：解答学生疑问、学生习惯养成、简单的技能训练。至于教师如何启发学生，怎样操作，却不见下文。

（2）说教学手段及其依据。教学手段是指教学工具（含传统教具、课件、多媒体、计算机网络等）的选择及其使用方法，要尽可能使用现代化的教学手段。教具的选择一是忌多，使用过频，使课堂教学变成教具或课件的展览；二是忌教学手段过于简单，不能反映学科特点；三忌教学手段流于形式。除此之外，还需要说明是怎样依据教学目标、教材内容、学生的年龄特征、学校设备条件、教具的功能等来选择教学手段的。

案例：说教学方法

说教法：

新课标要求充分发挥学生的主体性、积极性和参与性，培养学生探究历史问题的能力和实事求是的科学态度。因此，在教学过程中要求学生自学教材上编写的较为详细的内容，对于重点、难点，我采用：

（1）图片展示法：高一学生，形象思维能力较强，抽象思维能力相对薄弱。通过展现古代希腊文明和地理环境组图，加深学生对城邦的印象，适时引导学生思考城邦形成的原因。

（2）比较法：运用比较法，从地理环境方面分析、比较古希腊民主制度和中国专制主义中央集权制度的不同。

（3）课堂讨论法：教学过程中，对于思维能力要求高的问题，教师可以采用课堂讨论的方式解决。这既可锻炼学生的发散性思维，又可营造同学间相互探讨的氛围。

（4）情景教学法：学生想象自己作为一个希腊城邦公民参加政治活动的情形，体会古代西方世界的公共政治氛围，培养学生自主学习的意识，和主动参与、大胆质疑的创新思维，使学生的智能和认知水平得到发展。

说学法：

与教法相适应,我通过组织学生课前预习、课堂讨论、合作学习与合作探究,培养学生的自学能力、观察能力和创新思维能力。

总之,教法和学法的设计,我尽可能以培养学生独立思考和探究能力为目的。因为只有通过个体独立思索、探究发现而建立的知识系统,才是最稳定的。

(五) 说教学程序

说教学程序就是介绍教学过程设计,这是说课的重点部分。因为只有通过这一过程的分析才能看到说课者独具匠心的教学安排,它反映了教师的教学思想、教学个性与教学风格。也只有通过对教学过程设计的阐述,才能看到教学安排是否合理、科学和艺术。教学过程通常要说清楚下面几个问题。

(1) 说教学思路的设计及其依据。教学思路主要包括各教学环节的顺序安排及师生双边活动的安排。教学思路要层次分明,富有启发性,能体现教师的主导作用和学生的主体作用。还要说明教学思路设计的理论依据。

(2) 说教学重点、难点的处理。教师高超的教学技艺体现在突出重点、突破难点上,这是教师在教学活动中投入精力最大、付出劳动最多的方面,也是教师的教学深度和教学水平的标志。因此教师在说课时,必须有重点地说明突出教学重点、突破教学难点的基本策略。也就是要从知识结构、教学要素的优化、习题的选择和思维训练、教学方法和教学媒体的选用、反馈信息的处理和强化等方面去说明突出重点的步骤、方法和形式。

(3) 说各教学环节的时间分配。要联系实际教材内容、学生实际和教学方法等说出各个教学环节时间安排的依据。特别要说明一节课里的最佳时间(20—25分钟)和黄金时间(15分钟)是怎样充分利用的。

(4) 说教学设计及其依据。说板书设计,主要介绍这堂课的板书类型是纲目式、表解式、还是图解式,什么时候板书,板书的具体内容是什么,板书的展现形式是什么,等等。板书设计要注意知识的科学性、系统性与简洁性,文字要准确、简洁。说依据可联系教学内容、教学方法、教师本身特点等加以解释。

(5) 说教学效果的预测。教学效果是教学目标的归宿和体现。教学效果的预测,既是教师实现教学目标的期望,又是实现教学目标的自我把握程度。教师在说课时,要对学生的认知、智力开发、能力发展、思想品德的养成、身心发展等方面作出具体的、可能的预测。

说教学过程需要注意两点:

一是说课不等于介绍教案。教案只说"怎样教",而说课稿重点说清"为什么要这样教"。教案是教师备课这个复杂思维过程的总结,多是教学具体过程的罗列,是教师备课结果的记录,是教师进行课堂教学的操作性方案。它重在设定教师在教学中的具体内容和行为,即体现了"教什么""怎么教"。说课稿侧重于有针对性的理论指导的阐述,它虽也包括教案中的精华部分(说课稿的编写多以教案为蓝本,作为参考的第一手材料),但更重要的是要体现出执教者的教学思想、教学意图和理论依据,即思维内核。简单地说,说课稿不仅要精确地说出"教"与"学"的内容,而且更重要的是要从理论和实践的结合上具体阐述"我为什么要这样教"。教案是平面的、单向的,而说课是立体的、多维的。说课稿是教案的深化、扩展与完善。

二是要区分说课和讲课。有些教师在说课过程中一直口若悬河,激动万分地给听者"上课":讲解知识难点、分析教材、演示教具、介绍板书等,把讲给学生的东西照搬不误地拿来讲给下面就座的各位评委、同行们听。其实,如果他们准备的内容和课程安排面对的是学生,可能会是一节很成功的示范课。但说课绝不是上课,二者在对象、要求、评价标准以及场合上具有实质性的区别,不能等同对待。

说课是说教师的教学思路轨迹,说教学方案是如何设计出来的,设计的优胜之处在哪里,设计的依据是什么,预定要达到怎样的教学目标;说课就好比一项工程的可行性报告,而不是工程本身。由此可见,说课是介于备课和上课之间的一种教学研究活动,对于备课是一种深化和检验,能使备课理性化,对于上课是一种更为严密的科学准备。

案例:说教学程序

环节一:导入新课

著名教育家布鲁纳指出:"对学生最好的刺激乃是对所学教材的兴趣。"因此我采用设置情景的方法进行导入,我会和学生玩一个知识竞猜游戏。由我说4个关键词:江苏淮安、南昌起义、总理、外交家,同学们猜人物。学生能快速猜出来是周总理;然后带领大家通过课文学习,一睹周总理的外交才能,然后切入到新课学习:第15课"独立自主的和平外交政策"。

【设计意图】知识竞猜游戏这样的设计,能够充分调动学生的感官,让学生在轻松愉悦的氛围中进入学习,增强学习的积极性。

环节二:新课讲授

在新课讲授这一环节,我主要分为两个部分:和平共处五项原则和万隆会议。

一、和平共处五项原则

1. 新中国成立初的外交背景

我会在课件上展示漫画《清政府和八国联军》,请学生尝试用几个词来归纳近代中国外交的特点,并阐述其原因。学生可能会回答:不平等、不独立、无自主权等特点,原因是中国国力的落后与当时政府的腐败无能。及时给予学生肯定之后,我会在课件上展示毛主席在开国大典上对外宣布的一段话:本政府为代表中华人民共和国全国人民的唯一合法政府。凡愿遵守平等、互利及互相尊重领土主权等原则的任何外国政府,本政府均愿与之建立外交关系。请学生思考:这段文字说明了新中国成立后我国外交政策的什么特点?并用几个关键词来进行概括。学生这时可能会回答:独立、自主、和平。我会给予学生肯定,请学生仔细观看我播放的视频——《建国初期外交形势》,思考这时新中国面临的是什么外交形势?学生可能会回答:外交形势比较严峻。在学生回答的基础上我会进行点拨讲解,以便学生更加明晰这时候我国所面临的外交形势,明确这时外交政策和外交原则制定的背景。

【设计意图】这样的设计充分考虑了学生的身心发展特点,有助于集中学生的注意力,让学生充分参与到教学活动中,发挥学生的主体作用。

2. 和平共处五项原则

我会请学生们制作表格并完成填空。在学生了解关于和平共处五项原则的基本史实之后,我会顺势提问:那么我们如何理解和平共处五项原则之间的内在联系?为什么和平共处五项原则能够赢得国际社会的广泛认同?学生回答后,我会强调:五个原则是一个整体,"互相尊重领土主权"是基础,"和平共处"原则是目标,其他原则互相影响着。因为这些理念代表了世界大多数国家的心声,在强权政治盛行的时候,和平共处五项原则显示出了中国自古以和为贵的传统和诚意,因此能够赢得各国的支持和认同。

【设计意图】在师生互评中,提升学生分析问题的能力。

说课过程中还需要注意几点。

一是要正确处理好备课与说课的关系。备课和说课都是围绕一个具体的教学课题展开的,二者有着并列、相辅相成的关系,但其表现内容不同。备课是教师在吃透教材,掌握大纲和课程标准的基础上精心编写教案的活动。它有明确的教学目标,具体的教学内容,有连贯而清晰的教学步骤,有启发学生积极思维的教学方法,有板书设计和检测试题等。而说课,则是教师在总体把握教材内容的基础上,说出在教学过程中,教师对整个环节具体操作的想法和步骤,以及这些想法和采用这些步骤的理论依据。简单地说,说课主要是回答自己为什么这样备课的问题。因此,说课教师不能只按照自己写好的教案把上课的环节作简单概述。

二是说课应重视新课程标准。重视新课程标准,就是要有新的教育理念。所以课标本身既是说课的内容,又是说课内容的依据,它是教师的执教之纲。它对教学工作提出了具体的安排与要求,为教师掌握教学内容规定了必须达到的标准、具有的权威性和指导性。

三是加大学法指导的力度。俗话说"授人以渔",学法指导是转变教学观念的突破口。所谓学法,即说明在教学过程中,针对所授课内容的难易程度,结合学生的实际情况,告诉学生掌握知识的方法或技巧。我们倡导的由模仿性学习到独立性学习再到创造性学习,由被动性学习到主动性学习再到积极性学习,这种学习能力的形成都有赖于教师平时的学法指导。所以说课中学法指导应该作为一个重点。

四是说课应设计立意高远的课堂教学活动。新的课标"新"在何处? 一是要彻底改变知识传授的倾向,强调形成积极主动的学习态度,使获取知识和技能的过程,成为学会学习和形成正确价值观的过程。二是要彻底改变学生的学习方式,确立学生在课程中的主体地位,建立学生自主、探讨、发现以及合作学习的机制,同时要拓展学生的学习空间,培养创新精神和实践能力,增强社会责任感,重视语文的熏陶感染作用,尊重学生在学习过程中的独特体验。所以,我们的教学设想、教学过程,都应该有立意高远的课堂教学活动。

五是说课要注意理论和实践的有机结合。理论和实践的有机结合是说课的灵魂。说课的性质明确地要求用教育理论指导教学实践。说课要言之有理，言之有据，言之有序，言之有情。要做到说做法，明道理；说教学整体思路，明教学指导思想；说教学目标，明教学目标制定的依据。理论从何而来？一是教育学、心理学理论，二是学科知识理论，三是大纲和课标，四是近年来的教改经验和成果。要避免理论与实际相脱节。理论太少，就会降低说课的水准；理论空洞无具体内容，就会有骨无肉，显得虚张声势。

四、如何设计板书

板书是教师在课堂教学中运用文字、符号、图表，巧妙结合语言媒体等向学生传播信息的教学行为方式。它能提纲挈领地勾画出教科书的脉络，突显教科书的重、难点，对培养学生的思维、观察、综合及分析问题的能力有很大的帮助，特别是在现代教育技术广泛普及的今天，板书的作用日益被忽略，但它在落实知识点、构建教学内容、激发学生兴趣等方面依然有不可替代的作用，依然显示出强大的生命力，一板精练优美的板书无疑是一件艺术品。

（一）设计板书的基本原则

在实际教学活动中，我们认为历史教学板书主要体现以下原则。

1. 针对性原则

每一个板书都要体现教学目标，有着特殊的教学任务。教师一定要认真钻研教材，根据教科书的重、难点进行设计。

2. 科学性原则

中学历史教学的板书不仅是对教学内容的一种表现，更是对教学思想和理念的体现和升华。

3. 概括性原则

板书不是教科书的简单重复，而是画龙点睛，应该提纲化和概括化。

4. 启发性原则

板书要富有启发性，能够引人深思。比如有教师在上"太平天国运动"一课时设计了如下板书（图 2-2）：

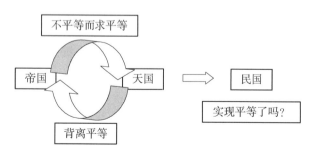

图 2-2 "太平天国运动"板书示例

(二) 设计板书的案例

1. 板书设计的主题要突出历史核心素养

板书主题是历史板书设计系统中的起点,在板书设计中发挥核心作用。为了能够提升学生历史学科的核心素养,板书主题设计应满足以下三方面的要求:其一,主题的选择应该与现实生活实际问题相联系,将教材上专业抽象的历史知识与真实的历史情境相互结合,让专业知识具体化、形象化,让学生提升探究、合作、参与、学习的兴趣。其二,板书主题要有明确指向性,有历史学教学的学科价值与情感价值,主题设计应紧密围绕历史学科素养,从而实现板书功效与历史学科知识学习、素养发展、情感升华的有机整合,而非支离破碎的片段性知识。其三,所选主题应具有探索性、开放度,有持续探讨的意义和价值。

2. 选择板书设计模式(提纲、表格、图示、对比)的依据是历史核心素养

历史时空观念素养的提升可以借鉴的板书模式为数轴版。在确定好研究主题后,我们可以先作一条时间数轴,然后根据历史发展演变,按照时间的顺序将主题历史事件标识在时间数轴上,并做好相应的历史解释。

这种板书模式,对于孤立单一的课题来说,既可以追踪过去,也可以展望未来。通过时间轴的展现,更易于学生把握历史发展的脉络,发掘历史事件的内在联系,使孤立的历史知识变得形象、有条理,形成具有逻辑的知识体系,更容易提炼出隐藏在历史事件背后的历史规律。这种板书方法提高了学生对历史知识的再认再现能力和分析概括能力,提升了时空观念的核心素养。我们以统编版教材《中外历史纲要(上)》第 23 课“从局部抗战到全面抗战”为例,板书可以做如下设计(图 2-3):

中国抗日战争事变年代尺

1931年	1932年	1935年	1936年	1937年	
九一八事变	一·二八事变	华北事变	西安事变	七七事变	八一三事变
东北	上海	华北		北平	上海
局部侵华	扩大侵华	中日矛盾——主要矛盾		全面侵华	继续侵华
东北抗日义勇军	第十九路军	一二·九运动		抗日民族统一战线正式形成	淞沪会战

图 2-3　“从局部抗战到全面抗战”板书示例

本板书设计简洁明了,基本沿着历史发生的时间顺序整理,便于教与学同步进行、推进且有机配合,可贯穿课堂始终。同时我们可以根据时间轴的特性,对于关键的时间点进行标记诠释,这样就避免了历史时间概念的误导,从而提升学生的时空观念素养。

历史学科包括唯物史观、时空观念、史料实证、历史解释、家国情怀五大核心素养,这五大核心素养有着不同层次的区分,唯物史观是统领历史核心素养的灵魂,时空观念、史料实证、历史解释是实现历史教学的方法和手段,而家国情怀则是实现历史学科教育的德育目标。就整体落实历史学科素养来说,总分式板书是可以借鉴的一类板书模式。总分式板书

是体现历史课题整体和局部之间联系的，它能充分强调教材的重、难点，发掘知识间的内在联系，形成一个知识结构的体系。

优秀的总分式板书设计首先需要教师研究历史知识联系，从时间、空间、逻辑几个维度上组成一个有机的知识系统；它要反映出教师授课的过程，能体现教师要点把握、概括剖析的能力，也能够理顺教学思路，启迪学生。在唯物史观的统领下，通过史料实证、时空观念、历史解释素养的培养，提升学生的家国情怀，使学生历史综合素养大大提高，在完成历史课堂的智育的同时也可以达到课堂德育的目的。如统编版《世界历史》九年级下册第四单元第13课"罗斯福新政"，按照总分式板书模式，可以做如下设计（如图2-4）：这节课的核心主题是"罗斯福新政"。将"罗斯福新政"背景、内容措施和作用意义作为并列的层次，板书总分脉络清晰、层次分明、一目了然，能尽可能地通过板书将零散的知识系统化。历史背景和具体内容可以作为提高学生时空观念、史料实证素养的手段，而对于罗斯福新政的评价则是在唯物史观的指导下进行的历史解释。当上完这一课后，教师可以进行总结，帮助学生通过对"罗斯福新政"内容和实质的学习，充分认识到资本主义社会的本质，从而培养学生对社会主义的热爱，提升家国情怀，用以达到历史学科的德育目的。

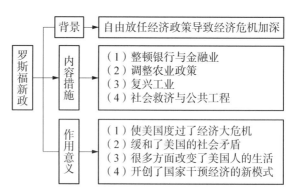

图2-4 "罗斯福新政"板书示例

3. 完善板书设计的过程，要体现历史核心素养

历史学科核心素养从促进学生各方面素质全面发展考量，意在使学生通过历史课堂的学习形成正确的世界观、人生观、价值观，提升具有历史学科特点的品格和核心素养。所以我们在设计板书时也要关注学生的真实需要，突出学生的主体地位，根据学科课题特性，让学生参与进来，要求教师把教育教学的主体地位还给学生。板书设计时教师把学生置于板书设计的主体，倾听他们的需求，同时也可以指导他们围绕所在的课题，自行设定学习板书体系，课堂上让学生参与到板书的书写中。这种方式能够将学情与板书紧密结合，发挥板书的最大效用，来提升学生的历史核心素养。总之，提升学生的历史核心素养绝非一朝一夕的事情，历史教学板书设计虽然是一个传统的教学方式，但是在培养核心素养方面仍然是一个有效途径。作为一线历史教师，在教学时一定要充分利用好板书这一方式来提升学生的历史核心素养。

第三章
基于核心素养的历史教学单元设计

教育部普通高中课程标准修订综合组核心成员、福建师范大学余文森教授曾就学科核心素养的形成机制指出:学科知识与学科活动是学科核心素养形成的两翼。[①] 其中,学科知识是学科核心素养形成的主要载体,学科活动是学科核心素养形成的主要路径。事实上,知识并不能自然而且必然地形成素养。因为以课时为单位构建的学科知识往往是相互割裂的、零散的,只有系统的、可建构的知识才可以成为学科素养的载体;同样作为素养形成路径的学科活动,也不同于单一的课堂教学活动,能够形成体系化知识的学科活动,能够有助于核心素养形成的学科活动,也必然是经过系统规划,有组织、有目标、有任务驱动的深度学习活动。基于大概念的单元主题教学设计便是这种知识构建和学科活动展开的最有效的方式之一。

单元设计是在单元教学的基础上形成的一种教学设计模式,是在系统论的整体性原理指导下对单元教学进行创造性设计的过程。单元设计与课时教学设计都是为了通过"设计"促进教学过程的最优化,但是单元设计更注重教学目标、内容、方法和策略、评价的整体性,具有层序性、生本性等特点。[②]

第一节　单元设计的理论与相关概念

《普通高中历史课程标准(2017年版2020年修订)》中强调要重视"以学科大概念为核心,使课程内容结构化,以主题为引领,使课程内容情境化,促进学科核心素养的落实"。[③] 这为单元主题学习提供了重要依据。

一、单元主题学习以及相关概念

单元是按照一定目标或主题所构成的教材与学习经验模块。华东师范大学李月琴老师也强调,单元是依据课程标准或课程纲要,围绕主题、专题、话题、问题和活动等选择学习材料,并进行结构化组织的学习单位。[④]

单元教学是指在依据课程标准、历史教材以主题、专题等形式的学习单位中,淬炼单元

① 余文森.论学科核心素养形成的机制[J].课程·教材·教法,2018(01):4—11.
② 蔡敬辉,张锋.我国单元设计的发展历程与实践路径[J].福建教育,2019(45):10—12.
③ 中华人民共和国教育部.普通高中历史课程标准(2017年版2020年修订)[M].北京:人民教育出版社,2020:4.
④ 上海市教育委员会教学研究室.中学历史单元教学设计指南[M].北京:人民教育出版社,2018:1.

和单课内容主旨,围绕主旨确定目标,并在教学目标指向下,通过典型教学资源的选择与运用、有效问题的链接、学习任务的驱动、体现历史思维的作业设计以及相关形成性评价方案的制定等一系列学习情境的创设所架构起的形散神聚的结构化历史知识的教学活动。从教学的立场看,单元是教学过程中相对完整的学习段落,单元教学设计体现为一个主题在一定时间段的教学计划。单元教学设计的要素,有目标、内容、活动、作业、评价和资源等。单元教学设计结构表征为单元教学设计各要素之间的关联、搭配、安排。[1]

中学历史学科的单元教学设计是围绕史学思想、方法、目标的分解与达成,对单元教学中各关键要素提出实践流程、属性、路径、策略等规格导向的一种操作指引。单元设计可以视作课程开发的基础性工作。以立德树人为目标的课程体系,包括核心素养的顶层设计和课程标准的研制,都必须转化为单元设计,才能具有实际操作意义,最终落实到教师的课堂教学,这是一个环环相扣的链环。单元设计可以说是教师教学实践活动中绕不开、躲不掉的话题,基于核心素养的单元设计在很大程度上是撬动课堂转型的一个重要抓手。

二、单元主题教学的历史与现状

"单元主题学习"的理念,最早由比利时的德克乐利(Decroly, Ovide)提出,是 19 世纪末欧美"新教育运动"的产物,其基本思想是打破学科界限,重组单元知识内容进行"整体化教学"。

我国的单元教学思想发轫于 20 世纪初,五四运动后,单元主题学习理念经梁启超引介传入中国并沿用至今。当时梁启超先生倡导中学国文教材编写时要遵循分类编排的理念和教学中要采用整组施教的观念,提倡选读国文时应该拿同类的一组 10 篇文章相互比较来看,或者选同一类的题目来供学生学习。1923 年,陈鹤琴进行克伯屈设计教学法实验,采取了单元教学方法。这个时期虽然没有提出"单元设计"这个概念,但是国文教材的系统化、整体化,学生求知时遵循的归类思维、比较思维等,都是单元教学的雏形。随后的学科教材都借鉴了按照章节(单元)进行编排的方式,课堂教学也一般按照章(单元)中的课时内容来进行。在这个阶段,学者和教师之所以关注"单元",是希望将相近的学习内容进行选编,以满足知识内容的关联性和内在逻辑性的要求。从 20 世纪初一直到 20 世纪六七十年代,教材编排虽然遵循单元形式,但缺乏整体性和系统性,大部分一线教师在教学中采用的仍然是单篇教学。

20 世纪 70 年代从教育技术学角度提出了单元设计"三设问"(WHH):第一问,到哪里去? 亦即从支援学生怎样学习的角度来明确教学的意图所在(课题分析图);第二问,怎样才能实现目标(教材与教案),亦即思考目标达成的方法;第三问,怎样实现目标,亦即揭示目标达成的评价方法(评价计划)。这样,"目标、教学、评价"三位一体的状态视为"整合性",成为"单元设计"最重要的指标。就是说,是否能够根据教学目标确认教学成果,是否能够根据教学目标准备教与学的活动,是否能够展开同教学活动、教学内容相一致的评价活动。这就是

---

[1] 上海市教育委员会教学研究室.中学历史单元教学设计指南[M].北京:人民教育出版社,2018:2.

所谓的"目标、教学与评价的一体化"。从单元设计的"三设问"可以引申出单元设计的"三重心"：目标的设计（明晰教学目标）、方法的设计（聚焦知识建构）与评价的设计（有效反馈信息）。①

20世纪八九十年代，在世界整体教育思潮和布鲁姆教育目标分类学理论的影响下，我国一些专家学者依据本国国情结合实际情况，对单元教学进行了不少理论和实践上的创新。例如，李吉林将小学语文教材进行结构优化，开展了"四结合"大单元教学，把语文教学中的相关要素有机地结合起来，使学生在学习过程中既达到了对整个单元"共性"的掌握，又达到对一篇篇课文"个性"的领悟。② 窦桂梅结合儿童自身特点、学习现状以及课程单元，从教材自身建构，提出"单元主题教学"，主张教师要挖掘单元主题内涵，通过主题讲读、主题作文、主题阅读三条路径完成教学。③ 该时期的单元设计研究主要聚焦在"主题教学研究"，尝试将系统论的整体与部分的辩证关系引入单元教学，期望产生整体大于部分之和的教学效果，其最终的教育目的均指向学生阅读、作文写作、交流沟通等能力的提升。这个时期单元设计主要集中在语文、英语等语言类学科，研究的对象多在小学学段。

近年来，随着新课程改革的推进，越来越多的人认识到"核心素养"是公民胜任新时代挑战的关键能力和必备品格，是当今教育发展的潮流和必然诉求，它规约了学校教育的方向与方法。传统的以应试为目标、以碎片化为特征的课时主义教学，已经不能满足学生学科核心素养的发展需求，对课程进行必要的整体规划设计恰逢其时。越来越多的教育研究者和一线教师开始聚焦于单元设计④，探索指向发展学生学科核心素养的单元教学设计思想、程序和方法，并开展了相应的教学实践。例如：2015年，钟启泉探讨了基于核心素养的单元设计的意义与价值、建构主义单元设计的要素及其发展趋势与基本诉求。2019年开始，周初霞聚焦生物学大概念，阐述了整体教学设计的案例，研究了指向学科核心素养的单元学习目标、以"情境—问题—活动"为主线的单元教学蓝图和以学科素养达成为导向的单元教学评价等要素。⑤ 崔允漷提出"大单元设计"的理念，将单元当做一个微课程，定义为一种学习单位，与教材单元区别开来，一个单元就是一个学习事件、一个完整的学习故事。在这一时期，单元设计在学生情感态度的养成、思维方式与习惯的形成以及核心素养的发展等方面发挥了独特作用，并由于强调课程设计的整体性、学生活动的情境性、教学评价的一体性，成为落实核心素养的一个重要抓手。就历史学科而言，比较集中的关注大单元教学设计大体开始于2017年新课程改革以后。2018年，人民教育出版社出版了由上海市教育委员会教学研究室编著的《中学历史单元教学设计指南》，该书采用文献研究、行动研究、案例研究等方式，回顾、总结了上海"二期课改"以来中学历史学科在教学观念、目标、内容、方法、手段、模式等方

---

① 钟启泉.单元设计：撬动课堂转型的一个支点[J].教育发展研究,2015(24):1—5.
② 李吉林.美、智、趣的教学情境[M].北京:人民教育出版社,2006:193—200.
③ 窦桂梅.窦桂梅与主题教学[M].北京:北京师范大学出版社,2006:1.
④ 钟启泉.学会"单元设计"[M].中国教育报,2015(06):12.
⑤ 周初霞."五构概念"教学法在生物学单元整体教学中的实践研究[J].生物学教学,2021(05):5—8.

面的成果，提出了把握"单元"课程内容主旨的基本方法与路径，深化了课程目标的落实研究，将以史学思想方法为核心的"过程与方法"维度目标分解到每一课程内容单元，提出"完善历史学习方式"的要求，致力于史学思想方法从教师示范走向学生模仿与迁移的教学实践研究，关注了史料教学的有效性，针对史料资源在教学运用中的主要问题提出若干对策，设计了"情境·问题·评价"等教学主题研讨活动等。这些研究为进一步明确单元教学设计指南的基本定位、基本结构奠定了基础。但整体而言本书容量有限，对很多问题尚未展开深度探讨。

在近几年的培训过程中，华东师范大学的李月琴老师就单元主题教学和深度学习相关理论展开了一系列研究，通过网络云端与全国基层教师进行了一系列的主题分享。李惠军老师做了很多课例，并进行了许多有益的探索。夏辉辉老师带领的广西教学团队、郭富斌老师带领的陕西团队以及全国许多名师工作室团队，基于核心大概念的单元主题学习，也都进行了深入的研究，并形成了一系列可供借鉴的优秀案例。2021年以来夏辉辉老师组织全国各地名师工作室团队、教研员领衔骨干教师团队，将新课程改革以来形成的大概念、大单元教学成果在网络上进行展示和研讨，并初步形成了一系列即将出版的案例集。这些名师及其团队形成了中学历史教育学界探索大概念单元主题教学有效实施方法的先锋阵营。从2023年3月开始，《中学历史教学参考》杂志社开启了以大单元主题教学为主要内容的"刊网微研"活动，12期活动召集了12位编委、15位专家指导委员会的专家和20位特约研究员，数十名全国骨干教师献课，迅速成为了中学历史教学界万众期待的重磅教研活动。这些活动充分说明，大单元大概念教学正成为历史教学改革当下研究的重点和热点。

三、单元主题教学的意义

（一）单元主题教学有助于真正树立学生第一的教学观念

教学内容与课时之间的矛盾在新教材实施以后显得尤为突出。在有效的课时内，一节课的课堂结构通常可以分为探究新知和巩固运用两大板块，日常教学中经常会出现，当学生探究不断深入，欲罢不能时，教师却人为压缩和终止，将课堂强行拉入巩固运用环节。在部分教师的观念中，一节没有巩固运用环节的探究课，是一节结构和流程不完整的有缺陷的课。单元整体教学主张将课时有机融合，模糊课堂结构，让学生充分经历探究的过程，将练习巩固置入下一课时教学，也未尝不可，以单元整体的视角审视课堂教学，课时教学只是学生历史学习过程中的一段经历，没有固定的起点，也没有固定的结点。所以从时间维度来看，单元整体设计与实施有利于教师正确理解时间与学习的关系，确立"以学习者为中心"的观念。

（二）有助于提升教师的教学智慧

教师的素养最终体现为教学智慧。有研究者指出："教学智慧是教师个体在教学实践中，依据自身对教学现象和教学理论的感悟，深刻洞察、敏锐机智并高效便捷地应对教学情境而生成的达到融通共生、自由和美境界的一种综合能力。"①

　　教师作为联结学生和科目学习的重要纽带，开展基于核心素养的单元设计，需要实现两个转变。一是在思想认识上，教师的角色必须从灌输者转变为促进学生批判性思考的引导者；学生的学习，要合理运用学习机会，从被动接受转变为主动合作，在同学之间分享学习心得和旨趣，共求学业进步。二是在操作技术上，教师必须掌握单元设计的关键要素：情境、协作、脚手架、任务、展示与反思。首先，要特别重视学习情境创设、协同合作功能设计以及脚手架搭建。要通过设计与策划，调动全班学生学习的积极性；通过具体学习内容和行为要求的铺垫，建立师生平等的交流机制；通过主导问题的串联，实现师生对话、倾听与分享。要关注学习任务设计与学生思想展示。设计学习任务要别出心裁，充分发挥学生的自主性和创新性。学生思想展示，要量体裁衣，把学生学习过程中真实的思考和困惑具体表现出来，让学生思维可视化，而不是传统意义上追求学生完美无缺、精益求精的课堂表演。同时这也意味着评价任务设计的创新，即改变过去只重视学生书本知识记忆的评价，走向对学生在具体情境下获取和运用知识的能力发展的表现性评价。教师还要学会重视反思。反思在学生的生命和生活中具有持续的重要意义，不仅帮助学生懂得什么有效、什么在起作用、什么在运转以及为什么会这样，而且反思也是保证学习不断进步的重要机制，是所有层面和所有科目都要培养的核心素养，因而反思被认为是 21 世纪最基本的一项技能。所以单元设计中要充分落实这一关键素养，尤其是鼓励学生进行批判性反思，发展批判反思能力。教师要站在学生发展核心素养的高度，确立支持学生学习过程的思想，重视单元设计研究，运用学习的情境、协同、脚手架、任务、展示和反思等单元要素设计技术，改变课时主义和以知识点为中心的教学设计，寻求撬动课堂转型的支点。② 这些全新的挑战，对教师而言是成长的机遇。

（三）是学校课程建设和教研组建设的重要抓手

　　大单元设计，着眼于引导课程的结构化和整体性设计，能够成为学校教研组教研活动的一项最核心的内容，成为国家课程校本化实施在学校层面的一个重要档案，成为学校教研组建设的一个关键抓手。大单元设计中的决定性环节是基于"核心素养"整合不同的"教学方略"，指向学科核心素养的教学设计要超越课例设计，开发促进核心素养发展的单元设计。如果将国家课程看作一个系统，单元设计就是这个系统中的一个个子系统，单元教学目标、单元教学活动、单元教学评价等就是子系统中的各个要素。在进行大单元设计时，要对各要素进行优化组合，重新审视课堂教学的方式，重视课堂教学的整体规划，打破教材章节的束缚，组建有利于学生核心素养发展的教学单元。大单元设计能从重组课程的角度，促使学校建立适宜本校学生学情的多样化、个性化的校本课程，实现学校课程改革的优化设计。③

① 杜萍，田慧生.论教学智慧的内涵、特征与生成要素[J].教育研究,2007(06):26—30.
② 陈氏秋恒,吴刚平.重视单元设计研究[J].教育科学论坛,2017(04):1.
③ 蔡敬辉,张锋.我国单元设计的发展历程与实践路径[J].福建教育,2019(45):10—12.

第二节 单元设计基本策略与实施步骤

以核心素养为教学追求的课程改革呼唤全新的课堂教学，这对于传统的课堂教学设计也提出了全新的挑战。普通高中新课程标准明确了各学科教学的起点和归宿都是学科核心素养目标的达成。传统的围绕知识点的了解、理解与记忆的知识立意的教学，必须转变为立足于学科核心素养的关键能力、必备品格与价值观念的培育。素养的培养具有宏观性、长时效性等特点，这要求教师必须提升教学设计的站位，即从关注单一的知识点、课时转变为大单元设计。只有这样，才能改变学科知识点的碎片化教学，才能真正实现教学设计与素养目标的有效对接。那么，教师如何依据学科核心素养进行大单元的教学设计呢？

一、大单元的教学设计的一般步骤

将大概念融入单元设计中，比较有代表性的是格兰特·威金斯（Grant Wiggins）和林恩·埃里克森（Lynn Erickson）的单元设计步骤。

（一）威金斯的单元设计

威金斯的单元设计主体为三步骤，即明确预期学习结果——确定恰当评估办法——规划相关教学过程（表3-1，3-2）。威金斯称之为"逆向设计"的思路。所谓逆向就是从学生长远的综合学业表现来考虑设计，换言之，就是从学习对他们未来解决真实问题有哪些帮助这一视角出发，去审视教学设计，而不是将目光局限于眼前的考试，把知识点全都过一遍，或者盲目让学生"做"，参加各种活动，将动手和动脑相混淆，这就是威金斯所说的两种教学的误区，即"覆盖教材内容"和"活动导向教学"。在威金斯看来，学习一定是着眼于未来更为长远的目标的，这为学习提供了一个前行的方向。在学习的整个过程中，学生的学习成果必须是可积累的，否则大家都只是"近视眼"，只能抓住眼前的短期目标，教育必然会出现很多损耗和浪费，也很难支持长远目标的实现。因此，逆向设计的逻辑就是先要清楚预期成果是什么，然后要收集什么样的证据来保证预期成果的实现，据此才能做具体的教学设计。

表3-1 威金斯的单元设计步骤模板

阶段一：明确预期学习结果		
课程标准 本单元要达到的内容标准和任务目标是哪些？ 本单元要发展的思维习惯和跨学科的目标（如21世纪技能、核心胜任力等）是哪些？	学习迁移	
	学生能自主地将所学运用到…… 学生将获得何种持久的、自主的学习成果？	
	理解意义	
	深入持久理解： 学生将会理解…… 教师特别期望学生理解什么？ 学生如何将它们联系在一起？	核心问题： 学生将不断地思考…… 何种发人深思的问题能促进学生的质疑问难、理解意义和学习迁移？
	掌握知能	
	学生应掌握的知识是…… 学生应当掌握并能再现哪些事实和基本概念？	学生应形成的技能是…… 学生应当会运用哪些具体的技能和程序？

（续表）

阶段二：确定恰当评估办法		
目标代码	评估的标准	
是否所有的预期学习结果都进行了合理的评估？	采用何种标准来评估学习结果的成效？ 不考虑评估的形式，评估中最重要的本质属性是什么？	真实情境任务： 将用哪些表现说明学生实现了理解？ 在复杂的情境任务中，学生将如何展示自身的理解（理解意义和学习迁移）？ 其他评估： 通过其他哪些方式说明学生达成了阶段一中的目标？ 教师将收集哪些其他方式说明学生达成了阶段一中的目标？

阶段三：规划相关教学过程		
目标代码	前测 教师将采用何种前测方法来确定学生已有的知识、技能、水平和潜在的误解？	
每个学习活动的目标（类型）是什么？	教学活动 学生的学习迁移、理解意义和掌握知识取决于…… ● 教学活动是否致力于达成多种类型的目标（知识技能、意义理解、知识迁移等）？ ● 教学活动是否体现了学习的基本原则和最佳的教学实践？ ● 阶段一和阶段二之间是否始终保持一致？ ● 教学活动对学生是否有吸引力和有效果？	教学监控 ● 在课堂活动中，教师如何监控学生知识技能、意义理解和知识迁移的学习进程？ ● 潜在的薄弱点和误解是什么？ ● 学生如何获得必要的反馈？

表 3-2 威金斯的单元设计评价标准表

阶段	具体量规	3	2	1	指导与反馈
阶段一	1. 迁移目标是否阐明持久、真正的预期学习成就。				
	2. 理解性目标是否体现重要的迁移思想。				
	3. 理解性目标是否以概括的陈述句形式呈现——"学生将理解……"。				
	4. 核心问题是否开放并发人深思。				
	5. 相关的标准、任务和项目目标是否在三个阶段都已经阐明。				
	6. 预期的知识和技能是否足以实现既定目标，获得预期理解并促进迁移。				
	7. 阶段一的所有要素是否连贯一致。				
阶段二	8. 具体评估办法是否能保证检测到所有的预期学习结果，即阶段二对阶段一的检验。				
	9. 具体评估办法是否包含基于多维度理解的真实性迁移任务？				
	10. 具体评估办法是否足够丰富，使学生有机会展示其阶段一的目标。				
	11. 每一种评估方式的评估标准是否能有效检测预期结果。				

（续表）

阶段	具体量规	3	2	1	指导与反馈
阶段三	12. 学习活动和教学是否能帮助学生： a. 习得预期的知识和技能； b. 建构基本思想的意义； c. 将所学知识技能迁移到新情境中。				
	13. 运用 WHRERTO 的方法开发高效的,引人入胜的教学活动。				
阶段四	14. 三阶段之间是否保持协调一致。				
	15. 考虑到具体情况,单元设计也是可行的、合理的。				

威金斯认为就像厨师,即使有一个非常明确的操作性食谱,也需要自己反复琢磨才能做出美味佳肴。这个比喻告诉我们,单元设计很可能不是一开始就很明晰的,而是在过程中越来越清晰的。因此,有教师可能会希望有人把所有的学科大概念甚至跨学科的大概念都整理出来,当然如果能提供所有的单元设计样例更好。但威金斯认为,在大概念教学中,教师更需要通过自己的钻研,对教学内容有更为深刻的理解。所以,他建议每一位教师从一个单元开始尝试设计,他鼓励教师:"放手干吧! 从你觉得合适或好奇的地方开始!"他甚至觉得一开始不一定从设计新单元开始,而是从改造旧单元开始,因为大概念教学要求对内容有深度的理解,而对内容相对熟悉就已经打好了前期的基础。同时威金斯也认为每一位教师也有个体的差异,因此,完全可以选择适合自己的切入点开始设计。比如说,那些比较关注技能的学科,可以从"一个现实生活中的迁移目标"开始设计,而那些比较关注内容的学科,则可以从"一个发人深思的问题"开始设计(图 3 - 1)。

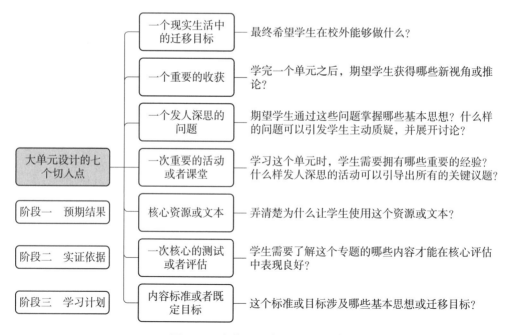

图 3-1　大单元设计的七个切入点

（二）埃里克森的单元设计

埃里克森提出 11 个单元设计步骤,具体为:创建单元主题——确定概念棱镜——确认单元链——编织单元网络——归纳出概括——开发引导问题(基本问题)——确认关键内容——确认关键技能——编写最终的评估以及相应的评估标准——设计学习经验——撰写单元概述。之后有学者进一步完善了单元设计步骤,增加了"确定驱动概念",具体如下:

步骤 1:创建单元主题。一个好的主题在吸引和激发学生对单元的兴趣的同时也让学生明确了学习的方向。

步骤 2:确定概念棱镜。概念棱镜一般是比较宏观的概念,有助于聚焦,展开具体与抽象的协同思维。

步骤 3:编织单元网络。与传统教学不同,编织单元网络不是按照知识的逻辑,而是按照大概念的逻辑,考虑概念与概念之间的关系来形成单元链。

步骤 4:确定驱动概念。驱动概念是指单元中的关键概念,常常是学科性质的,一般一个单元有 4—7 个驱动概念。

步骤 5:确认单元链。步骤 3 概念网络中实际上已经包含了单元链,但通过明晰驱动概念,可以再次修正和确认单元链。

步骤 6:归纳出概括。概括是指关于概念间关系的论述或观念。每个单元可以包括 5—9 个概括。

步骤 7:开发引导问题(基本问题)。引导问题能促进学生对大概念,包括概念和概括的思考。

步骤 8:确认关键内容。关键内容主要是指和大概念相关的本单元要学习的知识,这也是学习的内容,但和传统教学不同,这里的关键内容是在大概念引导之下的。

步骤 9:确认关键技能。和关键内容相仿,也是指大概念引导下本单元要学习的技能。

步骤 10:编写最终的评估以及相应的评估标准。这里是指设计能反映学生对大概念理解的表现性任务,并给出具体的标准和量规。

步骤 11:设计学习经验。是指根据目标和评估来设计学生各个阶段的学习体验。

步骤 12:撰写单元概述。将单元目标和评价方式等以综述的方式呈现,一方面是为了引发学生的兴趣,另一方面也为学习指明了方向。

对比威金斯和埃里克森的单元设计步骤,会发现其实在主线索上,两者是一致的,也就是说,埃里克森的单元设计其实也遵循了威金斯的逆向设计思路,即目标设计(步骤 1 到步骤 9)——评价设计(步骤 10)——过程设计(步骤 11 到步骤 12)。只不过,埃里克森的单元设计步骤呈现了更多的设计细节。[①]

二、历史学科单元设计的一般步骤

单元教学设计是教学专业性的重要体现,它是基于学生立场,对学生围绕某一单元开展

---

① 刘徽,陈森燕.大概念视角下的单元设计[J].上海教育,2020(11):38—41.

的完整学习过程所做的专业设计。从期望学生"学会什么"出发，逆向设计"学生何以学会"的过程，为学科核心素养的落地指明了清晰的路径。[①]

单元教学设计方案应该设计出一个完整的学习故事，大单元设计的学习方案要把五个问题说清楚。一是单元主题的确定、依据、与课时安排，即为何要学习这个单元，这个单元的学习与整本书有何关系，要花几课时的时间学习此单元；二是单元学习目标，即此单元要解决什么问题，期望学生学会什么；三是学习过程，即要经历怎样的学习才能够学会；四是评价任务，通过作业与检测等多种手段，了解学生真的学会了吗？何以知道学生已经学会了；五是学后反思，即通过怎样的反思让学生管理自己的学习，通过怎样的反思让教师提升自己单元教学设计的能力。

（一）设计单元

单元教学设计所说的单元不同于教科书的单元。这里所说的单元是一种学习单位，一个单元就是一个学习事件、一个完整的学习故事，因此，一个单元就是一个微课程。现有教科书中的单元，通常是一个主题下的几篇课文，如果这几篇课文没有一个完整的"大任务"驱动，没能组织成一个围绕目标、内容、实施与评价的"完整"的学习事件，那它就不是我们所讲的单元概念。确切地说，那只是内容单位，而不是学习单位。这里所说的"单元"，也许用建筑单元来类比更易理解，原有教材的单元好比一个个独立的钢筋、水泥等建材单位，而学习单元则好比我们的住房"单元"，一幢由几个单元组成的建筑，就好比一个由几个单元组成的学期课程（也可叫模块）。一个建筑单元由屋顶、户型、楼层、楼梯、钢筋、水泥、门窗等组成，依此可以类比，一个学习单元由素养目标、课时、情境、任务、知识点等组成，单元就是将这些要素按某种需求和规范组织起来，形成一个有结构的整体。[②]

如何确定大单元？至少要考虑以下四个方面：一是研读本学期的相关课程材料，特别是教材的逻辑与内容结构、与教材内容对应的课程标准的相关要求、学生的认知准备与心理准备、可得到的课程资源等，按照规定的课时，判断本学期大致可以划分为几个大单元。二是依据学科核心素养的相关要求，厘清本学期的大单元逻辑以及单元命名，如到底是以大任务或大项目来统率，还是以大观念或大问题来统率？按照一种逻辑还是几种不同的逻辑？三是一个单元至少要对接一个学科核心素养，依据某个核心素养的要求，结合具体的教材，按某种大任务（或观念、项目、问题）的逻辑，将相关知识或内容结构化。四是综合考虑单元设计的要素，包括名称、课时、目标、情境、任务、活动、资源、评价等。

单元教学、主题教学都需要对教学内容进行重组，使主干知识的脉络更加清晰，使其他知识为主干知识服务，为单元主题服务。例如，有教师对岳麓版高中历史必修一教材进行的单元重组：

---

① 崔允漷.如何开展指向学科核心素养的大单元设计[J].北京教育（普教版），2019(02)：11—15.
② 崔允漷.如何开展指向学科核心素养的大单元设计[J].北京教育（普教版），2019(02)：11—15.

表 3-3　单元教学主题①

单元	主　题	课时
第一单元	夏、商、西周的政治制度(第 1 课)	1
	中央集权制度的发展历程(第 2、3、4 课)	2
第二单元	旧民主主义革命之侵华史(第 10、12 课)	1
第三单元	旧民主主义革命之抗争史(第 11、13 课)	1
第四单元	新民主主义革命(第 14—17 课)	2
第五单元	现代中国的政治建设和祖国统一(第 20、21、22 课)	2
第六单元	现代中国的对外关系(第 23、24 课)	1
第七单元	古代希腊罗马的政治制度与法律(第 5、6 课)	2
第八单元	近代西方资本主义政治制度(第 7、8、9 课)	3
第九单元	从科学社会主义理论到社会主义制度(第 18、19 课)	1
第十单元	二战后的世界格局的演变两极世界的形成与瓦解(第 25、26、27 课)	2

通过单元重组,主题学习的任务将变得更加清晰,核心概念的地位将更加被重视,但也要注意存在的问题,比如课时安排是否合理,强调核心概念,对某些重要概念的解读是否被忽略。解决这些问题都要求教师对单元内部知识结构深入理解,对史学的内涵深入挖掘。

(二) 确定单元主题和目标

单元主题和目标的确定需要考虑整个教材的逻辑和主题,围绕中心主题确定单元目标。更需要有史学研究前沿的支撑,就是要充分汲取史学研究成果,深度把握教学内容,拓宽我们的史学视野。

单元主题确定需要基于宽广的学术视野,因此新课程更加提倡围绕教学内容进行广泛、深度的史学阅读。所谓拥书自雄,任何人的创新都不会是凭空而来,见多才能识广,博览群书方可慧眼独具。试想一下,仅仅依靠历史教科书和教学参考书,而没有一个开阔的史学视野,怎么可能讲出有高度、有深度、有温度、有亮度的历史? 平淡无奇的单元主题立意,又怎么能真正触动学生的心灵,促进学生核心素养的提升?

案例:统编版高中历史大单元教学设计第六单元单元主题设计②

(《中外历史纲要(上)》第七单元"中国共产党成立与新民主主义革命兴起"和第八单元"中华民族的抗日战争和人民解放战争")

课标

1. 中国共产党成立与新民主主义革命兴起

认识五四爱国运动的历史意义;认识马克思主义在中国的传播与中国共产党

---

① 孙燕岑.高中历史单元主题学习初探[J].中学历史教学参考,2019(12):33—37.
② 案例来源:柳州高中周健老师团队、徐勇胜老师。

成立对中国革命的深远影响；认识国共合作领导国民革命的历史作用；了解南京国民政府的成立；认识中国共产党开辟革命新道路的意义；认识红军长征的意义。

2. 中华民族的抗日战争

了解日本军国主义的侵华罪行；通过了解正面战场和敌后战场的抗战，感悟中华民族英勇不屈的精神，认识中国共产党是全民族团结抗战的中流砥柱；认识中国战场是世界反法西斯战争的东方主战场；理解十四年抗战胜利在中华民族伟大复兴中的历史意义。

3. 人民解放战争

通过了解全面内战的爆发及人民解放战争的进程，分析国民党政权在大陆统治灭亡的原因，探讨中国共产党领导人民取得中国革命胜利的原因和意义。

课标第一部分突出五四运动、中共成立、国民革命、中共开辟革命新道路、红军长征等历史事件对革命的意义，实际上体现了新民主主义革命的阶段性发展。

课标第二部分突出了抗日战争对凸显中共地位、中国国际地位和推动民族复兴进程的历史意义，体现了新民主主义革命的新发展。课标第三部分实际突出解放战争是人民革命的胜利，体现新民主主义革命的成功经验和历史贡献。整体贯通来看，新民主主义革命的发展进程是贯通大单元的一条红线。

教材依据

宏观而言，本单元处于近现代史承前启后的地位，之前的第五、第六单元是近代旧民主主义革命时期的侵略与救亡，之后的第九、第十单元是社会主义革命和建设，本单元正是新民主主义革命的完整阶段。

综观而言，第七单元"中国共产党成立与新民主主义革命兴起"、第八单元"中华民族的抗日战争和人民解放战争"，正是新民主主义革命兴起、发展和胜利的逻辑展开。

微观而言，五四运动、中共成立和国民革命从新的领导力量、新型政党和新型依靠力量三方面揭开民主革命的新篇章。工农武装割据和长征经过探索、调整，找到正确的民主革命的新道路。抗日战争从国内革命转向民族革命，凸显中共的中流砥柱，取得近代以来反抗帝国主义侵略的完全胜利，为新民主主义革命打开全新的局面。最后解放战争推翻三座大山，赢得完全的民族独立与解放，体现民主革命的新成果。

学术参考

张海鹏在《中国近代史的分期及"沉沦"与"上升"诸问题》等论文及主编的《中国近代通史》第一卷《近代中国历史进程概说》中对中国近代史的分期和基本线索，有以下主要观点。

近代中国社会的发展轨迹是沉沦与上升接替的元宝形结构或 U 字型路线，即鸦片战争以后，中国陷入半殖民地半封建社会的深渊，直到 20 世纪初期，北洋军阀统治时期,深渊到了谷底,这一阶段中国社会主要是"沉沦"。北洋军阀统治时期往后,直到40年代半殖民地半封建社会中国渐渐走出谷底,随着新的社会精英民族意识的日渐觉醒,向上的、积极的因素逐渐发展成为社会的主流因素,影响着社会向好的方面发展,这一阶段中国社会主要是"上升"。按张先生的这一解释模式,我们可以看到上升阶段的主体正是无产阶级及其政党领导的新民主主义革命时期。

金冲及在《二十世纪中国史纲》中对20世纪中国历史的概括:

一个主题:实现中华民族的伟大复兴。

两大任务:前半个世纪要解决的主要问题是民族独立和人民解放,后半个世纪要解决的主要问题是国家富强和人民富裕。

三次巨变:辛亥革命、新中国成立和改革开放。

我们可以看到在金先生的历史体系中,20世纪近代中国史的主旋律正是追求民族独立和人民解放的革命史,并且是新旧交替的革命史,而最终取得反帝反封建胜利的是新民主主义革命。

基于以上考量,我们确定本大单元主题是"新民主主义革命的发展历程",阶段性地呈现无产阶级及其政党中国共产党领导人民争取民族独立和人民解放的奋斗历程。具体内涵如下:

旧民主革命的政治救亡、经济发展和思想启蒙孕育了五四运动,拉开了新民主主义革命的序幕,中国共产党的成立标志着领导新民主主义革命的新型政党的兴起。在反帝反封建的国民革命和土地革命的探索中,经过顿挫和调整,中国共产党找到农村包围城市的正确革命道路,推动新民主主义革命继续发展;经历了抗日战争的磨砺和解放战争的洗礼,中国共产党领导的人民革命力量发展壮大,逐渐形成了马克思主义中国化的理论成果毛泽东思想,新民主主义革命走向成熟并赢得最终的胜利。新民主主义革命的历程是无产阶级及其政党唤醒民众、整顿基层社会、追求民族独立与人民解放的奋斗史,是马克思主义中国化指导中国革命走向胜利的历史。

单元目标要基于学科评价体系。目标是对学生要达成的教学任务的具体描述。因此单元教学目标必须对照"高中历史新课标"学业质量水平和五个核心素养的四个水平划分,结合课程标准和学情来确定教学目标。为此,这就要求我们必须准确把握"高中历史新课标"学业质量水平和五个核心素养的四个水平划分的内涵。

案例:统编版高中历史大单元教学设计第六单元单元目标设计[①]

(《中外历史纲要(上)》第七单元"中国共产党成立与新民主主义革命兴起"和第八单元"中华民族的抗日战争和人民解放战争")

---

① 案例来源:柳州高中周健老师团队,徐勇胜老师。

基于初、高中衔接的学情

高一的学生经过初中历史八年级（上）第四到第七单元的学习，对五四运动、中国共产党诞生、北伐战争、毛泽东开辟井冈山道路、工农红军长征、抗日战争和人民解放战争等重大历史事件的主要史实和突出历史意义有所了解。能力层面以识记和感悟为主，包括一些简单的理解。对时空范围内史实的了解为高中阶段的学习准备了一定基础，不同的是高中阶段更注重概念的理解，特别是新民主主义革命概念的理解，注重知识体系和内在的逻辑关联，注重依靠丰富史料对问题进行探讨，以及建立在理解基础之上的知识迁移运用，解决新情境、新问题。本单元内容多，联系密，贯通性强，概念丰富，对学生来说有一定的难度。

单元核心目标

了解新民主主义革命从兴起到胜利的重大史实，理清历史事件之间的逻辑关联和阶段特征，培养学生的时空观念；通过史料阅读，理解从五四运动到解放战争等重大历史事件对新民主主义革命的阶段性意义，培养学生历史解释的能力；运用唯物史观，引导学生认识新民主主义革命的历程是无产阶级及其政党领导中国人民争取民族独立与人民解放的奋斗史，是马克思主义中国化指导中国革命走向胜利的历史，深刻理解中共成为近代革命的领导核心，并率领中国人民创造历史伟业，是时代和人民的共同选择，培养学生树立正确史观和核心价值。

单元目标分解

必备知识：五四爱国运动的历史意义；马克思主义在中国的传播与中国共产党成立对中国革命的深远影响；国共合作领导国民革命的历史作用；南京国民政府的成立；中国共产党开辟革命新道路的意义；红军长征的意义。

日本军国主义的侵华罪行；正面战场和敌后战场的抗战；中国共产党的中流砥柱作用；中国战场是世界反法西斯战争的东方主战场；十四年抗战胜利在中华民族伟大复兴中的历史意义；全面内战的爆发及人民解放战争的进程；国民党政权在大陆统治灭亡的原因；中国共产党领导人民取得中国革命胜利的原因和意义。

关键能力：理解从五四爱国运动到解放战争的重大史实之间的内在逻辑关联；比较分析，理解新民主主义革命等系列关键概念，迁移调动知识对多元史料加以解读，理解重大历史事件对新民主主义革命的阶段性意义，论证新民主主义革命中相关的一些基本结论。

学科素养：

（1）运用唯物史观认识新民主主义革命中经济因素和政治事件的互动关系，认识民众的联合斗争是推动民主革命不断发展和最终胜利的杠杆。

（2）从全球时空坐标理解新民主主义革命各阶段的国际背景，理解其世界性和民族性的统一。通过时间轴和思维导图了解从五四爱国运动到解放战争的重大史实,明确新民主主义革命的阶段性发展。

（3）运用多元史料,分析理解重大历史事件对中国革命的阶段性意义,调动学科知识,论证新民主主义革命中相关的一些基本结论,培养历史解释和史料实证能力。

(三) 搜寻支持情景的素材

巧妇难为无米之炊,正如前文所言,新课程教学对于一线教师而言实施的难度不是理论问题也不是教法的问题,而是能否扎扎实实回归史学的问题。今天的学术著作汗牛充栋,任何人都不可能穷尽阅读。但是在搜集素材过程中基本的主要的史料著作还是要读的。对于大多数一线教师,我们不可能像全国名师郭富斌老师那样一节课背后有六七十本史学著作、上百篇史学论文支撑,但基本的通史、经典的断代史著作应该是要读的。

案例:《中外历史纲要(上)》大单元教学第七单元第 22 课"南京国民政府的统治和中国共产党开辟革命新道路"课时阅读书目[①]

主要参考书目与论文

1. 毛泽东. 毛泽东选集[M]. 北京:人民出版社,1991:06.

2. 金冲及. 二十世纪中国史纲(第二卷)[M]. 北京:社会科学文献出版社,2009:09.

3. 张海鹏主编,杨奎松著. 中国近代通史(第八卷):内战与危机(1927—1937)[M]. 南京:江苏人民出版社,2007:06.

4. 杨奎松. "中间地带"的革命:国际大背景下看中共成功之道[M]. 太原:山西人民出版社,2020:05.

5. 王奇生. 党员、党权与党争:1924—1949 中国国民党的组织形态[M]. 北京:华文出版社,2010:11.

6. 费正清,费维恺. 剑桥中华民国史(下)[M]. 北京:社会科学文献出版社,2007:01.

7. 王建朗,黄克武. 两岸新编中国近代史·民国卷(上)[M]. 北京:社会科学文献出版社,2016:06.

8. 陈旭麓. 近代中国社会的新陈代谢[M]. 北京:生活·读书·新知三联书店,2017:11.

9. 王桧林. 中国现代史(第 4 版)[M]. 北京:北京师范大学,2018:07.

10. 魏宏运. 中国现代史[M]. 北京:高等教育出版社,2000:01.

(四) 设计教学情境和驱动任务

考虑到单元主题教学往往是由若干逻辑性强的深度学习环节组成,这就要求我们依据

---

① 案例来源:柳州高中周健老师团队,黄一聪老师。

历史课程标准及教科书,将新的教学内容体系分解并转化成若干深度学习环节。在每个深度学习环节,我们可以设计1—3个关键问题。当然,关键问题不会凭空产生,主要来源于我们在史学阅读中得到的观点或启发。问题之间还要确保具有内在的逻辑性和连贯性。

关于学习过程,其实质是设计学生的学习经验,需要着重关注几个问题:一是必须依据至少三分之二的学生是如何达成目标(即学会)的进阶来设计,不是按教师怎么教来呈现教的设计;二是必须嵌入评价任务,以实现教、学、评一致的教学,不能只管教或学的设计;三是必须在整体设计的前提下分课时呈现学习方案,使之适用于真实的课堂教学。

案例:"岳飞形象变迁"①

为增进大家对指向核心素养培养的史料研习活动设计思路的理解,我们设计了"岳飞形象变迁"的史料研习活动全过程,并对每个学习任务中的问题设计,就其指向的学科核心素养及对应的水平,做了设计意图说明。具体设计如下。

学习任务一:南宋时期的岳飞形象,教师讲述:1141年,岳飞因"莫须有"罪名,被宋高宗赵构和秦桧陷害致死。岳飞遇难后,南宋朝廷先后议定过三个谥号,这三个谥号代表着怎样的评价?

史料1 (1162年,宋高宗赵构退位,于1187年去世)(1177年,宋孝宗在位,系赵构养子)拟议官拟就《忠愍谥议》:公之大名、大节、大勋烈、赫赫在目……人谓中兴论功行封,当居第一……士患不遭时遇主,既遇而复不得其死……率毙于权臣之手,天下莫不冤之……而死之日,天下为之流涕……悼无辜……谥以忠愍。宋孝宗:"有旨,令别拟定。"

史料2 (1178年,宋孝宗)拟议官拟就《武穆覆议》:天下未尝无公论,为国者未尝不念功,为将者未尝不欲立功。……功立矣,何患国家之不知,既知之,身必享其利,而子孙且蒙福矣。其有身殁既久,而国愈不忘之者,必其功卓然。……兹按谥法,折冲御侮曰武,布德执义曰穆。

史料3 (1225年,宋理宗)《赐谥告词》:昔孔明之志兴汉室,子仪之光复唐都,虽计效以或殊,在秉心而弗异……英灵如在,茂渥其承,可依前故太师、追封鄂王,特与赐谥忠武。

——(南宋)岳珂编:《鄂国金佗稡编续编校注》

问题1:1177年,宋孝宗是否认可拟议官提出赐予岳飞的"忠愍"谥号?

学生活动:阅读、思考、交流。

教师引导学生分析:不认可。根据史料中的关键信息,解释宋孝宗为什么不认可? 因为《忠愍谥议》中强调岳飞系蒙冤致死。且赵构在世,不能翻案。

设计说明:本题主要指向历史解释素养水平2,即:能够选择、组织和运用相关材料并使用相关历史术语,对个别史事提出自己的解释。

问题 2:与史料 1 相比,史料 2 淡化了哪些事实? 强调了哪些事实?

学生活动:阅读、思考、交流。

教师引导学生分析:淡化岳飞蒙冤事实,强调岳飞立功事实。

设计说明:本题主要指向史料实证素养水平 3,即:在探究特定历史问题时,能够对史料进行整理和辨析。

问题 3:与史料 1、2 对比,史料 3 中南宋朝廷对于岳飞的评价有何突破?

学生活动:阅读、思考、交流。

教师引导学生分析:彻底平反,冤案昭雪。

设计说明:本题主要指向史料实证素养水平 3,即:在探究特定历史问题时,能够对史料进行整理和辨析。

教师讲述:在南宋国事危殆的时期,百姓深受战争之害。宋孝宗即位后,这位主战派皇帝立刻发现朝廷需要岳飞这份忠勇精神,也发现这种精神在民众中有极大的影响力,这成为岳飞能够得到平反的主要原因。

学习任务二:元朝时期的岳飞形象。

教师讲述:时间到了蒙古人建立的元朝,关于元朝官方对岳飞的态度及评价,可从丞相脱脱主持修撰的《宋史》中了解到。

史料 4 西汉而下,若韩、彭、绛、灌之为将,代不乏人,求其文武全器、仁智并施如宋岳飞者,一代岂多见哉! 史称关云长通《春秋左氏》学,然未尝见其文章。……高宗忍自弃其中原,故忍杀飞,呜呼冤哉! 呜呼冤哉!"

——(元)脱脱等:《宋史·岳飞传》

问题 4:脱脱主持修撰的《宋史》是如何评价岳飞的?

学生活动:阅读、思考、交流。

教师指导学生分析:脱脱将韩信、关羽等人与岳飞作了比较,认为他们都不如岳飞"文武全器、仁智并施"。可贵的是,脱脱怀着极大悲愤,不仅斥责秦桧枉杀功臣岳飞,而且批评宋高宗冤杀岳飞。

设计说明:本题主要指向史料实证素养水平 1,即:能够从所获得的史料中提取有关的信息。

教师讲述:元朝政府在岳飞原有封号上添增谥文,以示褒奖,并修葺其寺庙,也表彰了地方官员为收回岳庙的旧田产和新赐墓田等所做的工作,说明元代把岳飞作为忠臣烈士加以推崇。

学习任务三:明朝时期的岳飞形象。

教师讲述:明朝建立后,岳飞在官方视野中被赋予了新的含义。

史料 5 万历四十三年(1615),明神宗封岳飞为三界靖魔大帝。诏书曰:咨尔宋忠臣岳飞,精忠贯日,大孝昭天,愤泄靖康之耻,誓清朔漠之师,原职宋忠文武穆岳鄂王,兹特封尔为"三界靖魔大帝"。

——殷时学,陶涛:《岳飞庙志》,河南人民出版社 2007 年版,第 167 页

问题 5:依据史料 5,比较宋元时期,明代统治者对岳飞的评价有何变化? 请结合明朝后期国内外一些重要史实分析其原因。

学生活动:阅读、思考、交流。

教师指导学生分析:相比宋、元,明朝时期岳飞地位得到了无与伦比的提升,岳飞成为"忠臣"的象征,具有了神明的味道。明朝后期,内外交困,外有倭寇入侵,内有农民起义、朝纲动荡等。

设计说明:第一个问题主要指向史料实证素养水平 3,即:在探究特定历史问题时,能够对史料进行整理和辨析。第二个问题主要指向历史解释素养水平 2,即:能够选择、组织和运用相关材料并运用相关历史术语,对个别史事提出自己的解释。

教师讲述:通过明朝廷对岳飞的册封,可以看出,出于抵抗外敌入侵的需要,岳飞形象被明王朝拔高到了无以复加的地步,得到了极高规格的尊重。一个享受册封、享受祭祀和全国上下膜拜的岳飞形象,就是在这一时期树立起来的。

学习任务四:清朝时期的岳飞形象。

教师讲述:清朝从后金政权发展而来,而岳飞作为一个抗金英雄,清初统治者对岳飞采取了一定程度的贬抑。例如,1726 年,雍正帝下令将岳飞移出供奉了几百年的武庙。但是到了乾隆时期情况则有所变化。

史料 6　乃如以文武兼备,仁智并施,精忠无二,则虽古名将亦有所未逮焉。知有君而不知有身,知有君命而不知惜己命,知班师必为秦桧所构,而君命在身,不敢久握垂权于封疆之外。

——(清)乾隆:《岳武穆论》

问题 6:依据史料 6,指出相对清初统治者,乾隆对岳飞的评价有何变化,并分析其原因。

学生活动:阅读、思考、交流。

教师指导学生分析:乾隆帝推崇的是"精忠"岳飞,通过各种手段塑造了一个无限忠于皇帝、明知必死也要忠于皇帝的岳飞,促使汉人对清政权的服从。

设计说明:第一个问题主要指向史料实证素养水平 1,即:能够从所获得的史料中提取有关的信息。第二个问题主要指向历史解释素养水平 3,即:尝试从来源、性质和目的等多方面,说明导致这些不同历史解释的原因并加以评析。

教师讲述:岳飞形象因乾隆帝推崇,导致后世有人指称岳飞"愚忠",以至于清朝时期各地反清复明的秘密结社,供奉的主要是关羽。到清朝末年,以孙中山为代表的革命党人,在"驱除鞑虏"的口号下,把岳飞当成了反抗满清的一面旗帜。

学习任务五:南京国民政府时期的岳飞形象。

教师讲述:辛亥革命后,北洋政府推动关羽、岳飞合祭。抗战期间,南京国民政

府对岳飞又是如何评价的?

史料 7 1 月 29 日汪精卫在和蒋介石探讨应怎样应对"一·二八"事变时说: "南宋的秦桧遭到世人唾骂,但我觉得秦桧也是个好人。……照我看秦桧的救国与岳飞的抗敌,只是手段不同而已。"蒋介石怒色说道:"秦桧是地道的卖国贼,这是妇孺皆知,怎么能同岳飞相提并论呢?"

——刘波:《一寸山河一寸血(上)——你不知道的"一·二八"抗战》,《同舟共进》2010 年第 3 期

史料 8 为救亡御侮而牺牲,我们要以无数的无名岳武穆,来造成一个中华民国的岳武穆,誓与我们的国家共存亡、同生死,无论环境困难到如何地步,我们决不动摇我们尽忠报国的决心。

——1931 年 11 月 23 日蒋介石在国民党"四大"闭幕时的讲话

问题 7:阅读以上史料,联系当时形势,你更认可谁对岳飞的评价? 请说明理由。

学生活动:阅读、思考、交流。

教师引导学生分析:认可蒋介石对岳飞的评价。蒋介石高度评价岳飞,旨在唤醒国人反抗外来侵略的斗志。汪精卫抹杀秦桧与岳飞的本质区别,旨在为他所主张的对日妥协放弃抵抗辩解。

设计说明:本题主要指向历史解释素养水平 4,即:能够分辨不同的历史解释;尝试从来源、性质和目的等多方面,说明导致这些不同历史解释的原因并加以评析。

教师讲述:抗战期间凡是持抗战救国立场者,均以岳飞的精忠报国自励,而投靠日伪政权的人,都要替自己的所为寻找开脱理由,汪精卫自然倾向于给秦桧翻案。

学习任务六:中华人民共和国时期的岳飞形象。

教师讲述:新中国成立后,党和国家领导人及官方教科书对岳飞作出了如下的评价。

史料 9 (毛泽东讲):"岳飞精忠报国,心昭天日的爱国壮志,千百年来,在民间广为传颂,他,可以说是个家喻户晓、妇幼皆知的大英雄。……他为国家和民族独立的功劳还是远远大于过错的。他是个值得我们称颂的民族英雄……"

——李约翰等:《毛泽东和省委书记们》,中央文献出版社 2000 年版,第 91—93 页

问题 8:阅读以上材料,分析新中国成立后是如何评价岳飞的?

学生活动:阅读、思考、交流。

教师引导学生分析:肯定了岳飞民族英雄的形象。

设计说明:本题主要指向史料实证素养水平 1,即:能够从获得的材料中提取有关的信息。

教师讲述:岳飞是中国历史上少有的一位忠孝两全、文武双全的民族英雄。900 多年来,尽管风云变幻,但是他的英雄事迹一直传颂在中华大地,在中国历史上

留下了波澜壮阔的一页。

问题9：比较南宋以来不同时期政府、社会对岳飞的评价，你有什么发现？岳飞的哪种优秀品质最值得我们学习？

教师指导学生分析：对岳飞的评价基本上都是积极的，并没有随历史变迁而变化。我们应学习岳飞的爱国主义精神，维护国家利益，为国家发展作出我们的贡献。

设计说明：第一个问题主要指向历史解释素养水平3：能够分辨不同的历史解释。第二个问题主要指向的是家国情怀素养水平3、4：能够表现出对历史的反思，从历史中汲取经验教训，更全面、更客观地认识历史和现实社会问题。

教师小结：岳飞身上集中体现了"天下兴亡、匹夫有责"的爱国主义精神。毫无疑问，岳飞是我们今天传承中华优秀传统文化不应忽视的杰出历史人物，希望同学们在课后继续深入阅读有关岳飞的研究文献，加深对岳飞的了解。

在本设计结束之际，我们想再从宏观角度对这个史料研习活动设计做三点说明：第一，我们尝试引导学生跨越不同的历史时期分析岳飞形象的变迁，这有助于培养学生的时空观念素养（水平3）。第二，我们精选了不同历史时期有关岳飞形象的不同来源、不同观点的史料，这些史料也蕴含着对岳飞的历史评价暨历史解释，通过引导学生对这些史料暨历史解释进行比较和分析，有助于培养学生的史料实证素养（水平3）和历史解释素养（水平3）。第三，我们在本史料研习活动结束之际，着力从传承中华优秀传统文化，培养学生家国情怀素养（水平3-4）的角度恰当设计关键问题，旨在引导学生树立正确的人生观、价值观和历史观。

综上所述，对中学教师而言，培养学生核心素养，还需要在以下三点进行深入思考和探索。第一，要深入准确把握本学科核心素养的内涵以及不同的水平表现；第二，能设计与特定学业质量水平要求相一致的史料研习活动目标；第三，能根据特定的教学内容，选取恰当有效的史料并创设历史情境，设计指向核心素养培养的关键问题。第一点是培养学生核心素养的基础，第二、三点是培养学生核心素养的关键。可以说培养学生核心素养，不是凭借记忆掌握知识就可以实现的，而是在解决问题中实现的。须知问题设计的质量直接决定着学生核心素养培养的质量，对中小学教师而言，要把心思和精力更多地用于指向核心素养的目标设计和问题设计上。

（五）设计作业、教学评价和反思提升策略

评价任务是教学设计的难点，因为在教师培养、培训中，关注最多的是如何上课，很少关注如何评价。其实，不会评价的教师一定是上不好课的。评价任务就是检测目标是否达成学习任务。目标指向哪里，评价任务必须跟到哪里。不然，教学就容易出现"开无轨电车"的现象。在教学设计中，将评价任务单列且置于目标与学习过程之间（这叫逆向设计），这是一个关键。评价任务起到承上启下的作用，上接目标，以视其与目标的匹配性；下连学习过程，把评价任务嵌入教学过程，按教、学、评一致的思路设计教学过程（参考上述案例）。

关于学后反思,从某种程度上说,核心素养是学生自己反思或悟出来的,不是直接"教"出来的,从具体的知识与技能到学科核心素养,其关键环节在于介入真实情境与学后反思。因此,学后反思必须是学习方案的一个组成部分,且是学习过程的关键步骤。教师需要思考怎样设计,提供反思支架,引导学生正确地悟与反思,以实现从基础知识、基本技能到学科核心素养的过渡或升华。文以载道,道从文来,由文到道,"文"是可以直接教的,"道"就不能像"文"那样教,"道"是学生学了"文"之后自己悟的。[①]

第三节　单元设计的案例

单元主题设计目前没有统一的标准模式。各位教师在原有专题教学的基础上,都进行了一系列有益的尝试。

一、自发探索的专题单元构建

有教师在完成高中历史教学后,将近现代史内容设计为三个主题教学活动进行复习,第一个为"道路选择",第二个为"侵略与反抗",第三个为"现代中国与世界格局"。下面我们来看一看第一个主题"道路选择"的教学案例。

案例:高中近现代史复习"道路选择"主题教学活动[②]

以中国历史上的两次大变局作为引入。

图 3-2

近代国人面对内忧外患,产生了道路选择的问题,带入情境,提出可供参考的方案选择。

---

① 崔允漷.如何开展指向学科核心素养的大单元设计[J].北京教育(普教版),2019(02):11—15.
② 案例来源:昆明市第三中学荼建楠老师。

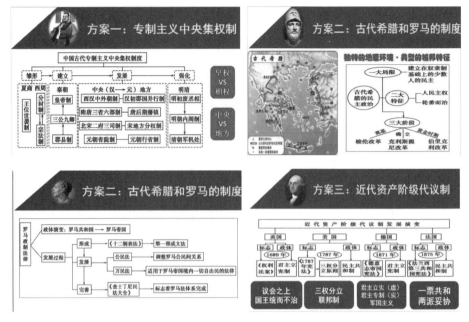

图 3-3

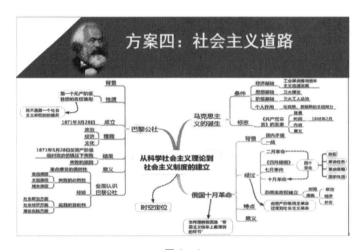

图 3-4

面对四个方案，国人进行了实践，最终确定走"自己的道路"。

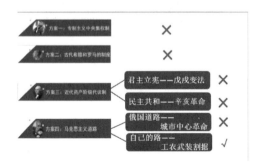

图 3-5

自己的道路如何走?

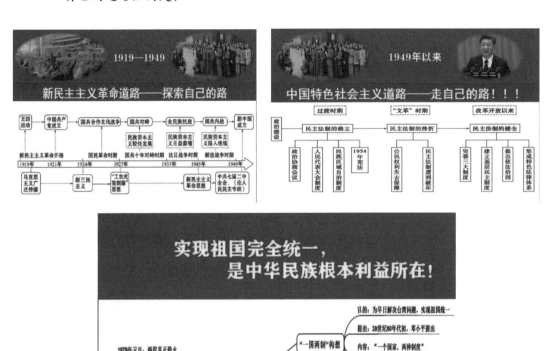

图 3-6

最终将教学立意定在道路自信。

图 3-7

这样的单元、主题学习,将学生带入到 19 世纪 40 年代,体验近代中国人面临的道路选择,通过前期学习,提出当时可以选择的道路方案,跟着先辈的脚步进行实践,最终走出了自己的道路,以此得出选择马克思主义道路,选择中国特色社会主义道路的必要性和必然性,增强道路自信和价值认同。

二、广西教学团队的探索

自 2020 年以来,广西历史教学团队在夏辉辉老师的带领下,也积极探索单元主题教学的实施路径,并形成了相对固定的教学设计模板。

案例:统编版高中历史大单元教学设计逻辑框架[1]

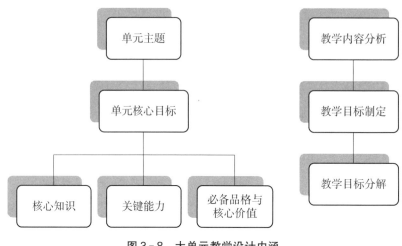

图 3-8 大单元教学设计内涵

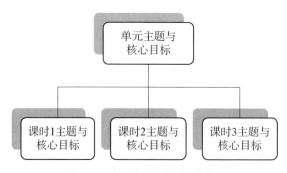

图 3-9 单元与课时之间的关系

单元主题:也可称为"单元内容主旨",是对本单元教学内容的分析与提炼,是在唯物史观的指导下、对单元教学内容进行分析的基础上提炼出来的,对教学内容进行有价值导向的、有逻辑结构的阐释。单元主题的特点是遵循历史逻辑、价值导向正确、主题立意高远、知识体系整体贯通。课题主题提炼方法路径与单元主题一致。

---

① 案例来源:南宁师范大学夏辉辉老师。

案例:《中外历史纲要(上)》第一单元的单元主题(内容主旨)①

单元主旨:从史前社会到秦汉时期,中国历史经历了两次社会转型。孵化于华夏大地的史前文化源远流长,多元一体,也是人类最古老的文明之一。神话传说和二里头遗址透露了中华文明肇端;青铜器和甲骨文镌刻了信史时代商朝的足印;书经诸子则记载了从西周封邦建国、宗亲社稷、钟鸣鼎食、礼乐教化到王室衰微、礼崩乐坏、列国变法、百家争鸣的动荡与转型的大时代;秦国顺应大势,除旧布新,横扫六合,开启统一多民族国家之先河,尽管秦朝二世而亡,但是"汉承秦制",在经历了两汉的重构和再造,奠定了大一统中央集权国家治理的基本模式。

第1课时主题(内容主旨):

从部落时代到邦国时代,开启了中华文明的奠基和早期发展的历史岁月。伴随史前石器时代生产力进步,私有制产生和阶级分化而产生了最早的国家夏朝。经历了商朝"一体多元与王国邦国并存"后,西周确立了以血族宗亲为轴心,礼乐文化为纽带,井田制度为基础的封邦建国体制。甲骨文和青铜器,以及相关文献相互印证了这一时期的社会生活和精神风貌。

单元核心目标:依据课标,依托本单元的教学主题,提炼出本单元的核心教学目标。同一单元可以提炼出不同的核心目标。核心目标的特点是高屋建瓴、整体表述、聚焦素养、突出能力。

案例:《中外历史纲要(上)》第一单元目标(并不是完全意义上的核心目标,但可供借鉴)②

能够在梳理先秦到两汉疆域图的基础上,知道古代中国从先秦到两汉国家疆域的不断扩展;在梳理中华大地上古人类起源、中华文明的产生、早期国家特征、春秋战国社会变革、秦汉巩固大一统措施等重要史事的基础上,认识中华文明较早地从早期国家过渡到了成熟国家;西周、春秋战国、秦汉时期对中华民族的形成有重要影响,使华夏族逐渐发展为汉族。

单元目标分解:依据本单元的教学要目,对核心目标进行分解,包括必备知识、关键能力、必备品格与核心价值。

必备知识:又可称为核心知识,它支撑着教学主题的构建、核心目标的达成。

关键能力:①运用唯物史观的基本观点认识并说明历史事物的能力;②掌握历史时序,将历史事物置于特定时空下进行分析的能力;③收集、辨析并能运用史料的能力;④解释历史的能力,包括能运用归纳、概括、比较等思维方法分析历史事物

---

① 案例来源:上海晋元中学李惠军老师。
② 案例来源:北京教育科学研究院郭井生老师。

的能力；科学解释历史事物，认识事物本质的能力；全面、客观评价历史人物、历史事件以及历史现象的能力；发现和论证历史问题，独立提出观点的能力。

必备品格与核心价值：包括政治品格、道德人格、史学品格、正确的价值观念等。正确的价值观念包括历史观、国家观、民族观、文化观、社会主义核心价值观；史学品格包括求真精神、贯通意识、批判思维等。（参看朱汉国《历史学科核心素养释义》）

案例：《中外历史纲要（下）》第一单元的目标分解（从宏观、中观、微观三个层次来分解，可供参考）[1]

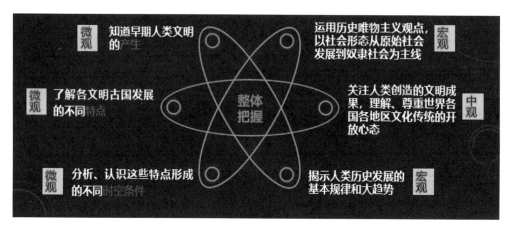

图 3-10

单元与课时的关系：课时的主题与核心目标要支撑单元主题与核心目标，各课时之间要彼此贯通联系。

案例：《中外历史纲要（上）》第四单元的单元与课时目标分析[2]

表 3-4

	单元（或主题）教学目标	课时目标与单元目标的联系
单元	运用时间轴、历史地图、表格、示意图等工具，梳理明至清中叶政权更迭、专制强化、版图奠定、对外交往、经济和文化发展变化的基本史实，认识到明清时期中国统一多民族封建国家更趋巩固，但盛世之下也逐渐暴露出诸多危机。结合文献与实物史料，理解明清版图奠定的意义及危机出现的原因，增强主权意识和忧患意识。	☆ 单元目标聚焦明清时代特征"盛世"与"危机"，梳理其表现，分析其原因与意义。 ☆ 课时目标分别从政治（政权、制度）、版图（边疆、民族、外交）、社会（经济、文化）几个不同的角度剖析"盛世"与"危机"的表现。

① 案例来源：北京教育科学研究院王耘老师。
② 案例来源：北京教育科学研究院王耘老师。

（续表）

	单元（或主题）教学目标	课时目标与单元目标的联系
第一课时	运用时间轴展示明清政权更迭的历史过程，知道清前中期出现了康乾盛世。了解废丞相、设内阁、设军机处、奏折制、文字狱等制度和措施，认识到君主专制在明清时期进一步强化，但也引起了吏治腐败、钳制思想、农民起义等问题。	
第二课时	从时空角度梳理明清边疆形势及巩固版图的相关举措，绘制 1820 年清朝疆域示意图，明确南海诸岛、台湾及其包括钓鱼岛在内的附属岛屿是中国版图的一部分，增强主权意识。结合古今地图、史籍论著等文献史料以及壁画、建筑等实物史料，认识到明清版图巩固促进了统一多民族封建国家的发展，基本奠定了现代中国的版图，但闭关自守使中国落后于世界。	☆ 此外，第一课时介绍宏观脉络，第二课时关注版图奠定的意义，第三课时关注世界的变化趋势并总结各领域出现的危机。
第三课时	了解 14—17 世纪世界历史发展的趋势以及明清时期中国社会经济、思想、文学、科技各领域出现的新变化。运用唯物史观，分析中国社会出现人地矛盾、农民起义、闭关自守等社会危机的时代原因，增强世界意识与忧患意识。	

三、上海名师案例

新课程实施以来，教育部基础教育课程教材发展中心与课程教材研究所凝聚了全国顶级专家和一线教师，共同研讨，对新课程实施的诸多细节尤其是单元主题教学的实施路径进行了深入的研究，并通过网络培训的方式，推广了相关研究成果。其培训资料中收录的李惠军老师的单元主题教学案例，值得我们深入学习。

案例：指向深度学习的单元教学策略探析——以"20 世纪下半叶世界的新变化"单元为例[①]

一、单元基本信息

学科	历史	实施年级	高一	设计者	李惠军
课程标准模块	《中外历史纲要（下）》1·23 冷战与 20 世纪下半期世界的新变化				
使用教材	统编版高中历史教材《中外历史纲要（下）》第八单元				
单元名称	20 世纪下半叶世界的新变化				
单元课时	4 课时				

---

① 案例来源：上海晋元中学李惠军老师。

二、单元学习规划

主题名称:指向深度学习的单元教学策略探析——以"20世纪下半叶世界的新变化"单元为例

1. 主题概述:

　　落实历史学科深度学习,应当以单元建构为载体,在主题和任务的驱动下,转变和优化学生学习过程的思维方式和行为方式。而在单元建构过程中,首先需要厘清本单元的核心要义、关键要目和单元内容主旨。其中核心要义是单元构成的最高统领,是单元主旨的上位概念。关键要目是单元知识的归纳提炼,是核心要义的概要诠释。而萃取核心要义的灵感源泉主要是教师对课程标准的精准洞察、对单元导言的全面理解、对单课结构的逻辑解析、对文本表述的内涵破解,同时必须遵循历史研究的学理基础。

　　在整合单元内容时,必须聚焦核心要义、速写相关知识、凸显关键要目,围绕历史演绎的机理、历史思维的逻辑、历史教学的流程及历史学习的特征四条通径,以涵养学生的历史思维,为学生提供历史学科深度学习的单元课程。以《中外历史纲要(下)》第八单元"20世纪下半叶世界的新变化"为例,在核心要义统摄下,提炼本单元内容主旨。在单元主旨的定向指导下,有机确定本单元内部的各单课主旨,揭示单元与单课、单课与单课的逻辑关系,建构整体单元体系。教师分别从四个领域的新变化诠释了20世纪下半叶世界历史新画卷,四个单课之间彼此交互和相互交织。

　　20世纪下半叶的世界是一个充满变数和动态组合的新时代。意识形态和全球战略的冲突使人类无法摆脱修昔底德陷阱,以零和思维及恐怖平衡为特征的冷战将人类撕裂为两极世界。资本主义和社会主义国家的新变化,以及殖民体系瓦解和新兴国家发展,导致两极格局内部发生结构性变化。苏联解体和东欧剧变使半球化冷战格局终结,多极化趋势不断发展,人类理性悄然稀释战争阴霾,和平与发展成为世界主流——但是冲突的隐忧和冷战的怪影依然困扰着人类的未来。

2. 主题学情分析:

　　学生学习起点:高一学生在初中阶段已经学习过部编版九年级下册《世界历史》教材第五单元"二战后的世界变化",对这一时期相关历史事件有一定了解,但广度有余而深度不足。

　　学生认知水平:高一学生已经初步具备思考和分析问题的能力,但他们的思维深度不够,对国际格局等大空间、宽视野问题的认识不全面,对牵动人类命运战争阴霾问题缺乏深度的情感体验,需要教师设置情境进行引导,雕凿历史细节,让学生体验、评判和迁移,促进学生深度学习。

3. 开放性学习环境:

　　提供多媒体互动式课堂,以历史学习小组的方式组织学生开展合作探究;提供图书馆相关资源的参考目录及网络学习资源的获取途径,帮助学生更好地开展拓展性阅读和迁移性自主探究。

素养导向的学习目标		
素养名称	单元学习目标	对应关系说明
A 唯物史观	通过学习四个领域的新变化,认识21世纪下半叶的世界是一段分化对峙、变换重组、风云诡谲的大时代,理解人类历史向前发展的大脉络;	A 唯物史观
B 时空观念	运用大历史观——长时段、大空间、宽视野,在了解各个空间的国家所发生的新变化的同时,将其横向联系起来,能够使用恰当的时空尺度对新变化进行分析,考察它们如何共同作用于近半个世纪的冷战及国际格局的演变当中;	B 时空观念
C 史料实证	通过合作探究,能够从多种渠道获取与其有关的材料,如纪念币、历史照片或地图,尝试运用史料作为证据来理解国际格局的嬗变过程、各个领域新变化的主要内容;	C 史料实证
D 历史解释	能够选择组织相关材料对冷战和国际格局的演变关系、各国新变化产生的原因和影响作出解释;	D 历史解释
E 家国情怀	通过建构20世纪下半叶四个领域的新变化关系图谱,涵养国际视野,同时进行反思和联想,汲取历史上各国新变化中的经验和教训,加深对中国特色社会主义发展道路的认同,叩问人类如何摆脱战争阴霾和冷战怪影,更全面、客观地认识历史和现实社会问题。	E 家国情怀

（续表）

内容主旨	
第 1 课时	修昔底德陷阱再重演,社会制度和全球战略的对立使美苏为首的两个集团暗战不断。零和思维及全面抗衡将世界撕裂为两个阵营,恐怖的平衡使人类屡屡险入地狱之门。两级内部结构性变化,第三世界崛起、全球化趋势、人类的理性让世界开始走出半球化。苏联解体和东欧剧变使两极格局瓦解,国际格局呈现出和平与发展的多极化趋势。但是,在和平与发展的世界大潮下,战争的阴霾和冷战的怪影依然困扰着人类的未来。从战略合作到战略对峙,从两极化世界到多极化趋势演绎了国际格局嬗变的大面相和人类历史发展的大脉络。
第 2 课时	回溯自由资本主义和垄断资本主义阶段奉行的"自由放任",发端于 1929 年大萧条时期的国家干预经济政策在二战后向纵深发展——在市场经济基础上强化国家宏观调控和借助国际经济组织维护经济秩序,成为 20 世纪下半叶资本主义国家经济治理方式新特征;与此同时,基础理论的突破和科学技术的发展促使信息时代浪潮拍打而至。随着经济治理方式、增长方式和结构比例的变化和中产阶级的扩大,为社会保障体系改革和建立"福利国家"奠定了基础。但是,这些并没有彻底消除资本主义社会存在的各种矛盾。因此,争取民权、女权等斗争成为 20 世纪下半叶资本主义国家社会运动的新趋势。
第 3 课时	二战前后,在反法西斯和人民解放战争中诞生了一系列社会主义国家。在冷战格局下,这些国家经过艰苦卓绝的努力,一度取得了令人瞩目的社会主义建设成就。然而,由于僵化的体制,加之苏联和受制于苏联模式的东欧各国在改革过程中的偏离和失误,在经历阵阵剧痛并付出巨大代价的情况下,最终导致了苏联解体和东欧剧变。但是新中国成立后,在向社会主义过渡时期和艰苦卓绝的曲折探索时期,社会主义建设事业不断发展。特别是十一届三中全会以来,经过拨乱反正和改革开放,走出了一条有中国特色的社会主义道路。
第 4 课时	全球航路开辟和地理大发现以来,列强凭借坚船利炮扩张瓜分势力范围,建立了以西方为主导的世界殖民体系。随着殖民地半殖民地人民数百年的民族解放运动和国际格局的新变化,到 20 世纪末,维系数百年的殖民体系轰然坍塌,第三世界走上了现代化发展之路。从新加坡、韩国崛起和海湾国家起飞,到非洲的脱贫斗争和拉美民族工业的繁荣,新兴国家的经济建设令世人振奋。鉴于历史遗留问题、政局动荡和经济结构缺陷等原因,加之不合理的国际经济秩序制约,发展中国家依然面临着严峻的困难和挑战。

挑战性学习任务			
课时	任务序号	教学过程	评价建议
第 1 课时	任务 1 思考战后美苏何以从鼎力合作到倾力对抗	教师展示纪念币、历史图片和 flash 动图,学生猜测并意译纪念币外文,读图并为两幅图片命名,观察并判断 flash 动态图,最后归纳整体页面的关键词。	关注学生从材料中提取历史信息、归纳概括的能力。
	任务 2 领略二战结束前后(狼烟散去前夜)世界微妙形势	教师展示战争进程和战后安排——学生从雅尔塔三巨头的话语、"铁钳攻势"背后的阴霾和"三国演义"与三根火柴一系列历史情境中,体验和联想到博弈与暗战在合作与微笑中涌动。	关注学生能否深入历史情境,准确表达历史认识。

挑战性学习任务			
课时	任务序号	教学过程	评价建议
	任务3 勾勒冷战发生发展过程与国际格局的演变脉络	教师提供材料"跨越大洋的秘密情报和各执一词的隔空喊话"及相关历史事件的图片——学生根据材料试着归纳总结出冷战线索，如从"鼎足暗战"到"明火执仗""两个阵营""敌对抗衡"，深刻体验冷战是"地狱之门"并对之加以客观全面的价值评判。	能够选择、组织和运用相关材料并使用相关历史术语，在历史叙述中将史实描述与历史解释结合起来。
	任务4 思考人类如何挣脱战争阴霾和冷战怪影	教师讲授多极化趋势出现、冷战局面结束和两极格局瓦解的相关历史进程，让学生小组讨论持续半个世纪的冷战带给人类的启示——学生结合冷战的起源和发展过程，体会到冷战的本质在于国家间的"零和思维"，两极对峙是一种恐怖平衡，进而认识到两极格局分裂了世界。而随着两极格局瓦解，人类的理性悄然稀释战争的阴霾，和平与发展必然成为世界的主流。从历史中迁移到现实，联想和探索当今人类如何完全摆脱修昔底德的陷阱、绝地求生的梦魇与零和博弈的魔咒。	能够表现出对历史的反思，从历史中汲取经验教训，更全面、客观地认识历史和现实社会问题。

持续性学习评价					
评价任务	评价内容	评价指标	评价方法	赋值方法	评价主体
任务1 探究冷战与国际格局演变的相互影响	时空观念 历史解释	研读和梳理教师提供的材料（5分），能够把冷战发生、发展各阶段与国际格局相应演变情况进行联结与思考（15分），并能分享自己的观点（10分）。	课堂提问 课堂笔记	30分	自评 师评
任务2 撰写"冷战的启示与中美关系的走向"小论文	历史解释 家国情怀 团队合作意识	沿着教师提供的材料搜集途径，查询相关论著和观点，从冷战的起源、过程和结果得出相应启发（史论结合较好者20分），谈谈中美关系的现状及本质，迁移探究国际格局的发展走向（历史与现实结合紧密20分）。	小论文	40分	自评 他评 师评
反思性教学改进（实施后填写）					

（续表）

单元作业
第 1 课时"冷战与国际格局的演变"作业设计：建构冷战发展过程与国际格局演变脉络的思维导图。此类作业属于中等难度试题，既能考查学生对整堂课知识结构和内容主旨的把握程度，同时能够促进学生在联想与结构方面的深度学习。 第 2、3、4 课时略

　　大单元主题教学作为本轮课程改革中出现的新鲜事物，近两年来受到了教研部门和一线教师的广泛关注，也形成了诸多研究成果。但是，作为初期的探索，这些成果在一些细节和具体呈现上也还有许多可以改进的地方，比如，单元学习目标的五大核心素养是否可以分开来表达？单元主题教学中的大主题与具体上课时的小课时之间如何协调？改革和创新带来的问题绝不可能通过退回原点来解决，而只能通过进一步改革和探索来纠正。

第四章
历史课堂教学环节的处理

　　课堂教学是教育教学的主阵地。"课堂"与"阵地"似乎是两个概念,但是它们却有内在的关联。所谓课堂,就是师生双方为了实现一定的教育教学目标,依托现有的学习资源,选择恰当的学习方式与测评方式,通过预先的优化铺设与现场的处理生成,以及课后的收获反思,提升师生双方的专业能力与综合素养的场域。"阵地"这个词是个军事术语,意指军队为了进行战斗而占据的地区,通常设有工事。这意味着,"阵地"是为了实现战斗目标而设立,而"主阵地"的斩获状况则决定了战斗的整体收益。

　　若将教育教学看作是一种"扫荡通往真理之路的各种障碍"的"战斗"的话,战斗的价值是由收益来体现的,而教育教学的收益"主体",却同时包含了传统意义上的"教"与"学"两方面,即"教学相长"。

　　"教学相长"一词出自《礼记》。《礼记·学记》说:"是故学然后知不足,教然后知困。知不足,然后能自反也;知困,然后能自强也。故曰教学相长。"这段话的意思是说:"学习过后才知道自己的学识不够,教人之后才发现自己的学识不通达。知道不够,然后才能反省,努力向学。知道有困难不通达,然后才能自我勉励,发愤图强。所以说:教与学是相辅相成的。"可以看出,收益最高的教育教学形式,是使师生双方都能够获得成长,而在当前的教育大环境下,能够尽最大限度实现此目标的各种教学活动,无疑是发生在课堂上的。课堂教学之所以能够成为主阵地,是因为相比其他各种教育教学活动来说,课堂上的教学更具有普遍性、参照性、生成性、高效性,让教育教学目标在"渐进"中得以实现,甚至发生可喜的"突变"并创造奇迹,而要实现这些特征以及目标,往往需要通过相关的课堂教学环节来呈现。抓住了课堂教学环节,就在操作层面践行了教育教学的理念和目标,而任何真理都是要靠"落地"才能实现"自证"的。

　　课堂教学不仅是学生成长的主阵地,也是教师成长的主阵地,前者易被理解,后者则容易被人所忽视。教师的专业成长尽管有很多途径,但最主要的是靠对课堂教学的理解、践行、反思。从这个意义上来说,课堂教学既包含了"设计—教学"的过程,也包含了"实践—反思"的过程。

　　根据这个思考,可以将"课堂教学环节"中的若干实践层面上的重要方面拿出来进行剖析,教师需要在这些方面提升业务素质,提升学生的学习效能。这四个方面分别是:新课导入、课堂过渡、课堂小结、课后反思。

第一节 如何进行新课导入

历史课程的教学要力求体现课程标准的基本理念和设计思路,始终秉持素养导向的教学理念,以发展学生的历史课程核心素养为目标,并依据目标对教学内容进行适当的选择与整合,精心设计以学生为主体的教学过程和教学活动,组织学生参与探究历史的实践活动,使学生在特定的历史情境下发现问题、解决问题,形成自己对历史的正确认识[1]。要实现这样的目标,就必须从课堂设计开始,就要吸引学生,因此好的导入不仅是好的课程设计的开始,也是实现课程基本理念和设计思路的首要环节。

一、课堂导入的价值与地位

课堂导入是指教师在讲解新知识或教学活动开始之时,有意识、有目的地引导学生进入学习状态的一种方式,是课堂教学的起始环节。"所谓导入就是教师引导学生做好学习新课知识的心理准备、认知准备,并让学生明确本阶段的教学内容、学习目的、学习方式及产生学习期待、参与需要的一种课堂教学行为方式。"[2]早在 20 世纪 70 年代的时候学者就已经开始关注课堂教学的导入环节,《悉尼大学教学微技能》(*Sydney micro skills*)一书中将导入的功能归纳为:"引起注意、激发动机、构建教学目标、明确学习任务以及建立联系等。书中还进一步提出,在开始讲授新课时,吸引学生的注意是很重要的;求知欲是学习动机中最现实、最活跃的成分;课堂导入要构建学习目标,使学生进入良好的心理准备状态,全神贯注地有意义地开展学习。"[3]课堂教学是科学,要理性,要准确,要能体现规律;但课堂教学同时也是艺术,要独到,要绚丽,要能激发情感。无论是体现规律还是激发情感,首先需要充分调动学生学习的热情,而调动莫过于激发兴趣。苏霍姆林斯基认为"教学的起点,首先在于激发学生学习的兴趣和愿望"。德国教育学家第斯多惠认为"教学的艺术与激励、唤醒、鼓舞,不在于传授本领","使学生对你所教的东西感兴趣,这就是教育成功的艺术"。俄国教育家乌申斯基认为"没有丝毫兴趣的强制性学习将会扼杀学生探求真理的欲望"。

课堂导入本质上是课堂教学的"切入点",它是教师为学生开启未知领域之门以获得新知的一把具有温度的钥匙。一个好的课堂导入体现着教师的认知高度,引导着学生的思维方向,奠定着课堂的艺术品位。如同中药里的药引子一样,课堂导入的好坏直接决定了历史教学效果的发挥。"成功的课堂导入能够将前后所学知识串联起来,顺利过渡到新知识的学习;成功的课堂导入能够紧紧吸引学生的注意,使学生的兴奋点转移到课堂上来,激起学生学习新课的欲望;成功的课堂导入能够营造良好的学习氛围,使学生轻松、愉快地融入到教师设计的教学情境之中,产生情感上的共鸣;成功的课堂导入能够启迪学生的思维,使学生

① 中华人民共和国教育部.义务教育历史课程标准(2022 年版)[M].北京:北京师范大学出版社,2022:55.
② 赵克礼.历史教学论[M].西安:陕西师范大学出版社,2003:124.
③ 刘佳.高中英语课堂教学的导入艺术探究[D].武汉:华中师范大学,2004.

集中精神探索知识的本质，开阔学生的视野；成功的课堂导入能够起到目标定向的作用，统筹全局，顺利完成以下的教学。"①课堂导入因为不是传统意义上的"教学重难点"，所以很容易被淡化、轻视，甚至有人公开声称，一般人的注意力最多集中 15 分钟，而刚上课的时候，学生的注意力最集中，以后呈下降趋势，所以课堂导入白白占用这段宝贵的时间，不如放弃，让给教学重难点的突破更有效率。诸如此类的看法让课堂教学更具短期功利性，教育"矮化"成了教学，教学"矮化"成了传授知识，传授知识甚至"矮化"成了做题——更何况还未必能真的完成好这个目标，毕竟历史学科是需要足够的场景铺设的。同时，课堂导入在表现方式上虽有很多技巧或类型，但并不意味着选择的随意。首先，有效的导入要紧扣课堂立意进行，毕竟导入是直接指向课堂立意的。同时，要尽可能脱离一些常见的导入误区。比如，有的课堂导入只开了个头就没踪影了，有的课堂导入太过直白而缺乏纵深，有的课堂导入缺乏创新导致难以调动学生，有的课堂导入脱离学情而增加课堂推进难度，等等。

二、课堂导入的类型与方式

叶圣陶先生对"导"说得最为贴切："导者，多方设法，使学生能逐渐自求得之。"所谓教无定法，贵在得法，就课堂导入而言，目前流行的方法主要有，复习导入法、故事情境导入法、音乐视频导入法、新闻热点事件导入法、问题导入法、诗词歌赋导入法、漫画图片导入法等。这些导入法，各有优势，教师需要依据自己的教学特点和特长，并结合所教内容来进行选择。复习导入法比较常规，但可以有效地将新旧知识进行连接，有助于帮助学生梳理历史学科知识和历史本身内在的逻辑；故事情境导入法，一开始便使学生置身于历史事件的情境中，事件的高潮，能够迅速地吸引学生的注意力，并激发学生的学习兴趣；音乐和视频不仅可以创造轻松和谐的师生共享的课堂环境，还可以更为直观地创设历史学习情境，性价比较高，也是教师上公开课常用的引入方式；新闻热点事件，在一定程度上体现着历史学科的现实关怀，有助于学生将历史与现实对接，并引导其通过历史去理解现实，通过现实去反思历史，尤其是在学习现代史的过程中，2021 年初中课程标准要求"在教学中，教师要注意选取贴近社会、贴近生活、贴近学生的情境素材，以加深学生的情感体验和实际感受"②，无疑利用新闻热点事件是落实这一要求的有效方案；而问题导入往往设置悬念，激发思考的欲望，从一开始便把学生注意力牢牢地吸引在教师的课堂上；诗词歌赋将文学的美和史学的深沉、厚重完美地融合，体现着大文科时代，文史知识内在和谐的完美统一，给学生以美的熏陶；漫画图片，往往用夸张和讽刺的方式揭露历史，在轻松幽默中又包含着深沉和深刻，是一种举重若轻的高级的引入方式，也体现着施教者的教育智慧。课堂导入的方法固然千差万别，但纵览这些课堂导入，其背后无非都在试图营造和创设一种历史情境。因此我们似乎可以说课堂导入的关键，在于成功地创设历史学习的情境。

① 岳晓杰.新课改下高中历史课堂导入策略研究[D].郑州:河南师范大学,2012.
② 中华人民共和国教育部.义务教育历史课程标准(2022年版)[M].北京:北京师范大学出版社,2022:26.

三、历史课堂导入的创新与案例

（一）以"共情"为目的的课堂导入

马克思说："历史不过是追求着自己目的的人的活动而已。"历史是人的历史，我们要真正了解历史，必须将"历史中的人"置身于具体的时空情境中。历史学与其他科学的重要不同在于其具有"不可再生性"，我们很难利用现有的史料碎片重新还原历史本身，但是，历史研究却要求我们"重置情境"，先形成"同情"的体验，再进行客观的思辨。换句话说，历史研究中，"直观感"是不能被否定或漠视的，尤其是那些塑造历史的活生生的"人"，他们的个性经历在历史上的烙印是难以被"规律化的"。探究历史人物本身，更容易让我们对历史产生亲近感，不仅能够形成对历史更具温度的解释，也能因此塑造我们自己。作为课堂开篇的"导入"环节，如果能从"人"的角度进行切入，有助于我们对历史在"同情"中形成"理解"，从而"心存敬意"。

例如，统编教材《中外历史纲要（上）》第9课的第三个子目是"王安石变法"，因为其能够体现中国古代变法的诸多共性，所以在大胆整合教材的前提下，可以将这个部分单独拿出来做一节课。那么，一般对于"王安石变法"的课堂导入，往往是从展示北宋所谓"积贫积弱"的危机开始，指出变法的必要性和迫切性，从而顺势引出本节课的主题，侧重于"变法"本身，这是常规方式，也符合唯物史观的"社会存在决定社会意识"原理。那么，在常规思路之外，其实还可以从"人"的角度展开对这场变法的思辨评价，侧重于谈"王安石"，突出的是"历史人物对历史进程的作用"。比如，把王安石的性格作为切入口，探讨其在变法过程中所产生的"双刃剑"作用，也是一种教学实践创新。在课堂教学中，历史事件突出了人的因素而变得更为鲜活，有趣的切入也符合中学生的认知习惯，更能够从剖析人物性格对实践成败的作用的角度对学生产生相应的人格修养教育价值。在这种思考下，有教师在课堂导入环节时，用"王安石的性格对于变法成败的作用"这个小型的项目化学习，作为探究主题。

案例：以"王安石的性格对于变法成败的作用"为探究主题的项目化学习[1]

出示图片：

图 4-1 袋獾和"獾郎"

① 案例来源：西安市铁一中滨河高级中学刘相钧老师。

师：此图展示的是一种野生哺乳类动物，它的名字叫"獾"。传统中"獾"从来就不是一种代表吉祥的动物，本来没有人愿意把自己和这种动物联系在一起。可是，中国历史上有一位大人物，小名就叫"獾郎"（据郑景望《蒙斋笔谈》，荆公初生，家人见有獾入其产室，故小字獾郎）。这个人，就是王安石。有趣的是，如果把獾的生活习性人格化，发现王安石身上具有许多和"獾"相类似的地方：

（1）獾：不挑食物。（獾食性杂，有什么吃什么，甚至腐尸。）

王安石：不拘小节。（王安石在生活上随意不讲究。宋代朱弁《曲洧旧闻》里讲：王荆公性简率，不事修饰奉养，衣服垢污，饮食粗恶，一无有择，自少时则然。）

（2）獾：多喜独行。（獾类大多独来独往。）

王安石：自视甚高。（王安石《咏梅》：墙角数枝梅，凌寒独自开。遥知不是雪，为有暗香来。）

（3）獾：食快量大。（獾可以在半小时内吃光相当于自身体重40％的食物。）

王安石：性格急进。（张敬夫言："平生所见王荆公书，皆如大忙中写，不知公安得有如许忙事？"）

（4）獾：凶猛好斗。（一只6公斤重的袋獾能够杀死30公斤重的袋熊。）

王安石：坚毅果决。（司马光："介甫之意，必欲力战天下之人，与之一决胜负。"）

请同学们结合"獾"的性格，根据有关史实，谈谈王安石的性格在其变法中起到了什么作用？

这种课堂导入方式并非"灵机一动"的偶然所为，而是在把"人物精神与动机"作为"王安石变法"这个知识点突破的切入点时，就会去探究关于王安石的个性因素，在具体的课堂实践过程中，不仅让这节课更具有历史人物的"代入感"，而且师生从中体验到"历史事件深深打上了塑造历史的人物性格烙印"这个规律性认识，无论是商鞅变法、张居正改革，还是康有为维新变法，莫不如此。通过这样的课堂导入方式对历史进行切入，有利于学生发掘历史中的"非理性"因素，从人物性格窥探时代精神，汲取这些精神以塑造健全心智，形成对历史更加鲜活的认识，并因此形成对个人、社会、国家的"性格"审视。

（二）基于"史鉴"功能的导入

历史学是反思的学科，反思的目的是汲取历史的经验教训，以便更好地理解现实，帮助人们少走弯路。但是历史的"距离感"又容易让人们因为缺乏知识而"漠视经验"，因为不断遗忘而"重蹈覆辙"，作为历史学教育工作者，所能够做的是：让接受历史教育的学生们尽可能熟知重大历史的来龙去脉，在现实中遇到类似情境时，不会大惊小怪，不会妄自菲薄，不会狂妄自大，帮助人不在现实中迷失，帮助人不在困境中丧失理性，这是历史教育必然要承担的责任。但是"反思"本身是需要技巧的，尤其是要通过缩短"距离感"而产生"现实感"。这里面的关键是：如何能用历史的节拍去重击学生的心门，让学生形成强烈的震撼感，而形成深刻挖掘历史秘密的心理动机。将反思直接拿出来作为切入点，让学生因为"问题意识"而通过解剖历史以形成自我对照,并进一步形成对现实的关怀。

统编版历史教材《中外历史纲要(上)》第 26 课是新中国 1949—1956 年的历史,众所周知,新中国的各种重大制度建设,都是在这个时期奠基的。新中国的"新",本质上要突出制度的优越性。关于新中国的各种政治制度的优越性,本是政治学科的重点,然而,政治学科重在探讨一种理论模型,通过剖析制度原理与理想目标,擅长解决"应然"的问题;而历史学科关注时间变迁,重在审辨已有成果,通过捋顺来龙去脉与实际运作,在"实然"问题上着力较多。所以,不能把政治课堂上关于新中国史的讲解直接照搬,或是认为"政治课已经讲过了"而简化处理。历史课要发挥历史课的特色,从时空观念与历史解释的素养角度来看,我们可以从"吸取历史教训"的方面进行观察,通过分析大清王朝与中华民国的衰亡的实质,解释新中国政治制度的产生缘由以及优越之处。如何让制度的学习更具历史感与现实感,也在对比中给学生以深刻的启示。

(三)指向"价值"引领的课堂导入

基础教育的根本目标是立德树人。在中学历史核心素养中,"家国情怀"作为一种价值观的目标要求被明确提出,这更加突出了历史学的学科特征——历史学不仅是一门科学,也是一门"人"学,学习历史不仅仅是为了辨析史料、提取信息、掌握知识、总结规律,还应该是为了通过考察"历史的人"来塑造"现代的人"以成就"顺应未来的人"。在进行历史课堂教学时,最容易让学生产生共鸣的、对学生潜移默化教育作用最大的,往往不是过于抽象笼统的宏大叙事,而是直指人心的精神上的、人性上的深刻剖析,因为这与个体的生命意义都息息相关。

《中外历史纲要(上)》第 18 课"挽救民族危亡的斗争"第一个子目是"戊戌维新运动",那场失败的变法体现了先进的中国人力图挽救濒临被瓜分命运的中国,这是一个浩气长存的悲壮过程。关于维新变法有三个层面的价值可以挖掘:救亡图存、政治变革、思想启蒙。本课的标题显然指出了要重点挖掘其"救亡图存"的意义。那么,如果超越那种"把重难点解释清楚"的"阐释学"层面,而是通过挖掘历史人物的细节,折射出那个时代的进步精神,使学生通过历史课堂的体验过程,形成正确的人生观、价值观,更能为实现"立德树人"的根本教育教学目标服务。在这种思考下,有教师用历史人物的诗歌作为课堂导入,从历史的角度去理解这首诗歌,以此贯穿整个教学过程。

案例:以谭嗣同的《儿缆船》为主题的导入[①]

出示材料:《儿缆船并叙(友人泛舟衡阳)》(谭嗣同)

(友人泛舟衡阳,遇风,舟濒覆。船上儿甫十龄,曳舟入港,风引舟退,连曳儿仆,儿啼号不释缆,卒曳入港,儿两掌骨见焉。)北风蓬蓬,大浪雷吼,小儿曳缆逆风走。惶惶船中人,生死在儿手。缆倒曳儿儿屡仆,持缆愈力缆糜肉,儿肉附缆去,儿掌惟见骨。掌见骨,儿莫哭,儿掌有白骨,江心无白骨。

---

① 案例来源:西安市铁一中滨河高级中学刘相钧老师。

教师铺设：这是谭嗣同的一首词，古人说"诗以言志"，这首诗写的固然是谭嗣同曾经的一个乘舟经历，但同时也不难发现，这首诗中有很多暗喻，比如"北风、大浪、小儿、船中人"等。请大家结合你原有的知识用历史的方法来阐释这首诗所体现的含义。

导入是课堂的引子，绝非此环节结束之后就"不见踪影"了，它总是或隐或现地在起作用。就这个导入来讲，是贯穿"戊戌变法"这个中心内容的。在导入开始的时候，学生读谭嗣同的诗是一种感觉，而在学完这个篇目之后，再来读这首诗，那必然是不一样的感受，历史的叹息，时代的沧桑，人物的华光，以及学生主观上赋予这首诗的意义，这些，都让那一代仁人志士，通过诗歌来与学生进行"神交"，让学生从历史中汲取精神力量。历史是由历史人物合力构成的，我们能够看到的也仅仅是历史所能够"呈现"出来的表象，然而，正如王安石所说："糟粕所传非粹美，丹青难写是精神"，时代精神往往是由人物精神所承载的。中学生正处于三观树立的关键时刻，这时候重点给予怎样的价值观导引，就有可能对其日后的人生准则产生莫大的影响，在当今"立德树人"的教育大环境下，教师不仅要做阐释学意义上的"明师"，还要做兼具"布道"价值的"牧师"，尽力挖掘学科的育人价值并在课堂上予以实践，远比空洞的"心灵鸡汤"说教更能够潜移默化学生的精神。在学生的学习与成长过程中，我们虽与历史人物所处的时代不同，但同样面临着判断时代、定位自己、前途取舍、人生价值等问题，况且历史人物在那个年代创立的丰功伟绩，也未必和当代每一个个体有什么直接的关联，但让他们能够永久彪炳史册，并对后来者产生无穷的动力支撑的，更多的是那种永不磨灭的精神力量。类似于讲马克思，可以选择马克思在17岁时的中学毕业论文《青年在选择职业时的考虑》；类似于讲《史记》，可以分析司马谈在病重之时给司马迁"为往圣继绝学"的殷殷嘱托等等，给同龄的当代中学生树立一个具有伟大理想抱负的鲜活典范，让学生因为历史课堂而汲取到活的精神营养，成为支撑其一生的信念与动力。

古人讲圣人的"三不朽"：立德、立功、立言。挖掘人物精神与时代特征，须从细节出发，以细节观人物，以人物观时代，以时代观自身。重点是要精选最具代表性的历史细节，作为一个可供细细解剖的"麻雀"，而不是平铺巨量史料，方能形成聚焦的、高阶的体验与认知。至于选择怎样的"麻雀"？怎样选择"麻雀"？绝非哪个史料"自己很喜欢"，而是要看是否符合课堂实际需要，同时，有些典型的史料可以多角度挖掘其价值。这里首先需要确定的是教学目标和教学立意，以此来统摄课堂教学所需之材料，而不是把基础教育的课堂变成一堂烧脑的纯粹史料解读课。

我国古代著名教育家孔子曾说："知之者不如好之者，好之者不如乐之者。"显而易见，教学中以"乐"为向导是尤为重要的。心理学上讲首因效应，一堂课学生是否真正能喜欢，是否乐学，很大程度上在前三五分钟就已经决定。因此我们说，课堂导入恰当与否，直接关系到整节课教学效果的好坏。历史课堂导入绝非可有可无，而是一个不容忽视的教学环节，只要我们在教学实践中勇于探索，大胆创新，精心设计，就能设计出许多新颖实用的导入方式，这些是外在的技术层面的能力。我们更需要强调和反思的是,能否在课堂导入的环节就有意识地去培养学生对于历史人物的"理解之同情"的能力,能否引导学生关注现实,让学生获取理解现实、适应现实的关键素养,能否从更长远着手,是历史课程可以对接未来,从着眼未来、培养未来人的角度,去思考历史课堂内容的构建。这当然是历史教育应该完成的任务,但导入作为历史课堂教学的首要环节,如何更有效地去思考和解决这些问题,而不是单纯地停留在表面导课的形式与方法的探讨,这才是历史教育工作者更应该关注的话题。

第二节　如何进行课堂过渡

一、课堂过渡的价值与地位

所谓课堂过渡,即在课堂教学的讲授过程中,不同问题或教学内容、不同教学流程和环节之间承上启下自然引入的过程。所谓过渡技能,就是教师通过练习而形成的、在课堂教学过程中,对章与章、节与节、目与目、问题与问题、环节与环节顺畅对接的技巧和能力。

教学法一般把课堂教学划分为导入、讲授、活动、总结提升等若干环节,相应的教学技能特别强调导入技能、讲授技能、提问技能、结束技能等。但是,课堂是一个流畅的整体,从外在的课堂环节来看,必须有效地衔接成一个整体,从内在的内容逻辑来看,也必须有效地浑然一体。这就涉及课堂过渡的艺术。课堂教学过程中一个问题向另一个问题、或一个环节向另外一个环节的过渡同样是教学过程的重要组成部分,对提高课堂教学效果起着不可忽视的重要作用。因此,我们在重视其他课堂教学技能及其训练的同时,也必须加强和重视对过渡环节的研究和过渡技能的训练。

课堂教学中的过渡环节对获得最佳教学效果的意义主要表现在以下几个方面。

(一) 恰当的课堂过渡有利于知识系统化

如果把一节课所讲的内容和知识点比作一颗颗珍珠,那么,课堂过渡就是将这些珍珠穿成串的丝线。在讲授过程中,有意识地向学生强调前后两个问题之间的关系,有利于学生系统地把握教学内容,形成知识体系,深刻理解所学知识,防止死记硬背,便于知识迁移,形成知识系统。所谓知识系统或者叫系统化知识,就是将零散的知识通过恰当的课堂过渡进行有序的整理、编排,形成有序的整体。经过恰当的课堂过渡之后,零散的知识成为系统便具有可以识别、吸收、修复、生长、分裂、链接的能力。可以识别、吸收、修复、生长、分裂、链接更多的知识,系统化的知识才能够使人触类旁通,举一反三,旁征博引,谈古论今。一个人知识体系的系统化是一个漫长的过程,需要不断地积累、输入各种内容。当基础的系统搭建出来后,就能对新来的知识进行识别、吸收,修复或补充原有的系统里的内容,生长分裂出更多的内容,链接原来看似无关或零散的内容,然后进一步强大这个系统的能力。

(二) 恰当的课堂过渡有利于发展学生的思维

课堂过渡在本质上体现的是关联性,好的过渡体现的是好的思维品质、好的思维逻辑和认知逻辑。因此在课堂上重视过渡环节，本身就是向学生展示教师的思维和认知逻辑，使学生清晰地感受到知识与知识之间的关联。好的过渡能够让教学流程之间无缝对接，学生不仅能够享受到行云流水一般流畅的课堂，更能感受到思维之美、逻辑之美。通过对教师课堂过渡设计的模仿和学习，进一步发展学生的思维，训练学生表达和呈现的逻辑。

（三）恰当的课堂过渡有助于发展教师的教学素养

课堂教学，是有计划的教学活动，尤其是基础教育，具有明确的教育教学目标。新一轮课程改革，特别强调历史学科素养的培养。这就要求课堂教学始终围绕着预设的教学中心、心念着学科素养培养的目标来开展教学活动。为此，课堂教学无论是知识还是活动，都必须要有清晰的指向。从这个意义上来讲，"课堂过渡"就是课堂教学环节的"路标"，它会在合适的阶段，以恰当的方式来呈现，保证课堂教学是明确的、有序的、流畅的。这并不是一个简单的"技巧"问题，本质上，它是学科专业素养的体现，"过渡"本身就是在知识之间构建联系，产生新的教育教学价值。这不仅需要教师的学科积淀，更需要教师根据课堂教学的实际情况，选择最恰当的教学时机，将零散的知识或活动勾连成一个有明确指向的结构。教师的能力差异往往体现在"课堂过渡"的方面，这需要扎实的专业积累与巧妙的教学艺术。缺乏"过渡"的课堂教学，或者是不重视"过渡"的课堂教学，不能产生深度学习的效果，因为知识或活动的"切割""生硬"会导致学习浅尝辄止。

二、课堂过渡的类型与方式

从方法和技巧的角度来看，课堂过渡可以采用自然过渡、悬念过渡、总结过渡、拓展性过渡等不同方式。[①] 在历史课堂教学中，教师要结合实际情况，选择不同的过渡方式，以保障课堂教学的顺利推进。自然过渡，关键在于"自然"，而这往往取决于是否能够符合历史学科的一般特征，比如，是否合乎史实？是否合乎逻辑？是否合乎历史学的研究方法？这种"过渡"保证课堂不至于出现大的"硬伤"，是最常用到的课堂过渡。悬念过渡，关键在于"何处设疑"以及"设置怎样的疑"，其并非"为疑而设疑"，而是为了处理教学重难点，或者应对课堂意外生成而创设的一种问题情境。这种情境可以是学习情境、生活情境、学术情境、综合情境等。总结过渡，是对课堂已有一定进展的教学进行阶段性的规律归纳，但目的并非是阶段小结，而是为了更好地引入下一个问题。比如，在讲述中国近代史的时候，我们通常会用到这样的表达句式："天国理想、师夷长技、以日为师、以美为师、实业救国、教育救国等救国方案，都未能从根本上改变中国的半殖民地半封建社会性质。那么，中国的前途到底在何方呢？"不难看出，"小结"的目的是引入下一个阶段的问题。拓展性过渡，指的是在教师对当前学生的学习状况有所把握的时候，对课堂教学的核心内容进行由点及面、由表及里、由此及彼的拓展与延伸，以便于打通知识之间的内在关联与外延范畴，防止学习停留在表象，促进师生的深度学习，形成高阶认知。

---

① 郭喜青.论课堂教学中的过渡技能[J].教育探索，2001(12):55—56.

三、课堂过渡的创新与范例

（一）符合"逻辑"的过渡

人的大脑"偏爱"有系统而不零散的信息。课堂教学中,首先要着眼于知识之间的过渡,没有孤立存在的知识,知识都有它的内在规律和来龙去脉。把握住不同知识的共同本质,不仅能使知识之间构建联系,而且能够明了其内在原理,使得学习具有"元认知"的色彩。

统编版历史教材《中外历史纲要(下)》第 8 课"西欧的思想解放运动",包含着四个子目:文艺复兴、宗教改革、科学革命、启蒙运动。这四场运动,因为都具有"反权威"的特征,所以或多或少都具有"理性"的特质。把握住这个本质,勾连这四者之间的关系,能够把握西欧近代的思想解放的发展脉络和时代价值。比如,第三个子目"科学革命"如何向第四个子目"启蒙运动"过渡? 有教师进行了如下课堂过渡活动设计。

案例:"科学革命"向"启蒙运动"过渡①

教师拿一支粉笔,问学生:"如果我松手,粉笔会出现在哪里?"学生回答:"在地上。"然后教师松手,证实结论。

教师拿起一个苹果,问学生:"如果我松手,苹果会出现在哪里?"学生回答:"在地上。"然后教师松手,证实结论。

教师接着问学生:"如果我把你们郭老师(班主任)举起来,然后松手,他会在哪里出现?"学生大笑:"在地上!"教师问:"必然吗?"学生说:"必然!"

于是,教师说:"经过实验,我们知道苹果会落地,然后推测苹果与地球存在相互吸引力,而且是质量大的吸引质量小的。"接着推测,地球上任何事物都与地球之间有相互吸引力。接着推测,"自然界中任何两个物体之间都存在着相互吸引力"。

这就是万有引力定律的逻辑。在这个推导的过程中,人们实际上没法穷究万物去一一检验,那么这个结论又如何确信一定是适用于万事万物的呢? 在这里,人们所运用的是一种只有人类才具有的思维——理性,即"合乎逻辑的推理":把从感官得来的经验,用人先天性的思维能力进行符合逻辑的分析、推理,形成一系列关于人们对自然、社会、自我的认识方面的知识,而且确信这一定是真理。那么,在 17世纪的时候,牛顿运用这种思维方式推导出了万有引力定律和力学三大定律,成为科学革命的伟大成果展示在世人面前,使当时西欧的知识界极为振奋和自信,因为大家普遍认为:宇宙间最深奥的秘密,即自然运行的客观规律已经被人类所发现了,那么,人类又有什么理由发现不了社会发展的客观规律呢? 于是,18 世纪的启蒙思想家,在震撼于 17 世纪自然科学取得重大成果的同时,也理直气壮地相信:人类能够通过充分发挥自己的理性,对自己所在的时代进行一个合理的解释,并且能

---

① 案例来源:西安市铁一中滨河高级中学刘相钧老师。

够构建出一个合理的社会秩序。这场以充分发扬理性精神为特征的思想解放运动被称为"启蒙运动"。

这样的过渡，属于"破解重难点概念"，从而形成知识贯通。学生在本课第三个子目学到的是"科学革命"，要过渡到第四个子目"启蒙运动"，就要充分挖掘科学革命对于启蒙运动的作用，然后发掘出18世纪的"启蒙"很大程度上是将17世纪的科学革命的理性精神进行了迁移，理性成为一种普遍性的思维方式。可见，最自然的过渡，一定是打通知识之间的内在关联，所谓辨析指的是对事物的情况、类别、事理等的辨别分析。思辨能力首先是一种抽象思维能力。万物要经辨识，才会区别物与物之间的差异；万事要用辩证眼光看，方能分清事与事之间的联系，思辨能力是教师专业能力的一个重要方面。

（二）创设"场景"的过渡

对于具体的历史事件，其发展脉络受制于特定的时空条件。在课堂教学进行历史解释时，需要充分还原背景情境，具备历史之"同情"，才能对历史有恰当的理解与认识。比如，统编版初中历史教材八年级上册第16课"两次鸦片战争"，常规课堂都是按照时间顺序进行讲述，但这里面存在着一个难点：为什么经历了第一次鸦片战争的战败屈辱，清政府还是没有幡然醒悟？这其实就是两次鸦片战争的"过渡"问题。这个问题似乎并不难回答，但是答案往往是固化的、抽象的，缺乏历史的代入感。为了能够顺畅地进行过渡，让学生更加深刻理解第一次鸦片战争的结果与第二次鸦片战争的背景，需要用感性的情境填补这个过渡的"空白"。

有老师在课堂上让学生通过梳理鸦片战争时期中英两国的情况，创设虚拟的历史场景——大清超级新闻播报，让学生分角色朗读，完成统编版初中历史教材八年级上册第16课"两次鸦片战争"的情境过渡，取得了良好的过渡效果。（案例来自西安市铁一中滨河高级中学刘相钧老师，完整台词略）。

据老师介绍，这个情境过渡，其实是受到"两次鸦片战争"第一课时（第一次鸦片战争）的作业启发，原来的作业设计是通过提供相关史料，让学生形成一个个性化的内容，呈现第一次鸦片战争后清政府的主流层面对这场在后世看起来是改变中国命运的战争时的反应，然后在第二课时（第二次鸦片战争）中穿插进来进行过渡，形成强大的情境铺设。在此情境过渡中，学生需要整理许多方面，比如清政府的主流心态、中西双方的情况对比等，最重要的不是形式，而是学生的归纳与呈现能力。这也提供了一种过渡的新思路：学生参与。学生的课堂参与，让课堂有了平视历史的角度，也激活了课堂过渡环节的诸多形式。

（三）问题驱动的"设疑"激趣式过渡

课堂是师生探索未知领域的规范场所。学生要通过课堂获得新知，教师要通过课堂锤炼教法。然而这并不意味着只要"人在课堂"就一定能有令人满意的收获，"长进"必须要建立在对原有基础的突破之上，而任何突破，一方面是增加"已知"，另一方面是探寻"未知"，前者如同海绵吸水，后者如同秉烛探宝。其实，所谓"已知"和"未知"是可以相互转化的，"已知"必须得到真实场景的检视,"未知"则是对思维与视野的开拓。明代学者陈献章说:"前辈谓学贵知疑,小疑则小进,大疑则大进。疑者觉悟之机也。一番觉悟,一番长进。"在课堂教学中,能够熟练转化"已知"和"未知"的关系,也是一种有效的课堂过渡方式。

有教师在关于"宋明理学"的课堂教学实践中,已经通过讲解与探究,让学生明确了关于宋明理学的基本知识,算是单方面完成了"重难点"任务,然而要达到真正落实,就要将"已知"的核心知识放入"未知"的问题情境中,对"已知"的可靠性进行检测,进而推动下一个教学环节。这里,需要检视的一个重点知识是——"理"的特点与实质是什么?为了激发学生的探究欲望,可以把这个问题转化成一个情境进行过渡,过渡环节如下。

案例:统编版高中历史教材《中外历史纲要(上)》第 12 课"辽宋夏金元的文化"①

请同学们观察"苹果树下的牛顿"与"竹子面前的朱熹"。思考这个问题:如果朱熹坐在苹果树下,能否发现万有引力定律?牛顿坐在竹子面前,能否格出"天道伦理"?然后指导学生按照自主探究的流程进行教学活动,取得了良好的教学效果。

(参考答案:都不可能。西方自从亚里士多德以来的哲学精神就是"吾爱吾师,吾更爱真理",权威应当服从于真理,而程朱理学本身就是主张崇拜权威的。当然,由于对"格物"的推崇,毕竟使得精英们关注自然万物,多少也对古代实用技术有所推动。但宋明理学的实质是以"天理"论证"伦理",关注兴趣并非是客观规律或真理探索。)

图 4-2 苹果树下的牛顿 图 4-3 竹子面前的朱熹

设疑过渡,本质上是以一种很自然的方式,对学生学习状况进行及时反馈,所以也属于一种评测方式。这种评测的要点在于:及时铺设新的情境,检验学生的课堂所得是否能够活学活用,从而形成必要的迁移能力,教师也可从中及时反思上个阶段的教学效果。然而,这种过渡最好不要单纯罗列知识,因为"评测"本身主要不是为了进行"课堂检测",更重要的任务是,为下一环节的知识教学形成问题意识而进行必要铺设,换句话说,相当于为下一个知识板块进行推进而设立的"导入"。

第三节 如何进行课堂小结

一、课堂小结的价值与地位

课堂小结指的是"教师完成一项教学任务时,有目的、有计划地通过重复强调、概括总

---

① 案例来源:西安市铁一中滨河高级中学刘相钧老师。

结、练习训练、转化升华等方式，对学生所学的新知识和技能进行及时的强化、巩固和应用，使之稳固纳入学生认知结构的教学行为"。[1]

　　传统教学意义上，课堂小结被认为是课堂教学的终端，往往承载了"学会了"的功能，对于"重申主要内容，增强学生记忆，构建知识体系，形成知识系统，及时反馈新知，检查教学效果"[2]都具有重要作用。尽管上一轮课程改革，试图改变课堂教学中重知识、轻能力、轻情感培育、轻过程参与的倾向，提出了三维目标。但是毋庸置疑，在日常教学中，教师的课堂小结，更多的是着眼于知识。小结通常是知识点的概括，无论是分层式还是结构式，或者思维导图，都是将本课知识要点高度概括化。这种认识和做法固然没有错，但并不符合深度学习的原则，至少并不是将"小结"这个课堂环节的作用发挥得更加好的做法。从培育学科素养的角度来看，小结应该着眼于学生对历史整体的认知，帮助学生建立整体的时空观念，帮助学生建立自己对历史的解释和再认知系统。因此小结还可以在课与课之间、单元与单元之间起作用，为以后的课程做好铺垫。从这一角度来看，小结与过渡并没有本质上的差别，只不过小结更多地侧重于承上，而过渡更多地侧重于启下。不少教师在一堂课的小节中还往往对课堂讲授内容进行延展、延伸，点明教学立意，升华教学主题，让学生和听课者感觉余音绕梁，回味无穷。

　　好的课堂应当是"带着问题进来，带着更多的问题出去"，前者要靠导入环节来激发问题意识，后者要通过小结形成追问意识。导入是"前门"，小结是"后门"，课堂教学结束时，如何走出"后门"很大程度上体现了这堂课的任务完成度与课堂生成度，所以小结不能仅仅停留在单点罗列的"概括"层面，好的课堂小结要形成结构化思维即主题，要反映现象背后的实质即规律，要拔高课堂教学的教育价值即课魂。

二、课堂小结的类型与方式

　　课堂小结的方式很多，常见的主要有：归纳总结、呼应导入、提升情感、对比联系、设置悬念等。归纳总结，是最常用的小结方式，是要将课堂所学进行一个凝练的概括，但一个好的小结不能仅限于此，而是要从中提炼出核心概念与普遍性方法，体现相关学科的学习规律，以便学生举一反三。呼应导入，是在师生完成课堂任务之后，对课堂导入环节有一个更为深刻的回应，不仅是为了体现整个课堂学习的整体性和连贯性，而且通过再次回应导入情境，让本节课的学习效果有了可以参照的标尺。毕竟，课前"导入"在小结阶段再次呈现时，学生的理解与感受绝不一样，这里面承载了当堂学习的即时效果。提升情感，这是历史学科最重要的学科特征之一，历史是由人的活动构成的，而人在创造历史过程中，其主观动机与精神诉求往往隐藏在历史现象之后，而这些因素的挖掘，甚至比历史现象本身更具有现实意义。历史不能重复，但人性一直在重复，提升情感，弘扬正能量，体现历史价值观，是新时代历史

① 于友西，赵亚夫. 中学历史教学法（第4版）[M]. 北京：高等教育出版社，2017(12)：152.
② 于友西，赵亚夫. 中学历史教学法（第4版）[M]. 北京：高等教育出版社，2017(12)：152.

学科为"立德树人"教育目标所要担当的重要责任。对比联系,其实是一种体现历史"时空观念"学科特征的具体方式,无论是对比还是联系,既有中外方面,也有古今方面。通过"对比",可以挖掘历史的特殊性和普遍性。通过"联系",可以构建历史对于不同叙述者的具体价值。所以对比联系的小结方式,往往让历史课堂有很强的学科性和现实感。设置悬念,这种小结也较为常见,但是好的悬念小结并不仅仅是为了调动学生继续学习的兴趣而设置的纯粹"知识性"的具体问题,而是不断为师生拓宽未知领域。师生在开展课堂教学之前和之后,思考的方式、角度必然会有不同,毕竟建立在不同认知层次上的问题质量是不相同的。这里所要指出的是,小结未必是教师的"专利",学生参与的小结其实更具有激励性与反馈性。

三、课堂小结的创新与范例

(一) 结构式小结

从神经生物学角度来说,学习包括"思"和"记"两个过程,所谓"思"就是建立知识网络的过程,"记"就是固化节点的过程。"思"是一次性、非遗忘性的,只需要一次就能建立。其网络具有交错性、互联性,包括新知识内部互联、新旧知识互联、恒量互联等。"记"是多次遗忘性的,符合遗忘曲线。学习所想要达到的结果,就是在需要的时候能够及时调用和活用知识节点。调用的灵活性依赖于知识网络步骤,准确性依赖于节点固化步骤。

下面两张图(图 4-4、4-5)分别是统编版历史教材八年级上册第八单元"中华民族的抗日战争与人民解放战争"(含 3 课)与其中的第 25 课"人民解放战争"的小结结构图。[①] 这种小结方式并非是对单元或者单课"知识点"的概括罗列,也超越了一般思维导图的简单并列、包含逻辑,充分体现了学习者对所学知识进行体验、理解之后的再加工,这种小结方式使得差异化学习与个性化呈现得以实现,而且也符合当前高考 SOLO 题型的一般要求。

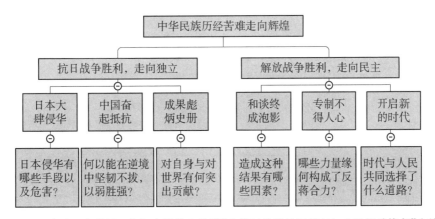

图 4-4　统编历史教材八年级上册第八单元"中华民族的抗日战争与人民解放战争"小结

---

① 案例来源:西安市铁一中滨河高级中学刘相钧老师。

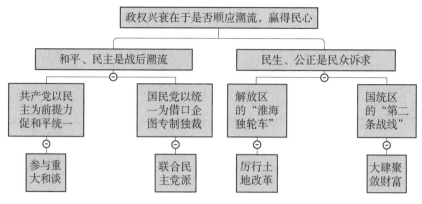

图4-5 "人民解放战争"小结

这种结构式的小结方式如何进行？具体可系统学习李忠秋老师的《结构思考力》。简单来讲,这种结构化思维方式的原则是:结论先行、以上统下、归类分组、逻辑递进。其实这种小结方式,更强调自主学习能力,特别适合于各层次的人提升自己的学习效率,历史课堂教学中可以广泛训练这种小结方式。

在此可以举出一例,比如,给一段《三国志·庞统传》,如何用结构式的小结方式进行总结？文本如下:

庞统字士元,襄阳人也。少时朴钝,未有识者。颍川司马徽清雅有知人鉴,统弱冠往见徽,徽采桑于树上,坐统在树下,共语自昼至夜。徽甚异之,称统当为南州士之冠冕,由是渐显。后郡命为功曹。性好人伦,勤于长养。每所称述,多过其才,时人怪而问之,统答曰:"当今天下大乱,雅道陵迟,善人少而恶人多。方欲兴风俗,长道业,不美其谭即声名不足慕企,不足慕企而为善者少矣。今拔十失五,犹得其半,而可以崇迈世教,使有志者自励,不亦可乎？"吴将周瑜助先主取荆州,因领南郡太守。瑜卒,统送丧至吴,吴人多闻其名。及当西还,并会昌门,陆绩、顾劭、全琮皆往。统曰:"陆子可谓驽马有逸足之力,顾子可谓驽牛能负重致远也。"谓全琮曰:"卿好施慕名,有似汝南樊子昭。虽智力不多,亦一时之佳也。"绩、劭谓统曰:"使天下太平,当与卿共料四海之士。"深与统相结而还。

根据文本,小结可以有两种呈现方式,我们先来看图4-6:

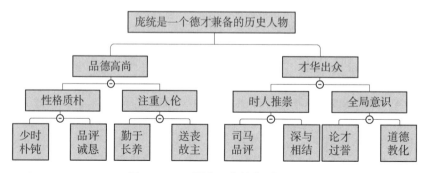

图4-6 《三国志·庞统传》小结1

这是一种结构式小结方式,是纯粹依照文本的结构,能够让人清晰地看到对文本的掌握程度,学生能够做到这一步,已经能够符合高考的"提取与整理有效信息"的基础要求了,也对学生其他学科的学习效率大有裨益,毕竟结构化思维是一种终身的、通用的学习习惯与能力。但是这个结构式小结只是简单的文本解读,并不能够体现历史学科的学科特征。历史学科强调时空观念、史料实证、历史解释,如何培育学生的这些历史素养? 使用结构式小结,可以清晰地反馈学生的这些历史学科素养,例如图 4-7:

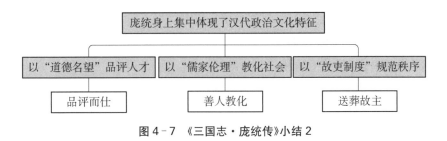

图 4-7　《三国志·庞统传》小结 2

这种小结,将庞统的生平放置在特定历史时空中,他的经历集中体现了汉代的政治、社会、思想特征,这些特征只是由庞统一个典型的人物体现出来了而已。所以,这样的结构式小结方式,将所学历史大的时空背景知识与素材文本紧密结合,更能够体现学科特征,属于高阶结构。在进行结构式小结的过程中,建议教师先期示范,之后引导学生独立进行课堂小结,在学生进行实践的过程中,教师要关注学生之间的差异,让学生在反复训练中不断规范自己的逻辑体系。

(二) 点题式小结

课堂的高度往往在于课堂立意。课堂立意实质上是课堂最精华的部分,作为备课时的预设,在贯穿整个课堂教学后,在小结的部分要通过一定的方式"点"出来。既然是"画龙"最后的"点睛"之笔,要能够突出体现学科的专业价值。历史学科重审视思辨与价值评估,重视从过去的人物和事件中,发掘出实质,进而总结出一般性规律,以便更好地为现实提供正反经验。所以,好的历史课堂的小结,不仅仅应当有历史感,还应当有现实感,让学生通过历史学习,充分体验到历史学科的实际价值,并能够将其运用于学习与生活之中,成为发现问题、解释问题、解决问题的思维起点。

统编版高中历史教材《中外历史纲要(上)》第 2 课"诸侯纷争与变法运动"的课堂教学中,有教师将课堂落脚点放在了"纷争、变法"缘何促进了"民族交融与进步"这个实质性问题上,进行了如下小结。

案例:统编版高中历史教材《中外历史纲要(上)》第 2 课"诸侯纷争与变法运动"①

从逻辑上看,"天下共主"是古典的稳定秩序,但是这个秩序被打破后,各民族各国家为了生存,在竞争中迸发出强大的创新力与学习力,因为战争使得异质文化的优缺点都暴露得比稳定时期更加突出,大家更能主动地敞开怀抱,迎接"非我族

---

① 案例来源:西安市铁一中滨河高级中学刘相钧老师。

类"的异质文化,比如赵武灵王的"胡服骑射"与少数民族的"华夏认同"。这样,彼此都能够吸收新鲜血液而使政治和社会产生活力,促进了各民族文明的优化与进化。尤其是华夏族文明,在竞争与交融中反而变得更加强大,导致周边蛮夷都拼命自诩自己也是华夏或者尽量靠拢。所以,从价值观上看,文化自信是建立在永不停息的创新力与学习力基础上的,因为这两者是文化保持活力的来源,所谓的"乱世"或"治世",都不是绝对概念,"危"和"机"往往是相辅相成的,但无论何时何地,固守传统、强调特性、闭目塞听、错位比较等,都不是真正的文化自信。

案例:统编版高中历史教材《中外历史纲要(上)》第 3 课"秦统一多民族封建国家的建立"中"秦朝灭亡"课堂小结[①]

　　历史学是一门反思的学问,历史学很重要的一个职能就是让后来的人们少走弯路。然而随着时代的发展、技术的进步,许多"本质相同"的命题,被掩盖上了重重面纱,导致人们误以为我们已经"走出了那段历史"。古今多少事,都付笑谈中。其实,千百年来,最难变的是人心,在相当长的时间内,我们仍然是"只在此山中"的历史过客。历史最大的教训是人们很难吸取历史上的教训。秦朝的速亡,给我们社会主义现代化建设以很重要的反面启示。从毛泽东的"进京赶考说"到当前新时代的"加强党的执政能力建设",无不体现着中国共产党人清晰的政治头脑与忧患意识,使我们不迷信"先进的制度"可以自发地产生正面效应,制度的优越性取代不了"社会治理"的实践因素与"人"的主观性因素。多方面反思秦的速亡,就是在为中华民族伟大复兴贡献自己"知识人"的一份力量。

　　上述点题式小结,让历史课堂有了现实的教育价值。作为历史教育工作者,经常会遇到这样的疑问:"学习历史有什么用?"甚至还有极端的问法:"南京大屠杀"和我有什么关系? 类似种种问题,教师必须要正面回应,不能仅仅以权威角色对问题本身进行压制。其实,从某种程度来看,学生有权利提出任何问题,学生能提出问题,表明问题本身是存在的。许多历史课堂,可能仅仅注重了对"历史"的史料挖掘、充分解释,但唯独缺乏一种"对我、对我们、对现在有什么用"的现实回应。诸多的课堂小结往往停留在梳理知识上,学生看不到历史、现在、未来的关系,所以,在进行课堂教学时,无论是阶段小结还是整课小结,都要很好地回应"有什么用"这样的问题,而这就需要教师对历史问题的实质进行深刻解析。

(三) 润化式小结

教育的最终诉求还是人的培养,"立德树人"是当前教育教学的根本目标。教育是有立场的,尤其是基础教育,要将国家意志与个体发展紧密结合起来。但是,立德树人的教育价值追求绝不是靠说教,而要依托于学科教学。历史学科作为一门人文学科,是关乎人心灵的

---

① 案例来源:西安市铁一中滨河高级中学刘相钧老师。

学科,历史学科的大量素材,不仅为培育家国情怀提供了场域,更是直指人心,为人类的精神成长与守望提供了诗一样的梦幻般的栖息地。历史是润化心灵的学科,是为塑造学生的正确"三观"贡献自己力量的学科。历史的价值在于时代精神,而时代精神的实质是推动历史前进的人的精神。人物是最好的教育素材,远比抽象的"历史规律"更能够贴近学生的思维与日常。在课堂教学的小结环节中,需要对相关人物进行高位剖析,从一个鲜活的个案中反映那个时代先进人士的精神风貌,以便激发学生的使命感、道义感,从而更好地生活、学习,为以后的工作奉献与幸福生活奠定基础。

　　有教师在统编版高中历史教材《中外历史纲要(上)》第 2 课"诸侯纷争与变法运动"的课堂教学中,让学生任选一位春秋战国时期的历史人物,通过个性化作业的方式,来进行历史课堂的小结,优秀作品进行分享展示。有同学交了这样的作品(案例来自西安市铁一中滨河高级中学吕星宇同学):《韩非子》——举杯还醉山河春秋何惧路苍茫/执笔挥斥方遒力著法术势荣光/笑傲诸子百家先贤挥毫写今王/英集三派朝光唯愿君主统八方/势为根君权上/法为轴教穹苍/术察御臣帝王心藏/天人相分何妨/人本恶天难挡/吏师教民法昭彰/看肃杀秋黄/战国遍地离殇/国本位忠君崇法天地傲君权呈旸/愿中央君权收得太平四荒/吾擎斛冷讽儒族古前王/儒道分而所向/性本恶无可抗/年华正逢乱世飞扬/谁那妒意入肠害汝魂断他乡/咸阳渭水渐汤汤/念家国未报思量法若金汤/国本位忠君崇法天地傲君权呈旸/愿中央君权收得太平四荒/立重刑律法为定国安邦。

　　最妙的是,这首词是按照《向天再借五百年》的谱子编出来的,完全可以唱出来。事实证明,学生进行课堂小结,往往给老师惊喜和惊叹。课堂是谁的课堂? 当然是学生的课堂。教师的间接经验不能代替学生的直接体验,给学生进行"课堂小结"的机会,学生会还给老师不一样的人生体验。最容易产生职业倦怠的是"单项输出",最令人精神振奋的是"教学相长"。课堂小结不仅仅是教学小结,还应该是教育小结,而教育是相互的。

第四节　如何进行课后反思

一、课后反思的价值与地位

　　教学反思是教师为了实现有效的教育、教学,在教师教学反思倾向的支持下,对已经发生或正在发生的教育、教学活动以及这些活动背后的理论、假设,进行积极、持续、周密、深入、自我调节性的思考,而且在思考的过程中,能够发现清晰表征所遇到的教育、教学问题,并积极寻求多种方法来解决问题的过程。[①] 而课堂教学作为教育教学的主阵地,反思也是课堂教学重要的一环,尽管它常常被遗忘,或是被轻视。

---

① 申继亮,刘加霞.论教师的教学反思[J].华东师范大学学报(教育科学版),2004(03):44—49.

从实践上来讲,课堂教学是一项永远不完美的艺术活动,但追求完美却是课堂教学的永恒追求。勤上课的教师未必能够提升很快,但勤反思的教师却一定能够成长。首先,反思是一种"元认知"思维,即"认识自己的认识",它是进步的源泉,它让我们时刻进行自我审视,在自我审视中寻找并确定自己的教育教学特色。其次,反思是一种规范性思维,通过不断增强学科规范来呈现学科特征与魅力,让我们的课堂教学少一些随意性。第三,反思是一种发展性思维,通过不断反思课堂,不断给自己当前的教育教学水平以恰当的定位,进而改进并完善自己的教育教学思路与实践。

然而在日常课堂教学活动中,往往会产生"下课铃响了"教育教学活动就已经结束了的错觉。其实,课堂不仅是学生的修炼场,同样也是教师的修炼场,比起勤勤恳恳的平铺式重复劳动,及时跟进自己具体的课堂教学,及时对此进行反馈、反思、反省,才是不断提升业务素养、提高职业愉悦度的最佳途径。

二、课后反思的类型与方式

从反思的角度来说,课堂教学本身是一套非常复杂的工程,不仅受到多种因素的制约,也有多种可供选择的思路,往往是见仁见智,无法一概而论。教学活动本身的任何一个环节,包括教学设计的制定、教学素材的处理、组织形式的选择、课堂生成的冲击、素养测评的标准等,都可以进行反思。该反思的方面太多了,而反思任何一个方面,都能推进教师提升自己的专业能力。教学设计的制定,是反思的重中之重,因为教学活动在设计的过程中,就倾注了、反映了教师对于教育对象、教学方式、教学内容的掌控水平,是教师综合素养的集中体现之一。教学素材的处理,反映的是教师的学科敏锐性与规范性,即用怎样的教学素材能够达到最佳的教育教学效果,尤其是如何促进深度学习与终身学习。组织形式的选择,是体现教师的课堂组织能力是否有序有效,组织形式的关键在于"先后",先做什么,后做什么,有无替代方案等,如同理科的实验步骤,课堂组织形式要尽可能简单以使指令明确,要尽可能有意义以使教学效率提升。课堂生成的冲击,这是一节课中最好看,也是最考验教师应变与积累的环节。好的课堂一定会有好的生成,课堂生成更能反馈出学生现场的真实收获,这时候就要考验教师如何审时度势,充分引导,在教学原有设计和学生现场生成之间挖掘出更多的教育教学素材。素养测评的标准,是当前新一轮课改下最具创新的方面之一,它使课堂教学的成果具有了可视化特征,同时课程标准也给出了详细的评判标准,如何将这些预设的标准在课堂中予以充分地呈现,使其成为师生双方检验学习过程的可执行方案,发现自己的提升点? 这是当前课堂反思中一个亟待开发的方面。

三、课后反思的创新与范例

（一）反思课堂讲述

以往的课堂教学,大多受行为主义影响,教师的"讲"占主导,极端方式就是所谓的"满堂灌"。"满堂灌"企图通过"清晰的逻辑、深邃的思想、广泛的拓展、凝练的语言、经典的材料"来达到教育教学的高效性，然而，这种方式有两大问题。第一，教师专业能力难以真正提高。因为"满堂灌"有意或无意规避了师生行为上的互动，所以教师在备课中，往往对知识进行了一定的取舍，会选择把"自己能讲明白的"和"自己理解最深的"呈现给学生，这样可能使教师无法发现自己真正的盲区。更何况，依据现代教育教学的理念：教育并不是以"一桶水"和"一杯水"站在一起形成"身高差"，然后由"一桶水"对"一杯水"凭借一些自己片面的、狭窄的、先入为主的经验进行居高临下的所谓"启蒙"，尤其是信息时代的学生更不可小觑，他们有更宽广的知识获取渠道与思维碰撞渠道，教师在课堂内外要能够经得起学生对"真理"的批判、质疑、甚至否定，才能真正提升专业能力，"教学相长"才是性价比最高的课堂。第二，教学的有效性值得怀疑。"满堂灌"是建立在"提高效率"的基础上的，所以力求语言的凝练，所以这种教师的语言功底都非常好，课堂容量也非常大。但是，学生不是听课教师，还没经过大学里系统完整的学科素养训练，不一定能够始终跟着教师的节奏去参与课堂。如果一堂课讲的都是"干货"，教师的语言又特别凝练，教学环节又丝丝相扣，而学生恰巧因为走神有几个关键的地方没有听到，就很有可能跟不上后面的内容，那么对于他来说，本节课的收获也就到"卡住了"的那一部分为止了。尤其是如果一个班级都是这种风格的老师，学生能够每天紧绷着脑神经接受六到八节充满"干货"的课的洗礼吗？尤其重要的是，"满堂灌"把重心放在了教学设计上，会相对忽略课标要求与学生实际困惑，课堂尽管充满了知识、思想的轰炸，让人叹为观止，但这里面到底有多少针对性呢？其结果往往是教师企图带着学生在知识的海洋里遨游，结果，就他一个人"上了岸"。

当然，这并不意味着，"讲"的课堂就是"过时"的课堂，"讲述、讲解"作为传统课堂的主要形式，无论什么时候都不能废止或是淡化，课堂教学毕竟是有时间限制，需要提高效率的。那么，"讲"不是问题，"讲什么"和"怎么讲"才是问题。有教师认为，课堂教学要着重"讲"的是大概念，课堂教学要用结构化的方式来进行"讲"。

1. "大概念"讲解

《普通高中课程方案（2017 年版 2020 年修订）》"前言"中明确指出，各学科课程标准都"进一步精选了学科内容，重视以学科大概念为核心，使课程内容结构化，以主题为引领，使课程内容情境化，促进学科核心素养的落实"。[①] 这奠定了大概念在课程教学中的地位。如果说学科核心素养是教学变革与课程创新的引擎，那么，大概念就是教学变革与课程创新的着力点。

回望 2019 年，基础教育课程与教学变革风起云涌，不断出现的教育思潮与典型经验以新时代独有的特征让教育人应接不暇。其中，大概念颇为热门。大概念是指学科领域中最精华、最有价值的核心内容。有限的课时与不断增多的知识之间存在着矛盾，应对的方法就是以最核心、最有价值的大概念作统帅，摒弃繁琐而细碎的知识学习，抓住重点与重心，使课程

---

① 中华人民共和国教育部.普通高中历史课程标准（2017 年版 2020 年修订）[M].北京：人民教育出版社，2020：4.

内容结构化。在韦钰院士翻译的《以大概念理念进行科学教育》一书中，科学家们为了让全球青少年更好地学习科学知识，提出了科学知识的 10 个大概念和关于科学本身的 4 个大概念。大概念揭示了事实性知识背后的规律，是知识的附着点，从而使碎片化知识发生有机联系。这些能有机联系的知识不仅便于记忆，更利于在旧知基础上学习新知，当学生遇到新情境与新问题时，可以迁移应用，指向学生的学科核心素养培育。大概念教学可以实现教师教得少、学生学得多，是走向"轻负担高质量"的门径。大概念将对基础教育课程教学变革产生深远影响。[1]

那么，怎样的知识，才能算是"大概念"？有教师认为，"大概念"如同一棵树的树根，它具有"创建结构"的能力，通常有三个方面的体现：（1）基础性——能够回应学科最基本问题的知识。（2）本根性——能够承载各种延伸的枝节的知识。（3）实质性——能够反映现象背后的实质的知识。

比如我们讲儒家、儒学，从先秦原儒一直到现代新儒家，从中国的"儒"到海外的"儒"，什么才是"大概念"？其实对于探讨任何有关儒家、儒学的问题，"大概念"一定是"仁"。把"仁"讲清楚了，不同时空定位下的"儒"也就搞清楚了；反之，没有搞清楚"仁"，就没有真正搞清楚"儒"；从大概念"仁"出发，就能够更加透彻地理解与解释一些看似错综复杂的历史现象。比如，上一轮课改的岳麓版高中历史教材的"西学东渐"一课，在介绍谭嗣同的思想时用了一张图片——谭嗣同的著作《仁学》，并且，课本结尾有一句结论："维新思想……为中国文化的发展开辟了一条新的道路。"这说明，谭嗣同的"仁"具有新时代的特征，这又如何体现呢？其实通过相关史料不难发现：以往的"仁"，从来不能脱离"礼"而独立存在，也就是在"等级"的前提下谈"爱人"。谭嗣同的"仁"，实质是援引西方启蒙思想，让"仁"从"礼"的束缚下独立出来。所以，以谭嗣同为代表的维新派，在近代思想史上具有双重地位：既是伦理纲常的蒙昧性的批判者，又是传统文化的新道路的开创者。

所以在课堂教学中，并不是所有的知识都值得去讲，在知识大爆炸的今天，获取知识的途径极为宽泛，在这些充满"表象"的知识背后，实际上存在着体现实质、本质的"核心概念"，也就是"大概念"。所以，课堂教学的夯实"基础知识"，并不是在量的层面上扩充所谓的"知识面"，而是首先要弄清楚"大概念"，在此基础上才能构建出活着的"知识体系"，避免在探究课中，产生"知识的碎化、思维的矮化、结论的固化"这样的窘境。

2."结构化"讲解

学习是人们在已有经验的基础上主动建构的过程。因此，对同样的事物，每个人都会有不同的主观认识。在课堂上，老师和其他同学只是信息的提供者，而学习者本人对外界信息的吸收和加工有绝对的主动权，正如建构主义大师杰根所说："我讲的每一句话都没有意义，除非你认为它有意义，反过来也一样。"所以，碎片化的知识本身是没有太大价值的，而将知识放置于整体性的结构之中，构建具有一定主观性的逻辑框架，才能充分体现具体知识的价

---

① 徐洁.大概念：教学变革与课程创新的着力点[N].中国教师报，2020 - 1 - 15：6.

值。汤因比说过:"为了便于了解局部,我们一定要把注意的焦点先对准整体,因为只有整体才是一种可以自行说明问题的研究范围。"所以在课堂讲授时,讲述的内容是"大概念",但是"大概念"与"结构化"配合的效果最好,因为"结构"中的"概念"更容易寻找到本体,能够直接抵达实质,而不至于纠结于外围概念。

比如在讲"百家争鸣"的时候,由于是"百家"和"争鸣",所以常规讲法主要讲的是"异",一个一个学派讲下来,似乎很到位,但忘记了最根本的逻辑——他们是在怎样的"共同基点"上体现出"异"的? 所以,有教师在讲这部分内容时,用"同"来构建逻辑框架,从"同"中看到"异"。

课堂是从一个典故入手的:墨家与道家的杨朱学派有一次经典的对话:"去子体之一毛,以济一世,汝为之乎?"这个问题看似简单,但诸子百家给了不同的回答,核心问题并不是拔毛疼不疼或者有没有用,而是"谁有权利拔掉我身上这根毛"? 经过建构之后的知识体系,可以得出这样的结论(图4-8):

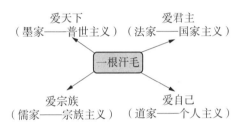

图4-8 "儒墨道法"代表的利益及精神内涵

这个框架能够清晰地看到诸子百家的核心精神:爱;能够清晰看到诸子之所以是"诸子",根本上是因为他们所体现的利益代表不同。上述框架可以进行如下总结升华:诸子百家,共同构建了中华民族的传统文化基因,当然这些基因的力量与地位各不相同。在"家国同构"的作用下,体现宗族与国家利益的儒家与法家最终得以上位以控制政治,倡导普世与个体的墨家与道家虽然处下风却影响社会。这种重"圈子"轻"两极"的搭配,与西方刚好完全相反,但是它们都在现实中,若隐若现地发挥着自己独特的作用。这种不同的路径走向,是揭开一切历史的、现实的政治建构与社会现象的一把神奇的钥匙。

所以在课堂教学中,为了避免进行简单的知识罗列,高效、有效地让学生把握到精髓,就要以建构主义为原则,构建知识之间的主客观联系,让知识通过课堂的"编码"与"解码",从而内化为学生的真正收获。更重要的是,学生的探究活动,如果只是产生了一些零散的碎片知识或是微弱的思维火花,就不能算是有效的探究;而探究结果若是以结构化的方式呈现,则探究本身将会更加严谨科学。

(二) 反思素材应用

当前统编版历史教材已经开始在全国使用,此次统编版历史教材不仅增加了很多原有教材没有涉及的教学内容,而且按照"通史+专题"的方式进行混合编排,突出体现了国家意志与学术前沿,所以教材的相关素材(史料、史论等)呈现出既简约又典型的特征。有老师在对统编版历史教材的尝试使用中发现,最大的"障碍"是内容太多,按照传统的方式根本就"上不完",如果以"赶进度"的方式进行课堂教学,那么,新课标所规定和倡导的"大概念、结构化、主题式、情境化、测量化、探究式"等教学理念就很难得以实现。统编教材的"知识点"确实很多很庞杂,新教改又要克服"满堂灌"的弊端,两者如何兼容? 有教师经历了几节"赶进度"的课堂教学后,发现这是一条"死胡同"。新课标要求以"立德树人"作为根本任务,以"核心素养"作为教学目标,而这些要求很难通过"赶进度"的教学方式来实现,原因很简单,能够"赶"出来的只能是知识。

那么,如何在"知识点多"的前提下践行新课标的教育教学要求? 这里面最需要的是改变观念,"教材"其实叫"学材"更为合适,教材所提供的内容,并非在课堂讲解中要面面俱到,如果把教材当作是"学习的素材",那么,翻开统编版历史教材的每一页,放眼望去,尽是"素材"。在课堂教学中,我们围绕着五大核心素养的要求而不是教材的知识点展开教学实践,就可以不必把"大象"全身都摸个遍,而是选择"解剖麻雀"的方式,更加有效地利用教材。从这个角度出发,我们可以对教材中的素材进行诸多运用。对此,有教师进行了一些尝试,现提供一些案例如下:

案例:对教材中素材的运用[①]

1. 对"学习聚焦"的反思

每节课的子目,都有相关的"学习聚焦",既然是"聚焦",就要深刻分析其内涵。有教师认为,学习聚焦要从学术价值、教学价值、教育价值三个维度进行分析,以此作为教学设计的依据。简而言之,"学习聚焦"绝不仅仅是个概括的结论而已。

比如统编版教材《中外历史纲要(上)》第1课"中华文明的起源与早期国家"的第一个学习聚焦是:石器时代人类先后以打制和磨制的石器作为工具。从中可以分析其不同维度的课堂教学价值:

(1)学术价值:劳动推动了物种的进化,科技是第一生产力。打制石器使人站立起来,双手得以解放;磨制石器大大开拓了人类的认识能力,促进了生产生活方式的重大改变。

(2)教学价值:强调旧新石器时代的一切生产生活方式变化都根源于"磨制"和"打制"的生产工具的演进,提升教学效率。

(3)教育价值:从人类起源与进化的角度体现"劳育"的价值。劳动是人的主体性在实践中的体现,劳动创造、发展、推动了文明,彰显了人类的尊严和地位。

2. 对"材料"的反思

这里所说的"材料",笼统地说包含史料与史论。史料本身,是历史原貌的呈现,是提出结论的重要依据。但是史料本身并不说话,史料之成为"历史",是"解读

---

① 案例来源:西安市铁一中滨河高级中学刘相钧老师。

者"在借史料之口,表达自己的观念和认识。史论本质上是一种历史解释。对于教材中出现的各种材料表述,要特别注意到"这是教材中的素材"这一背景,就有可能只是呈现材料的单一价值而产生"浪费"。

比如,在教材中的史料运用上,教师切忌将史料的运用单一化,可以从不同的教育教学目标出发,结合自己的教学特色,让史料更加充分地体现"历史"特征,从而汲取到更多的历史营养。比如,统编版教材《中外历史纲要(上)》第3课"秦统一多民族封建国家的建立"的"学思之窗"中有这样一段史料:

臣闻地广者粟多,国大者人众,兵强则士勇。是以太山不让土壤,故能成其大;河海不择细流,故能就其深;王者不却众庶,故能明其德……夫物不产于秦,可宝者多;士不产于秦,而愿忠者众。今逐客以资敌国,损民以益仇,内自虚而外树怨于诸侯,求国无危,不可得也。——《史记·李斯列传》

教材对这段史料的教学要求是:从人才角度分析,为什么秦能够统一六国? 如果从"上书"这个角度,可以思考:面对着秦王已经下令逐客这样的"既成事实",作为一个外来的士人,李斯是如何仅仅通过一封上书就让秦王收回成命的? 沿着这个思路考虑下去,历史上的"上书"尤其是成功的"上书"是不是一个难得的学习素材,让学生能够从中学习到很多历史智慧呢? 于是,有教师设置了这样一个教学环节:前人著名的"上书",蕴含了许多实用的言说技巧,请从这段《谏逐客书》中提取前人进行"上书"的一般技巧,并且运用这种技巧,仿写"康有为劝说光绪帝进行变法"。

学生仿写如下:

臣闻日月轮转者旧,而风云变幻者新。夫商鞅易法,故秦一统;董子改学,故儒者尊;朱熹格致,故道理大明。天道有常,其命维新。而今泰西诸国,轮机之于耒耜,蒸汽之于牲畜,火器之于剑斧,利皆百倍,以成其强。

自英人西来,已近甲子。士人奋起,图存谋强。清议论断,朝野纷繁。林、魏止以地理,曾、李限于机器,趑趑碌碌,扰攘半百,而败局难改。是以察诸时变,旧制冗弊日长;合诸天演,新法应运而生。今惟上尊君主,下聚民心,君民共主,立宪保皇。内可弥地方纷争,外可御列强衅辱。

十年励精图治,膏焚晷继;百年盛世民安,道统危移;千年未有变局,在此一举! 沦丧终于甲午,觉醒始自戊戌!

再比如,教材中的史论,往往是精选的有多方挖掘价值的史论,而不是仅仅用来说明一个结论那么单一。教师在对日常教学的史论运用的方面进行反思,可以按照核心素养中的"历史解释"的分层要求,对此进行"分析、审辨、反思、运用",以符合历史学的学科本质。《中外历史纲要(上)》第2课"诸侯纷争与变法运动"中有一段史论如下:

西汉学者刘向概括战国时期的混乱局面说:田氏取齐,六卿分晋,道德大废,上下失序……是以传相仿效，后生师之，遂相吞灭，并大兼小，暴师经岁，流血满野。父子不相亲，兄弟不相安，夫妇离散，莫保其命，泯然道德绝矣。晚世益甚，万乘之国七，千乘之国五，敌侔争权，盖为战国。贪鳀无耻，竞进无厌，国异政教，各自制断。上无天子，下无方伯，力功争强，胜者为右。

——刘向《〈战国策〉书录》

这段史论，最低层面的运用，可能仅仅是"提取并归纳有效信息"，或是对教师一个现成结论的辅助论证而已。但是，如果按照不同的层面进行分析，设置探究点运用于课堂教学，就可以充分反思其价值。

恩格斯说："（对于历史）我们只能在我们时代的条件下进行认识。"史家在看到历史评论时，会从在"演员、导演、观众"的不同角色之间来回切换，然后形成一系列的追问。针对上述历史评论，请从下列四个方面进行分析：（1）此论述中哪些史实是客观存在的？（2）此论述如何评价战国时期？（3）你如何认识刘向对战国时期的评价？（4）归纳影响历史评价的因素。

这样的反思，实质是给学生提供了一个"结构化方法"，使之形成一个通用的历史辨析思路。学生从材料中提取到了方法，在其他情境中能够举一反三，形成评析历史的、现实的问题的专业视角；教师也在此深入实践了史学理论素养，有助于教师在教育教学中能够以不同的梯度展开教学活动。对于师生双方的学习益处多多，可算是将此史论的价值发挥到了最大。

（三）反思探究教学

探究教学是新课程倡导的教学方式，初中新课标在教学策略中明确提出要"开展深度阅读活动""举行讨论会""举办辩论会""开展项目式学习"。目前，各地已经存在各种"探究式"课堂的"模板"，这种更具现代气息的教学方式的优越性体现在：因为强调全员而提高学生参与比例、因为提倡合作而展示学生个体优势、因为成果共享而促进思维拓展、因为营造情境而训练学生实际能力、因为任务分层而适应不同学生实情，等等。但是在现实中，许多"探究式课堂"，并不尽如人意，存在着若干问题。有教师在自己的探究课堂实践中，对若干弊端进行了反思，并提出"拼盘式"探究作为探究式教学模式的改良版。

1. 操作实践中的问题归拢

（1）探究问题的设置。

① 形式化。为探究而探究，只考虑何种问题能够形成热烈的互动、辩论、分享等探究表象，忽视核心素养、课标要求、学情层次。学生的学科能力难以从中得到提高。比如：如果你是秦始皇，你会选择如何治理这么大的疆域？这样轻率的探究问题设置，会让学生以"上帝"视角脱离特定时空去探究反思历史。

② 无聊化。为规范探究问题，题目设置如同考试试题一样，不能激发学生参与探究过程的主动性与愉悦感，学生如同在换了一种形式做考试题。比如：请分析以下材料，回答五四运动的历史意义是什么？这样的问题本身是规范的，但不适合做课堂探究。因为探究问题不是一堆人围着解题，没有激励的探究，形成不了有思维含量的结论。

③ 狭隘化。探究问题的设置,没有从情感态度价值观出发,没有从训练学生的学科思维出发,没有从培养学生的核心素养出发,只是为了利用团队的力量解决具体的知识层面的问题,很难形成高品质的思维分享与探究习惯。比如:"程朱理学的意义是什么?"这样的探究问题设置,显然不如"'天命、神器'最终并未归刘归曹,缘何《三国演义》要反复强调'天命归德'才是'自然之理',《三国演义》想告诉我们什么?"(参考结论:理学不是告诉你如何去获得世俗的成功——工具理性,而是让你用短暂的生命实现价值的永恒——价值理性)这样的探究问题设置更能够体现历史教学的教育价值。

(2) 探究结果的关注。

① 缺乏针对性测验。有些老师在"探究结果检测"中,用现成的题目来进行所谓的"课堂效果评价",实际上割裂了"合作探究"与"探究检测"的内在联系,并非是对探究过程的针对性测验,而是对学生解题能力的测验而已。

② 缺乏思维性引导。对于学生的探究成果,有些教师往往只是在知识层面对学生的探究结果进行对错勘误,甚至强行将学生的探究结果向老师的课前预设靠拢。没有从思维性的层面对学生进行训练,导致学生的学习过于低效、缺乏智慧。

③ 缺乏能力的演绎。合作探究模式通常采用归纳法,从条件与材料中归纳出认识、规律、真理等。然而探究到这一步,即使学生的生成非常精彩,也只是停留在"认识、发现"层面,没有引申到"实践、能力"层面。所以需要学生用演绎法,对所形成的抽象结论进行举一反三,使其真正成为学生的终身能力。

④ 缺乏精彩的共享。在探究结果的展示上,教师顶多对本班学生的精彩探究结果进行评价,然后贴在展示墙上。但是这里面缺乏整合与解读。教师应该在一节课上完后,对所在班级的探究结果进行分类整合,选其精彩的片段,整合成册,一方面是作为教师反思教学的底子,一方面是作为学生"大开脑洞"的参照。

(3) 探究过程的运作。

① 小组内精英把持探究过程。经常会看到,探究环节成了小组内精英不断刷新存在感的舞台,他们控制着探究的时间、方向、层次、高度,会产生三种结果:两极分化严重。小组内精英利用这些实践,越来越突出,而其他同学被边缘化没有实质性提升;精英"只出不进",思维会越来越固化,难以察觉自身隐藏的真问题,也不能通过合作学习而养成谦虚谨慎的习惯与人格;其他同学"只进不出",滥竽充数"搭便车"现象突出,对于这些学生来说,"探究""分享"的效率与效果还不如老师"满堂灌",这也是为什么会有很多学生不大情愿进行合作探究的原因所在。

② 小组内互信互赖意识缺失。全班每个同学的探究问题都完全一样,有三个弊端值得关注:为"搭便车"现象提供了投机的可能性,因为自己完全可以少参与、少思考、少发言,甚至能够不参与、不思考、不发言;把"合作探究"只是用于单纯的"共同解决一个问题",忽视了"合作探究"更重要的价值:责任、分享、互补;课堂的有效性与高效性得不到保障。所有的同学都在处理"同一个探究问题",要么牺牲课堂思维高度,要么牺牲课堂容量,要么牺牲课堂效率。

③ 小组成果展示时刻的尴尬。无论是上黑板还是小组内展示，对于许多同学来讲，不见得都在认真倾听，那些诸如"与我无关""他说的没我好""我不知道他在说什么""我心情不好不想听""幸亏老师没叫我（我们组）"等不良心态就会时不时出现，完全没有体验到"兵教兵"的价值其实不比"将教兵"差，课堂气氛沉闷，感觉只是展示的小组与教师在沟通，其他人可以游离于课堂之外。

中国大学慕课的"改进合作学习"课程针对这些弊端，提出了很好的建议。也有教师在对探究式教学进行了上述反思之后，制定出一套"拼盘式"探究模式作为探究教学的改良版。

2. "拼盘式"小组合作探究模式（案例来自西安市铁一中滨河高级中学刘相钧老师）

（1）课前预习：课前发放资料与探究问题，指导学生阅读。

① 必修任务：阅读完课文内容、材料内容，理解所有探究问题的问法即可。

② 选修任务：结合自己的时间、能力，对五个问题进行选择性自主探究。

（2）课堂环节。

① 问题选择：每组成员每人（随机选择）各领取一个问题，若有超过5人的小组，则本小组可以两人共领一个问题。

② 自主探究：学生自主探究自己所领问题，在草稿本上规范呈现。（5分钟）

③ 专家论坛：换组——全班领取同样问题的同学坐在一起进行研讨，桌子上设立"问题×专家组"的牌子，小组讨论自主探究的结果并且进行整合，结论要一致、规范、简洁。（5分钟）

④ 互讲分享：专家组讨论结束后，每位同学回到自己原来的组，进行分享交流，并且回应组员的疑问或质疑，每人2分钟。教师挑选一组同学上黑板，分别写出经过专家组整合的结论。（10分钟）

⑤ 黑板展示：上黑板的同学用语言展示探究结论，并且回应下面同学的疑问或质疑，每人2分钟。（10分钟）

⑥ 探究测试：发放测试题目，检验探究结果。测试要求：紧密结合探究过程进行制作，尽量为教师原创题目，题目内容应涵盖所有探究问题的内容，分数按照小组平均分而不是个人分数进行比较，相应的有奖惩措施。

（3）课后作业。

每位同学根据上课所得，把课堂五个探究问题的结果用"金字塔图"的形式进行整合，并且对此提出问题，以小组为单位提交老师。

反思，究其实质是"思考你的思考"，并由此思考由这种思考所引发的实践过程，最后清点战场，总结得失。反思是一种对完美教育教学的无限追求，是教育情怀所在。反思是一种能力，但更是一种习惯，习惯了就会完成能力的"变现"。反思型的教师，更容易将思维火花聚拢起来形成火焰，塑造个人的教育教学特色。

第五章
基于核心素养的课堂教学技能

　　课堂是学科素养落地的最重要阵地,是学习真实发生的重要场域,课堂教学当然要传递知识,不可否认,讲授法是传递知识比较高效的教学方法。但是其忽略学生感受的弊端,也同样明显,因此往往被诟病。事实上,问题的关键不在于作为方法本身的讲授法好不好,而在于,我们如何讲授,我们的讲授是否基于学生的认知。基于对讲授法的反思,现代教学理论认为教师教学方法要完成由"教"到"导"的转变。好的课堂教学应该是师生之间良性互动的对话。教师能不能提出问题引导学生完成对话,在对话的过程中传授知识并启迪学生思维,这是教师素养的重要评价内容。对话不是苍白的问答,而是要基于情境,设置适当的问题,有助于师生共同走进历史场景,完成对话。因此,教师要善于设置情境并基于情境有效地设置问题,引导学生进行思维活动。无论如何,提问、创设情境以及传统教学的讲授都是教师课堂教学的基本技能。

第一节　如何进行课堂提问

　　肯尼基·胡德说:"教学的艺术全在于如何提出问题和巧妙地引导学生作答!"这句话精辟地道出了提问对教学效果的影响。徐赐成教授也主张:好的历史课应该是"述"和"诘"的完美融合。"诘"是什么? 就是设计好的问题! 张汉林教授说:"思维的目的是寻求解决问题之道,没有问题就没有历史思维。"[①]会提问的教师会引爆学生的好奇心,让他们发自内心想去探索。甚至很多缺乏主动性、缺乏学习动力的孩子,也会被好的问题吸引,积极地投入学习之中。

　　学生的核心素养是在解决学习问题的过程中发展的,因此教师在分析教学内容的基础上,要以问题引领作为展开教学的切入点。无论是单元学习,还是每课学习,都要结合教学内容的逻辑层次,设置需要解决的问题,并形成递进性的问题链,构成教学过程中的逻辑层次,使学生在解决问题的过程中掌握知识,发展思维,形成新的迁移,获得新的认识。教师不仅要在教学设计中注重探究问题的设置,而且要将教学过程的实际操作转化为学生解决问题的活动过程;同时,要注重培养学生的问题意识,提升学生的批判性思维。[②]

① 张汉林.提问之道:历史思维养成路径的探讨[J].教育学报,2018(03):48—54.
② 中华人民共和国教育部.义务教育历史课程标准(2022年版)[M].北京:北京师范大学出版社,2022:58—59.

一、课堂提问的概念与分类

（一）概念

课堂提问是在课堂教学过程中，根据教学目的、学情等设计问题以达成教学目标的一种教学形式。教师根据教学需要提出问题，激发学生思维，引导学生独立思考，促使学生积极参与教学活动，促进学生对教学内容的领悟与理解，并推进课堂教学活动的有序展开，从而完成教学任务。[①] 柯林伍德（Collingwood）说："历史学是一种研究或探讨。"毫无疑问，研究和探讨的基础是提出高质量的历史问题。在新高考改革背景下，问题教学也是培养学生的历史思维能力，是"时序思维、证据思维、历史理解和意义建构"的必由之路。发挥提问的教学效果是教师每一堂课都要思考的重要课题。善于提问是教师专业水准的体现，也是教师教育艺术的体现。

（二）分类

按照布鲁姆的教育目标分类学，依据回答问题所需要的认知操作，可以将提问分为六种类型：（1）事实型问题："是什么？""什么时候？""怎么样？"等；（2）理解型问题：深入思考并用自己的语言清楚表述；（3）应用型问题：把知识应用到新的领域；（4）分析型问题：运用多种材料验证观点；（5）综合型问题：整合已有知识解决问题；（6）评价型问题：有理有据地作出判断，并清楚解释。

教学实践中按照问题的功能可以分为：

（1）类比对比式。历史学科强调古今中外通。类比是进行科学分析、认识事物本质和特点的手段之一。为使学生准确理解掌握课本中的众多概念原理，可设计类比式提问。类比可以是横向事物间的，如中外对比，也可是纵向事物间的，如古今对比；可以是相反、替换性事物间的，如冲突与交融，也可是相近、互补性事物间的，如革命与变法。

（2）回顾巩固式。回顾式提问可准确地了解学生对所学知识的理解和掌握情况，简明易行。提问时应结合教学内容、教学目标、紧紧围绕教材的重点，从不同的层面进行设问，以使学生加深对所学知识的理解，全面掌握有关内容。

（3）创设情境式。创设情境式的提问是要激起学生学习的兴趣。古人云："学起于思，思源于疑"，创设情境中的悬念法就是用疑团、困惑激发学生学习兴趣的一种方式。选用悬念法提问创设问题情境，容易捕捉学生的注意力，激发学生的好奇心，使学生产生跃跃欲试、急于求知的心理，为整堂课的主动学习埋下伏笔。

（4）启发提升式。所提的问题，不仅要有回顾知识的作用，而且要有一定的启发性，要充分调动学生思维的积极性，迫使学生动一番脑筋，才能获取有关知识，就好比"摘桃子"，要让他们随意伸手摘不到，一定要适当跳起才能摘到。

---

① 邓胜兴，姚凤娟，王林发.教师课堂提问的技巧与策略［M］.重庆：西南师范大学出版社，2017:4.

（5）架桥铺路式。课堂提问时，所提的问题有时会具有一定的难度，学生由于思路不够开阔，一时难以想到正确的解决办法，所以教师应根据实际情况，对学生作适当的点拨或提示，也就是所谓的帮助其架桥铺路，促使其完成思维定向，使学生的思路豁然开朗，从而顺利地解决所提的问题。

（6）挖掘潜力式。每个学生都有获得成功的需要和潜能。注重发展每一个学生的潜能，为不同层次学生创造各种尝试、探索、发现、发展的条件和机会，很大程度上提高学生的学习积极性和学习自信心。可通过"设陷阱""找错误"等方法让学生学得更细，学得更实，培养学生发现问题的能力。

（7）归纳总结式。归纳是由个别到一般、由具体事实到理论概括的推理方法。任何科学的理论都是从研究事实到概括事实的认识过程的结果。归纳作为提问方法，可在一段小结或一节课结束时运用。根据一般知识形成过程，可列举具体事例并设置相关问题，有序引导、启发学生深化对讲解知识点的理解，从而培养学生的归纳能力。

（8）拓展关联式。拓展式提问是在学生回答问题时，引导学生拓展思维空间，不局限于某一方面或某一角度，从多方面、多角度去分析思考，探求多种解决问题的教学提问方法。这种方法有利于学生对各种知识的融会贯通，有利于培养和提高学生的发散性思维能力。这种教学方法多用于"横向扩展"某一知识的理解范围，从一个问题生发出去，开阔思路，扩展知识，以提高学生的思维能力。

从提问的方式来看，又可以分为：

（1）开门见山式。所谓开门见山式的提问，是直截了当地提出问题。这种提问有助于集中学生的注意力，引导他们积极地分析问题、解决问题。在引入新课、复习巩固及讲解分析等教学环节中，常用这种问法。

（2）递进追问式。穷追不舍地提问有时也是一种很好的提问方法，旨在引导学生掌握知识和方法。掌握整堂课的核心部分的时候，采用递进式提问，通过一连串的问题，环环相扣，步步推进，由此及彼，由表及里，拓宽思路，抓住本质。这样不但能挖掘知识信息间的落差，而且能展示教师思维的全过程，给学生一顿思维的套餐，师生之间产生共鸣。而采用逆向思维发散式提问，又能促使学生多重角度思考问题，在思维的火花不断碰撞中发现、分析和解决问题，加强思维深、广度的训练，培养创造性精神。

（3）启发引导式。历史是一门思维性很强的学科，具有抽象性和逻辑性。在课堂教学中有梯度地设置启发性问题是培养学生良好思维品质的关键一环，提问是课堂教学中启发学生思维活动的基本方法。提启发性问题的技巧在于所提问题必须配合对题目的审视和分析，使学生领悟问题的本质属性，这就是启发式提问的艺术所在。

（4）师生讨论式。课堂上不同的个体都有选择合适思维观念的自由。但是学生存在个体上的差异，一个问题的提出，学生需要一个思考的过程。所以在进行师生互动讨论式提问时，学生与教师及同学之间相互启发，教师不能急于求成，要善于了解学生的思路并作适当的引导。

教育部考试中心副主任于涵在《中国考试》2019年第一期发表署名文章《新时代的高考定位与内容改革实施路径》中，对新时代的高考任务、使命、目标，以及"一核四层四翼"高考评价体系在今后的高考命题中如何体现，进行了最新阐述。"四翼"为考查要求，即"基础性、综合性、应用性、创新性"，是素质教育的评价维度在高考中的体现，回答"怎么考"的问题。虽说命题与课堂提问有区别，但从高考评价"引导教学"的目标来看，课堂提问应该以命题为标准。因此课堂提问可以分为基础性提问、应用性提问、综合性提问和创新性提问。提问与情境密不可分。

（1）基础性提问，目的是加强对学生基本概念、原理、思想方法的考查，体现高考命题的"基础性"。回答基础性的问题，学生要具备扎实的基础知识和知识结构、必备而灵活的学科能力、基本的健全的人格素养。

（2）应用性提问，注重选取如工业生产、产品制造、技术论证以及政策讨论等实际存在的现实问题情境，考查学生学以致用、应对生活实践问题情境的学科素养，体现了高考试题的"应用性"。回答应用性的问题，学生要有较强的理论联系实际的能力和实践能力，要善于观察，主动灵活地应用所学知识分析和解决实际问题。

（3）综合性提问，注重选取生产生活中的真实案例情境，参照学生实际认知水平，进行合理的简化。考查学生掌握学科知识体系的完整性以及不同知识内容之间、不同学科知识之间的联系，体现高考命题的"综合性"。回答综合性的问题，学生要能够综合运用不同学科的学科知识或学科思维，多角度观察、思考、发现、分析和解决问题。

（4）创新性提问，注重选取我国社会亟待解决的紧迫问题、科学技术前沿理论、工程技术领域的重大项目等编拟情境。考查学生敢于质疑、敢于批判的思维能力，创新性地运用知识去发现新规律、研发新理论、开发新技术，为制定新政策、开拓新领域提供支撑的能力。体现了高考命题的"创新性"。回答创新性问题，学生要有独立思考能力和批判精神及创新思维。

这几种提问基本上难度是从小到大的。对于初中学生来说，教师应该侧重基础性和应用性提问，适当采用后两种提问，具体设问应根据教学内容和学情来调整。对于高中生来说，基础性提问可以少用，后面几种类型的提问可根据教学内容、学情、教学目标适当调整。

当然，课堂提问作为一种教学方法，应该是为实现教学目标服务的，使用不当也会带来负面效果。一堂课，有一定的时间限制，教师一言堂固然不行，但一问到底也未必有效，问题过多课堂结构不紧凑，显得松散；同时，问题过多学生的心理难以承受，也违反了学生的认知规律。因此，教师对于课堂上的提问方法、数量也要精心准备，实施中要有效地组织。

二、课堂提问的功能与价值

（一）激发兴趣

兴趣是人认识某种事物或从事某种活动的心理倾向，它是以认识和探索外界事物的需要为基础的，是推动人认识事物、探索真理的重要动机。俗语说：兴趣是最好的老师。学生要"学好",先得"好学"。从近处来说,青年学生往往对与自己有关、社会关切的事物更容易产生兴趣。从远处来说,学生往往对新奇的、特别的内容更容易产生兴趣。但在历史教学中,不是所有内容都自带吸引学生的属性,相反,有些内容相当枯燥。作为一线教师,就要懂得通过设问,把原本离学生遥远的、平淡的历史变成离学生亲近的、新奇的历史,激发学生进一步学习和了解的欲望。

（二）自然过渡

通过提问达到自然过渡的功用是指,当一节课里两部分内容之间表面逻辑关系不太明显时,教师可以通过提问,搭建起两个内容之间的内在逻辑桥梁,从而自然过渡到另一个教学内容上去,以保证课堂的流畅性和严谨性。运用提问自然过渡,关键在于"自然",让学生感觉不到逻辑的突兀,感觉不到课堂被硬生生分割成了两段。

（三）课堂管理

运用提问来进行课堂管理是指教师通过提问重新唤起学生的学习动机、注意力等,让学生能够保持或恢复高效的学习状态,保证教学活动的顺利进行,保证学生的学习效果。用提问进行课堂管理,有以下几种情况。

（1）课堂开始时。学生或许还没有从课间的氛围中抽离出来,还没有进入状态,注意力没有集中,学习动机也不强烈。此时,教师的提问,尤其是针对学生感兴趣的话题进行提问,会尽快把学生吸引入课堂。

（2）课堂进行了一段时间之后,为了调整课堂节奏而设计提问。教育心理学认为,学生的注意力是有起伏的,不可能长时间保持高度集中的状态。课堂进行一段时间之后,学生可能因为疲劳、听不懂或注意力起伏而导致注意力涣散。此时教师直接提醒或批评也许都不是好办法。相反,教师可以通过提问来引起学生的注意。这样既保护了学生的自尊,也成功转换了学生的状态;既维护了良好和谐的师生关系,又集中了学生的注意力。

（3）学生"无事"的状态。俗话说"无事"则"生非"。这里的"无事"不是指手上没事做,而是指脑中没事想。要么是听不懂,思维处于放空状态;要么是内容太熟悉太简单而变得麻木。此时,教师可以迅速判断学生的情况,针对学生情况提问吸引学生的注意,让学生重新加入我们的课堂。

（4）课堂中发生了突发状况时。处理突发状况需要教师有一定的教育机智,需要有过硬的心理素质、敏捷的思维、从容的心态。提问也是恰当运用教育机智的重要手段。教师可以通过提问学生感兴趣的内容,把学生的注意力拉回来,淡化突发事件的不良影响。

（四）沟通反馈

教学是个双向活动,是师生共同谱写的和声而不是独唱。因此,进行有效的师生沟通,维持和谐的师生关系,是保障教学效果的重要方法。提问的沟通反馈功能主要体现在两方面:一是教师通过提问提示学生学习内容的重点、难点,通过提问与学生沟通学习内容。二是通过提问来了解学生对学习内容的掌握情况,通过提问沟通学生的学习效果。发挥沟通反馈功能的提问可以是口头提问，也可以落笔为测验。

三、课堂提问的原则与技巧

（一）基于学科素养的提问原则

1. 真实性

提问的真实性包括两层含义，一是依托问题的情境是真实的；二是探讨的问题本身是真实的。学生平时接受的知识本质上都是结构良好的、间接的、概括的、高度抽象化的知识。要让这些知识变成学生自己的知识，转化为自己的能力、素养和价值观，教师必须"返璞归真，将概括的知识化于具体的情境，在解决真实问题的过程中学习知识"。① 斯滕伯格认为，与学生学到的抽象知识相比，真实生活中的问题具有"结构不良、错综复杂、难以解决"②等特点。如果教师不创设这样的真实问题情境来锻炼学生的思维，历史知识或结论没有经过学生自主的思考，他们得到的充其量是"呆滞的思想"③，无益甚至有害，像杜威说的："脱离深思熟虑的行动的知识是死的知识，是毁坏心智的沉重负担。因为它冒充知识，从而产生骄傲自满的流毒，它是智力进一步发展的巨大障碍。"④情境是真实问题的源头活水，引导学生从"解答问题"到"解决问题"。⑤

事实上，历史充满着各种可能性，所谓的历史事实只是所有可能之中已经实现了的那种可能。历史学家的最终职责是解释为什么实现了的恰好是这种可能而不是那种可能。因此，如果不是结合真实的情境去探讨真实的可能性，那么再有趣，看上去再真实的问题都是假问题。

那么历史能假设吗，假设的问题符合"真实性"价值吗？曹大为教授对"假设历史"的价值表示了认同，认为"只有不断提出假设并继之以证实或证伪，方能相对接近于历史真实。在实证层面排除假设，就等于取消了历史研究。而在理论诠释层面，'假设'同样是开展研究不可或缺的前提"。⑥ 教师在设计假设问题情境的时候，要注意以下几点：第一，要注意学生"已有知识"储备，学生回答假设的问题，目的不是为了"改写"历史，而是为了巩固知识、运用能力、锻炼思维。第二，关注学生的论据和论证过程比关注学生的结论更重要。恩格斯曾经指出："在自然界和历史的每一科学领域中，都必须从既有的事实出发。"⑦学生的论据是否充分，论证过程是否逻辑严密，教师要密切关注。

---

① 张汉林. 提问之道：历史思维养成路径的探讨[J]. 教育学报，2018(03)：48—54.
② ［美］Robert J. Sternberg, Louise Spear-Swer Ling. 思维教学——培养聪明的学习者[M]. 赵海燕，译. 北京：中国轻工业出版社，2001：136—148.
③ ［英］怀特海. 教育的目的[M]. 庄莲平，王立中，译注. 上海：文汇出版社，2012：2.
④ ［美］杜威. 民主主义与教育[M]. 王承绪，译. 北京：人民教育出版社，2001：167.
⑤ 杨学为. 考试蓝皮书：中国高考报告(2020)[M]. 北京：社会科学文献出版社，2020(01)：30.
⑥ 曹大为. 历史研究中的假设、臆想与编造——兼论端正学风问题[J]. 社会科学论坛，2001(01)：24—29.
⑦ 马克思，恩格斯. 马克思恩格斯选集(第4卷)[M]. 中共中央翻译局，译. 北京：人民出版社，1990：288.

2. 开放性

提问的开放性是指什么？首先我们要知道什么样的问题是开放性的。从黄牧航教授关于开放性试题的定义可以推断开放性问题的内涵。他说："开放性试题是与封闭性试题相对应的一个概念。一般说来，封闭性试题具有确定的条件、方法和答案，而开放性试题通常没有确定的条件、方法与答案。"①因此可以得出，开放性问题有情境复杂性、解答过程不确定性、答案不唯一性等特征。开放性问题的设计是历史关键能力培养的重要路径。②

基于开放性问题的这些特性，我们有以下几个方法设计开放性问题。一是设计黑箱式问题。③所谓黑箱，即只有条件与结论，要求探究中间过程的问题。它往往要求作答者发挥想象，并通过猜测进行合理性推理与判断，最终揭示出黑箱内幕。黑箱问题其实也是一种逆向思维问题，通过结论反推过程。二是设计假设性问题，让学生探索历史的诸多可能性。三是设计针对学生的体验和价值观的问题。④体验和价值观毕竟是个性化的、复杂的、不唯一的。

3. 学科性

提问的学科性原则是指要提出历史教师才能提出的"历史"问题，好问题往往关乎历史思维的倾向与品质。⑤因此，高质量的历史问题，情境来源可以丰富多样，但对学生的思维能力要求应该剑指历史学科思维。教师切不可天马行空，毫无章法地提一些看起来有趣、开放但却缺失了"历史味"的问题。这样的问题看起来热热闹闹，但离培养学生的学科思维品质甚远，实不可取。

（二）基于学科素养的提问技巧

学科素养，是指即将进入高等学校的学习者在面对生活实践或学习探索问题情境时，能够在正确的思想价值观念引导下，合理运用科学的思维方式与方法，有效地整合学科相关知识，运用学科相关能力，高水平地认识问题、分析问题、解决问题的综合品质。历史课程学科素养包括唯物史观、时空观念、史料实证、历史理解、历史解释、历史价值观六个方面。⑥学科素养是新高考评价体系的考查理念和总体要求，是关键能力的理论基础；关键能力是学科素养的细化，是学科素养的具体体现。因此，学科素养的培养最终仍然要落实到历史学科的必备知识和关键能力上。六个学科素养也不是孤立存在的，一个问题可以涉及好几个学科素养的落实。因此，教师不适合单独从某一个学科素养设问，可从以下几个关键点设计问题，优化提问技巧。一是核心知识处，二是历史转折点，三是思维盲点处。以下分别叙述。

---

① 高凌飚，吴维宁，黄牧航. 开放性试题的编制与评分［J］. 人民教育，2006（01）：36—38.
② 徐奉先. 高考历史学科关键能力考查路径研究［J］. 历史教学（上半月），2019（03）：10—16.
③ 高凌飚，吴维宁，黄牧航. 开放性试题的编制与评分［J］. 人民教育，2006（01）：36—38.
④ 曾学辉. 高中历史课堂开放式提问的问题设计研究——以《罗斯福新政》一课为例［J］. 中学历史教学，2019（10）：26—27.
⑤ 张汉林. 提问之道：历史思维养成路径的探讨［J］. 教育学报，2018（06）：48—56.
⑥ 徐奉先. 基于高考评价体系的历史科考试内容改革实施路径［J］. 中国考试，2019（12）：59—64.

1. 于"核心知识"处设问

社会学里有个定律叫"二八"定律,是说在一组东西中,最重要最核心的只占一小部分,大部分都是次要的。这个定律在教学中也适用。对于这些核心知识点,教师要精心设问,引导学生全面而深刻地理解。比如,鸦片战争的内容相当庞杂,甚至凌乱,可以设问的点非常多,第一次鸦片战争对中英都产生了一系列影响,这些影响恰恰又构成第二次鸦片战争的背景。对于学生而言,理解第二次鸦片战争爆发背景是一个思维上的难点,为此有教师设计了如下问题。

案例:《中外历史纲要(上)》第16课"两次鸦片战争"问题情境设计①

材料一　广州贸易的衰退损害了当地人的生计,于是他们将自己的不满发泄到人数最多的洋商与英国人身上,这种不满得到当地士绅的组织与领导。很长一段时间,广州人与洋人的关系处于紧张状态。某种程度上,这让广州丧失了在近代进一步崛起的机会。

——摘编自徐中约《中国近代史》

材料二　　　　表5-1　广州与上海鸦片战争后生丝茶叶出口量的变化表

	茶叶		生丝	
	1844 年	1860 年	1845 年	1847 年
广州	6900 万磅	2700 万磅	6787 担	1200 担
上海	1100 万磅	5300 万磅	6433 担	21176 担

——整理自徐中约《中国近代史》

设问:

1. 结合材料一及所学知识,你认为鸦片战争前广州人的"生计"是什么? 为什么鸦片战争后"生计"被损害了?

2. 结合材料二及所学知识,说明鸦片战争后广州的经济地位发生了怎样的变化? 反映了中国经济发生了什么变化?

首先,此问题情境,通过史料实证和唯物史观的运用,学生才能透过广州这座城市的命运,以小见大,揭示鸦片战争的影响,提示学生鸦片战争的影响这个核心知识点。其次,问题本身体现了两段材料之间的逻辑关系,第二个材料和问题又充分印证了第一个问题,构成了问题互证的因果逻辑。再次,两个设问体现了思维的递进和对学生不同能力素养的考查。

2. 于"历史转折点"设问

一个人,一个民族,一个国家,甚至整个人类,总有些历史事件是"命运转折点",是影响历史进程的关键事件,它体现了历史的趋势而不一定是结果。这些命运转折点,历史转型处

---

① 案例来源:深圳市罗湖高级中学刘其姣老师。

的关键事件对历史进程经常有强解释力,引导学生关注这些转折点,对培养学生发现问题、论证问题、解释历史非常重要。为了解决这些问题,学生必须充分占有和辨析材料,从长时段、大时序出发,运用科学思维和方法论,去理解和评价历史。例如明清是中国古代社会向近代社会的转型点,但这一时期又表现出纵向观察的巅峰时代和横向比较的全面落后的矛盾特点。课堂教学中又应该如何结合教材引导学生深入认识这些特点呢?

案例:《中外历史纲要(上)》第15课"明至清中叶的经济与文化"课堂导入提问[①]

1. 为什么"明至清中叶的经济与文化"这一课要用"社会经济的发展与局限"为小标题? 经济的发展是指什么? 从什么角度说经济是发展的? 经济的局限又是什么? 又是从什么角度说它是有局限的?

2. 明清怎样影响着中国历史发展的进程?

第一个问题,一个经济,两个面孔,课本之所以这样定性明清的经济,是因为明清经济的发展既有传统的量的发展,又有经济新因素的萌发,这是它的发展之处。它的局限是指和西方相比,出现了质的局限,是"萌而不破土"。发展是纵向对比以前的中国,局限是横向对比当时的西方。明清面对的是整个世界的经济形态,要列队在整个世界里去评估,所以它才带有这么独特的面孔。引导学生关注明清国家的困境,家国情怀也自在其中。

从历史转折点设问,要注意几点:第一,要关注整体时代特征,重视学生大时空观的培养。第二,转型的内涵要明确。是哪个方面的转型,是从什么到什么的转型要清楚,不能大而化之。第三,转型强调的是过程,而不是结果,强调的是趋势而不是既成事实。培养学生的历史延续性思维。第四,要注意培养学生的怀疑和批判精神,培养学生的历史思辨能力。

3. 于"思维盲点"处设问

于思维盲点处设问是培养学生历史思辨能力、批判精神和创新精神的重要途径。学生思维盲点一般有两种:一种是对于一个历史解释学生只记得结论,从来不清楚论证的理由和逻辑。另一种是学生对于一个结论盲目相信,丧失了批判精神和怀疑精神。前一种会让学生知其然不知其所以然,吃到的都是"夹生饭"。后一种让学生思维固着或人云亦云,有盲点而不自知。因此,教师要懂得从这些内容入手设问,让学生豁然开朗,跳出窠臼。

思维盲点主要分为几种情况。

第一,概念不清。概念不清是学生对很多知识点不能深入理解的根本原因。不同的概念,教师需要强调的内涵是不一样的。

案例:"民族解放运动史"概念的解读[②]

教师叙述:民族解放运动史是世界被压迫民族反对殖民侵略,争取民族解放、

独立和发展的历史,它构成了世界近代现代历史发展的又一条主线。它是对欧洲中心论的一种反抗的述说。那么,同学们,我们初中历史教材里,有哪些内容涉及了民族解放运动史呢?

教师阐述:首先,历史是时空的艺术,我们来看一下空间上的民族解放运动。(出示世界各地民族解放运动示意图)可以看出,民族解放运动可谓是"遍地开花",并不是只有近代弱势的亚非拉民族才要进行民族解放。

教师叙述:同学们,我们再来看一下这么多民族的民族解放运动在时间上的跨度:

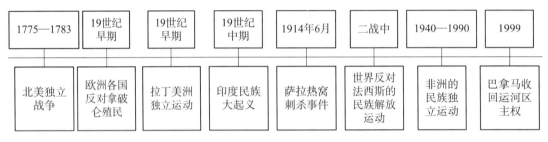

图 5-1 民族解放运动时间轴

由此可知,时间跨度是真长。获得民族独立,实现民族自主是大部分民族的切身利益啊。

那么,同学们再思考一下,我们中国的民族解放运动又包括哪些内容呢?

上面的案例中,教师如果不拓展关于民族解放运动的时空边界,学生对这个概念的理解就很片面,以为民族解放运动史就是亚非拉历史。殊不知,民族解放运动史外延是非常丰富的,它是推动近现代历史发展的重要线索。

第二,逻辑不通。有些看似正确的结论其实有严重的逻辑错误;有些显而易见的结论需要强有力的逻辑支撑。教师要能敏锐地发现逻辑盲点进行针对性提问,启发学生勤于思考,善于思考。

案例:《中外历史纲要(上)》第15课"明至清中叶的经济与文化"课堂情境提问①

教师叙述:为了证明"落后就要挨打"的谬误,有些学者认为中国一直到鸦片战争前夕都是世界上最富强的国家。对此,我们先按下不表,先看一组数据:英国统计史专家安格斯·麦迪森在他的书里提到:公元元年中国GDP占世界GDP总量的26%;公元1000年时占22.7%;随后一直保持在20%以上;1820年达到32.9%;随后开始回落。1913年下降到8.9%,1950—1980年,达到历史最低位4.5%。从总量上看,似乎这些数据印证了这些学者的观点。但我们看另外一个学者的研究,他

---

① 案例来源:深圳市罗湖高级中学刘其姣老师。

认为,中西方的差距在 1300 年左右就已经开始拉开了。① 鸦片战争之前的经济总量其实不值得一提。

教师提问:从总量上看,确实中国在鸦片战争之前仍然"强大",证明"落后就要挨打"是谬误,因为"落后"的前提不在了。但是中国在鸦片战争里不堪一击,问题到底出在哪里呢?

教师叙述:其实中国人均 GDP 从 1300 年时就已经低于西方。在 1300 年—1800 年间,中国按购买力平价计算,经济增长率几乎为零,人民生活水平几乎没有提高,中国增长的财富基本上被增长的人口所消耗。

这个问题的设计颠覆了两个逻辑盲点:其一,中国并不是近代之前都比西方富强;其二,界定一个国家的综合国力不仅要看总量,还要看人均,看人民生活水平是否提高,要看"质"。

第三,结论生硬。教材是浓缩的历史叙述和历史解释,有很多结论性的表述,没有给出详细的解释和说明,尤其是新教材。这些结论性的表述很容易造成学生逻辑的断裂,无法理解和构建。教师要能敏锐地发现学生的这些盲点并设问解决。

案例:《中外历史纲要(上)》第 22 课"南京国民政府的统治和中国共产党开辟革命新道路"课堂小结设疑②

教师叙述:我们经常说长征精神仍然是这个时代的时代精神,是生活在和平年代的我们仍然要铭记的。是因为教材上这么说,社会上也这么宣传,所以我们也要这样附和? 如果这样,我敢说,尽管有同学能够在做题时说出这样的观点,似乎心里也接受这样的结论,但是,红军精神可能还是不能成为他人生的动力和指引,更不可能成为他的价值观或信念。大家请看下面的数据,并且思考两个问题。

长征红军是一支年轻的队伍,领导平均年龄 31 岁,军级领导 28.9 岁,师团将领 25 岁,最小红军才 9 岁;

红一方面军行进 2.5 万余里,相当于广州到北京的直线距离的 7 倍;

红二方面军行军 2 万余里,每天近 17 公里;

红四方面军行军 1 万余里,多路红军总计 6.5 万余里,平均每天行进 74 里;平均每行进一公里就有 3—4 名战士牺牲;

长征途中大小战役共 600 余次,15 个整天一次大决战;

攻占大小城市共 62 座,翻越 20 多座巨大的山脉,渡过 30 多条河流;

总兵力 20.6 万,只剩下 5.7 万。

教师提问:

1. 长征精神的内涵到底是什么?

---

① 谢丰斋.中西方的经济差距何时拉开? ——谈安格斯·麦迪森的千年统计[J].史学理论研究,2012(04):40—48.
② 案例来源:深圳市罗湖高级中学刘其姣老师。

2. 和平年代的青年们为什么仍然需要长征精神？

正如习近平总书记在纪念红军长征胜利 80 周年大会上的讲话中提到的："长征永远在路上。一个不记得来路的民族，是没有出路的民族。不论我们的事业发展到哪一步，不论我们取得了多大成就，我们都要大力弘扬伟大长征精神，在新的长征路上继续奋勇前进。"长征奇迹的创造者，不比学生的年龄大多少。如果说我们今天的和平与幸福是 80 年前我们的同龄人用鲜血换来的，一点都不是矫情。

四、实践中存在的问题

（一）假问题充斥课堂

何为假问题？去情境化的问题就是假问题。前面对问题的"真实性"已有论述，这里我们主要从教学案例出发来说明。

案例："科举取士"①

教师在讲完"科举取士"一节内容后，向学生提出了这样一个问题：如果你生活在明清时代，你愿不愿意参加八股文考试？为什么？有三个学生均说不愿意，理由是八股文考试让人死读经书，不允许发挥个人见解，培养统治阶级顺从的奴仆等等，最后教师表示赞赏和肯定。

之所以这是一个假问题，根源在于两点：第一，看似创设了情境让学生"深入"历史，却没有给学生提供足够的情境去理解当时的社会背景，以至于学生回到明清时代却用今人的思维来分析历史现象。第二，问题本身探讨的不是普遍的"可能性"。虽然当时有人不愿意参加科举考试，但是只有极少数。事实是由于当时知识分子出路较少，大部分人会参加八股文考试才符合历史实际。

那么真实问题怎么提？当时不少人已经意识到八股文考试扼杀人才，为什么还有那么多的读书人挤破脑袋去考试呢？要回答这个问题，学生必须深刻了解当时的社会背景。正因为八股考试危害大但仍有一代又一代"英才"前仆后继，学生才更能认识到八股取士的危害。

（二）伪开放性问题

前面已经论及问题开放性的原则，这里对于开放性问题的理论不再赘述。在我们的课堂中，貌似开放而实则不开放的问题随处可见。学生回答这样的问题，要么脱离时代背景，没有史实支撑，要么泛泛而谈，讲空话套话。这里举例来看真正开放的问题是怎样的。

案例："西安事变"②

一位教师在讲完西安事变后，提出了如下问题："有人说，西安事变的和平解决

① 陈杰. 来自课堂的追问：高中历史教学札记[M]. 杭州：浙江工商大学出版社，2018：130.
② 陈杰. 来自课堂的追问：高中历史教学札记[M]. 杭州：浙江工商大学出版社，2018：134.

是送给 20 世纪中国最好的礼物！你是怎样理解的？""在西安事变的和平解决中，你认为最应感谢的人是谁？请说明你的理由。"

这里，第二个问题就是典型的开放性问题。开放性问题学生一定能够依托史实做到有话可说，做到论证有理。一个开放性问题的效果如何，看学生回答问题的反应即可。

从这堂课中学生回答的情况来看，学生有回答感谢张学良、杨虎城和感谢毛泽东的，也有感谢蒋介石的，无论感谢谁，总是可以找到一些理由，虽然答案是不唯一的，但是在讨论中却形成了对这个问题的相对完整的认识，这就是一种历史的思维能力。

（三）缺乏层次和梯度

在教学中，教师的问题无论是知识面，还是难度，要能覆盖大部分学生的水平。因此，教师设计的问题要有层次和梯度。那么，历史问题应该以什么标准来设计梯度？以历史解释性问题为例，可以从以下几个层次来设计历史解释性问题（表 5-2）：

表 5-2　历史解释素养的分层内容①

层次	内　　容
第一层:现象性解释	用准确、简明的文字叙述某历史事物的基本史实。
第二层:内涵性解释	叙述该历史事物出现的背景、原因、条件、内容和结果(影响)。
第三层:本质性解释	指出该历史事物的表象与其内在属性之间的关系。
第四层:联系性解释	找出与该历史事物相关的其他历史事物，并叙述它们之间的关系。
第五层:规律性解释	运用历史唯物史观分析该历史事物的发展演变规律。

考查的素养层次不一样，教师的设问提示语也应该不一样。

（四）缺乏理答技巧

华东师范大学的崔允漷是最早研究"理答"的专家之一，他对"理答"的定义是：理答就是教师对学生回答问题后的反应和处理，是课堂问答的重要组成部分。理答既是一种教学行为，也是一种教学评价。科学的理答是高效课堂的保障。但在教学实践中，很多教师缺乏理答技巧。主要有以下几种问题。

第一，提问后，没有给学生足够的时间思考。有些教师提问后，马上要求学生回答，学生回答不出，则马上给出答案。正确做法应该是根据问题的难度，稍作停顿或留有一定的时间给学生思考、组织语言。

第二，对学生回答问题的回应不积极。要么不了了之，要么应付了事，要么表扬空洞无物，要么对学生的错误置之不理。没有积极的回应，会打击学生回答问题的积极性。

① 黄牧航,张庆海.论历史学科核心素养的分类分层测评模型[J].历史教学(上半月刊),2019(07):9—15.

第三，对学生的回答不能有效引导。学生回答思路走偏时，教师要能找出学生的思路与问题的思路之间的差距，提出新的问题或提示新的角度或提出支持性知识帮助学生进一步思考。

第二节　如何创设情境

怀特海在《教育的目的》中说："教育只有一个主题，那就是五彩缤纷的生活。而连接学校这个象牙塔与生活的就是情境。链接理论知识和孩子们的现实生活的也是情境。"创设真实性情境的教学是真正站在学生角度，以生为本的教学。学生在学校学到的高度凝练的知识本身是间接的、是死的。要让这些死的知识融入学生独一无二的生命里，我们就必须创设一个真实情境让学生去体验、去感悟、去假设、去同情并理解。

当前，情境教学成为一线教师不可回避、必须面对的课题，还基于新课程改革实施以来，"新材料、新情境"的提倡成为新课程改革的标志性特点。如果将社会主义核心价值观的培养视为基础教育改革的"金线"，基本能力和学科素养视为"银线"，那么情境就是实现"金线""银线"之间贯通的"串联线"。① 为了回应改革要求，情境教学成为必然。一线教学中，能够科学地创设情境是教师专业能力的体现。

一、情境创设的概念与分类

（一）概念

"情境就是事情发生的环境。"② 情境包含两个要素：一个要素是人，没有了人就不可能有事情发生，也就没有所谓的情境；另一个要素是与人发生关系的环境，这既包括外部的物质环境，也包括当事人的心理环境。情境创设是指在教学过程中，教师有目的地引入或创设具有一定情绪色彩的、以形象为主体的生动具体的场景，以引起学生一定的态度体验，从而帮助学生理解教材，并使学生的心理机能得到发展的教学方法。教学中运用情境，有利于提高学生的学习兴趣，有利于提高学生的理解能力与学习能力，有利于检测和评价学生的历史学科核心素养水平。学生能否应对和解决陌生的、复杂的、开放性的真实问题情境，是检验其核心素养水平的重要方面。③

（二）分类

新高考把情境分为四大类，一是学习情境，二是生活情境，三是社会情境，四是学术情境。④ 学习情境，指在历史学习中遇到的问题，如史料、图表、历史叙述、史论等问题。生活情境，指在个人生活、家庭生活、社区生活中遇到的与历史有关的问题，如在倾听长辈的回忆、

① 杨学为.考试蓝皮书：中国高考报告（2020）[M].北京：社会科学文献出版社，2020：405.
② 黄牧航.论历史情境命题[J].历史教学，2012（07）：3—13.
③ 中华人民共和国教育部.普通高中历史课程标准（2017年版2020年修订）[M].北京：人民教育出版社，2020：59.
④ 杨学为.考试蓝皮书：中国高考报告（2020）[M].北京：社会科学文献出版社，2020：403.

观看影视剧、游览名胜古迹时遇到的问题。社会情境，指对社会问题的历史考察，如某种社会风俗的来源、某一国际争端中的历史背景问题。学术情境，指历史学术研究中的问题，如历史学家对某一历史问题有多种看法等。从情境的复杂程度看，又分为简单情境、综合情境和复杂情境。

二、情境创设的功能与价值

人类已经进入瞬息万变的信息化时代，每一个人在他有限的生命里都有可能遇到大大超越历史经验、社会经验、个人经验的"超陌生境况"。学生的素养最终体现在应对陌生环境能力的提高上，这也是素质教育、素养教学的本质。新课标新高考呼唤情境教学也是从这样的育人目标出发。今天，我们还要关注情境教学对教学本身的意义。情境教学不仅仅是育人的手段，也应该是提升教师教学能力的手段；不仅是有利于"学"的手段，也应该是更有利于"教"的手段。只有如此，情境教学才能成为教师愿意主动运用，并不断完善的教学技能和手段。

第一，情境教学符合知识传授的规律。情境教学本质上也是一种直观教学。无论图片、表格、文字、视频、声音还是叙述的情境，都可以成为"直观"教学的素材，能够最快地让学生了解并对知识本身产生深刻印象。

第二，情境教学有利于培养学生的学科思维能力。历史学科考试内容改革提出考查学生获取和解读历史信息的能力、分析历史问题的能力和历史探究能力三项关键能力。其中，获取和解读历史信息的能力是基础。其他能力都是在这个基础上获得培养。从真实的、复杂的情境当中学生才能正确地获取信息、解读信息、整合知识。

第三，情境教学才能达到真正的素养教学的目标。学科素养并不是一句空话，更不是空中楼阁。它们也不是孤立存在的，而是相互渗透、不分你我的。学生的学科素养不是自然而然就习得的，也不是简单的说教能够做到的，需要落实到具体的情境中。可以说，没有情境，就没有时空时序；没有情境，就没有历史理解与解释；没有情境，史料实证和唯物史观就成为空中楼阁；没有情境，历史也就无法做价值判断。

三、情境创设的原则与技巧

历史是过去的事情，为了促进学生了解、感受、体会历史的真实境况和当时人们面临的实际问题，需要拉近学生与历史之间的距离。因此，在设计教学过程时，教师要先设法引领学生在历史情境中展开学习活动。创设历史情境有多种方式，如通过展示历史文献、历史影像，参观历史遗址、历史博物馆、纪念馆等再现历史情境；通过当前国内外发生的事件回溯历史的源头，即从现实情境中探寻历史问题；通过衣食住行、言谈话语等日常生活情境，使学生感受与之相关的历史由来，切入所要认识的历史问题。[①]

---

① 中华人民共和国教育部.义务教育历史课程标准(2022年版)[M].北京:北京师范大学出版社,2022:58.

（一）情境创设的原则

1. 真实性

情境的真实性包括两方面的内涵：一是指情境内容本身是真实的。二是指此情境解决的是真实的问题。情境内容本身是真实的这一点相对容易理解。但课堂中的问题，却往往并非真问题。

案例：情境解决真问题①

例 1：(1998 年全国高考)美国独立战争和拉丁美洲独立战争相继取得胜利后，英属北美 13 个殖民地成立统一的美利坚合众国，而西班牙属拉美殖民地却建立起一系列独立国家。试从两个独立战争的背景和进程说明造成这种现象的原因。

例 2：美国(18 世纪末—19 世纪末)，自由之地？你是个记者。你工作的日报着手围绕"美国，自由之地？"这一主题发表系列文章。你负责撰写一篇关于 18 世纪末到 19 世纪末这一时期的历史文章。你为此用心准备这一次访谈，收集了一些有关这一时期历史的恰当资料。

1. 在分析和比较这些资料之后，提出五个问题，把这些问题按照逻辑组织起来以更好地准备访谈。实际向历史学家提出的问题将以这第一份问卷为基础来建构。

2. 不要忘记在其中使用在课堂上看到的一个概念(殖民、危机/增长、人口流动、社会分层、自由主义、民主/专制)。以下呈现详尽的素材(素材略)。

在上面的案例中，例 2 就是真实性的情境和问题，是学生有可能在真实生活中遇到的。而例 1 实质上是缺乏情境的。问题可以撇开情境进行回答，学生只是在解题而不是解决问题。

从历史学科的特性出发，真实性情境还应该是人生的预演。真实情境能真正唤起学生的兴趣、关注、生命体验，他的内心会有波澜，他觉得这个问题对他解决人生有可能遇到的问题"有用"，这种功利性会促使他解决学科问题，帮助他理解生活问题、人生问题，如此，真实情境教学才能够助力学生的终身发展。从这个意义上讲，情境教学也是落实"生活即教育"这一育人理念的有效方式。

2. 学科性

情境的学科性包括两方面的含义，一是我们的情境素材要有历史感和历史求真的特征，当然这并不是说情境都是"确定无疑的史实"，但一定要是能够辨析的素材。二是指我们创设的情境是为了解决一个具体的历史问题，这个问题体现了历史学科思维和学科方法论。历史学科作为人文社会学科的母体学科，的确无所不包。要在母体学科与分支学科之间划

---

① 黄牧航.论历史情境命题[J].历史教学，2012(13)：3—13.

出清晰的界限,实属不易。但是,历史学科的核心属性是明确的。因此在具体课程呈现中,教师则需要思考历史课中的政治文明进程。讲新中国三大政治制度,这与政治学科的讲述有何本质的差别? 历史课上讲希腊先哲的精神觉醒与西方哲学史课上的讲述有何差别? 历史教师只有清晰自己的学科属性,才可以不越位、不缺位。对此,黄牧航教授也有精彩的论述。

> 如果说政治课主要是向学生宣扬价值理性的话,那么历史课不仅要向学生讲清楚价值理性,而且要从历史的角度向学生讲清楚工具理性。在课堂上空洞地向学生宣讲"民主就是比专制强"对于政治课来说可以,对于历史课来说则不行。大量的历史事实告诉我们,好人不一定就能够干好事,出发点良好的事情结果不一定就是好的,而且稍有不慎就会弄成人间惨剧。……"我难以想象汉武帝利用民主制度去抗击匈奴,也无法想象俾斯麦通过民主制度来实现德意志的统一。"[①]

3. 综合性

综合性情境是指情境从内容到历史观到解释不是单维度的,而是多维度的。一方面综合性是高考评价体系改革"四翼"的要求,另一方面"立德树人"也明确提出"五育并举"的培养目标,体现的也是综合性。

历史是研究人类社会的学科,而影响人类社会进程的因素是复杂的、多样的。因此,当我们回过头解释历史的时候,也应该从多样化的蛛丝马迹中去探寻。历史本身包罗万象,因此它能与很多学科综合。

案例:《中外历史纲要(下)》第8课"欧洲的思想解放运动"教学情境设计[②]

> 材料一　中世纪与现代世纪的最大区别在于中世纪相信世界是有序的。有一些伟大的人物为这个世界描绘了世界运行该有的规则。充满道德、伦理的完美感。所以在中世纪,对人们的评价只有一个标准,那就是是否符合道德。符合道德的就是善人,不符合道德的就是恶人。并且,人们相信,善有善报,恶有恶报。
>
> ——摘编自吕效平《我们真正的悲剧性就在于那一切都是假的》
>
> 材料二　从伦理的角度来看,红楼梦讲了一个"代沟"的故事。其中有一个很经典的场景,那就是饱读儒家经典的贾政因为宝玉的"顽劣"把他狠狠打了一顿。根本上来说,父子俩的分歧不在于具体的某一件事,而在于他们根本不是"同一个时代"的人。父亲看待这个世界的标准是儒家伦理道德和等级规范,谁是"好"人谁是"坏人"是一目了然的。而宝玉对人的价值的看法完全不一样,他对丫鬟的态度已经超越了等级尊卑。其实,贾政还是一个"古代人",而宝玉已经是一个"现代人"了。
>
> ——我对红楼梦的看法

---

① 黄牧航.历史教学有别于政治教学——对石章波老师的答复[J].历史教学,2008(12):45—48.
② 案例来源:深圳市罗湖高级中学刘其姣老师。

这两个情境就是综合了文学、哲学和历史的情境，引导学生对比中西方人文精神的内涵。明清时期的人文主义精神包含着对传统秩序的反叛，而当时的传统秩序就是儒家伦理道德。这跟西方的人文精神里对神的反叛有相似之处。

4. 规范性

情境的规范性是指情境素材要在保证形式多样化的前提下，保持情境的科学性和统一性。要让学生能够轻松读懂、看懂情境，不刻意增加学生的理解困难。做到情境素材不凌乱，无冗余，表达明确无歧义。

首先，内容形式要尽量多样化，除了常见的文字，图片、表格、漫画、视频、微课等都可设置情境。追求素材形式的多样化有助于减少学生的文字阅读量，并兼顾到不同学生获取信息的不同倾向。有的学生对文字敏感，有的学生则对声音敏感，有些视觉型的学生对图片和色彩敏感。同一个题材里如需用到多个情境，情境风格要一致。比如图片情境，一个用漫画，一个用史料图片，就有违和感。同样主题的情境最好没有重叠，如果有重叠，甄别选择一个就够了。①

其次，情境要尽量简洁易懂。如包含大量数据的文字材料，可转化为数字表格。一则情境，除了强调的内容有助于学生理解，不应该有冗余的信息。

再次，情境要力求准确，具有针对性，减少歧义。歧义与特意设置的干扰因素不一样。特意设置的干扰，学生通过区分概念是能顺利跨越的。但歧义不同，歧义会让学生得出错误的观点。教师要对情境素材严格甄选。现在是信息社会，要求教师完全摒弃网络资源不现实，但对来自网络的资源一定要用心甄别。

（二）情境素材收集的技巧

要创设高质量的情境，首要的一点是要能收集到丰富而有价值的素材。根据新课标对历史情境的分类，我们可以从以下方面收集情境素材。

1. "学习情境"素材的收集

学习情境是学生平时遇到最多的一种情境，因此，收集学习情境的途径也最广，教师可从以下几点着手。

（1）深挖新教材。

新教材是一座宝库，是国家贯彻立德树人的培养目标，集合了很多专业学者编写的全国通用教材。从立意到内容，从体例到框架，每一句措辞，每一幅图片，每一个史料，每一段文字都经过周密考究，深有内涵。从新教材入手，就是从身边入手，是创设情境的有效方法。

---

① 黄牧航.论历史情境命题[J].历史教学,2012(07):3—13.

案例：《中外历史纲要（上）》第 15 课"明至清中叶的经济与文化"教学情境设计①

情境来源：新教材中的《耕织图》

图 5-2　《耕织图》

《耕织图》中的时代特征：

第一段话：《耕织图》是我国古代采用绘图的形式翔实记录耕作与蚕织的系列图谱。此图为其《耙耨》部分，此系列图是康熙时命人在南宋同名图画基础上改绘而成的，描绘了江南地区农业生产的场景。

第二段话：焦秉贞……官钦天监……参用西洋画法……圣祖嘉之，命绘耕织图四十六幅，镌版印赐臣工。

——《清史稿》

第三段话：衣帛当思织女之寒，食粟当念农夫之苦……且欲令寰宇之内，皆敦崇本业，勤以谋之，俭以积之，衣食丰饶……

——康熙《御制耕织图》序

第四段话：雍正尚为雍亲王时，命人模仿《御制耕织图》也做了一套《耕织图》献给康熙皇帝，每幅画上都有雍亲王的亲笔题诗，并盖有"雍亲王宝"和"破尘居士"两方印章，农夫、蚕妇都被画成雍亲王和他的福晋们的容貌。

创设情境并不需要搜肠刮肚去寻觅。创设情境的目的是解决教学问题，刘老师要解决的是"明清经济面临的转型困境"这个问题。而这堂课要上得成功，关键就在于教师是否创设了一个有解释力的情境，能否从逻辑上解释明清经济转型的困境这个主题。首先，刘老师强调了图片的来源，其实是在告诉孩子怎样"读"教材信息。其次，为了让图真正开口说话，刘老师在《耕织图》下配有"时代特征"，共同组合成一个完整的拥有解释力的情境。

---

① 案例来源：西安市铁一中滨河分校刘相钧老师。

（2）研究试题。

试题也是情境的一个重要来源，尤其是高考真题。考试中心的刘芃教授曾经表达过这样一个观点：高考真题是会说话的。它仍然是一种指引，是一个方向。因此，一线教师再怎么研究高考真题都不为过。认真研究高考真题，才能把握住考试的形式、内容、方向，才能指引教学。如2019年全国Ⅰ卷第26题：

（2019全国Ⅰ卷）26. 唐代之前，荆楚民间存在一种祈求丰收的"牵钩之戏"，至唐代称作"拔河"，广为流传。唐玄宗《观拔河俗戏》诗云："壮徒恒贾勇，拔拒抵长河。欲练英雄志，须明胜负多……预期年岁稔，先此乐时和。"据此可知，在唐代（C）

  A. 江南文化成为主流 B. 耕战结合观念深入人心

  C. 阳刚与力量受到推崇 D. 诗歌以描写宫廷生活为主

这道题的启示有如下几点：其一，高考命题新情境来源不拘一格，这道题的材料来自于一篇体育学术论文[①]，考查了学生的审美和健康观，把美育、体育、智育结合起来。其二，跨学科关联，五育并举和综合性要求并不是一句空话。其三，渗透积极的价值观。阳刚的审美一扫当下的阴柔化审美。

（3）跨学科整合资源。

跨学科整合资源是创设综合性和创新性情境的必由之路。主要有以下两种整合方式。

一是历史学科与学生全科跨学科资源整合。全科是指学生在学校需要学习和考试的所有科目。以全科跨学科整合资源，就是从学生的最近发展区整合资源。这个最近发展区可以是学生已经拥有的经验、已经掌握的知识或已经形成的思维。认知结构理论认为，人类对全新的刺激输入很难加工，对完全熟悉的内容则缺乏兴趣或容易形成思维定式。因此，我们给学生创设的新情境不能是他们完全陌生的，也不能是他们完全熟悉的，而应该是他们既熟悉又陌生的。熟悉的是材料本身，陌生的是全新的解读角度和方式。比如在讲近现代中国社会习俗的演变时，可以选取鲁迅的闰土形象作为突破口创设情境。

案例：《中外历史纲要（上）》第20课"北洋军阀统治时期的政治、经济与文化"问题情境设计[②]

  教师叙述：闰土是同学们熟悉的文学形象，但是我们以前只是从文学的角度看待这个角色。今天我们试着从历史的角度来看这个角色。少年闰土到中年闰土，鲁迅先生内心是带着悲凉的心情来看待这个转变的，中年闰土一声"老爷"让鲁迅的心充满悲哀。

  教师提问：结合当时的社会背景，请你分析鲁迅先生为何悲哀？

  教师总结：没错，他悲哀的不是闰土年岁的老去，而是他的心在老去，生活让他

---

① 乔孟杰. 唐代拔河考析[J]. 体育文化导刊，2015（07）：178—181.
② 案例来源：深圳市罗湖高级中学刘其姣老师。

从天真烂漫的少年变成了一个战战兢兢的中年,身未老而心已沧桑;他悲哀的是他们的纯真友谊不再;他悲哀的是中国经历了那么多的思想解放,他呐喊了那么久,中国的大部分民众仍然还在睡着。中国的民族觉醒之路还很漫长,中国民众跪着的膝盖还没有站起来。辛亥革命、新文化运动的历史功绩值得探讨。

二是历史学科与其他社会科学或自然科学跨学科整合。理论上,历史学科之外的其他学科都可以跨学科整合以提取新情境。这里面大部分学科领域不是学生熟悉的,也不在学生的最近发展区,但是借鉴它们的学科思维能够帮助学生理解历史。如果说全科资源的利用是在课内、校内整合资源,那么利用其他社会科学或自然科学整合情境则是在课外和校外。如下面的命题情境。

案例:《中外历史纲要(上)》第 27 课"社会主义建设在探索中曲折发展"问题情境设计①

　　在国家建设初期,斯大林领导下的苏联政府曾向中国提供过一些援助借款,本息共 14.06 亿新卢布。此项外债,中国一直坚持按期归还,并在 1965 年初提前全部还清。"既无内债又无外债"的情形,一度让很多国人引以为傲。建设初期的这种做法和想法说明(A)

　　　　A. 当时中国对现代金融工具的价值较生疏　B. 中国与苏联的关系开始破裂

　　　　C. 当时中国的经济发展不需要借助内外债　D. 中国人信守诚信的道德信条

这道题的素材来自于经济学(参见吴晓波:《跌荡一百年:中国企业 1870—1977》,中信出版社出版,2009 年 10 月版),学生要选到最佳选项,必须懂得基础的金融学知识:在现代信用货币制度下,预期经济是增长的,必然有轻微通胀,举债对发展经济是有利的。

　　2."生活情境"素材的收集

生活情境素材的收集要求教师走近学生,了解他们的兴趣、爱好甚至习惯。从他们熟悉的精神生活或物质生活出发,收集素材,转化、整合成教学情境。理论上说,所有的现实生活都能体现历史问题。比如,为了让学生更好地理解儒家的学说,有教师从学生了解的电视剧《甄嬛传》剧情和文体出发设置了课堂情境。

案例:《中外历史纲要(上)》第 2 课"诸侯纷争与变法运动"教学情境设计②

甄嬛体(儒家)

　　"近日思索了良久,想来若是后宫的姐妹们都相亲相爱,那必然是极好的(讲仁爱)。姐妹们心中都清楚自己的名分(重尊卑),在这深宫中少些钩心斗角,互相替彼此考量考量,为皇上分忧,倒也不负恩泽。这宫中的丫鬟若是犯了错,也不必再赏一丈红,臣妾倒是愿听听她们的苦衷,悉心调教一番(用教化),省下些个银子,也

---

① 案例来源:深圳市罗湖高级中学刘其姣老师。
② 案例来源:西安市铁一中滨河分校刘相钧老师。

是臣妾对皇上尽的一份微薄之力。"

3. "社会情境"素材的收集

社会情境素材的收集需要教师关注社会生活,如时政新闻、社会热点,关照现实与人生。社会情境素材是历史教学取之不尽、用之不竭的大宝库。其一,社会生活每天都在发生,内容丰富。其二,社会生活贴近学生,是学生熟悉的身边的事物。其三,学习历史不只是为了了解过去发生了什么,学习历史是为了指引现在和未来。

案例:《中外历史纲要(上)》第 29 课"改革开放以来的巨大成绩"教学情境设计①

教师叙述:同学们,最近有一条新闻吸引了我的注意力,东北一个近百万人口,名字叫鹤岗的资源和旅游城市,有网友花了 5 万元就在那里买了一套养老房。(同学们瞪大了眼睛。)我知道,你们想说,太白菜价了。在深圳,5 万元只够郊区买一平方米。那么,假如你有 5 万元,你愿意投资到鹤岗的房产里去吗? 投资者认为,房产投资是变现较慢的投资方式,还要预期经济是上升趋势,叠加城市产业兴盛,人口增长或流入。

鹤岗的兴衰可以窥见东北的兴衰,透过东北的兴衰,可以透视中国经济的变迁和资源型城市的命运。国家的经济战略布局短时间内不会发生大的变化,有时也不可逆。于个人而言,只有了解了这些,才能作出真正明智的选择! 这既是一堂历史课,也是一堂投资课,更是一堂关于人生选择、品味历史智慧的课!

4. "学术情境"素材的收集

陈寅恪曾说:"一时代之学术,必有其新材料与新问题。"此话既道出了史料更新的时代性,也道出了历史研究的时代性。"学术情境"素材也可以从这两者中寻找。

(1) 新的史料。

一种是新挖掘的史料。傅斯年先生说:"一分材料说一分话,十分材料说十分话。"同样一个历史事件,依据不同的史料,有可能得出完全不同的解释。新的史料这个"新"不一定指史料本身新创造出来,而是说它被新挖掘出来,或是有新的解读。如古代史史料除了地底下没有挖出来的古代文物,古文献资料基本上不会有太多新的东西出现。问题在于怎么去利用这浩如烟海的古文献史料。大量的地方志、谱牒、纪要、案卷等没有被整理利用,那就是"新"的。王家范教授说过他研究江南经济,很多史料就来源于江南一些地方性的史料。批阅和寻找这些史料不是件容易的事,要找到能为自己所用,顺利创设历史情境的史料更是难上加难。但"难"不是"不为"的理由。

另外一种是新开放的史料。近现代史里面有些史料是人为把它变成"新"史料的。一些名人日记、私人信件、国家档案资料等有可能因为各种原因没有及时公开。随着时间的推移,有些会迎来公开的契机,比如近年来蒋介石日记的公开。

---

① 案例来源:深圳市罗湖高级中学刘其姣老师。

蒋介石长达半个世纪的时间都坚持写日记,从 1915—1972 年没有间断过。他是中国 20 世纪重要的历史人物。他的日记,对于了解中国近代史上的重大历史事件,对于了解蒋介石其人,都是珍贵的史料。但他的日记生前没有公开,死后才由后人交予美国斯坦福大学胡佛档案馆保管,也很久没有公开。2006 年 3 月底,胡佛研究院才公开了 1917 年到 1931 年的日记;2007 年 4 月 2 日,胡佛研究院又计划公开 1931 年到 1945 年的日记手稿。现在,这批日记才陆续公开。里面很多的资料,对我们认识更多的历史细节,重新解读一些重要的历史问题会有帮助,也为教师创设新历史情境提供了丰富的素材。

虽说历史教师不是专业历史学者,不可能像专家学者那样痴狂于史料的搜集和甄别,也不需要达到专业研究的水准,但密切关注新的史料,从新的史料里挖掘新的情境,从更广、更深、更多的角度看待问题,还是非常有必要的。

（2）新的史学观点。

教师创设新情境,根本目的是引领学生从更多的角度来解释历史,发展学生的历史思维。学科思维方法比海量的学科知识更重要。美国有位著名的化学家叫莱纳斯·卡尔·鲍林(Linus Carl Pauling, 1901—1994 年,曾两获诺贝尔奖——1954 年化学奖和 1962 年和平奖),他说过一句名言:"获得一个好观念的最好办法就是去获得一堆观念。"意思是说,一个被广泛接受的科学解释其实是从一大堆解释中甄别判断、淘汰排除出来的。世界上并没有绝对正确的科学解释,只有相对合理的、大家暂且认同的解释。[①] 因此,教师要关注新的史学观点,把它们与学生熟悉的传统观点和理论放在一起让学生去判断。

理论上,国内外新的史学观点是个海量数据,一线教师不可能都关注得到。下面两类是一线教师有必要关注的,也是可以关注得到的。

一是关注命题组专家的学术动态。黄牧航教授提出,与旧课程相比,新课程历史科的命题,主要呈现出三方面的特点:专业化、新情境和主题式。[②] 其中,专业化就是指学术新成果进入命题的趋向。我们来看 2018 年高考全国 Ⅰ 卷的这道题。

25. 据学者研究,唐朝"安史之乱"后百余年间的藩镇基本情况如下表所示。

表 5-3 "安史之乱"后百余年间唐朝藩镇基本情况表

藩镇类型	数量(个)	官员任免	赋税供纳	兵额与功能
河朔型	7	藩镇自擅	不上供	拥重兵以自立
中原型	8	朝廷任命	少上供	驻重兵防骄藩
边疆型	17	朝廷任命	少上供	驻重兵守边疆
东南型	9	朝廷任命	上供	驻兵少防盗贼

---

① 黄牧航.历史解释有优劣之分吗? [J].中学历史教学,2008(08):1.
② 黄牧航.历史科高考命题中运用学术研究新成果初探——基于 2007—2013 年高考历史试题的统计分析[J].历史教学(上半月刊),2014(01):10—14.

由此可知,这一时期的藩镇（D）

A. 控制了朝廷财政收入　　B. 彼此之间攻伐不已

C. 注重维护中央的权威　　D. 延续了唐朝的统治

　　传统关于藩镇割据的看法,它不利于唐中央集权的加强,并且唐朝的灭亡与它有很大关系,但此题认为正因为边疆的藩镇不听中央号令,私留巨额财政收入,他们才有能力在边疆为奄奄一息的唐王朝"守土御敌",因此反而延续了唐朝统治。这一学术观点来自于张国刚先生的《唐代藩镇研究》一书,也许这个解释不是学术界的共识,但却是命题者认可的。所以,身为一线教师,除了研究新教材、新课标,关注命题者的学术动态也非常必要。新观点的新不是时间概念,更多是指学术界提出的与传统不一样的观点,尤其是与传统相左的观点。学生只有平时接触过这类观点,有了怀疑精神和批判精神,才敢于在考场中勇敢选出"出格"的选项。

　　二是关注年度学术热点。教师不但要关注刚刚过去的一年的年度学术热点,而且可以把时间拉长,关注五年内或十年内的年度学术热点。有些热点并非历史学科的,但依照综合性、关联性命题考查原则,可供历史学科利用的资源和角度其实不少。高考回应学术热点可能有一个时间差,一般在三年之内。以下是近五年的学术热点。

表 5 - 4　2017—2022 年学术热点

	2022 年	2021 年	2020 年	2019 年	2018 年	2017 年
热点 1	"两个结合"与马克思主义中国化时代化	习近平法治思想研究	习近平生态文明思想研究	习近平外交思想研究	习近平新时代中国特色社会主义经济思想研究	习近平新时代中国特色社会主义思想研究
热点 2	中国式现代化研究	中国共产党百年奋斗伟大历程、重大成就和历史经验	马克思主义经典作家的理论贡献及当代价值	新中国成立70周年:成就梳理经验总结与理论阐释	马克思主义与当代社会	人类命运共同体与全球治理的中国方案
热点 3	全过程人民民主的科学内涵与制度体现	中国现代考古学的理论与实践	百年变局下的中国与世界	国家制度和国家治理问题研究	改革开放40年:经验总结,理论创新与学科发展	民法总则的制度创新与理论阐释
热点 4	多学科视域中的共同富裕研究	数字时代劳动的哲学审视	民法典阐释与适用	五四运动百年回顾	高质量发展下的现代化经济体系构建	《资本论》的历史地位与当代价值
热点 5	百年变局下的国际经济体系重构	平台经济领域的反垄断规制	中华文化基因的历史探源	船山学新诠释	乡村振兴战略研究	人工智能对社会发展的影响与挑战
热点 6	秦汉基层社会研究	新型举国体制下重大科技创新管理研究	重大突发公共卫生事件的多学科研究	中国社会学重建40年的回顾与展望	监察体制改革与刑事诉讼制度的衔接	IP产业发展与网络文艺新形态

（续表）

	2022 年	2021 年	2020 年	2019 年	2018 年	2017 年
热点 7	中国当代文学史料的整理与运用	多学科视域下的总体国家安全观	脱贫攻坚与乡村振兴	中华民族共同体意识研究	海洋史研究的拓展	海昏侯墓考古发掘与历史文化研究
热点 8	区域国别学的跨学科建构	深化新时代教育评价改革研究	张载思想的现代价值	中国脱贫攻坚理论与实践	新时代教师队伍建设研究	未来教育与未来学校的发展图景
热点 9	新发展阶段的社会治理创新	全面现代化与中国特色社会主义社会学	图像学视域下的文学艺术研究	空间布局优化与区域协调发展研究	算法主导下信息传播的社会影响与挑战	中国特色社会主义政治经济学理论体系构建
热点 10	元宇宙与数字化生存新叙事	碳达峰碳中和与绿色转型	数字经济与发展新动能	信息社会的学习方式变革	大数据视域下数字人文研究	共享发展理念推动下的共享经济模式研究

四、实践中存在的问题

（一）为创设情境而创设情境

"为创设情境而创设情境"是指堆砌了过多的教学情境，把课堂变成情境展示场而忽视了对情境的深入解读。或者把情境等同于材料，往往一堂课下来，学生疲惫不堪，应接不暇，浮光掠影，浅尝辄止。之所以出现这样的情况，一方面是新课程改革强调史料教学，强调新情境教学，有教师走了极端。另一方面与教师的基本功有关，由于教师基本功欠缺，无法深挖情境的内涵，无法引导学生对情境作深入的分析和解读。要解决这两个问题，一是要求教师课堂中要注意精心选择和组织，保留典型的核心的材料情境，砍掉非典型的边缘的材料情境。情境在精不在多。二是教师要提升自己的情境辨析能力和历史解释能力。让每一则情境"开口说话"之前，教师自己要对情境的来源、背景知识以及情境的解释力了然于胸。

（二）创设的情境为假情境

何为假情境？按黄牧航教授的说法，假情境就是"去情境化"的情境，"去情境化"的问题可以解答，但没有现实意义。[①] 在强调知识考核的年代，这样的假情境在教学中、考试中经常出现。今天，假情境无法成为实现"价值引领，素养导向，能力为重，知识为基"的综合考查的载体。真实的情境应该是真实的问题背景，以问题或任务为中心构成的活动场域。[②] 应该把学科知识运用到新的实践中去。国外有学者把真实的问题情境称为"靶向问题情境"，意为这样的问题情境靶向目标很明确，就是为了解决现实中的一个问题。

---

① 黄牧航. 论历史情境命题[J]. 历史教学(中学版),2012(07):3—13.
② 教育部考试中心. 中国高考评价体系说明[M]. 北京:人民教育出版社,2019:36.

（三）创设的情境缺乏新意

新课程、新高考明确提出"新材料，新情境"的要求。情境教学的根本目的是锻炼学生应对"未来环境""不确定性环境"的能力。"新"是情境最重要的特征。情境的新旧是相对于学生而言的，某个情境学生以前没有接触过，那就是新的，而学生以前有所了解，那么对于他们来说就是旧的。情境缺乏新意的原因有两个：一是教师害怕呈现太新的、太过陌生的情境给学生，怕打击学生的自信心。要解决这个问题就要求教师转变教学观、学生观和知识观。二是教师没有新的情境呈现给学生，专业知识储备非常有限。要解决这个问题就要求教师打开思路，平时多阅读、多学习、多积累丰富的情境素材。

第三节　如何以素养为目标进行课堂讲授

历史知识具有过去性、具体性和综合性等特点。课堂教学中要还原历史的本来面貌。除了借助历史实物（或复制品）、历史图片等直观教具以刺激学生的第一信号系统形成历史表象外，更主要的还须运用第二信号系统，即语言、文字来进行。教师生动、具体的讲述，展示历史长河的整体过程，再现历史舞台的真实面貌，揭示历史发展的客观规律，是帮助学生认识历史、学好历史的重要方法和途径。因此，在中学历史课堂教学中，"以讲为主"是历史学科的特点和历史教学的特性所决定的，不能简单等同于"满堂灌"的接受学习。教师必须不断加强教学研究，探索"讲"的方式方法，努力提高"讲"的质量和效益。

一、历史课堂讲授的概念与分类

在历史课堂教学中，教师进行必要的讲述是不可或缺的。教师的讲述包括对基本史事的叙述、对重要历史问题的讲解。通过教师清晰、明了、具体、生动的讲述，使学生知晓历史的背景、主要经过和结果，清楚地了解具体的历史状况，理解所学史事的核心、特点、意义及影响等。尤其是"点线结合"的教学内容中的"点"，涉及具体的历史事件、历史人物和历史现象。教师讲好相关的历史故事，有助于学生提高学习兴趣，体验历史情境，了解史事的基本情况，加深对历史的思考和理解。[①]

（一）概念

讲授是"教师通过口头语言向学生描绘情境、叙述事实、解释概念、论证原理和阐明规律的教学方法。它是教师使用最早的、应用最广的教学方法，可用于传授新知识、巩固旧知识。其他教学方法的运用，几乎都需要同讲授结合进行。[②] 讲授是最传统也是最经典的教学方法，"无论教学理念、技术、手段、模式如何发展，老师讲授历史永远都是不可取代的基本常态，讲授历史的谋篇布局和遣词造句则是教师不可或缺的素养。在课堂环境下对往昔旧事的描述和透过历史烟云的感悟，首先要借助教师传神达意、饱含意蕴的文字和语言表达出

① 中华人民共和国教育部.义务教育历史课程标准（2022年版）[M].北京：北京师范大学出版社，2022：60.
② 中国大百科全书总编辑委员会.中国大百科全书·教育[M].北京：中国大百科全书出版社，1985：142—143.

来，它关乎课堂教学中学生对历史的'体验度'和'获得感'"。①

（二）分类

一般历史教学中常用的讲授法有讲述、讲解、讲读和讲演。讲述侧重事实和细节，讲解侧重理论和逻辑，讲演侧重技巧和方法，讲读在历史学科中运用较少。

从内容上看，历史课堂里主要有叙述史实、讲解试题、讲演知识框架与史学理论等。从课堂运用上看，有整节课主题式串讲；有临时点状式讲授。如何讲授这个章节研究的是教师"讲"的方式方法、技能技巧。解决什么时候讲授？怎样讲授？讲授什么才能回应素养教学等问题？能够灵活自如，根据教学内容、学生层次、教学环境选择适合的讲授技巧，是一线教师专业能力的重要体现。

二、历史课堂讲授的功能与价值

在新课标改革下，讲授的价值主要有以下两个。一个是"求通"，一个是"立德"。

"求通"主要体现在两方面，第一层是贯通，即学科知识点的逻辑贯通与纵横贯通，培养学生的时序思维和逻辑思维。通过讲授打通大到整个学科的、整本教材的、整个章节的，小到整个单元的、整节课的，不同知识点之间的逻辑关系和中外古今的纵横关系。新手教师很容易孤立地处理知识点，不懂得打通新旧知识之间的壁垒。有经验的老教师则相反，前后呼应、中外对比、古今对照不在话下。第二层是变通，即根据课堂上学生的反馈随时调整教学策略。讲授具有灵活性的特点，每一堂课都是独一无二的，学生已有的知识储备、学生的接受程度、学生对知识点的现场反馈都是不同的。教师应该根据学生的状态和需要调整教学策略，让课堂的"度、量、横"更加科学合理。所谓"度"，主要指难度。所谓"量"，主要是指教学的容量。所谓"横"，主要是学科素养、社会主义核心价值观的渗透程度，这些讲授的灵活技巧容易实现。

讲授的"立德"功能是指历史情感、历史价值观的渗透与树立亦在讲授中实现。教学本质上是人与人的交流互动，教师的声情并茂、慷慨激昂、真情流露是在讲授中潜移默化到学生的生命中的。"在历史教学中，只有思想而没有激情，思想的深刻便难以获得淋漓尽致的宣泄。情，是教师在与历史对话中强烈的内心感受，是唤起教师教学创作的内驱力量，也是教师拨动学生心弦的艺术技巧。"②没有情感和价值观的历史课堂，是苍白无趣的，是没有生命力的。

三、以核心素养为目标的课堂讲授原则与技巧

历史学科六大核心素养是个系统工程，并非孤立存在，妄想每一次讲授只培养一个素养是不切实际的。比如，进行大时序、揭示规律的讲授，必然有唯物史观方法论的运用，有史料

---

① 李惠军.呈现魅力与教学张力（一）——历史老师的创意格局与创作格调[J].历史教学问题,2016(02):123—126,132.
② 李惠军.呈现魅力与教学张力（二）——在亦文亦史的激扬文字中穿越[J].历史教学问题,2016(03):120—123.

实证的求索,有对史实的历史理解,最后得到历史解释与价值判断。因此,下文撇开具体的核心素养名称,从讲授时机、技巧方面来阐述。

（一）讲授贵"达",讲授要抓住最佳时机

"达"本是翻译界的一个金标准,是指翻译者能够保持原意的通顺。用在讲授技巧上,是指为了达到教学目标,我们要把握的最佳讲授时机。把握住这个最佳时机,则教学过程可流畅,教学目的可达到,并且事半功倍!

第一,什么时候是讲授的最佳时机? 古代的教师不会一上来就讲授,学生先诵书,先生才讲书。伟大的教育家孔子说过:不愤不启,不悱不发。由此可知,古人于学生思维上有疑难、情感上有触动的时候才讲授。学生一旦达到这个火候,老师应该第一时间抓住,变成很好的教育契机,转化为一个锻炼学生思维能力、扩展学生知识面的好机会。

第二,除了在学生存疑处、情动处讲授,还可以在学生不知其有疑处讲授。教师在讲授前可以先提供"先行组织者"作为引子,在学生学完这个引子之后再讲授。教师的作用是帮助学生系统地自觉地学习。比如2019年全国卷Ⅰ的25题,题目如下:

汉武帝时,朝廷制作出许多一尺见方的白鹿皮,称为"皮币",定价为40万钱一张。诸侯王参加献礼时,必须购皮币用来置放礼物,而当时一个"千户侯"一年的租税收入约为20万钱。朝廷这种做法（C）

A. 加强了货币管理　　B. 确立了思想上的统一
C. 削弱了诸侯实力　　D. 实现了对地方的控制

这道高考题事实上就是"先行组织者"。教育心理学认为,当我们要给学生讲授新知时,最好呈现一个能够帮助学生学习的材料,这个材料就被称为"先行组织者"。先行组织者可以是一段材料、一个情境,也可以是一道题。用一道典型试题来充当这个先行组织者,然后以这个为基础给学生讲授新知或外延。

这道题是典型的从经济史的角度考政治,体现了综合性和应用性价值。经济史是学生的弱项,也是教师的弱项。除了皮币,汉武帝还采取了一系列经济措施解决他面临的统治危机,如白金币、算缗令等,对重点知识的扩充、深挖,举一反三,做到广泛的迁移与深化,讲授必不可少。

（二）讲授贵"雅",讲授要力求深入浅出

"雅"指翻译要保持原著的美好神韵。把它类比历史讲授,是因为教师要有深入浅出的功夫,才能让学生更好地理解历史,体验历史学习之美。教师深入浅出的功夫,一是"讲道理",二是叙述历史。

在"讲道理"这一点上,我们不妨来看看功夫深厚的庄子是怎么做的。庄子讲了很多艰涩难懂的道理,他怎么把道理讲通呢? 他先讲一个寓言故事。他讲"无用之用,方是大用"的道理,先说他与弟子,见一株大树,枝繁叶茂,高高耸立,特别显眼。只见它:其粗百尺,其高

数千丈,直指云霄;其树冠宽如巨伞,能遮蔽十几亩地。于是庄子问伐木者:"请问师傅,如此好大木材,怎一直无人砍伐? 以至独独长了几千年?"伐木者道:"这何足为奇? 此树是一种不中用的木材。用来作舟船,则沉于水;用来作棺材,则很快腐烂;用来作器具,则容易毁坏;用来作门窗,则脂液不干;用来作柱子,则易受虫蚀,此乃不成材之木。不材之木也,无所可用,故能有如此之寿。"寓言讲完,道理也讲明了。

儒家是讲道理的高手,但老庄才是深入浅出讲道理的高手。

在历史叙述中,教师要善于讲细节,讲案例,讲人的活动。叶小兵先生认为:忽略细节还不至于造成教学的失败。然而,注重细节,肯定有利于教师教学的成功。[①] 没有细节的历史是干瘪的,是索然无味的,也是"不可理解"的,当然达不到教学目标。

(三)讲授贵"通",要与史料教学相融通

新高考提倡"史料教学",这是没有问题的。史料教学体现了历史教学的学科特性和学科思维方法,新编历史选修里也加进了"史料研读"模块。但是,史料教学与讲授应该无痕对接,否则很容易造成历史课堂的割裂与浅薄。李惠军老师强烈呼吁教师们不要被"史料教学"的提法给绑架。"以前当我们在大学听大师讲课时,似乎感觉不到,在行云流水的历史叙事中哪个是史料,哪个是说明,哪个是评价,已经完完全全融为一体。当老师解释孔子核心思想时,到那个时机,到那个节点,'一日克己复礼,天下归个仁焉'解释和评价游刃有余,完全是一体。我可以不思考这个问题,你们有没有这样的共鸣:我们将被新的理念再次绑架?"[②]"有一分材料说一分话",而讲授应该让史料"深度说话"。如有教师在讲古代的小农经济时,从"大国小农"着眼,呈现了如下史料。

案例:大国小农[③]

材料一 "农伤则国贫。"——《汉书·食货志》

材料二 "国之所以兴者,农战也。"——《商君书·农战篇》

材料三 "民农则朴,朴则易用,易用则边境安,主位尊。"——《吕氏春秋·上农》

提问:大国为何要保小农?

三段史料虽然都短小精悍,但是教师通过对材料的讲解,很快引导学生得出了三点结论:(1)小农经济是国家的经济基础和财政来源。(2)小农经济是战争时期士兵和粮食的主要来源。(3)小农经济有利于稳定封建国家的统治秩序。环环相扣,回答了大国保小农的深层原因。

① 叶小兵.细节的重要[J].历史教学(中学版),2005(09):167.
② 李惠军.多一点矜持,少一点浮躁[J].中学历史教学参考,2016(09):21—23.
③ 陈杰.来自课堂的追问:高中历史教学札记[M].杭州:浙江工商大学出版社,2018:112—113.

（四）讲授贵"曲"，讲授要与诘问相结合

人贵直，文贵曲，其实讲授也贵曲！讲授要配合教师灵活有效地"诘问"才能收到更好的效果。讲授不适合一讲到底，单兵独战。讲授欠缺直观性的特点意味着它抓住学生的注意力的效果是有限的。而问题可以抓住学生的注意力，让学生动时如脱兔积极参与，静时如处子沉潜思考。讲授语言逻辑性的特点意味着要完整严密地呈现讲授的内容，用问题带动思路、用问题贯通主题必不可少。

好的讲授一定有好问题，善于讲授的教师也要善问，善于把握节奏，问学生，问自己，设问、反问或自问自答。通过问题，突出重点、难点内容，梳理逻辑关系网络，激活学生思维，调动学生情感。让学生不知不觉就享受了一场精神盛宴。

案例：兴盛与危机——明清经济面面观①

教师讲述：徐霞客家族本是江南世家大族，高祖徐经的科场案变故，使徐家备受打击，徐霞客的父辈已经开始绝迹科场，可算是"家道中落"。父亲死后，由他的母亲主持家务，带领婢女等不分昼夜地织布。母亲说：现如今织布去卖的很多，但我们家的由于质量高已经出名了。我们的布赛过了山东细绢和四川木棉布，在市场上有"素丝见名门"的美誉。由于母亲勤俭持家，徐家由此中兴。母亲还为他做了一个"远游冠"，鼓励儿子说："男人应该志在四方。"因此，我们现在才能看到他的游记。他游历祖国的大好河山三十余年，但是，临终前他却说："男子汉大丈夫还是得挣取功名啊！"长孙出生时，正好有五位翰林朋友同日来信，徐霞客因此给他取了小名叫"五翰"，并说："这个孩子一定能光大咱徐家的门楣！"

教师提问：

1. 徐霞客为何可以到处旅行三十余年？

2. 钱从哪来？不用科举吗？家里人支持吗？

3. 为何徐霞客后再无徐霞客？

正如徐赐成教授点评的：第一个问题，将一种历史现象和历史理解结合起来，把个人生活与时代发展大趋势结合起来，把学生的思维提高到一个有历史思维含量的层次上，然后又用后面几个问题将其具体化，构造了问题解决的途径，又从整体角度对问题进行分解，是对学生思维活动的指导和示范，更重要的是能将教科书知识运用到问题解决的讲解过程中。

（五）讲授贵"精"，讲授要与板书相结合

讲授应该配合板书或思维导图或结构化的知识框架这类可视化的材料。可视化材料对学生学习的意义在于：第一，向学生提供学习内容视觉通道的信息，加深学生的印象。第二，提供学习内容的要点和结构，帮助学生构建知识体系。第三，为记忆、保持、再现学习提供线

---

① 案例来源：深圳市罗湖外语学校卫然老师。

索。第四,为师生将注意集中于共同内容提供了现实载体。也就是说,学生课后"回放"一节课时,才能有据可依,才能前后呼应,才能深入思考。高中时期是意义学习的高峰阶段。教师应该最大限度地把核心知识整合起来,在此基础上进行讲授和点拨,才能达到最好的效果。而只有结构性的知识才能进行整合,才能成为有意义学习的素材和抓手。

在讲授明清经济和文化时,需要让学生认识到明清的治理困境是因为制度与经济基础的不协调而导致的必然结果,这种不协调不是暂时的,而是长期的。这就带来了很严重的后果,那就是新经济因素总也冲破不了传统的发展模式。无论是经济还是文化,都是既有发展又有局限,下层突变,上层袭常。经济已经往前,制度建设却还在后头,没有跟上来。因此有教师设计板书如下,配合讲授。

案例:《中外历史纲要(上)》第 15 课"明至清中叶的经济与文化"板书设计[①]

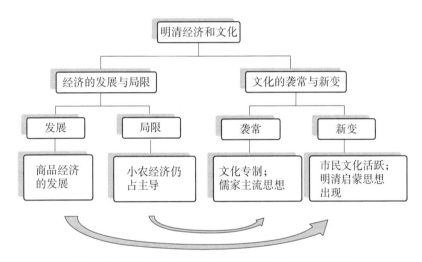

图 5-3 生产力与生产关系;经济基础与上层建筑的关系

四、实践中存在的问题

(一)轻视讲授作用

很多教师轻视讲授的作用。李晓风老师于 2019 年《历史教学》杂志在江苏溧阳举办的论坛上的发言指出:"课堂讲授具有一定的局限和不足……但讲授的重要作用是其他教学方式不能比拟和替代的。即使教科书再浅显,仍有很多内容学生认知不了,需要教师讲授帮助。长期学校教育经验证明,讲授一直是最有效、最准确、最经济的向学生传递知识的方式,也是知识信息量在传递过程中衰减最少的方式之一。"李惠军老师更是尖锐批评:在"高大上"理念和模式层出不穷面前教师如何在课堂上呈现历史的基本功,似乎成了羞于启齿的"小儿科"。丰富多彩、充满玄机、富含智慧的历史在照本宣科式的解读、思维导图式的建构、问题

---

① 案例来源:深圳市罗湖高级中学刘其妓老师。

驱动式的对话、材料敷衍式的探究、合作交流式的参与中变得苍白平庸和味同嚼蜡。[①]

讲授这个教师最核心的基本功之所以沦落到很多教师不以为意的地步，客观上看，无非是发现学习理论和学生自主学习理论的流行，提倡把课堂还给学生的呼声甚嚣尘上。要么挤压教师的讲授时间，以为教师少讲，学生才能多学。要么在评课比赛时，不问是否有需要，只要讲授过多必然受到批判。有些学校甚至用行政命令提出口号："把课堂还给学生"，或是"好老师讲课不超过 20 分钟！"填鸭式的讲授确实该批判，可是如果因此把讲授也打入"冷宫"，就非常不合适了。

（二）讲授过于随意

有的教师重视讲授的价值，也经常运用讲授的教学方式，但实际操作中，往往由于没有做好充分的准备，而使课堂状况百出。讲授要发挥好的教学效果，需要做好充分的准备，否则，很容易落入随意、凌乱、低效的境地。一般而言，讲授要做好以下几项准备工作：

第一，打通讲授内容的逻辑链条，保证自己在讲的时候思路清晰。只有自己思路清晰，才不至于在讲授的过程中出现混乱、跳跃。很多失败的讲授都是因为教师自己"断片"造成的。断片容易自乱阵脚，反而越讲越没底气，越讲越乱，恶性循环。

第二，反复核实内容的细节和数据，保证细节和数据的真实性、科学性。历史是讲求证据的，教师的讲授虽然没有落在白纸黑字上，但也要认真对待。这是一种科学精神。当下，很多教师的课为了吸引学生的兴趣，讲授时会注重幽默风趣，甚至会插科打诨。这种想法是好的，但趣味性应该以科学性、严谨性为前提。

（三）过度依赖讲授

重视讲授没有错，但"满堂灌""一讲到底"不可取。讲授作为一种教学方法，有效与否取决于学生学习的效果。我们来看一个图，什么情况下，学生学习效果最好。

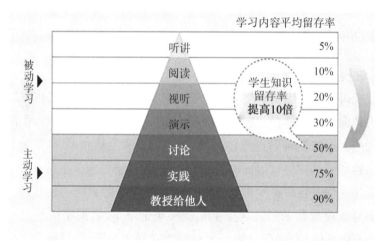

图 5-4　学习金字塔

---

① 李惠军.呈现魅力与教学张力（一）——历史老师的创意格局与创作格调[J].历史教学问题,2016(02):123—126,132.

从知识的留存率来看,讲授是最低效的方式。为什么讲授效率如此低呢? 原因就是过度依赖讲授,把讲授当作单纯的、唯一的教学方法来传播知识,以为讲授可以"包治百病"。讲授只有结合其他教学手段才能达到好的教学效果。

总之,课堂讲授具有其不可或缺、不可替代、不容争辩的意义和价值,尽管历史教学实践中的课堂讲授存在各种各样的问题和不足,那都可以说是讲授者操作方面的问题,而不是讲授法本身的问题。[①]

---

① 徐赐成.历史课堂教学的关键在于述诘融合[J].中学历史教学,2019(09):12—14.

第六章
历史课堂活动的组织

一方面史学通俗读物非常畅销,大多数人都认为历史很有意思;另一方面,很多学生并不喜欢历史课,更是给历史课取名"背多分"。这样巨大的反差无疑折射了中学历史教学的困境。究其原因,历史是过去发生的事情,一经发生便不可逆转地走向消亡,一切被我们认识和接受的历史,都是借助历史遗留下来的痕迹,按照一定的研究方法重建的历史,它因为细节的丰富和过程的曲折而充满着魅力。然而,很多时候教师一讲到底的教学方式难以避免地以告诉代替感知,以结果代替过程,让本就对学生来说遥远而陌生的过去,变得冰冷和扁平,失去历史应有的温度与魅力。马克思讲:"历史什么事情也没有做,创造这一切,拥有这一切并为这一切而奋斗的,正是人,现实的、活生生的人。"[①]因此,历史课堂需要留给学生感知和探索的空间,让学生在课堂学习活动中与过去的人进行思维的"对话",去认识和理解历史细节的错综复杂、历史人物的所思所想、历史结局的因果逻辑,从而达成对过去的同情与理解。

如若想要通过课堂学习活动,达成学生对过去的同情与理解,就需要构筑一种学习关系,即学生在相互交往中形成协作探究、共同成长的关系,而能够触发与支持这一关系的人就是教师。因此,教师作为课堂学习活动的设计者、指导者和对话者,应该宏观考虑学习共同体成员的认知水平、生活经验、思维特点和学习需求等多重因素,对活动所需的历史素材进行精心的选择和整合,设计富有情境感和参与性的学习活动,引导学生在具体的活动情境中认识和理解过去,形成和发展历史思维能力,培养历史学科素养。

《普通高中历史课程标准(2017 年版 2020 年修订)》和《义务教育历史课程标准(2022 年版)》的颁布,让教师对不同学段学生在历史学习中应获得的正确价值观、必备品格和关键能力,有了更明确的指向,即历史核心素养。因此,教师应从发展学生历史核心素养的角度制定教学目标,将培育学生历史核心素养作为教学活动的出发点和落脚点。这就要求教师在设计和组织学生课堂学习活动时将核心素养的要素渗透到学生课堂学习活动的过程中,让学生在思考和探究的过程中,感悟和认识历史核心素养。也要求教师在点评和总结时对核心素养进行提炼和升华,引导学生在参与和表达的过程中,深化对相关素养的认识和理解。

历史课堂活动的组织既需要有科学的考量,也需要有艺术的应对。科学的考量即教师

① 马克思,恩格斯.马克思恩格斯选集(第2卷)[M].北京:人民出版社,1995:118—119.

要考虑教育的基本规律、学生学习状态和需求、学科教学特点及要求等多方面因素,进行科学且符合实际的设计与实施。艺术的应对即教师充分发挥教学艺术,对学生活动进行生动的设计、有效的指导,面对可能出现的课堂生成,进行恰当的引导和点评,推动问题的深入。

第一节 如何组织课堂学习活动

广义的课堂学习活动是指教师、学生为达到教学目标而开展的所有活动的总称,包括复习旧课、导入新课、讲解、问答、练习、总结等教学环节,是较为宽泛的概念范畴;狭义的课堂学习活动是指为达到教学目标,由教师设计并在课堂上组织实施,师生共同参与、有特定内容和形式的实践活动。本节主要介绍狭义的课堂学习活动如何组织和开展,从而激发学生的主动性和创造性,推动课堂教学效果和学生能力素养的提升。

要实现历史课程育人方式的变革,很重要的方面是改变以教师传授知识为主的教学方式,突出学生在教学中的主体地位,组织以学生为主体、以师生互动和生生互动为特征、以探究历史问题为目的的教学活动。在活动中,学生亲身参与实践,表达自己的观点,交流不同的看法,吸纳合理的意见,完善自己的认识。教师要及时引导学生进行概括总结,达成共识。教学活动的类型应丰富多样,开展课堂讨论,组织辩论会,编演历史剧,举办故事会、诗歌朗诵会、成语比赛、讲座、专题论坛、读书交流会、学习经验交流会等,进行历史方面的社会调查,采访历史见证人,参观博物馆、纪念馆及爱国主义教育基地,考察历史遗址和遗迹,观看并讨论历史题材的影视作品,制作历史文物模型,撰写历史小论文,编写家庭简史、社区简史和历史人物小传,编辑历史题材的板报、通讯等,举办小型历史专题展览,设计历史学习园地的网页,等等。[①] 本节主要介绍如何组织和开展课堂学习活动,从而激发学生的主动性和创造性,实现育人方式变革,推动课堂教学效果和学生能力素养提升。

一、课堂学习活动的功能与作用

(一)活跃课堂氛围,强化学习动机

课堂学习活动的组织可以改变教师一讲到底的状况,让学生充分参与到课堂学习的过程中来,实现师生之间、生生之间的对话和交流,有效激发学生的探究热情,活跃课堂氛围。学生在课堂学习活动中,借助历史材料,思考和探究过去发生的事情,既可以丰富学生对历史的认识和理解,又可以使学生感受到自主探究获得知识的成就感,充分调动学生的学习主动性,强化学习动机。

(二)搭建学习平台,探索方法路径

个体的认识和经验常常会受到局限,课堂学习活动将课堂中的个体组成了一个学习的

---

① 中华人民共和国教育部.义务教育历史课程标准(2022年版)[M].北京:北京师范大学出版社,2022:60.

共同体，搭建了个体之间相互对话交流、合作探究的学习平台。学生在课堂学习活动构建的学习平台中思维碰撞、智慧共享，找到解决问题的方法，并反思问题和总结经验，从而在学习活动中培育学生乐学善学的学习素养。

（三）激发思维潜能，推动学习深入

过去发生的事情，一经发生便不可再现，我们所认识的历史，都是借助历史遗留的信息重建的历史。同一历史事件可能会有不同的阐释，而学生在探究历史事件的过程中，也会根据自我认识的重构形成不同的看法。课堂学习活动有助于学生在探究中形成和表达自己的观点，并在与同伴的差异中倾听、理解、批判、碰撞，不断激发思维潜能，推动历史认识和理解的进一步深化，并在过程中培育理性思维、批判质疑和勇于探究的科学精神，进而将学习引入探究发现的深度学习阶段。

如在学习世界现代史过程中，可以让学生举办辩论会，如围绕"人类能否有效避免世界大战的爆发""世界多极化的走向""经济全球化的利与弊"等辩题展开辩论，阐述自己的观点，与不同的观点交锋，提高对历史和现实问题的认识水平。[①]

（四）达成学习目标，培养核心素养

学习目标的达成和核心素养的培养都需要在具体的教学实践过程中完成。课堂学习活动的情境性、参与性和互动性，让学习目标的达成和核心素养的培养有了情境化、动态化的依托。学生在探究问题和解决问题的过程中达成学习目标，在课堂学习活动构筑的情境中认识和理解历史，潜移默化地培养了历史核心素养。

案例节录：在学生活动中培养核心素养[②]

在讲授甲午中日战争时，为了引导学生在情境中感知和理解历史事件和人物选择，潜移默化培育历史解释和家国情怀等历史素养，教师借助视频和文字材料呈现了甲午海战的三个历史细节，并设计相关的学生活动。

细节一：奋勇报国的生死选择

（视频：2分18秒）定远舰被击穿舰艏，危难之际，致远舰冲在定远舰前面，以单薄装甲之舰躯，承受着日舰如雨的炮火，致远舰管带邓世昌命令致远舰快速撞向日军主力吉野舰，试图以重创的舰体寻求最后的战功，全舰官兵英勇牺牲。——《北洋海军兴亡史》（纪录片）

细节二：置生死于度外的命令执行

（视频：2分7秒）日军的火药点燃了来远舰上一切可以燃烧的物质，大火扑向轮机舱，舱内温度上升到70摄氏度，来远舰的驾驶二副谢葆璋在轮机舱内下达命令，关闭舱内出入口，保障主机不被大火烧毁，保证战舰能继续航行。舱内忍受高

---

① 中华人民共和国教育部.义务教育历史课程标准（2022年版）[M].北京：北京师范大学出版社，2022：38—39.
② 案例来源：重庆市合川太和中学陈琳老师.

温的士兵们,始终在谢葆璋的口令下,奋力为战舰提供着动力。——《北洋海军兴亡史》(纪录片)

细节三:忠孝难两全的绝笔家书

(学生齐读)"大丈夫得死战场,幸事;而父亲大人年将古稀,若遭此事格外悲伤,儿固知之禅矣,但尽忠不能尽孝。"——经远舰驾驶二副陈京莹

以此三个历史细节为素材,模仿"感动中国"颁奖仪式,请学生为北洋爱国官兵写一份100字以内的颁奖词。

学生作品1:在他们心中,国为重,家为轻。他们用行为书写了一篇篇永垂史册的不屈史诗。为甲午战争涂上了一抹悲壮的色彩。甲午虽败,海魂永生;躯体虽殁,精神永存。

学生作品2:纵然对面船坚炮利,纵然知道有死无生,仍不改报国之志,残破舰身作刃,毅然死守黄海。一腔爱国热血,黄海水不能冷却。一颗赤胆丹心,硝烟不能掩盖。一代中华海魂,飘扬在国人心中,永不忘却。

教师用三段历史细节,引导学生走入历史情境,让学生感知在国家民族危难之际历史人物的生死选择。然而,教师并没有止步于学生的感性认识,而是通过书写颁奖词的活动设计,让学生沉下心来去感知人物的内心世界,理解和阐释人物的历史选择。在这个过程中史料实证、历史解释都变成了学生内化的思维过程,最终潜移默化推动着学生家国情怀的生成和深化。

二、课堂学习活动的原则

(一) 教师主导

教师是课堂学习活动的设计者、介入者和指导者,课堂学习活动目标的达成、学生课堂对话的实现,以及学生思维活动的推进都需要教师的介入、指导和调控。因此在课堂学习活动中应坚持教师主导原则,确保课堂学习活动的有序和高效。

(二) 学生主体

课堂学习活动归根结底要服务于学生的学,因此在课堂学习活动中要坚持学生主体原则。这就要求在活动设计阶段关注学生的学习动机、认识水平和思维潜能,设计符合学生实际情况的活动内容;要求在活动实施阶段时刻关注、指导和调控学生行为,鼓励学生积极参与到活动中去,并指导学生通过多种方式认识问题、解决问题,从而培养学生乐学善学、勤于反思的学习素养。

(三) 灵活多样

课堂学习活动是课堂个性化的体现,它是这个空间内教师和学生学习共同体根据其具体情况而展开的学习形式,因此课堂学习活动应坚持灵活多样的原则。教师可根据教学内

容、学生特点和教师风格等因素灵活选择课堂学习活动的方式，以便充分调动学生的学习热情、激发学生的思维潜能，从而让课堂学习活动发挥最大的效能。

案例节录：将抽象知识生活化的学生活动[①]

七年级"春秋时期的经济发展"这一子目讲道："春秋后期铁制农具和牛耕的出现，促进了农业上的深耕细作，并为开发山林、扩大耕地创造了条件。"一般情况下老师们会直接强调生产工具的演变促进了生产力的发展。教师为了形象地帮助学生理解这一抽象的概念，特别设计了以下学生活动：

邀请两位体型相近的男同学上台比赛，请他们在规定时间(10 s)内分别用具有尖角的硬石和铁制小勺子将盆中的土挖出，相同时间内挖出土量多者获胜，其余同学为这两位同学倒计时。最终，两位男同学将他们挖出来的土展示给其他同学看。然后，请两位男同学交换手中的工具，使用剩余的两盆新土，再次进行比赛。比赛结束后，同样是使用铁制勺子的男同学获胜。此时，教师分别对两位男同学进行采访："请两位同学说一说，使用两种工具的感受是什么？"两位同学均反馈：使用铁制工具更快、更省力，使用石块速度慢且十分费力。活动结束后，学生得出结论：铁制工具较有尖角的石块更省力、更快。

教师总结：比赛结果让大家认识到铁质工具的优势，因此，春秋时期铁质农具的使用，大大提高了社会生产力。由此可见，生产工具的革新促进了生产力的发展。

教师根据七年级学生认知水平和认知特点，灵活选择课堂学习方式，借助生动有趣的模拟活动，将抽象问题具体化、生活化，让学生在参与活动过程中，通过模拟耕地的活动，理解工具变革对生产力的推动。

为进一步发展学生核心素养，促进学生历史学习方式的转变，加强学生运用多学科知识与技能进行更贴近社会、贴近生活的综合探究的能力，初中历史课程标准还增加了跨学科主题学习活动，这些活动往往要求学生将所学的历史课程与其他课程的知识技能方法及课题研究等结合起来，围绕某一研究主题开展深入探究解决问题的综合实践，这种活动由于其形式多样、机动灵活的特点，对于提高学生学会学习、实践创新、责任担当的综合素养具有重要的作用。

（四）评价多维

课堂学习活动的评价既是对学生该阶段学习活动的总结和提升，也直接影响和指导着后续活动的设计和开展。因此，课堂学习活动评价具有多维性，尽可能从形式到内容立体呈现活动的面貌。首先，课堂学习活动的评价内容应该包括学生学习态度、学习参与程度、学习内容掌握程度、核心素养发展状况等多个方面。其次，在评价时既要关注结果，即活动目标是否实现、学生核心素养培养目标是否达成等，不同程度的学生应有与之程度相对应的评

---

① 案例来源：重庆市合川瑞山中学张燕老师。

价标准;同时也要关注过程,即学生在活动过程中的参与状态、学习过程表现和课堂生成等。此外,学习活动的评价方式上,除了教师评价,还可以采取学生自评、互评等多种方式,让学生在评价的过程中,重新思考、审视和修正自己原有的认识,促进认识的深化。

三、课堂学习活动的组织

(一) 课堂学习活动类型的选择

课堂学习活动发生在课堂教学流程的各个环节。课堂学习活动的选择因教学内容和学生学情等具体问题而灵活选择,教师要根据不同环节的教学目标,选择适宜学生的课堂学习活动,从而让活动产生最大的效能。

1. 主题导入环节的活动

主题导入环节的活动,对后续一系列的教学活动起到了铺垫和搭桥的作用。因此,学生活动设计需要有激发学生学习兴趣、引发学生思考和探究愿望或是搭建新旧知识链接等方面的考量。在这一环节中,教师可以选取角色扮演类、游戏类、影像类等互动性、体验性、趣味性较强的活动类型,调动学生的学习动机,增强学生探索后续学习内容的愿望和兴趣。

案例节录　历史情景剧激发学生学习兴趣[①]

教师在讲宋代的都市生活时,根据初中生的心理特点和认知水平,组织学生表演历史情景剧——《尹有才的东京之旅》。该剧通过尹有才去东京看姑妈在东京城的所见所闻,折射宋代城市在衣食住行、娱乐节庆等方面的社会生活面貌。教师借助情景剧激发学生学习兴趣后,又引导学生根据情景剧及材料分组探究:

问题1:为什么有才姑妈要给有才准备小袖狭身?(问题指向:宋朝服装受少数民族影响)

问题2:为什么有才姑妈给来自南方的有才准备了鱼?(问题指向:南北饮食差异及具体表现)

问题3:宋代都有哪些交通工具,为什么《清明上河图》中没有马?(问题指向:宋代交通发展状况及宋代国家特点)

问题4:有才参观的勾栏瓦舍是干什么的?说明了什么?(问题指向:宋代娱乐活动及社会生活的繁荣)

问题5:宋代都有哪些节日?和我们今天节日有怎样的关系?(问题指向:北宋节日及风俗)

学生讨论探究展示成果,教师补充并完善。

教师根据初中生的认知特点和认知水平,借助历史情景剧,带给了学生极强的参与感,让学生在情景剧营造的氛围中,进一步探究北宋社会生活面貌,并通过探究问题,构建了北

---

① 案例来源:湖南湘江新区教育局张波男老师。

宋社会生活的知识网格。这种寓教于乐的学习方式，充分调动了学生的学习动机，为后续的学习活动打下良好的基础。

2. 知识讲授环节的活动

新课程观念要求教师要将传统教学设计中基于知识授受的教学过程，转变为基于学生核心素养发展的教学过程。因此，在以学生为主体的课堂中，知识讲授环节不再是着眼于教师的"教"，而是一切教学活动都需服务于学生的"学"。教师需要根据学生学情和教学内容灵活地选择教学方式，对一些学生能够或是可能通过自学或合作学习解决的问题，教师应充分调动学生的学，让学生在自主探究的过程中获得基本的知识储备、认识知识之间的相互联系、感悟获取历史认识的路径和方法，从而发展历史核心素养。这一环节可以采用学生设计知识框架图、史料研习和翻转课堂等互动性、探究性较强的活动方式呈现，重点着眼于调动学生的积极性和创造性，让学生去发现知识、整合知识，并培养其乐学善学的学习品质，为获得进一步的历史思考和历史认识打下坚实基础。

案例：借助知识框架图让学生回忆、调动和整合知识[①]

在高三一轮复习讲授新航路开辟时，基于学生已经学习过这部分内容，教师课前将知识框架梳理的任务布置给学生，鼓励小组可以尽情发挥，用最贴合他们的理解方式呈现这部分内容，并请设计最有特点的两个小组上台展示。其中一个小组的课堂展示图及学生设计流程说明如下所示：

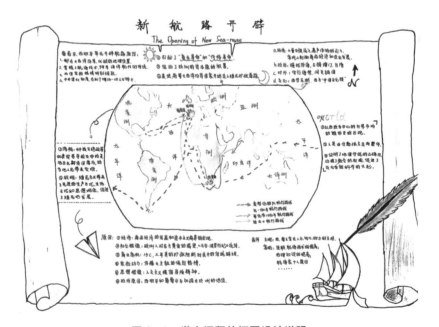

图6-1 学生阐释的框图设计说明

---

① 案例来源：重庆市合川龙市中学陆静老师。

第一步:讨论构思。每次设计框图,我们都会利用课间进行讨论。讨论在一张A4纸上如何构思?怎样才能将课本的重点内容以更加有趣的方式呈现?或者用怎样的方式才能契合主题内容?以《新航路开辟》为例,设计是从原因、条件、影响几部分内容出发的。羊皮卷为背景,则象征着人类文明的新征程;帆船、指南针等小插图象征着航海技术的进步;中心的大地图,象征着新航路开辟让世界连为一个紧密的整体。

第二步:绘画与填写知识要点。小组每个人都有板块分工,根据小组讨论的构思进行细化的设计和完善。当我们看到一张白纸在我们笔下有了颜色和故事,我们的喜悦和自豪是难以诉说的。

第三步:小组展示。历史老师会在课前挑选两个小组上台展示自己的设计思路,并与同学们分享。这个环节是我们认真完成作业的动力,也是最期待环节。我们希望得到老师和同学们的赞扬并学习其他小组的好的地方。

第四步:小组总结。每个组框图交换,总结出自己的不足,进一步修改完善,保存作为复习资料。

以上是我们设计框图的整个过程,因为这个过程既能够复习知识又带给我们很多乐趣,所以大家都愿意花时间用心去解读这些知识,并把这些知识用我们的理解呈现出来。

教师在一轮复习的知识讲授环节中,让学生通过建立知识框架图的方式,来回忆、调动和整合所学知识,用学生的学来代替教师的教,变学生被动地接受和背记为主动地理解和运用,既充分调动了学生的学习兴趣,提升了课堂学习效率,又潜移默化地培养了学生乐学善学、理性思维、勤于反思等学生发展素养品质。

3. 探究提升环节的活动

探究提升环节是在学生拥有一定知识储备的基础上,通过对重点问题的讲解、分析和探究,推动学生历史认识更进一步。想要让学生获得形象而深刻的认识,就要充分让学生在教师的指导下"动"起来,让学生主动探究、充分参与、表达观点、交流看法。这一环节的活动设计要求注重体验性、思想性、开放性,旨在让学生通过教师指导下的合作学习,推动学生探究知识背后的历史逻辑、历史认识和历史方法。教师可以根据教学内容和学生特点,灵活地选择讨论、辩论、史料研习等情境性、互动性、探究性较强的活动方式,调动学生的积极性,探究关键问题、获得历史认识、习得历史方法,并在过程中培养学生的科学精神,发展其勇于探究、理性思维和批判质疑的素养品质。

案例:课堂讨论推动历史认识深化[①]

教师在中国近代史教学内容完成后,以几代中国人救亡图存的探索和接力作

为主线,设置活动课"百年中国梦——近代人物救亡图存之我见",引导学生在几代中国人救亡图存探索的过程中理解中国近代历史发展的脉络。该活动课分为三个部分,用三个逐层递进的问题作为主线。

第一部分:知识梳理

问题:几代中国人都做了哪些救亡图存的探索,他们各自的进步性和局限性在哪里?

这部分旨在梳理知识线索,让学生回顾几代中国人救亡图存的历史史实,并认识其探索层次的递进性。

第二部分:主题讨论

问题:我们能否苛责这样的失败,失败的意义在哪里?

这部分教师呈现了李鸿章、康有为、孙中山对自身救亡图存探索局限的认识,让学生结合材料在讨论中去思考、理解和评判历史人物及其选择。

学生讨论摘录如下:

学生1:尽管改革以失败告终,但是他们每一个人都是在他们能力范围内用尽全力,只是因为他们自身的局限无法继续推进。这种失败本身就是一种进步,每次新旧力量的交锋都会渐渐瓦解旧的制度,没有这种经验的累积,就无法实现真的变革。

学生2:我们用结果来评判,他们都是失败者。但是我认为,他们的探索都是成功的,因为他们的探索都推动了当时中国的进步。

学生3:我不认同美化他们的失败,他们是因为自身局限导致了失败,说明他们并不能引导中国走上一条正确的道路。

学生4:我们后人看前人一步步发展的线索很清晰,可是改革者身处时代本身是难以知道下一步发展会怎样,在全力尝试的过程中,失败并非主观意愿,我们不能拿现有的眼光去苛责古人。

第三部分:延伸思考

问题:回望历史,中国救亡图存的路径何在?

这部分教师引导学生得出两方面的认识,一方面是知识维度,让学生在具体的救亡图存探索历程中,认识到无产阶级接过救亡图存的接力棒,社会主义才能救中国的历史因果,帮助学生在历史逻辑中认识历史选择。另一方面是价值维度,让学生理解一个时代有一个时代的使命,国家的富强离不开那个时代群体的努力,过去如此,今天亦然,从而培育学生的家国情怀。

历史中最活跃的因素是人,人创造并改变历史,唯有理解了历史中人的所思所想,所作所为,才能够真正理解历史。教师借助历史材料,帮助学生理解人物的"非不为也,而不能也"的时代局限,再通过学生讨论的方式给历史理解赋予了活的生命力,一方面,学生能够站在当时的时代背景下看待历史人物的活动;另一方面学生在讨论的过程中加深了对历史曲折性和复杂性的认识,也理解了正是新与旧的新陈代谢推动了历史的发展和进步。这些都是学生在讨论中表达观点、交流看法后所激发和形成的历史认识和思维能力,它要比教师的输出珍贵得多。

4. 总结归纳环节的活动

总结归纳环节,往往是学生对一节课所获得的历史知识、历史认识和感悟的总结、归纳和升华环节。因此,无论是选择静态活动,让学生在潜移默化中形成历史认识和历史理解,还是选择动态活动,让学生在情绪高潮中形成历史认识和历史理解,都需要在考虑活动设置的总结性中,引导学生对所获得的历史知识、历史认识和感悟进行整合和运用。这一环节建议选择文本写作、主旨演讲或学生讨论等情境性、互动性、启发性较强的活动方式,帮助学生整合历史知识和历史感悟,推动认识的深化。

拓展链接:常见课堂活动类型介绍

(1)角色扮演。通过运用虚拟的场景以及人物的表演,呈现历史活动和历史情节,让学生体验到历史的情境感。角色扮演有助于调动学生的学习积极性、发挥学生的想象力,让学生在情境中认识和理解历史。其步骤一般为:选择主题,确定基本构思,建立要模拟的历史情境→与学生讨论剧本和角色分配,并进行表演的相关准备工作→学生上台表演→教师根据学生表演情况设问、引导或总结。

(2)游戏法。结合历史学科特点设计竞赛类、体验类等游戏活动融入课堂教学。游戏法有助于激发学生学习兴趣,增进学生的情感体验,让学生在轻松愉悦的氛围中获取和理解知识。其一般步骤为:结合教学主题,设计游戏→学生参与游戏→教师根据学生游戏情况进行设问、引导或总结。

(3)图示法。通过图表、示意图、文字提纲和知识树等形式构建知识框架,提炼文字信息,把复杂、抽象的知识变得更直观、具体。图示法使历史学科知识形象化、具体化和系列化,有助于学生理解和记忆。其步骤一般为:确定主题,学生讨论图示构思→学生分工完成知识梳理、图画绘制、内容填写等工作→学生展示交流、补充完善图示→教师点评和总结。

(4)史料研习。根据教学内容,选择典型、可信、有价值、有说服力的史料,组织学生进行研习。在开展史料研习时,指导学生在整理和辨析不同视角、立场史料的基础上,基于史料对历史作出更为丰富的历史解释,从而提高学生辨析和运用史料的思维能力,培养有几份证据说几分话的思维品质。其步骤一般为:确定研习主题,教师精选不同类型、视角和立场的史料→根据史料设计研习问题,布置不同程度的研习任务→学生合作研习,教师在过程中提供指导和帮助→学生展示研习成果,并在交流中修正和完善→教师进行点评和总结。

(5)讨论法。教师根据某一历史问题,组织和引导学生以全班或小组的形式进行探讨,发表见解,相互启发。讨论法能够充分调动学生的积极性,让学生在辩证与分析中获取知识,形成历史认识,有助于培养学生的语言表达能力、逻辑思维能力。其步骤一般为:确定讨论主题,布置讨论任务→学生讨论,教师在过程中点拨、指导→学生展示讨论结果→教师对学生讨论结果进行点评和总结。

（6）辩论法。辩论是事先预设一个问题的两种相反观点,组织学生展开辩论。辩论法能够充分调动学生的积极性,让学生在辩论中主动搜集、调动和整合历史信息,并深化对历史问题的认识和理解,有助于学生逻辑思维能力和语言表达能力的培养。其步骤一般为:将学生分为正方、反方和评论方→学生根据所处立场准备辩论发言→正反方代表发言,进而展开辩论,然后各方做总结发言→评论方对双方提问和发表见解→教师推进或总结。

（7）主题探究。引导学生围绕一定的历史主题,对历史事件或历史人物进行探究式学习。主题探究式活动有助于激发学生的学习兴趣,让学生在探究交流的过程中主动获取历史知识、形成历史认识,掌握历史的思维方法。其步骤一般为:确定探究主题、设计探究问题→教师布置活动任务,提供探究材料和方法指导→以小组为单位开展探究,教师点拨、指导→小组间交流展示探究成果,修正或完善认识→教师点评、总结或升华。

（8）文本写作。引导学生将历史信息加工和转化为历史评论、书信、新闻报道、颁奖词等文本形式,加深学生对历史事件和历史人物的认识和理解。文本写作要求学生调动和运用历史信息,将零散的思考和认识整合成相对系统的文字表述,有助于提高学生历史知识的分析运用能力、文字表达能力,培养学生史料实证、历史解释素养。其步骤一般为:根据活动主题,确定文本类型→教师创设文本写作情境,提供必要的写作素材→学生根据要求进行文本写作,教师在过程中点拨、指导→学生展示交流文本作品→教师进行点评和总结。

(二) 课堂学习活动的设计与指导

课堂学习活动的顺利开展,既离不开教师在课前设计阶段的精心准备,也离不开教师和学生在活动实施阶段的相互交流、促进。课堂学习活动因活动类型的不同往往在设计和实施中会呈现一些差异和特点,但也会有一定的共性要素和操作范式。课堂活动的设计和实施的共性要素和操作方式,可以从以下几个方面入手。

1. 课堂学习活动设计阶段

课堂学习活动设计既要避免只着眼于教学内容的设计,忽视了学生自身的学习体验,也要避免过于关注活动形式,淡化或忽略了教学的实质内容。因此,课堂学习活动设计要从宏观和微观两方面着手,寻求教学内容与学生体验的平衡,追求内容与形式的统一、恰适,促进教学目标的达成。

（1）宏观:以目标为导向、问题为引领,注重活动主体架构。

教师设计课堂学习活动是为了促成教学目标的达成,因此,课堂学习活动的设计要以目标为导向,思考这个活动是要达成怎样的教学目标,通过什么方法和策略来达成预设的教学目标,如何检测教学目标的达成情况和学生核心素养的发展情况等问题。

教学目标宏观指导着活动设计,决定着活动设计的主架构。然而,目标落实需要具体的载体。将一个或多个问题作为目标达成载体,一方面可以将宏观目标具体化,避免教学活动设计的随意性;另一方面可以克服教师讲授的局限,让学生在运用历史材料探究问题的过程中,调动已有认知,解决问题,并形成新认识。活动设计要以问题为引领,并将问题的解决与学生核心素养的发展建立联系。如果是多个问题,问题之间要相互关联,既可以是对主题分解式问题分解教学目标,也可以是递进式问题逐步达成教学目标,还可以二者兼而有之。

(2)微观:创设活动情境,以任务为驱动,关注学生学习体验。

教师以目标为导向、问题为引领,宏观塑造了课堂学习活动的认知骨架。然而,如何让课堂学习活动发挥更大的效能,促成教学目标的达成,教师还需要关注学生学习体验,从微观上丰富课堂学习活动的"血肉"。教师应该根据学生的学习需求和认知特点,借助多种教学资源,创设有助于学生认识和理解历史的活动情境,并将问题置于具体的活动情境之中。对于学生探究和解决有一定难度的问题,教师可以将问题分解为学生可操作的任务。在任务的驱动下,引导学生借助已有的经验解决未知的问题,真正让学生参与到活动中去探究问题、解决问题,并感受到学习的快乐和成就。

2. 课堂学习活动实施阶段

(1)教师提供学习资源,布置活动任务;学生明确活动任务,确定探究思路。

为了保证课堂学习活动的顺利实施,首先,教师要借助多种学习资源,创设具备历史细节和历史思考的活动情境,让学生在情境中认识和理解过去的人和事,搭建探究问题的知识框架和思维框架。紧接着,教师进一步阐释主题,布置活动任务。学生在对所探究问题有一定资源储备的基础上,思考和理解教师对活动主题的阐释,明确活动任务,知晓探究问题的基本方向。

(2)学生交流探究,形成初步认识;教师介入指导,关注和把控活动过程。

学生在明确任务后,进入交流探究环节。学生通过自主学习或合作学习的方式完成活动任务,在活动过程中思考、探究或者与其他人进行交流和对话,逐步形成自己的认识。教师要参与到学生活动的过程中:一方面对学生存在的问题进行释疑解惑,指导学生运用学习资源和已有经验,解决新的问题;另一方面对学生的思考和生成,进行点拨和指导,鼓励学生进一步探究。此外,教师也要宏观把控活动过程:一方面关注学生的参与面和参与度,重视学生的体验和感悟,让不同层次的学生都能够有所收获;另一方面观察和分析学生的学习行为和学习效果,为活动进一步开展和日后调整提供依据。

(3)学生展示、修正和完善认识;教师点评提升,推动认识深化。

学生形成初步认识后,在课堂上呈现和展示自己或小组对该问题的思考和看法,学生在相互之间的倾听、交流和碰撞之中,修正和完善原有认识。教师根据学生展示情况,对学生观点和活动情况进行恰当的点评,推动其认识的发展和深化。

四、实践中常见的问题

（一）活动目标不明确,准备不充分、过程随意性强

一些教师在设计学习活动时活动目标不明确,准备不充分,或是在没有准备的情况下即兴活动。教师既没有对活动主题和活动任务精心设计,也没有给学生提供完成任务的相关素材,导致活动过程随意性较强,不能够有效发挥课堂学习活动的功能和作用。

解决策略:明确活动目标,细化活动准备,预设活动过程

活动目标是活动的灵魂,也是检验活动效果的直接依据,没有目标的活动是盲目的,偏离目标的活动是低效的。课堂活动的设计和实施都应该在目标的导向和调控下完成。在活动设计中,宏观上教师要明确活动目标,并以目标为导向设计活动问题。微观上教师要细化活动准备,预设活动过程。例如,精选和整合解决问题的资料素材,在恰当的环节提供给学生;预设学生活动过程和可能存在的问题,在关键环节进行点评和指导或提供解决问题的助学方案。

（二）活动方式表面化,缺少学生思维活动

在日常教学中,一些教学活动只注重学生的肢体和行为活动,追求表面的热闹与活跃,忽略学生的思维活动,使学生活动趋于形式化、低效化。这是因为有的教师设置活动时,忽略了活动的目标和本质,为了活动而活动,缺少活动过程中对学生思维和方法的引领。

案例节录:流于形式的学生活动

某教师讲"中国早期人类的代表——北京人"一课,为了增强学生的情境感和参与度,上课时就让学生穿上提前准备的仿兽皮衣服,拿着道具,根据教材提示模仿北京人的生活场景,归纳总结教材知识点,没有进一步的设问和探究。

这样的课堂活动固然会让学生有较强的情境感和参与度,但教师没有利用活动营造的情境感进一步引发学生探究,让学生去思考和理解我们的祖先为什么这样穿着与生活。看似热闹活跃的课堂活动,并没有帮助学生在思维上与过去对话,达成对历史的认识和理解。

解决策略:精选活动方式,注重思维活动

课堂活动改变了传统的教师一讲到底的课堂教学方式,学生由接受性学习向发现式学习转化,在课堂活动的过程中,探究问题、碰撞思维、深化认识。因此,课堂活动不能只是关注形式上的活跃热闹,更应关注学生的思维活动,让学习真实发生。这就要求教师要根据活动主题和活动目标精选活动方式,让学生在适宜的活动方式中调动学习热情,激发思维潜能,促进认识深化。在确定活动方式后,教师还应在关键处设计有启发性的问题,进行以下三个方面的预设:①预设学生对该问

题的认识和理解,并提供相应点拨和指导。②预设学生生成的实现途径,鼓励学生探索生成。③预设学生可能遇到的问题,并提供助学方案。有了教师精心的设计、预设和指导,课堂学习活动就能够避免陷入形式主义的误区,让学生在认识和解决问题的过程中,推动思维的发展和深化。

(三) 知识灌输痕迹明显,活动的开放性不足

教师组织课堂学习活动,是为了让学生在学习活动的思维碰撞中,有更多新的认识和思考,推动学习的进一步深化。然而,在实际教学中,有的教师设计的学习活动,仍着眼于强化基础知识,缺少开放性的探究活动,不能有效推动学生学习的进一步深化。例如,有的教师以学生小组合作的方式完成基础知识梳理,并未在完成知识梳理的基础上设计进一步的探究活动,这样的小组合作,是变相地进行知识强化,没有推动学生学习的进一步深入。

解决策略:调整活动方案,设置开放性探究

课堂学习活动的目的不仅在于让学生掌握结论性知识,更在于让学生通过多种形式的探究活动,激发兴趣、碰撞思维,体验和探索认识的形成过程,从而获取知识和观点。因此,课堂学习活动不是以问题为起点,以结论为终点的封闭式过程,而是以问题为中心,强调学生主动探究,关注学生学习体验的开放式过程。教师需要调整活动方案,设置开放性探究。例如,重视对材料的开发和运用,为学生开展探究活动提供尽可能多的学习资源;在易激发兴趣和碰撞思维的关键点设置开放性问题,充分调动学生主动探究的愿望;关注学生的探究过程和学习体验,注重对学生的启发和指导,促进探究活动高效地开展。

第二节 如何协调课堂预设与生成

预设是教师对教学目标、教学过程和教学活动的整体规划和设想,是教师教学意图的集中体现,而生成则是学生对教师教学内容的理解、转化和重构,是学生对教师意图的个性化改造。课堂教学既需要教师充分的预设,也需要学生多元的生成,从而达到预设与生成的动态平衡。

一、预设与生成的辩证关系

(一) 预设是生成的前提和基础

预设是教师对课堂的整体性规划,直接影响着课堂生成的内容和效果。教师既要在课前对所要达到的教学目标和实现路径作出设计和规划,又要考虑学生在课堂上可能出现的困惑和生成的问题,并设计应对方案。教师只有精心预设,对教学中变与不变的因素做到心中有数,才能游刃有余地开展课堂教学,鼓励和应对各种生成性资源。因此,预设是生成的前提和基础,教师预设越充分,生成的质量就越高,教学意图的实现也就越充分。

（二）生成是预设的发展和升华

在实际教学中,学生并不是完全按照教师的预设全盘吸收教师呈现的历史信息和思维方式,而是根据自身生活经验、知识储备和认知水平对教师教授内容进行理解、转化和重构,实现对教师预设个性化的生成。这些课堂生成的出现,既丰富了教师的教学预设,成就了课堂无法预约的精彩,也为师生共同探究历史问题提供了契机和可能,因此,生成是预设的发展和升华,生成打破了预设的计划性和封闭性,为课堂提供了师生共同参与和探究的空间,激发了学生的思维潜能,使课堂焕发出思维的生命力。

（三）预设与生成是辩证统一的

余文森教授讲:"预设重视和追求的是显性的、结果性的、共性的、可预知的目标。""生成重视和追求的是隐形的、过程性的、个性的、不可预知的目标。"[1]预设与生成看似是矛盾对立的,但事实上二者正是在矛盾中共融共生,没有预设的生成是盲目的,没有生成的预设是缺乏生命力的,充分的预设与开放的生成形成合力,共同推动着教学活动的发展和深化。

案例节录:预设与生成形成合力的课堂[2]

教师在工业革命的教学中,设置讨论环节,引发学生探讨工业革命的影响。教师进行了两个方面的预设:第一,希望学生达成的目标,即学生能够在教师对工业革命讲解的基础上联系现实生活,思考工业革命带给社会生活和思想观念的变化,基于此教师还准备了一些思考角度启发学生探讨;第二,面对学生可能会谈到的角度,教师如何点评和应对。

生1:这是一个集体主义的时代,每个人需要团结合作来适应机器劳动,因此集体主义就显得非常重要,团队协作不断推动着时代的进步。

教师:说得很好,机器似乎成为一种纽带把人与社会紧密地联系在了一起,在工业时代,我们需要彼此的配合和交往,才能过更好的生活,所以说这是一个集体主义的时代是很贴切的。不过,这仅仅只是一个彰显集体主义的时代吗? 我们想一想,随着生产力的提高,我们是否也有了更多选择和活动的空间,这是否也应该是一个尊重个体、彰显个性的时代呢?

生2:这是一个技术至上的时代,技术给我们的生活带来了很多的改变,让我们可以生活得更好。可是技术也给我们带来了很多问题,比如我看过海德格尔的书,他就提到了技术发明对自然环境的破坏,技术无限制地扩张可能会给地球造成毁灭性的打击。所以我认为这是一个技术至上、金钱至上的时代,人们为了利益可以不惜以环境和道德作为代价。

生3:尽管工业革命给我们带来了很多问题,比如环境污染、道德缺失等,但是工业革命也让很多原来不可能的事情变成了可能,比如刚刚老师提到的一些思维

---

① 余文森.课堂预设与生成的关系[N].中国教育报,2012-12-20.
② 案例来源:重庆市教育科学研究院刘雅雯老师。

方式的突破。我们每个人也在这个不断变化的时代中拥有更多发展的机会，所以我认为这是一个充满机遇的时代，只要你努力，就可以实现你自己的想法。

生4：这是一个让人相信明天会更好的时代，农业时代下人们重复着祖辈日复一日的生活，只是机械的轮回，而工业革命却带给人巨大的希望，人可以凭借自己的智慧创造你能够想象的生活，所以是一个让人们充满希望、相信明天会更好的时代。

教师：大家说得都很精彩，是工业革命让一些不可能成为可能，极大地扩展了我们的生活空间和视野，也给我们带来了前所未有的机遇和挑战。

讨论环节中，教师充分的预设为学生打开思路、积极发言提供了基础，学生特色鲜明的发言，成就了课堂无法预约的精彩。在这样的讨论中，预设与生成形成合力，教师与学生共同讨论和碰撞，过去与现实互惠地照亮着对方，工业革命对学生来讲不再是遥远而陌生的过去，而是我们正在经历的现实。

二、如何进行教学预设

预设是教师在钻研课程标准、教材和学情的基础上，对教学目标、教学过程和教学活动的整体性规划和设想。要将传统教学设计中基于知识传授的教学过程，转变为基于学生核心素养发展的教学过程，这就不仅要考虑到教学内容的逻辑、教学过程的环节以及学生的认知特点等，更重要的是在教学理念上要以学生的学习与发展为教学的本位、重点，注重学生的自主探究活动，调动和发挥学生历史学习的积极性、主动性和创造性。[①] 这就意味着对于教师而言，课堂的不确定性明显增加，因此保持足够开放性的课堂的预设就显得尤为重要。凡事预则立，不预则废，良好的预设是一节好课的基础。如何进行教学预设需要从以下几个方面考虑。

（一）预设目标清晰明确

目标是教学活动的灵魂，任何教学活动都离不开目标的指导和统摄。因此，教师应该在钻研课程标准、教材和学生学情的基础上，从发展学生核心素养的角度制定教学目标，并对其有较为清晰明确的预设。然而，在实际教学中存在诸多不确定因素，因此教师还需要预设学生可能达到的程度，并基于教师教学目标和学生完成程度的差距，预设助学方案，以引导学生实现教师预定的教学目标。

案例节录：抗日战争教学活动预设[②]

活动主题：我是外交发言人

活动任务：针对日本政府参拜靖国神社的行为，你作为外交部发言人，会如何

---

① 中华人民共和国教育部. 义务教育历史课程标准(2022年版)[M]. 北京：北京师范大学出版社,2022:58.
② 案例来源：重庆市合川太和中学孔金珍、王媛媛老师。

回应？

活动目标：引导学生升华"不忘历史，珍爱和平"的理性爱国情怀，培育史料实证、历史解释和家国情怀等历史核心素养。

活动要求：①内容：列举相关史实证明你的态度，对日本政府进行忠告。②角色：请注意"外交发言人"的身份。③形式：以小组为单位进行，每组选取记录人、发言人各一名，并形成发言稿。

学生预测：①能列举出日本的侵华史实，并对参拜行为进行强烈反对与谴责。②针对如何处理中日关系问题，可能出现两种答案。一种是不忘历史、珍爱和平。一种是不忘历史、暴力反击。

教师引导方案：①对于"不忘历史，珍爱和平"的观点，可以顺势出示习近平主席的经典语录"历史不能忘记，仇恨不能延续"，我们在真诚地原谅侵略者的同时，也要永不忘记他所犯下的罪行，并以此为鞭策，砥砺前行，振兴中华。这才是理性的爱国主义，而非狭隘自私的民族主义。②对于"不忘历史、暴力反击"的观点。首先肯定他的爱国精神，曾经的伤痛过于沉重，至今仍记忆犹新。然而，那场战争的亲历者，在面对敌人时，也是这样处理的吗？

材料一：1938 年牺牲的中国飞行员陈怀民的妹妹陈难写给日军飞行员高桥妻子的信。

"怀民哥坚毅地猛撞高桥的飞机，和高桥同归于尽，这不是发泄他对高桥君的私仇。他和高桥君并没有私人的仇恨。他们只是代表两种不同的力量粉碎了他们自己……如果贵军阀对于中国的残暴行为和强占中国领土的野心一天不停止，我们每一个中国人，不分男女老少，都将参加到更猛烈、更强化的斗争中去，即使粉身碎骨，也绝没有一人会屈服。末了，我告诉你，我家里的父母都非常深切地关怀你，像关怀他们的儿女一般，不带一点怨恨。"

材料二：

聂荣臻元帅在百团大战时，救助了两个失去父母的日本小女孩，将她们带回了指挥部，并指派随军医生为其疗伤。此后，特地写了书信一封，嘱托一位最可靠的老乡携带书信，将小女孩送回日军位于石家庄的军营。信中写道："战争延绵于兹四年矣。中日两国人民死伤残废者不知凡几……其责任应完全由日阀负之。我八路军本国际主义之精神，至仁至义，有始有终……深望君等幡然觉醒，与中国士兵人民齐心合力，共谋解放，则日本幸甚，中国亦幸甚。"

教师追问：概括陈难与聂帅书信及行为体现出的共同点？从这些共性中你体会到了什么样的情感？

教师引导：使学生认识到，二人身上都体现了勇赴国难、正义终将战胜邪恶的必胜信念，对无辜平民的同情及对和平的渴望，彰显了一种超越国家界限的人间大爱。正是这种信心与大爱促成了抗日战争的胜利，正是延续了十四年的苦难与抗争促成了他们对和平的渴望与珍惜。无数先辈用热血与生命铸就的和平来之不易,我们应当倍加珍惜。铭记历史是鞭策自我、振兴中华的必然要求,但过分的极端的仇恨情绪,却可能误人误己,致使战火重演。

两位教师在集体备课中共同研讨了活动的目标,结合学生实际情况进行活动结果的预设,并对学生可能无法达成目标的情况,设置了助学方案,借助生动的历史细节,丰富学生对历史的思考和理解,从而引导学生达成预设目标。

(二)预设过程动态开放

预设是教师教学意图的体现,而生成则体现着学生对信息的吸收和转换,预设是为生成做准备,因此教学活动的过程预设,应该为生成提供良好的条件。这一方面要求预设的环节设计和问题设计,具有一定的开放性、引导性,能够鼓励和推动新问题、新思考的产生,推动学生认知的深化和多元。另一方面,预设过程还应关注学生的成长性,在学生认知的基础上,预设学生生成的成长点及实现途径,通过启发、诱导、追问等多重方式,调动学生的学习兴趣和思维潜能,贴合学生的"最近发展区",拓展学生的思维空间,让课堂活动过程变成学生思考的成长过程。

(三)预设学习障碍和变化方案

预设是对教学前瞻性的准备,它不仅仅有教师对教学目标和教学过程的设想和规划,还应从学生学习的角度出发,预设学生可能出现的学习障碍和学习生成,并在对学生行为预设的基础上,设置调整课堂活动的方案以帮助学生解决学习障碍或是引导学生进一步的探究。

三、如何引导和应对教学生成

无论教师在课前预设多么完备,在实际教学中总会产生预设之外的生成。苏联教育家苏霍姆林斯基曾说过:"教育的技巧并不在于能预见到课堂的所有细节,而在于根据当时的具体情况,巧妙地在学生不知不觉中作出相应的变动。"教师不可能也不必穷尽所有的变化,而是尽可能地将生成作为动态的课程资源,顺势而导,让教学因生成更加地鲜活深刻。生成具有情境性、多样性和动态性的特征,教师的引导和处理不同,可能会产生不同的学习结果。因此,教师如何引导生成、处理生成就显得尤为重要。

(一)营造民主氛围,引导和鼓励生成

课堂就像一个生态系统,学生就像是生态系统中成长起来的个体,只有营造开放民主的课堂氛围,给学生心理上的安全感和自信心,学生才敢于发表自己的理解和体验,为课堂生态系统提供丰富性和多元性。因此,教师在日常教学中,要努力营造开放民主的课堂氛围,通过启发、倾听、对话、点拨、追问等多种方式引导生成,鼓励学生善于思考、敢于质疑、乐于表达,让学生真正成为学习的主人。

案例节录：习题见解引发的小讨论①

教师在进行试题评讲时，由学生质疑引发了一场孔子教育思想的小讨论。

《论语》中记载："季氏富于周公，而求（冉求）也为之聚敛而附益之。子曰：'非吾徒也。小子鸣鼓而攻之，可也。'"这反映出孔子：

A. 要求统治者实行仁政　　B. 强调民本为治国之本

C. 对弟子教育存在缺陷　　D. 具有一定爱民精神

教师：知晓大意，那咱们能否有理有据地选出正确答案呢？

学生1：能，A错在对象，不是统治者而是对冉求；B项材料虽有爱民思想，但并未说民本为治国之本；C项从材料看，是冉求的自身问题反映不出孔子的教育缺陷；D项材料大意中可知道孔子反对冉求帮季氏搜刮民众财富，体现出其关心民众疾苦，具有一定爱民精神。

教师：讲解得非常到位，已经不用我补充什么了。（准备进入下一道题讲解）

学生2：老师，我认为这道题就应该选C，就是孔子对弟子的教育存在缺陷，导致冉求出现于民不利行为。

教师：你的理由是什么呢？从材料中怎么得出孔子对弟子教育存在缺陷呢？

学生2：冉求搜刮百姓钱财为季氏敛财，说明作为老师的孔子在教导学生爱民这方面有缺失，没有给冉求做良好的引导。另外，即便冉求犯错，也不应该让大家去攻击他，而应帮助他走回正道，作为教师要有包容心。总之，学生犯罪老师应该要负责任。

学生3：孔子虽为圣人，但也不是完人。孔子的教育是有一定缺陷，但大家别忘了，这是一道客观题，我们只能从材料给的片段出发，而材料中孔子的态度就是反对冉求敛百姓钱财，侵害百姓利益，所以D项更符合。

学生4：不对，我们在《百家争鸣》一课的学习中提到的孔子倡导"重义轻利""见贤思齐"，注重自省和追求。还有孔子倡导要肩负历史责任，冉求不以天下为己任，搜刮百姓财产，孔子的话表明对这种行为的不满，所以孔子的教育没有问题。

教师面对学生突如其来的质疑，不是打断学生或是自己讲解，而是引导学生讨论和探究，让学生在讨论中加深对问题的理解，从而达成共识。在民主开放的课堂氛围中，教师不是知识的讲解者，而是对话讨论的组织者和引导者，让学生自主发现问题、解决问题。

（二）引导学生探究，肯定和发展生成

课堂学习活动因学生的参与而具有多样性和不确定性，特别是人文性极强的历史课堂上更是充满着思想的碰撞和生成的火花。因此，教师应该通过启发、点拨、追问等多种方式，调动学生学习兴趣和思维潜能，引导学生探究历史问题，表达自己的观点，交流不同看法。

---

① 案例来源：重庆市合川大石中学王琴老师。

当学生产生了思想碰撞和有价值的生成时,教师应予以积极地鼓励和引导,创造性地组织教学。这就要求教师将生成性资源融入课堂,一方面补充和完善原有预设,另一方面寻找生成的发展性,引导学生进一步思考和探究。在这个师生互相促进的过程中,既让学生获得探究问题、解决问题的成就感,又将问题的探究推向新的阶段。

(三) 发挥教学艺术,转化偏离生成

学生在理解过去发生的人和事时,难免会留下自己主观认识的痕迹,这也会使得课堂上遇到一些意想不到的偏离生成,离课堂预设和教学目标有不小的差距。这些偏离生成一定程度上反映了学生真实的思维状态和现阶段的认识障碍,因此教师不能简单地否定或忽略偏离生成,而是需要发挥教学艺术,运用师生对话、学生讨论等多种方式对偏离生成进行引导和点拨,让学生在共同思考问题的过程中,重新达成对过去的认识和理解,由教师的讲授和强调转换为学生的习得和理解。

案例节录:偏离生成的处理和转化[①]

教师在鸦片战争的教学中,讲述关天培英勇抗英时,呈现了一个历史细节:"(有夷炮飞过)关天培奋不顾身,仍持刀屹立,又取银锭先置案上,有击中夷船一炮,立刻赏银二两。"紧接着问学生:从关天培的身上你看到了什么? 课前教师有两个目标性的预设:第一,关天培强烈的爱国主义情怀与英勇不屈的精神;第二,关天培是腐朽王朝的献祭者。

在实际教学中,学生很容易得出强烈的爱国主义情怀与英勇不屈的精神,但是第二个预设学生得出的生成是关天培很愚蠢。教师并没有打断和否定学生,而是询问他这样认为的原因。

学生 1:打不过还不跑,就是愚蠢的表现。

教师:同学们如何看待这个问题? 有其他意见吗?

学生 2:关天培之所以不跑,是因为他誓死也要捍卫国家的领土主权,是一种强烈的责任感与爱国情怀。

学生 3:关天培根本没法跑,跑了就是逃兵,在皇权体制下要被处死。

教师:非常好,是忠勇精神与皇权体制的双重作用,他既英勇又悲哀,个人无法逃离时代的束缚。当我们用冷兵器面对西方的船坚炮利时,关天培表现很英勇,然而英勇背后是我们不知道也看不清中国和近代世界的差距。

教师追问:那么关天培等人失败的根源是什么呢?

学生 4:落后的农业文明无法抵抗先进的工业文明。中国的近代化进程已然迟滞。

教师:关天培是英勇的,他的身上有铁骨铮铮的民族气节。他也是悲哀的,他

---

① 案例来源:重庆市合川太和中学孔金珍老师。

脱离了时代大潮,他的死也并未唤醒依然陷于天朝迷梦中的清王朝。一个国家的强盛,既需要英勇不屈的铁骨铮铮,更加需要近代化的整体推进。

教师面对学生的偏离生成,没有急于将学生引向"正轨",然后将问题抛给学生。在学生讨论的过程中,先推动问题的深化,再根据学生讨论结果适时点拨,既升华了自己先前的预设,又让学生在过程中认识历史、感悟历史。

（四）捕捉教学契机,创造新的生成

课堂是一个动态发展的过程,课堂上的生成资源也是在不断变化的,特别是学生在面对历史材料认识和理解过去的过程中,往往会产生新问题、新想法。教师在课堂教学中应该敏锐捕捉教学契机,创造有价值的新生成。当然,这并不意味着所有生成都要创造新生成,而是教师对学生生成作出及时的判断,对那些能够弥补现有认识不足或推动问题深化的生成进行进一步启发和追问,制造新问题的生长点,从而推动认识的拓展和深化。

案例节录:学生生成促进课堂的理性提升[①]

教师在讲社会主义建设的曲折探索时,借助《人民日报》在 1958 年的多篇社论,如《祝河南大捷》《群众威力大无穷——再祝广西大捷》《毛主席在徐水》等多篇具有代表性的社论,来重现大跃进时期中国人渴望迅速建成社会主义的热情与曲折。生动丰富的细节让学生在这堂课中有很高的投入度。

有一个学生自言自语说:"我好想穿越回过去,告诉他们千万不要这样做,要不然会付出惨重代价的。"教师留意到这个生成后,便在课堂上和学生讨论起来。

教师:我们今天知道了历史结果,所以觉得这样做是要付出惨重代价的,那个时代的人知道结局吗? 当时我们正处于什么阶段? 处于什么样的时空背景下做了这些事情?

学生 1:不知道,当时我们正处于探索阶段,第一次进行建设社会主义的尝试,其他国家也没有成熟的经验可以借鉴。

教师:非常好,我们是在探索中发现了这样那样的问题,甚至为之付出了惨重的代价,那这种波折的过程说明了什么?

学生 2:事物发展是前进性和曲折性的统一。

教师:国家的发展和人的成长一样都会在经验累积中不断进步,因此,我们不能用后见之明来认识和理解尚在发展中的历史事件,就像我们现在会跑会跳了,不能觉得自己走路摔跤的样子很可笑是一样的。既然这样,我们为什么要讲这段历史呢?

学生 3:是希望我们吸取历史教训,不要让类似的事件再次发生。

说者无心,听者有意。这个意外的学生生成,暴露了这堂课在设计上的缺陷,教师用今

---

① 案例来源:重庆市教育科学研究院刘雅雯老师。

人的尺度呈现了丰富的案例,让学生陷入曲折探索的感性认识之中,却未能理性思考曲折探索的原因和意义。教师将学生生成变成动态的教学资源,通过引导和追问,让学生在讨论中认识到要在具体的时空中认识事物发展前进性与曲折性的统一,从而促进师生教与学的共同成长。

四、实践中常见的问题

(一)过度预设,阻碍教学生成空间

精心的预设是上好一节课的重要前提,但是若预设过于面面俱到,缺乏包容度和自由度,也可能会阻碍课堂生成,限制学生思维发散的空间。例如,有的教师在进行教学活动预设时问题和任务缺乏开放性,学生仅仅是依照教师预设完成活动,实现教师把控下的"完美结果"。纵然这样面面俱到的预设有助于教学目标的达成,但这个教学目标是单向的,缺乏把学生作为课堂主体的考量,学生的活动参与可能是被动的、受限的。这种"完美结果"事实上是低估了学生的思维潜能及学生可能对课堂成长所贡献的智慧。

解决策略:关注学情、弹性预设,留有生成空间

教学活动需要有精心的准备和预设,但这种预设不应该是模式化和程序化的,而应该是个性化和灵活化的,充分保护学生的求知欲和探索欲,推动学生进一步思考和探究。因此,教学中应在分析学生学情的基础上,进行弹性预设,为学生的"生成"留有空间。弹性预设可以注重以下几个方面:第一,在教学目标上,预设教师预定目标和学生可能达到程度两个维度的目标,设置助学引导方案,以引导和启发学生,但不把预设目标当作教条,要留有生成的空间和调整的余地。第二,在教学过程中,应考虑到将学生动态生成作为教学资源的可能性,关注多种方法对教学活动的促进,从而拓展学生学习的自由度和参与度。第三,在教学评价上,不以单一标准评价学生的学习情况,注重预设的多元性和开放性,以鼓励学生进一步思考和探究。

(二)预设偏离,不符合学生实际

一些教师缺乏对教学内容的整体把握和教学环节设置的细致思考,简单进行预设,造成了预设的偏离,影响着教学目标的实现和教学效果的达成。还有一些教师在预设时未能够对学生的学习动机、认知水平、生活经验等个性化因素做全面分析,就凭借主观想象进行预设,从而导致预设偏离,不符合学生的实际。脱离了学生实际的预设,不利于激发学生的学习兴趣和内在动机,阻碍学生与学习对象建立良性的关系。

解决策略:钻研教学内容,分析学情,调整偏离预设

教师对教材的解读、对教学内容的感悟和理解以及对教学问题的思考都影响着教学预设的行为。因此,教师需要仔细钻研课程标准和教材,整体把握教材的内容体系,各部分的作用、地位及相互联系,深挖教材中能够引起学生思考并培养学

生思维能力的有效信息，而后再进行精心的预设。此外，课堂教学是教与学的互动，教师预设还要充分分析学情，包括学生已有的状态（现有的学习动机、知识结构、认知水平和生活经验等）、学生潜在状态（学生潜力转化为现实的能力）、学生差异状态（学生之间学习动机、知识结构、认知水平和生活经验等存在的差异）三个方面。在全面分析学情的基础上，教师进行符合学生已有状态、激发学生潜在状态、尊重学生差异状态的教学预设，让课堂预设具有针对性、启发性和多元性。

（三）生成处理不当，影响教学效果

学生由于认知水平、生活经验和思维能力的局限性，对问题的理解可能出现"个性化"的偏颇，此时就需要教师根据课堂生成的实际情况进行引导和纠正。如果教师对这些有"个性化"偏颇的生成置之不理，依旧按照既定目标继续，可能会打击学生思考的积极性，也会错过对学生问题进行纠正和指导的机会，还会影响着生成的进一步发展和深化。此外，一些教师对学生生成过度延伸，导致课堂活动喧宾夺主、偏离目标，同样影响着教学目标的达成和教学效果的实现。

解决策略：迅速评估生成，恰当处理生成

课堂活动中的生成具有动态性、开放性，一些生成会因为教师不同的处理方式而产生不同价值。这就需要教师在面对生成时作出及时准确的判断，恰当处理生成，让生成发挥其最大的价值。例如，遇见知识或认知错误的生成，教师要及时纠正和指导，利用启发、追问等形式引导学生形成正确的认识；遇见无关生成时，教师可以给学生方向性的提示，鼓励其继续探究；遇见偏离生成时，教师可以帮助其搭建认识的框架，逐步转化偏离生成；遇见生长性生成，教师要捕捉教学契机，对思维生长点进行启发和追问，创造新的生成。此外，教师恰当处理生成，也包括把握好处理生成的度。例如，偏离中心和目标的生成，教师要及时地转化或引导，不过度延伸；正在进行的生成，教师不盲目介入，留给学生思维探索和成长的空间。

第三节　如何进行课堂点评

课堂学习活动调动了学生的"学"，让课堂灵动而丰富。然而，受到知识结构和认知水平的限制，学生在认识和理解过去的过程中，难免出现认识的不足和困惑。因此，教师的指导和反馈会让课堂有序而深刻。其中，教师指导和反馈非常重要的体现，就是教师对学生活动过程中存在的困惑、获得的认识以及所呈现的活动成果，进行适时恰当的点评，从而释疑解惑、更新认识，推动课堂活动的深化。

教师的点评事实上包含点拨和评价两个方面，点拨往往是对学生在认识和理解过程中存在的问题和困惑进行指点和启发；评价往往是对学生获得的认识和呈现的结果进行分析和指点。点拨和评价往往在教师课堂活动的指导过程中交替使用、相辅相成，共同推动认识的更新和活动的深化。

在对学生进行课堂评价的过程中,要体现多元评价,提倡跨学科评价、增值评价,关注学生经历多次评价后展现的进步程度。要把课程学习内容的目标和学业质量标准融入学生学习的体系中,注重评价目标与教学目标的一致性。教学和评价围绕学生学习这一中心展开,以过程评价促进学生历史课程核心素养的发展。[①]

一、课堂点评的功能和作用

(一)情感激励,鼓励学生产生新的想法

课堂学习活动的主体是学生,是一个个有情感有思想的个体,他们需要在学习过程中得到情感的激励和思维的启发,从而体会到学习的乐趣和成就。因此,教师对学生在课堂活动中获取的认识或所呈现的成果进行恰如其分的点评,往往能够带给学生情感的激励和思维的启发,并从中获得学习探究的效能感,鼓励学生产生新的想法。

(二)释疑解惑,推动学生的学习深入

学生在课堂学习活动中获得的认识和呈现的成果,既会有对原有认识的提升,也会暴露出学习中存在的困惑,以及认识和理解过去中出现的偏差。教师在重难点处等关键点位的点评,能够对学生认识上存在的困惑和偏差进行点拨和讲解,从而启发和指导学生进一步探究和理解过去,推动学习活动的深入。

(三)迁移总结,获得方法指导和系统认识

学生因为知识结构和认知水平的限制,往往只是围绕教师布置的问题和任务开展学习探究活动,在历史材料创设的情境内去认识和理解过去。教师在参与学生探究活动的过程中可以通过点评,进行知识和方法的补充迁移,引导学生调动已有认识来理解和解决新问题,并从中获得方法的启示。因此,教师的点评可以帮助学生扩展现有认识的边界,能够连接新旧认识并将其归纳到相关系统中去,从而指导学生在更宏观的视角中认识和理解历史。

二、课堂点评的策略

(一)点评方式灵活多样

点评既是教师对学生现阶段认识的指导和反馈,也是为了鼓励学生进一步探索,从而发展和深化原有认识。因此,教师点评要关注学生的学习动机和思维潜能,灵活多样地进行教学点评,例如幽默风趣调动学生兴趣,入情入理引发学生思考等等。教师点评需因时因境灵活选择,将教师风格与学生认知特点相结合,选择既体现教师教学意图又能让学生乐于接受的点评方式,提升点评的质量和效果。

---

① 中华人民共和国教育部.义务教育历史课程标准(2022年版)[M].北京:北京师范大学出版社,2022:62.

案例节录:探索新航路①

教师讲九年级"探索新航路"一课时,为了帮助学生理解新航路开辟的影响,请学生分组扮演"欧洲资产阶级""欧洲贵族""欧洲平民""落后地区代表"等几个角色,并探究对其产生的影响。部分师生互动摘录如下:

"平民代表"1:新航路的开辟,使更多的黄金流入欧洲,但是商品却没有增加,这就造成了物价上涨、通货膨胀。商人通过商业活动获得了更多财富,而穷人不得不花更多的钱购买商品,所以越来越穷,生活越来越差。穷人会更加的穷,富人会更加的富。

教师:也就是加剧了社会的贫富差距。她从"她自身的亲身经历"(全班笑)给我们谈了新航路开辟对于欧洲平民的冲击,她的回答把原因、经过和结果说得很清楚,原因是物价上涨,结果就是生活水平下降,导致社会的贫富差距增大,非常清晰。(用专业术语重新组织学生的回答,既提升了学生的自我效能,又增进了学生认识。)

"平民代表"2:由于新航路的开辟,有些欧洲人开始到海外去寻找财富,于是就出现了从欧洲到新大陆的移民。

教师:她看到了我们都没有看到的一个问题,就是欧洲人口向新大陆迁移。这个问题课本上、材料上都没有提到,是我们自己新发现的非常好的问题。(描述性的肯定性评价,提升学生的自我效能。)

"落后地区代表":……(从消极和积极两个方面说了新航路开辟对他们的影响,以消极影响为主,客观积极影响做补充。)

教师:这位同学从物种交换、人口流动、文化思想和殖民扩张等多个角度全面向我们说明了新航路开辟对于他们落后地区的影响,从他的回答中我们感受到了落后地区人们的无奈和悲惨遭遇,但令人高兴的是,这位"饱受痛楚的土著"没有被仇恨蒙蔽双眼(全班笑),而是冷静地看到了欧洲人带给他们先进的文化和技术,以及促进本地发展的机会。他的回答不仅全面,而且逻辑清晰,表述流畅,是一个优秀的"土著领袖"(全班笑)。(概括学生的答案,让学生知道自己的优势,同时巩固一分为二的思想方法。)

教师点评学生讨论成果时,用幽默风趣的语言对学生的回答作肯定性评价,并用专业术语对学生呈现的关键信息点进行重组,既调动了学生的学习兴趣,提升了学生的自我效能感,又推动了学生原有认识的发展和深化。

(二) 点评过程注重引导

教师在点评过程中要注重引导,让学生能够在教师的反馈和指导下修正和整合原有认

---

① 案例来源:重庆市南开两江中学杜辉老师。

识,进一步探究认识和理解过去的路径和方法。从微观维度来看:教师需针对学生在活动环节出现的问题和困惑进行及时的纠正和解答,对学生存在不足的地方进行点拨和引导,让学生在教师的点评中重新修正原有认识,找到认识和理解过去的路径和方法。从宏观维度来看:教师要引导学生整合原有认识,将获得的认识和习得的方法归纳到相关的系统中,用联系的眼光去看待历史事件发展的因果和逻辑。

（三）点评内容注重提升

教师点评不仅要针对学生呈现的认识进行平行层面的引导,还要让点评走向纵深,点评学生所不及,扩展教学的深度和广度。这就要求教师在点评内容上注重提升,主要体现在以下几个方面:第一,教师对学生存在问题的点评,不是就问题而问题,而是在问题之上的延展和提升。第二,教师要善于在课堂学习活动的动态生成中捕捉教学契机,贴合学生的最近发展区,对学生暂时未能认识和理解但是借助教师指导能够认识和理解的内容,进行高于学生认识视角的点评,启发和指导学生去认识和理解新问题。第三,教师要在点评中提供方法指导,帮助学生架起认识新问题的桥梁,启发学生用已知的知识和方法解决未知的问题,推动认识的深化。

案例节录:在学生讨论与教师点评的互动中理解历史的复杂性[①]

教师在讲辛亥革命背景时,借助历史材料创设历史情境,设置讨论环节,让学生进行救亡图存路径选择的讨论,在学生讨论教师点评的过程中使学生理解历史发展不是单向线性的,而是各方力量较量角逐、发展和选择的一种结果。部分讨论摘录如下:

1905 年—1907 年,改革派与革命派的论战

改革派:中国人"公理未明,旧俗俱在",没有进行革命的资格。"社会革命"将造成下等社会蜂起,最终天下大乱,使中国"亿劫不可复",应以最小代价和平转型。

革命派:"公理未明,即以革命明之,旧俗俱在,即以革命去之。"民主共和是历史潮流,只有暴力推翻清王朝才能实现民主共和。变革要靠实力,反对请愿立宪。

讨论:改革和革命,你更认同哪种道路选择,并说明你的理由?

学生1:我支持改革,正如立宪派所讲,中国当时民众的素质还不高,需要通过改革,让民众渐渐接受新事物。此外,革命会有流血牺牲,还可能会造成社会的混乱,对中国当时的情况来讲是雪上加霜,应该像英国一样,通过改革的方式,来推动社会的变革。

教师:非常好,改革可以用较小的代价推动社会的转型,是更适合中国情况的选择,他还能到迁移到英国的光荣革命,为他的观点寻找论据。英国的光荣革命是

改革推动社会变革的成功范例,但当时中国的情况和英国一样吗?（引发学生进一步思考,推动讨论深入。）

学生2:我支持革命,当时的中国内忧外患,列强虎视眈眈,列强不会给中国改革的时间和空间,只有革命才能够迅速改变中国的现状推动社会的进步。

教师:非常好,这位同学从中国当时的实际情况出发,认为中国不具备改革的条件。走什么样的路实现救亡图存一直是中国近代知识分子反复探讨的话题,可是革命就能够解决我们当时面对的所有问题吗? 改革与革命之间应该是怎样的关系?（引发学生进一步思考,认识到改革和革命既对立又统一。）

......

学生3:我支持革命,革命往往比改革更彻底,能够消除改革留下的残余,我们后来选择了革命,并取得了一定的成功,所以说明革命是适合我们的。

教师:我们清楚历史的结局,所以认为革命是正确的选择。可是那个时代的人知道不知道结局呢? 对当时的人来讲未来是不透明的,他们也是在探索中寻找适合的路径,这其中可能还会走弯路。所以我们在认识历史的时候不能用"后见之明"去认识和解释历史发展的过程,这不符合事件发展的因果逻辑。（纠正学生的认识方法错误,使学生知晓认识历史的方法路径。）

教师:从同学们激烈的讨论中,我们就能感受到20世纪初的中国,现实是如此复杂,选择是如此艰难,在思想上的交锋论战之后,中国人在行动上开启了一场改革与革命的赛跑。（借助历史材料呈现,让学生认识和理解,革命是如何一步步成为救亡图存的选择。）

教师以学生讨论发言为基础,通过有针对性的点评引导学生在现有认识的基础上,进一步思考和理解历史发展的因果和逻辑,对学生认识可能存在的不足,站在认识方法的角度进行纠正和指导,在潜移默化中培养了学生的时空观念、史料实证、历史解释核心素养,扩展了课堂的广度和深度。

（四）点评底色渗透素养

教师点评既要关注点评的方式、过程和内容,也要关注教师点评的理论底色和方法工具,历史核心素养应该作为指导教师点评底色的重要依据。历史核心素养不是背出来的,而是在长期的师生学习互动中慢慢培养起来的。因此,教师在点评时要注重渗透历史核心素养,让学生在教师的点评中感知和理解历史核心素养是什么? 怎么来的? 这就要求在点评的实践中,一方面,教师要捕捉学生认识和理解历史过程中所体现出的历史核心素养,并加以阐释和延展,让学生感知得出认识的思维过程和路径方法;另一方面,针对学生在认识和理解历史过程中存在的问题和障碍,教师可以借助历史核心素养的内涵和要求进行点拨,指导学生运用历史核心素养中的思维方法解决学习中遇到的问题和障碍。

三、实践中常见的问题

（一）点评针对性不强

点评是教师对学生课堂活动表现或存在问题的及时反馈,需要有较强的针对性和指导性。然而,在实际操作中,很多时候教师对学生活动的点评流于形式,要么只是简单的结果性评价或是机械重复地概括学生的认识,未能针对学生呈现成果的具体内容进行有针对性的点拨和指导;要么是教师对学生呈现成果的关键点捕捉不准确,造成点评方向的偏离,无法让学生对现有认识进行思考和审视。这些针对性不强的点评,既不利于激发学生自我效能感,鼓励学生产生新想法,也不利于学生修正和整合原有认识,达成应有的历史认识和历史理解。

解决策略:观察学生活动过程,对学生情况心中有数

教师点评不仅仅要关注学生的结果呈现,还要关注学生得出结果的过程,从而进行更具针对性的点评。因此,教师的点评应该准备和构思于学生活动的过程之中。在学生活动时,教师要观察学生的活动过程表现,并对学生活动中的亮点、可能达到的程度和存在的问题做到心中有数。在学生呈现活动成果时,教师要善于捕捉关键信息点,结合学生在活动中的表现组织有针对性的点评,特别是对学生较为突出的优点或存在的问题,进行着重的分析和指导,从而鼓励学生进一步产生新想法或及时修正和整合原有认识。

（二）评而不点,启发性不足

点评是激发学生思维潜能,实现师生对话交流的有效途径。因此,点评应具有启发性,以便为师生对话交流的开展提供契机。然而,在实际操作中,有的教师只关注对学生呈现成果的评价,而没有捕捉到其中的思维生长点,点拨和启发学生进一步探究和认识问题;还有的教师只关注学生呈现成果和教师预设的贴合度,而没有结合学生的生成,对点评内容进行调整和扩展。这些评而不点的点评,未能充分发挥课堂点评的价值功能,影响着师生对话交流的有效开展,阻碍了学生进一步探究和认识问题。

解决策略:捕捉学生思维生长点,开展师生对话交流

教师不能仅仅将点评作为学生现阶段活动的反馈和终点,还要将点评作为促进学生认识和思维进一步发展的起点。教师要捕捉学生的思维生长点,比如学生认识出现疑惑、混淆的地方或是学生认识有待提升的地方等。点评时通过追问、对话等方式及时地点拨和指导,激发学生的思维潜能,推动学生进一步思考和探究。当学生产生较有价值的生成,教师应将学生生成作为动态的课堂资源融入点评之中,并进一步点拨和启发,这样既提升了学生的自我效能感,也推动了学生持续深入的探究。

（三）迁移和升华不够

点评体现着教师对学生参与课堂活动的反馈和指导，一般情况下，教师因为知识储备、认知能力和生活经验等方面的优势，往往对同一问题有着高出学生的认识和理解。因此，教师在点评环节中，应充分发挥认知优势和指导作用，对学生呈现的结果进行适当的迁移和升华，推动学生认识的深化。然而，在实际操作中，有的教师就知识讲知识，就内容评内容，缺少应有的迁移和升华，弱化了教师对学生的指导作用。

解决策略：把握教学契机，注重迁移升华

教师点评是对学生学习情况反馈和指导的重要方式。教师要分析学生活动中的学习状态和认知水平，在学生呈现成果的基础之上，把握教学契机，进一步迁移和升华。迁移和升华可以是指导学生形成系统的认识、探究解决问题的方法，也可以是引导学生感悟事件所包含的情感和价值。有效的迁移和升华，发挥了教师对学生学习的指导作用，拓展了课堂活动的广度和深度。

第七章
学习评价的设计

  教育评价事关教育发展方向,有什么样的评价指挥棒,就有什么样的办学导向。习近平总书记在全国教育大会上和其他关于教育的重要论述中多次强调,完善立德树人体制机制,扭转不科学的教育评价导向,坚决克服唯分数、唯升学、唯文凭、唯论文、唯帽子的顽瘴痼疾,提高教育治理能力和水平,加快推进教育现代化、建设教育强国、办好人民满意的教育。2020 年 10 月,中共中央、国务院公布了《深化新时代教育评价改革总体方案》,文件要求"坚持以德为先、能力为重、全面发展,坚持面向人人、因材施教、知行合一,坚决改变用分数给学生贴标签的做法,创新德智体美劳过程性评价办法,完善综合素质评价体系,切实引导学生坚定理想信念、厚植爱国主义情怀、加强品德修养、增长知识见识、培养奋斗精神、增强综合素质"。[1] 2022 年出台的初中新课标在课程理念上也强调,要"综合运用多种评价方式和方法,发挥评价促进学习和改进教学的功能"。[2]

  新的教育评价要求在历史学科中如何体现?如何在平时的课后作业设计中体现历史学科立德树人的教育使命,针对学生做人性化的、个性化的教育辅导?如何改变命题考试的形式和内容,确保落实文件要求?这是新时期历史教师需要研究的课题,也是需要学习的重要教学技能。

第一节　如何设计课后作业

  课后作业是教师课堂教学和学生课堂学习的延伸,是教师获得教学反馈、调整教学策略、增进教学艺术性、提高教学有效性的重要依据,也是学生复习和巩固所学知识、训练解题方法和技巧、培养历史思维和能力、涵育历史学科素养的重要阵地,具有良好的教育、教学和发展功能。因此历史课后作业的设计对引导学生学习历史、培养与发展学科核心素养具有十分重要的作用。

  当前,中学历史学科课后作业的设计还存在诸多的问题。如"形式单一""内容枯燥""过程不鼓励学生互相合作""评价过于绝对,由教师一人操作"[3]"作业量大,大搞题海战术"

---

① 中共中央,国务院. 深化新时代教育评价改革总体方案[EB/OL]. (2020 - 10 - 13)[2021 - 06 - 13]. http://www. moe. gov. cn/s78/A01/s4561/jgfwzx_zcwj/202010/t20201014_494571. html.
② 中华人民共和国教育部. 义务教育历史课程标准(2022 年版)[M]. 北京:北京师范大学出版社,2022:3.
③ 郭海珊. 基于历史学科核心素养的初中历史作业设计[J]. 中学历史教学参考,2019(02):18—19.

"作业不经典，不具代表性"[1]"作业不加筛选"[2]"忽视与其他学科的有机结合""忽视学生的个体差异"[3]等。"作业批改和反馈的问题则更多，一是答案的制订不考虑内容和形式，即使是开放性题目也要有统一答案；二是作业的解释只有分数，没有任何的文字说明；三是作业批改只有对错的标记、作业的信息没有得到合理利用。"[4]这些问题导致学生对课后作业产生抵触甚至厌恶情绪，认为作业是"包袱"，拖欠、不完成作业，甚至抄袭应付屡见不鲜，这既不利于学生历史学科素养的培养，也不利于教师教学效度的提高。

一、历史作业设计的原则

（一）有效性原则

"历史作业的有效性是指以历史教学为媒介的教学活动，对任课老师的'教'与学生的'学'所产生的积极影响。"[5]虽然历史作业一般都是由学生在课后完成，但它却是历史教学活动的重要组成部分，对历史教学有积极和消极双重影响。有效的历史作业对历史教学起到积极的促进作用，反之，则劳而无功，劳而无效。历史作业的有效性主要表现为它对教学内容的巩固、学习方法的掌握、学习习惯的养成、学科素养的培养具有促进作用。

作业的设计要遵循课标规定的质量标准。

比如对于初中阶段而言，掌握唯物史观要求学生"能够认识劳动在人类发展中的重要作用""知道人民群众是物质生产的主要承担者和历史的创造者""知道生产力发展的重要性""阶级斗争是推动历史发展的直接动力"。[6]

培养时空观念，就要求学生"了解历史发展的时间顺序和空间要素，初步掌握计算历史时间和识别历史地图的方法，并能够在历史叙述中运用这些方法；能够将事件、人物、现象等置于历史发展的特定或总体进程及具体的地理空间中加以考察，并从历史发展的角度认识其地位和作用"。[7]

培养史料实证观念，就要求学生"了解史料的主要类型，初步学会从多种渠道获取历史信息，提高对史料的识读能力；能够尝试运用史料说明历史问题，学会根据可信史料对历史进行论述；初步形成重证据的意识和处理历史信息的能力"。[8]

而学生的历史解释能力，则要求"能够初步区分历史叙述中的史实与解释；能够客观叙述和分析历史，有理有据地表达自己的看法；在理解和辨析相关史料的基础上，尝试发现和

① 张静静.关于初中历史作业的几点思考[J].中学历史教学参考,2016(09):16.
② 赵辉,刘年勇.历史作业设计的原则与实施[J].中学历史教学参考,2016(10):54—55.
③ 蒋立兰.优化历史作业设计,重视学生个性发展[J].文教资料,2016(29):183—184.
④ 姚锦祥,沈治仁.中学历史课外作业评价中的问题与对策[J].中学历史教学,2016(03):65—67.
⑤ 杨莉.关于历史课后作业有效性的探索[J].中学历史教学参考,2016(04):37.
⑥ 中华人民共和国教育部.义务教育历史课程标准(2022年版)[M].北京:北京师范大学出版社,2022:6.
⑦ 中华人民共和国教育部.义务教育历史课程标准(2022年版)[M].北京:北京师范大学出版社,2022:7.
⑧ 中华人民共和国教育部.义务教育历史课程标准(2022年版)[M].北京:北京师范大学出版社,2022:7.

提出新的问题,加以论证,形成自己的历史认识"。[1]

在情感态度价值观方面,新课标强调要让学生形成对国家和中华民族的认同,具有国际视野,有理想、有担当,要"能够从历史的角度认识中国国情,认识中华民族多元一体的历史发展趋势,增强热爱家乡、热爱祖国的情感,铸牢中华民族共同体意识;了解并认同社会主义先进文化、革命文化、中华优秀传统文化,认识中华文明的历史价值和现实意义,增强民族自尊心、自信心和自豪感;了解中国历史上的英雄人物,崇尚英雄气概,传承民族气节;培育和践行社会主义核心价值观,把握习近平新时代中国特色社会主义思想的核心要义,树立中国特色社会主义道路自信、理论自信、制度自信、文化自信。了解人类文化的多样性,理解和尊重世界各国、各民族的文化传统,认识中国历史与世界历史相互关联;了解中华文明对世界文明进步作出的突出贡献,体现立足中国、面向世界的视野和胸怀,初步树立构建人类命运共同体的意识。逐步确立积极进取的人生态度,形成健全的人格,具有为家乡、国家和世界发展贡献力量的远大理想和责任担当"。[2]

(二)差异性原则

著名教育心理学家霍华德·加德纳的多元智能理论认为,每名学生的学习能力是不一样的,智能表现形式也是不一样的,存在个体差异。随着时间的流逝,学生学业的增进,学生在学习能力、知识基础、性格习惯、智能表现形式等方面的差异性会更加扩大。教师要把握好学生的个体差异,因材施教,作业的布置应有层次,有梯度。"在布置作业时要考虑不同层次的实际,对于程度一般的大多数的学生要布置一些略高于基础的问题。对程度好的学生布置的题目不但要求完成基础问题,而且其问题要具有延伸性。这样,就达到了'普通学生吃好,尖子学生吃饱'的目的,让不同层次的学生都品尝到了成功的喜悦。"[3]

(三)趣味性原则

作业的形式应该灵活多样、生动有趣,才能充分激发学生学习历史的兴趣。根据学情和教学内容的不同,可设计多种形式的作业。常规的如选择题、填空题、材料题等;也可以大胆打破常规作业形式,设计一些具有趣味性、挑战性和合作性的作业。如搜集资料型作业、调查访问型作业、观察体验型作业、汇报表演型作业、手工绘画型作业、历史漫画型作业、历史辩论型作业、历史作文型作业、历史论文型作业等。兴趣是最好的老师!趣味性作业能让学生带着愉悦的情感体验完成作业,从而激发学生的学习兴趣,提高学习效率。

(四)时代性原则

时代在进步,历史作业的设计不能原地踏步,应与时俱进,与时代同行。

从理念上讲,历史作业的设计要符合"一核四层四翼"高考评价体系要求;要有助于培养

---

① 中华人民共和国教育部.义务教育历史课程标准(2022年版)[M].北京:北京师范大学出版社,2022:7.
② 中华人民共和国教育部.义务教育历史课程标准(2022年版)[M].北京:北京师范大学出版社,2022:7—8.
③ 赵辉,刘年勇.历史作业设计的原则与实施[J].中学历史教学参考,2016(10):54—55.

学生的历史学科核心素养,要在坚定理想信念上下功夫,要在厚植爱国主义情怀上下功夫,要在加强品德修养上下功夫,要在增长知识见识上下功夫,要在培养奋斗精神上下功夫,要在增强综合素质上下功夫,要有助于培养德智体美劳全面发展的社会主义建设者和接班人。

从方法上讲,"互联网＋"时代教育教学与网络结合是时代要求,历史作业的设计也要充分利用新技术、新手段,如利用 MOOC 资源、微课技术、远程教育、社交软件、网络平台等方式设计作业,探索历史作业的网络化、信息化,实现教师和学生在"互联网＋"时代的共同成长。

（五）典型性原则

"教学有法,贵在得法",教师在布置作业时,应依据教学规律,布置的作业应具有绝对的代表性,追求量少而精,重质轻量,切忌大搞题海战术,让学生消耗大量的时间去做无用功。否则,会严重挫伤学生做作业的积极性,事倍功半,适得其反。

（六）丰富性原则

历史学科的课外作业,功能上看可分为巩固型与拓展型两种,形式上有书面练习和课外活动,其评价过程涉及作业的设计、布置、批改和反馈几个环节。

在课程标准中对于教学活动有多种建议,这些建议大多可以用来作为作业设计的参考。一是阅读课外书籍、扩大知识面的作业,如针对阅读相关的书籍和资料,教师可布置学生阅读相关书籍并写出读书笔记;二是观赏历史电影的作业,可要求学生在观看影片的基础上写出观后感和影评;三是运用历史地图的作业,如通过观察和制作地图,了解国家疆域和地名等在地图上变化的原因和影响,学习运用历史地图的方法和技能;四是历史调查的作业,如通过查阅报纸杂志、收听收看广播电视、利用网络技术、进行社会调查等形式,了解当前人类面临的共同问题,并就其中的某一方面,如人口、资源、环境和社会问题等,写出调查报告,学习从事社会调查的方法;五是讨论和辩论的作业,撰写辩论词,提高探究性学习的能力。

我们布置的作业要不拘一格,形式多样,这样会让学生觉得作业花样百出,新鲜感如涌泉不断,兴致盎然,乐此不疲。

（七）开放性原则

新课程的历史作业已不再完全是历史课堂教学的附庸,而更是重建与提升课程意义及人生意义的重要内容。传统的作业存在内容封闭僵化、结果整齐划一等问题,不利于培养学生的批判性思维和创造性思维。新时代历史作业的设计应具有开放性。所谓开放性,就是要给学生以较大的认知空间。学生只有通过积极的探索活动,才能找到解题的方向,获得自身的发展。

设计开放作业时,要立足于培养学生思维的广阔性、敏锐性和严密性,以提高学生分析问题和解决问题的能力。

教师不仅要用好教材上的开放题,更要善于设计适合学生实际的开放题。此类题目的设计一般可以围绕以下几个方面进行:(1)从集中专断走向自由民主;(2)由封闭走向开放;(3)由独立完成走向协同合作;(4)作业的评改将由静态的分离式走向动态的参与式;(5)作业评价将由对纯知识结果的关注转向对学生生命存在及其发展的整体关怀;(6)作业的技术、方式、性质将由单一僵化的机械重复训练式走向主体探究创造的自我建构式,传统的"温故"性作业将更多地转向研究创新性的作业。①

二、历史作业设计的方法

(一) 设计层次化作业,关注学生的个体差异,实现自主成长

层次化作业就是根据知识点的多少、思维的难易程度、知识交叉联系的程度等把作业分层。这样可以根据学生能力的不同,设计出不同的作业,引导各个层次的学生在历史学科上得到不同的发展。

在设计不同层次、不同难度的作业时,对基础较薄弱的学生,主要突出基本概念的理解和必备知识的掌握;针对历史学科基础一般的学生,作业的设计主要突出对概念的理解、对必备知识的掌握和运用;针对少数基础较好的学生,应该主要突出概念的综合运用和拓展延伸,以及对重要的思想方法、历史观点的理解和灵活运用,比如设计一些比较综合、具有一定思辨性的思考题和开放性试题等。

这种层次性作业的设置,可以使学生根据自身的学习水平对作业进行自主选择。基础薄弱的学生可以从较简单的作业开始,在理解概念、学会应用后再逐层尝试。基础扎实的学生可以直接选择较高难度的层次,使自己的知识水平和学科能力更上一层楼。

(二) 设计生活化作业,强化历史学习的应用性,涵育家国情怀

学习即生活,教学和作业设计都应该围绕学生生活展开,引导学生关注身边的世界,体验现实的生活。例如广东省特级教师、深圳市红领中学的吴磊老师曾经设计历史作文,命题为"发现身边的历史——我写我家","要求从各自的家庭或家族入手,探索自己生命的源头,通过讲述自己家族的历史,展现时代浪潮下个人或家庭的命运沉浮"(参见吴磊:《让学生"恋"上历史课——教育有生命的历史》,北京:中国文史出版社,2015年版)。把历史与家庭和学生连接起来,引发了学生的极大兴趣,也一定程度上推动了公民写史的潮流。吴老师还通过"文物"小制作活动、编撰历史小报、制作家谱等作业充分调动学生学习和探索的积极性,于无声处培养学生的家国情怀。也有老师在设计《中外历史纲要(下)》第22课"世界多极化与经济全球化"一课的作业时,设计了生活情景与时代紧密相连的试题:②

(原创命题)2004年的一个节日,美国人萨拉忽然发现,39件节日礼物中,中国制造的有25件,于是突发奇想,决定带领全家一年不买中国产品,但最终只能与中

---

① 夏如君.新课程下历史开放性作业的探索[J].历史教学问题,2006(05):101—102.
② 案例来源:西北工业大学附属中学刘建荣老师。

国制造重修旧好,这一经历被写成《离开中国制造的一年》,据此可知该书(　　)

    A. 认为全球化下文化理念趋同

    B. 力图保护美国的民族企业

    C. 证明了全球化趋势的必然

    D. 为美国的对华政策提供了依据

【参考答案】C

本题选自真实的生活场景,萨拉的尝试具有反全球化的意味,但最终与中国制造重修旧好,说明全球化的趋势下,离开国际合作寸步难行。材料没有提及文化理念的问题,因此A选项和材料无关。该材料强调作者最终与中国制造重修旧好,这与B选项保护民族企业立场并不一致。材料中也并未表明这本书为美国对华政策提供了依据。

(原创命题)阅读材料,完成下列要求。(12分)

材料:

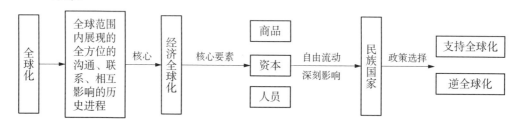

图7-1　"逆全球化"原因探析——一种分析框架

——韩召颖、姜潭《西方国家"逆全球化"现象的一种解释》

从材料中提出一个论题,结合所学知识,加以论述。(要求:论题明确,持论有据,表述清晰。)

【参考答案】

示例一:

论题:经济全球化核心要素的变化状况决定了不同国家对待全球化的不同态度。

论述:经济全球化的核心要素是商品、资本和人员的自由流动,它们的流动所带来的结果对参与全球化进程的国家产生了不同的深刻的影响,各国因此作出支持全球化或逆全球化的不同政策选择。例如,在全球化进程中,西方发达国家的货物贸易竞争力和它们在国际贸易格局中的地位都在下降;西方国家受到新兴市场国家的挑战导致在国际资本流动中无法较好地弥补贸易收益减少带来的贸易赤字;进入21世纪以来,恐怖主义、难民危机等人员的全球流动问题都为欧美国家带来过极大的负面影响。在此背景下,美欧等国选择了贸易保护主义等逆全球化政策。与之相反的是,中国等新兴发展中国家在全球化进程中受益良多,进而支持全球化促进自身进一步崛起。

总结：全球化是一把利弊端共存的双刃剑，不同国家应根据自身实际和国际大局理性面对全球化，共商发展良策。

示例二：

论题：经济全球化中商品、资本、人员的自由流动深刻影响了部分发达国家选择逆全球化。

说明：随着经济全球化的进一步深入，发达国家在贸易上的优势越来越缺失，新兴国家的贸易总额逐渐增加，发达国家面临贸易逆差，因此选择贸易保护主义保护自身利益；国际资本在发达国家的投资额日益减少，转而投向劳动力丰富且廉价的发展中国家，发达国家因此利益受损，选择反对全球化持续深入。全球化深入的同时，人员流动更加自由，让发达国家面临着恐怖主义的威胁，且面临着难民危机，对此英国选择脱欧，美国选择"筑墙""赶人"，都是逆全球化的表现。

总之，这三个方面深刻影响了发达国家的选择，是逆全球化产生的重要原因。

（以上示例仅作为参考，不作为唯一答案）

【其他参考论题】

1. 商品、资本与人员的自由流动作为经济全球化的核心要素深刻影响着民族国家的政策选择。

2. 逆全球化现象本质上反映了全球化向纵深方向发展。

3. 部分西方国家逆全球化本身也是全球化发展的结果。

4. 民族国家根据本国资本的流动选择全球化政策。

5. 经济全球化是历史发展的必然趋势。

6. 经济全球化对不同民族国家的影响具有不平衡性。

7. 经济全球化核心要素的变化状况决定了不同国家对待全球化的不同态度。

本题材料出自南开大学周恩来政府管理学院教授韩召颖和他的博士研究生姜潭在《四川大学学报（哲学社会科学版）》上发表的论文《西方国家"逆全球化"现象的一种解释》。2016 年来，以英国脱欧、美国贸易霸凌主义为代表的"逆全球化"现象愈演愈烈，如何认识，如何解释？这样的问题非常具有实用性、生活性，也非常具有思辨性和批判性，对学生的必备知识、关键能力、学科素养和核心价值都是很好的培养和训练，尤其是对学生的历史解释和史料实证的学科核心素养是一个很好的考查。

（三）设计开放性作业，拓展学生思维的广度与深度，培育学科素养

首先，统编版高中历史新教材《中外历史纲要》课后有很多开放性问题，教师可以充分利用教材中的课后例题，作为开放性作业，拓展学生思维的广度与深度，培养学生的历史解释和史料实证能力。如《中外历史纲要（上）》第 1 课"中华文明的起源和早期国家"的课后学习拓展：

材料：我国著名考古学家苏秉琦在《关于重建中国史前史的思考》中说："相对于世界其他几大历史文化系统而言，中国文化是自我一系的；中国古代文化又是多源的；它的发展不是一条线贯彻始终，而是多条线互相交错的网络系统，但又有主有次。各大文化区系既相对稳定，又不是封闭的……中国文明之所以独具特色、丰富多彩、连绵不断，中华民族之所以能够形成一个统一的多民族国家并在数千年来始终屹立在世界的东方，都与中国文化的传统、中国文明的多源性有密切关系。同世界上其他文明古国的发展模式不同，多源、一统的格局铸就了中华民族经久不衰的生命力。"

阅读这段话，查阅相关史前文化遗址的考古资料，考察其分布特点，就中华文明起源的多源性和统一性问题谈谈自己的认识。

学生在掌握本课必备知识的基础上，通过查阅资料，不难认识到：多源性是指中华文明起源地分布广泛，如黄河流域、长江流域、辽河流域、淮河流域、珠江流域等；统一性是指各大文化区系既相对稳定，又不是封闭的，而且有主有次，各地文明与中原地区的文明具有相似性。当然，要用考古资料证明中华文明起源的多源性和统一性还需要互相协作，多方搜证。正所谓"大胆假设，小心求证"。

其次，教师也可以根据学生现有知识水平和思维能力，结合新高考评价体系要求，原创一些具有思维含量、思考价值的开放性试题，从而提高学生的认知水平和思辨能力。如在学习《中外历史纲要（上）》第20课"北洋军阀统治时期的政治经济与文化"时，谈到新文化运动就会涉及现代化与传统之间的关系问题，可设计开放性试题如下：

（原创命题）阅读材料，完成下列要求。（12分）

材料一：20世纪初的文化巨人们，几乎不约而同地都把现代化与传统对立起来，从道德、文化的角度认定中国是一个"精神上患病的民族"……中国传统文化在道德上是罪恶的，在历史发展中是有害的，认定中国传统文化是"已死的东西"，是"陈腐而邪恶的"，中国社会要进步，就"非走西方文明的路不可"，这是当时知识界的"共识"。

——李萌羽、温奉桥《全球化视野中的文化选择——兼论"五四"新文化运动的价值悖论》

材料二：传统与现代性并不必然的是二极对立的关系，传统和现代性经常相互加强，而不是对立冲突，将传统与现代性设置于相互对立状态的一般实践，忽视了现实中它们相互融合、相互渗透的一面。

——J.古斯费尔德《传统与现代性：社会变迁研究中误置的两极》

结合材料与所学知识，围绕现代化与传统的关系阐述你的观点并进行论证。（要求：论题明确，持论有据，表述清晰。）

【学生作业】

观点:批判继承传统方能更好发展现代化。

论证:在中世纪,英国形成了"王在法下"和"王在议会"的限制王权的政治传统。随着英国资本主义的发展,资产阶级和新贵族日益壮大,与王权的矛盾日益激化,1640 年,英国资产阶级革命爆发,1688 年"光荣革命"资产阶级和新贵族取得胜利。1689 年《权利法案》颁布,标志英国君主立宪制开始确立,从根本上改变了英国政治制度的发展方向,同时又没有割断历史,超越传统。此后,英国逐步确立"议会权力至上,国王统而不治"的原则,君主立宪制不断完善发展,为英国在 18 世纪一跃而成为世界霸主和率先开始工业革命奠定了政治基础。

20 世纪初,在民族危机不断加深和西学东渐不断深入的背景下,中国资产阶级激进民主主义者们认识到只有思想解放方能实现真正的民主共和。陈独秀、胡适、蔡元培等人以"民主"和"科学"为口号发起新文化运动,他们反对专制和愚昧,主张民主和科学,反对旧道德和旧文学,主张新道德和新文学,在社会上起到了思想启蒙的作用,具有进步性;但其对中国传统文化的完全否定倾向,未正确认识到中国传统文化的价值,割裂了传统文化与现代性之间的关系,不利于现代化的发展。

综上,传统与现代化并不是对立的关系。在当今中国,我们要以史为鉴,批判继承传统文化,最大发挥其现代价值,为发展中国特色社会主义现代化服务。

传统与现代之间关系问题极具思辨性,历史上继承者有之,批判者有之,批判继承者有之。传统与现代并不是对立的两极,完全可以互相整合,互相渗透。在现代化与国际化的过程中,要重视保护传统,整合传统,才能更好地走向未来。这样的历史作业,角度开放、观点开放、答案开放、言之有理,即可得分,对提高学生的认知水平,形成正确的世界观、人生观、价值观大有裨益。

再如唯物史观不仅是历史学科五大核心素养之一,也是中高考考查的重点内容,对唯物史观的相关内涵,可以利用原创开放性试题加深理解,灵活运用。

(原创命题)阅读材料,完成下列要求。(12 分)

材料:法国年鉴派史学代表人物费尔南·布罗代尔提出了时段理论,其中地理时间、社会时间、个体时间三个概念即"长时段""中时段"和"短时段"各自对应的历史事物分别称为"结构""局势"和"事件"。地理时间是就那些在历史进程中演变缓慢的历史事物而言,如自然地理环境、气候、生态变动等;社会时间是就那些变化较地理时间明显、但又相对稳定的历史事物而言,如经济制度、政治制度等;而个体时间是针对变化频繁的历史事物而言的,如一场战役、一次政治家的会晤等。三种时间及其所对应的历史事物在历史进程中发挥着不同的作用。其中,起长期决定性作用的是自然地理这些"长时段"的事物;"中时段"的社会时间对历史有着直接的作用；而"短时段"的事件只不过是一些浪花或尘埃而已，对历史进程不起重要作用。

——摘编自廉敏《费尔南·布罗代尔的时段理论》

有史以来，人们试图以各种方式认识历史。材料反映了法国学者布罗代尔对历史背景的认识，对此认识提出你自己的见解（赞成、质疑、修改皆可），并说明理由。（要求：见解明确，持论有据，表述清晰。）

【学生作业一】

论题：古代希腊民主政治的产生体现了布罗代尔的"时段论"。

阐述：古希腊三面环海，海岸线曲折，优良港湾众多，海外贸易发达；地中海式气候，无开阔平原，山岭沟壑较多，限制了农业发展。长时段来看，地理环境对古希腊的民主政治产生了有利影响。

希腊城邦林立，小国寡民，独立自治，这就使得古希腊地区不易形成统一帝国。中时段来看，城邦制度为直接民主提供了可能。

雅典公民幼时随智者学习，接受书写、修辞、演讲、音乐等训练，培养参政素质。公民珍视个人自由，敢于表达个性，不屈从于权威，城邦至上，具有强烈集体荣誉感。短时段来看，公民素养有利于民主政治发展。

综上所述，从长时段来看，地理环境影响了生产方式，为民主政治提供了可能；从中时段来看，城邦结构为雅典民主政治提供了基础；从短时段来看，公民追求民主，勇于斗争，推动了雅典民主的确立和发展。

【学生作业二】

论题：历史发展是必然性和偶然性的统一，中时段推动历史进程，短时段也对历史发展作用重大，但长时段并不决定历史。

阐述：关于长时段地理时间决定历史进程是地理环境决定之论，是片面错误的。相似的地理环境下也可能产生不同的文明形态。如雅典和斯巴达在地理位置和自然因素方面类似，雅典产生了民主制，而斯巴达则实行贵族制。中时段社会时间的确产生巨大作用，如维新变法、辛亥革命深入推动中国政治民主化进程，推动近代化发展；明治维新使日本走上近代工业强国道路。短时段个体时间起到加速作用，如一战导火索萨拉热窝事件，开启一战战火；"乒乓外交"推动尼克松访华，促进中美关系正常化，偶然事件可以加速历史进程。

由此可见，不论长、中、短时段社会事件对于历史都有一定的推动作用，而非由自然决定或全无影响，是在必然的大势下发展。

【学生作业三】

论题：我认为"长时段""中时段"和"短时段"对应的历史事物均对历史发展起着重要作用。

阐述：古代雅典位于海洋，陆地面积狭小，农业发展不利，只能将目光投射在海洋,发展工商业,促进了海洋文明产生。雅典小国寡民,因此衍生了与其相适应的城邦直接民主体制,催生了灿烂的雅典民主政治文明。因此,"长时段"对历史发展有重要作用。

近代中国由于封建制度衰落,不断遭到西方凌辱,如鸦片战争、甲午中日战争、八国联军侵华战争,可中国人在受到冲击后积极学习西方,组织反抗,于是取得了抗日战争的胜利,并成立了新中国,不断繁荣富强。由此可见,"中时段"对历史发展有重要作用。

新航路开辟时期,正是由于哥伦布的计算失误,导致他未到达东方亚洲而是到达了美洲,促进了美洲新大陆发现,加强了联系。因此,"短时段"对历史有重要作用。

综上,"长时段""中时段""短时段"的历史事件均对历史发展有重要作用,历史是必然与偶然的统一,是多种历史合力作用的结果。

法国年鉴学派费尔南·布罗代尔的时段理论在学术界具有较大的影响力。本题就是试图引领学生关注学术,尤其是要了解西方史学家的史学范式。布罗代尔为了说明结构与时间的关系,提出了有名的历史时间的三种尺度:长时段、中时段和短时段。布罗代尔的长时段概念,被年鉴学派奉为历史学的金针,它起码以百年为计算单位,是结构的时间节奏,是历史的深层,用布罗代尔的话说,"几乎是静止的历史"。年鉴学派喜欢用长时段来研究文明史和心态史。中时段,布罗代尔又称之为"局势"(conjuncture),用来表示至少经历十年,二十年或者半个世纪的中等时间节奏的历史,主要是研究经济和社会的周期性波动。短时间,被称为"插曲",也就是他们所说的事件的历史,如恺撒在元老院被刺、拿破仑在滑铁卢惨败等重大事件。"布罗代尔的历史时间的三个尺度的提出,其重要意义在于提示出历史时间不是单一的,不是按老式的年代学可以完全掌握的。"[①]

"如果把年鉴学派作为一个模式的话,其特点在于用跨学科的、长时段的和计量的方法,为解决问题而构造(不是重构)过去的整个社会图景。"[②]然而年鉴学派是不重视事件的历史即短时段的历史,布罗代尔曾经认为事件仅仅是表层的骚动,是历史的闪光,这是忽视历史的偶然性,忽视历史是必然与偶然的统一,是多种历史合力作用的结果;而且长时段并非是"静止的历史""不动的历史"(histoire immobile),历史事实上是变动的。有着马克思主义倾向的年鉴派第三代的重要人物维拉尔就对布罗代尔的结构与长时段学说作了多方面的批判。他说:"历史学家,特别是马克思主义历史学家,恰好重视如下的观点,即认为一切都在变化着,没有什么完全独立于一个本身处在经常的自我变革过程中的整体结构。"[③]

这样的开放性试题不仅可以落实、巩固相关基础知识,而且具有一定的思维含量和学术

① 朱本源.历史学理论与方法(修订本)[M].北京:人民出版社,2012:69.
② 朱本源.历史学理论与方法(修订本)[M].北京:人民出版社,2012:73.
③ [法]维拉尔.构造马克思主义史学[M].//朱本源.历史学理论与方法(修订本).北京:人民出版社,2012:70.

性,有助于培养学生的历史解释和史料实证素养,有助于培养学生的批判性思维和表达能力,有助于高校选拔人才。

(四) 设计阅读性作业,开阔学生的视野,培养历史阅读能力

著名教育家朱永新说:"一个人的阅读史就是他的精神发育史。""没有阅读就不可能有个体心灵的成长,不可能有个体精神的完整发育。""通过阅读,我们不一定变得更加富有,但我们一定可以变得更加智慧。通过阅读,我们不一定能改变我们的长相,但一定可以改变我们的品位和气质。通过阅读,我们不一定能延长我们生命的长度,但一定可以改变我们生命的宽度,增加我们生命的厚度。通过阅读,我们不一定能实现我们的人生梦想,但一定可以帮助我们更接近我们的人生梦想。"可见阅读对个体的精神发育、成长至关重要。从国家层面来说,国民阅读能力的高低是国家富强的一个重要标志。因此,我们在设计历史作业时,特别是在寒暑假这样的长假里,可以设计一些阅读性作业,开阔学生的视野,触发学生的思考,培养学生学习历史的兴趣。如重庆师范大学研究生王沐在达州一中实习时设计的高一年级历史寒假作业如下:①

一、至少读一本历史课外书:《明朝那些事》《历史的温度》《半小时漫画中国史》《半小时漫画世界史》《上下五千年》《鬼脸历史课》《人类群星闪耀时》《一看就停不下来的中国史》《古代人的日常生活》。

二、至少看一部历史纪录片:《中国通史》《世界历史》《看鉴》《大国崛起》《河西走廊》《国家宝藏》《如果历史是一群喵》《那年那兔那些事儿》《我在故宫修文物》《甲午》《历史那些事》《中国远征军》《一寸河山一寸血》《二十二》。

三、试着绘制一幅历史漫画图(自定主题)。

四、参观游览历史博物馆:达州博物馆、四川博物院、建川博物馆聚落、三星堆博物馆。

五、认真思考几个历史问题。

1. 如果将有史以来改变人类进程的历史事件排出前三位,你会选哪三项? 为什么?

2. 你知道哪些曾经辉煌现在却消逝或衰落的文明,能说说它们消逝或衰落的原因吗?

3. 人们对一个历史人物的评价,往往既有肯定的又有批评的,学者胡适甚至说,历史是任人打扮的小姑娘,对此你如何看待?

4. 如果历史是可以穿越的,你又承担着改变历史进程的责任,你希望穿越到哪个时代、哪个国家? 你会做些什么?

5. "以史为鉴,可以知兴替",你如何理解这句话? 我们要向历史学习什么?

---

① 案例来源:王沐老师"史苑新芽"公众号。

六、写一篇读书观剧笔记。

1. 以上作业,读书、观剧、绘图、参观,根据自己的兴趣爱好及实际情况,四选一,把一件事情做好,你就成功了。

2. 关于思考题,开学第一课,会让大家在课堂上畅所欲言、各抒己见、交流探讨。

3. 另外相信大家在读书观剧之后,一定会有很多的收获和感想,请把你的收获和感想用笔记录下来。写一篇读书观剧笔记,不低于 500 字,开学上交并会评选出部分优秀作品加以奖励。

这份作业显然是经过精心设计的,既有"历史文本阅读",也有"历史实物阅读"①;既有对地方乡土历史的关注,对国家民族历史的思考,也有对人类命运的观照。内容丰富、形式多样,彰显了教师本人的史料阅读史和精神发育史,值得参考和学习。

设计阅读性作业,不仅是要开阔学生的视野,更是要培养学生的历史阅读能力。历史阅读能力是指学生在阅读历史史料(文字、图片、表格、地图、柱状图、曲线表等)时,是否能够结合所学知识,按照要求有效而全面地提取历史信息,并将所提取的信息根据要求进行整理、组织,科学地综合分析,形成正确的观点,进而认识历史发展的时代特征和历史发展的基本趋势,尝试反思历史,吸取历史的经验教训,并且还能用自己的语言清晰地表达。"历史阅读能力是关键能力培养的基础,是培养学生历史学科核心素养的基本保障。"②历史阅读能力的培养,有利于学生形成正确的世界观、人生观、价值观,培养德智体美劳全面发展的学生,更好地落实立德树人的任务。

有效达成阅读目标或生成一定的阅读能力,需要适宜的阅读技巧。于友西、赵亚夫教授在《中学历史教学法(第 4 版)》中指出:"历史阅读是基于视觉材料获取历史信息的、内在的理解与领悟过程,有其特定的历史阅读要求。"③首先,历史阅读要有适宜、明确的目标。历史阅读尤其是作为课后作业的中学生的历史阅读不能随意或漫无目的,而是要依据不同层次的目标诉求,或基于直接的阅读目标驱动,或着眼于长时段的阅读能力、素养培育,结合学生的兴趣与阅读动机,确立适宜、明确的目标。其次,历史阅读要关注有价值的问题与争论。如关于魏晋南北朝和隋唐史的阅读,要特别关注"北朝出口论"和"南朝化"的争论,对理解这一阶段的历史具有提纲挈领的作用。再次,历史阅读要注意阅读层次。根据不同的实际情况,确定具体的阅读层次与相应的操作步骤。如初中与高中的阅读作业应有不同,高一与高三的历史阅读层次应有不同。

根据历史课程标准的要求,历史阅读可分为历史文本阅读和历史实物阅读两大类。历史文本阅读涉及历史教科书、历史学习参考书、历史著作、历史文献等。历史实物阅读主要涉及历史文物、实物图片与遗址等。教师可根据学情和自身阅读经历,适度布置阅读性作业。

---

① 于友西,赵亚夫.中学历史教学法(第 4 版)[M].北京:高等教育出版社,2017:170.
② 黄妙茜.高中生历史阅读能力培养策略[J].中学历史教学参考,2019(09):61.
③ 于友西,赵亚夫.中学历史教学法(第 4 版)[M].北京:高等教育出版社,2017:170.

三、历史作业设计的注意事项

（一）历史作业的布置要精心设计

作业可谓是我们"最熟悉的陌生人"，是学生课堂学习和教师课堂教学的延伸，是教师获得教学反馈、调整教学策略的依据。科学、严谨的历史作业能够在巩固基础知识的基础上进一步提高学生解决历史问题的思维能力，培养学生的历史学习兴趣。切不可随意而为，一定要下一番功夫，精心设计。

（二）历史作业的设计要注重知识的落实和运用

这是设计历史作业的"初心"。"合抱之木，生于毫末；九层之台，起于垒土；千里之行，始于足下。"只有在落实和运用课堂知识的基础上，才能形成学科素养，才能立德树人。

但需要强调的是落实知识不同于考知识，通过作业设计帮助学生解读概念，形成认识，提升素养，都需要将知识分解、内化。从历史素养的高度看，历史知识既是具体的，也是整体的，既是独立的，也需要前后贯通、上下相连、左右相逢，既要保证知识的完整和独特，也要对它进行消化、加工、提炼。如果说，以前我们注重的是怎样把知识"喂"给学生，囫囵吞枣也好，细嚼慢咽也罢，总之进到嘴里胃中就行。那么现在，培养素养就还要再进一步，要关注知识的消化，关注它是不是发生了有益于吸收、转化为有益于生命的"酶化"。把"死"知识变活，把活知识变灵，是知识"酶化"的主要目的。因此，知识＋知识的"酶化"，是历史素养要求的知识观。[①]

（三）历史作业的批改要及时科学

作业批改是教学的重要组成部分，是教师了解学生学习和反馈教学情况的重要窗口。通过及时的、中肯的作业评语可以促进教学双方的有效交流。在作业批改中，有针对性地写上几句评语，不仅可以传递教师对学生的学习要求和指导意见，还能起到密切师生关系、调动学生学习积极性的作用。作业的批改不能只有分数，只有对错，甚至不能教师一人操作，可以尝试生生互批。总之，作业的批改要及时、科学，要有温度！

作业是检验和考查学生知识掌握程度、深化认识的一种重要手段。教师布置作业的目的是让学生打好基础，学会运用，改进教学。实践研究证明，教师刻意编选、原创合适的、科学的课后作业，设计具有有效性、时代性、层次性、趣味性、典型性、多样性、开放性的作业，有利于提高课堂效率，提升教学质量，增强学生的学习兴趣，提升学生的学科素养，助力学生的终身发展。

第二节　如何进行个别辅导

"作业——批改——反馈——个别辅导，是常规教学中一个重要的环节链。"[②]其中个别

---

① 吴伟.历史学科能力与历史素养[J].历史教学(中学版),2012(21):3—8.
② 沈毓春.强化个别辅导　提高作业的有效性[J].教学月刊(中学版),2008(09):12—14.

辅导也是教师的常态工作之一。作业批改后,教师应该结合作业中反映的情况,适时、具体、恰当、有的放矢地进行个别辅导,不仅能够帮助学生纠正错误,减少累积性错误,改进学习策略和方法,提高作业练习的有效性,还能够增进师生情感,使学生"亲其师,信其道",起到事半功倍的作用。那么,如何进行个别辅导,才能提高作业的有效性,并进而提高教学质量呢?

在对学生进行个别辅导过程中,要突出和发挥学生在教学中的主体地位,引导学生掌握学习方法,使学生有明确的学习策略和学习规划,学会学习,这需要教师对学生进行学习方法指导。学法指导包括很多方面,例如:指导学生学会梳理教材阅读有关历史的资料,解析历史概念,概括所学的历史事实,对历史进行分析,初步形成自己的历史认识,学会与他人交流合作等等。教师要根据学生的不同情况有针对性地进行个性化指导。[①]

一、选好辅导对象,有的放矢,培优补差

首先,要在深入了解全班学生的学习和思想状况的基础上,确定辅导对象。针对不同的对象,要从个人的实际情况出发,有的放矢,培优补差。原则上"抓两头,带中间"。教育到底是一门科学还是一门艺术? 长期以来,争论不休。其实,教育既是科学,也是艺术。对"中间"即中等生,要讲科学;对"两头"即尖子生和后进生,要讲艺术。总体而言,每一次个别辅导的人数不宜过多,原则上不要超过班级人数的百分之十。

其次,对不同层次的学生要进行不同方法的个别辅导。重点是对于后进生的个别辅导,要耐心启发,讲究艺术,热情激励。每取得一点一滴的进步,要及时给予肯定的评价,从而提高学习兴趣。苏联著名教育家苏霍姆林斯基非常重视对后进生的个别辅导。在他的《给教师的建议》一书中有好几篇文章都涉及后进生的辅导和转化,其中有一篇文章叫《谈谈对"后进生"的工作》,文中说:"在我们的创造性的教育工作中,对'后进生'的工作是'最难啃的硬骨头'之一,这样说恐怕没有哪一位教师是不肯赞同的。"[②]文中他提到一个叫费佳的后进生让他永远难忘,他教过费佳 5 年——从三年级到七年级。费佳遇到的最大障碍是算术应用题和乘法表,在其他年级里也有和费佳有某种相似之处的孩子,虽然他们的人数不算多。苏霍姆林斯基给这些孩子编了一本特别的习题集,习题集里约有 200 道应用题,主要是从民间搜集来的,其中的每一道题就是一个引人入胜的小故事。很快,费佳就整天整天地抱着那本习题集不放了。每解出一道题,他都感到是一次巨大的胜利。此外,苏霍姆林斯基还给费佳搜集了一套专门供他和另外三个孩子阅读的书籍,并认为读这些书是一种智力训练。很快,到了五年级费佳的学业成绩赶上来了。七年级毕业后,费佳进了中等技术学校,后来成了一名高度熟练的专家——机床调整技师。苏霍姆林斯基最后得出的结论是:"儿童的学习越困难,他在学习中遇到的似乎无法克服的障碍越多,他就应当更多地阅读。阅读能教给他思

---

① 中华人民共和国教育部. 义务教育历史课程标准(2022 年版)[M]. 北京:北京师范大学出版社,2022:61.
② [苏]B. A. 苏霍姆林斯基. 给教师的建议[M]. 杜殿坤,编译. 北京:教育科学出版社,1984:17.

考,而思考会变成一种激发智力的刺激。"①对于优等生的个别辅导,要重在学习难点的突破和指导,以及心理的疏导;当然,除了抓好"两头"之外,还要培养几个中等生,使他们成为优等生,起到带头促进作用。

再次,辅导对象要及时调整。"在每一个班级,每个学生的学习成绩都在不断变化,不断发展,不断进步。他们进步的幅度和发展的速度是不一样的,会出现参差不齐、交错上升的状态。经过一段时间的辅导学习,原来的差生有可能上升为中等生或优等生,而原来的优等生、中等生也有可能暂时后退、停滞不前,教师应根据具体情况变化及时调整辅导对象。"②

二、设计辅导内容,有备而来,查漏补缺

根据作业和考试的反馈情况,综合分析,准确研判,针对不同学生的实际确定安排辅导的内容。不打无准备之战,有备而来,查漏补缺。

一般而言,班级形态是橄榄球型的,中部大,两头尖,这就是"橄榄球理论"。两头尖,一头是优等生,一头是后进生,都属于少数群体。

对于优等生,要侧重培优辅导,不能使他们经常处于"吃不饱"的状态,尤其是对于即将参加中考和高考的毕业班尖子生,他们往往学有余力,需要老师提供一些"加餐"。例如高考历史试题中的开放性试题对尖子生而言,也是巨大的挑战,就需要进行专题辅导、精准辅导,提升他们的认知水平和思维能力;对于后进生,要侧重基础辅导、夯实基础、掌握必备知识。在辅导内容的设计上,可以选择题为主进行训练和指导。另外,要注意保护他们的自尊心,帮助他们树立克服困难的信心和决心,千万不要使后进生由于被老师个别辅导而产生自卑感;对于"橄榄球"的中部——班级绝大多数中的中等生,则应侧重于学习方法的辅导。因为这一部分同学往往学习兴趣和学习热情高昂,但苦于不得法,收效甚微,进步不大,焦虑不安。若能对症下药,因材施教,指导得法,其进步空间是非常巨大的。

三、安排辅导时间,及时跟进,适时适度

个别辅导,一定要做到及时跟进,适时适度,这样才能收到良好的效果。针对不同学生在不同时期的主要问题,给予及时的、适当的指导,有利于学生的个性发展和成绩提升。

怎样合理地安排辅导时间,要根据辅导内容来定。如果是辅导一个比较系统的专题,最好安排在课外,安排一个比较集中的、较长的时间。例如关于考点"中国共产党和新民主主义革命",由于近年来高考加大对党史和革命史的考查力度,而学生尤其是女生对这一部分内容往往缺乏兴趣、缺乏阅读,应当需要有针对性地进行专题辅导。如果是一个易错点,可以在课内抽出时间,个别布置,精准辅导。例如部分学生对雅典的"公民"和"居民"的概念区分不清,就可以通过试题进行个别辅导,加深印象。

---

① ［苏］B. A. 苏霍姆林斯基. 给教师的建议［M］. 杜殿坤,编译. 北京:教育科学出版社,1984(6):21.
② 李梅. 如何进行个别辅导［M］//中国当代教育文集(第十二卷). 北京:学苑出版社,2003:391.

（原创命题）对下表反映的历史信息解读合理的是：

表 7 - 1　梭伦确立的财产等级制度

等级名称	财产标准	享受的权利	应尽的义务
第一等级	年收入 500 麦斗以上	担任一切官职	提供骑兵（自备军械、军装、马匹）
第二等级	年收入 300—500 麦斗	任除司库外的高级官职	
第三等级	年收入 200—300 麦斗	担任低级官职	提供重装步兵（自备军械、军装，是军队主要成分）
第四等级	年收入 200 麦斗以下	不能担任任何官职，只有选举权，无被选举权	轻装步兵和水手（只带棍棒）

  A．有利于雅典城邦工商业的发展 B．标志着雅典民主政治最终确立
  C．增强了居民的权利和义务观念 D．实现了公民之间的民主和平等

【参考答案】A

  材料反映的是梭伦改革的核心措施之一财产等级制，财产越多，等级越高，权利越大。因为发展工商业有利于公民财产的增加，因此这一举措有利于雅典工业商业的发展，故 A 项正确；本题错选最多的就是 C 项，部分学生混淆了"公民"与"居民"的概念，误以为"居民"就是公民，其实不然。居民的范围要比公民的范围大得多，包括公民，也包括妇女、外邦人和奴隶等，而这些人在当时的雅典是没有公民权的。

  "个别辅导的时间无论安排在课外还是课内，是集中还是分散，时间都不宜拖得过长，布置内容也不宜过多，否则以辅导代替课堂教学，额外地加班加点，就会造成学生负担过重。"[①]

四、创新辅导方法，打破常规，创意辅导

  教学有法，教无定法。既然是个别辅导，就更具有个性化。因此，在辅导方法上，也应打破常规，推陈出新，创意辅导。

（一）作业面批面改

  结合作业中出现的问题，及时查漏补缺。同需要个别辅导的学生一起分析问题的症结之所在，是知识的问题，还是方法的问题，还是思维的问题，还是兼而有之。有什么问题就改进什么问题，什么问题最严重就优先解决什么问题。师生之间进行深入的对话，协助学生制订出详细可行的学习计划，并做好跟踪督促工作。

（二）个性作业评语

  在每次作业的后面，针对不同学生作业的具体情况，批注个性化的、饱含深情的作业评

语,给学生加油鼓劲。如:"人生为一大事而来""这才是真正的你""没有人敢忽视你""看你的作业是一种享受""天下没有白费的努力""人如其字,字如其人""你是最棒的"……小小的几字评语,往往能起到"四两拨千斤"的作用,让学生看到希望,树立信心,激发学生的学习热情和积极性,对于提高培优扶困的效果具有很好的催化作用。"教师应当尽可能地让每一个学生都有成功的感觉,都能肯定自己,这也是教学的目标之一。"①

（三）学生互帮互助

教学的内涵包括"以师生之间、生生之间的多向互动、动态生成这一基本方式,教师引导学生实现个人的经验世界与社会共有的精神文化世界的沟通和富有创造性的转换,逐渐完成个人精神世界对社会共有的精神文化财富具有个性和创造性占有的过程"。② 基于这一理解,教学的内涵不仅包括师生之间的互动,也包括生生之间的互动,是一个多向互动和动态生成的过程。因此,不仅要调动教学的主观能动性,也要调动学生的积极性。教师不是神,不是万能的,要勇敢承认教师的能力和精力具有有限性。著名心理学家罗杰斯也主张"给予学生某种程度的自主权和学习的自由权"。③ 因此,可以在班级里组建各类历史学习小分队,开展学生互帮互助活动,用中上生带动后进生,营造互帮互助的班级氛围,形成积极向上、团结互助的良好班风。"让学生在自主学习、合作探究中体会历史学习的意义,感受精神成长的快乐。"④

（四）培养成就动机

"成就动机(achievement motivation)是指个人对自己认为重要或有价值的工作,不但愿意去做,而且能够达到完美地步的一种内在的推动力量。"⑤部分学生之所以需要个别辅导,恰恰是缺乏成就动机。简而言之,就是缺乏学习的内动力。那么,如何培养成就动机?

（1）"成就动机的培养应当注意将远景目标与近景目标、内在目标与外在目标相结合,即将学习目的性教育与平时的教学相结合,恰到好处地贯穿于平时的教学中。"⑥

（2）强调学习的内在价值,培养学生主动参与学习活动。例如,为什么要学习? 为什么要读书? 我们可以以钟南山教授为例,钟南山教授一直都在努力学习,刻苦钻研学术,20 多岁名牌大学毕业,40 多岁赴英国进修,60 多岁带领医护工作者抗击非典,如今 80 多岁的他依然挂帅亲征,赶到武汉,与"冠状病毒"战斗,着实令人敬佩。当孩子再问:"妈妈,我为什么要读书?"我们可以坚定地告诉他:要做一个像钟教授那样有知识的人。知识不仅能改变我们的生活,还能救人于水火。当危险来临的时候,你不是害怕,而是用自己的知识去战胜危险。

（3）正确对待学业失败与挫折,培养毅力与成就感。能够忍受失败痛苦感与挫折感的学生,将参与学习、参与各类活动竞争看成有助于自我成长发展的学习机会,即他们有强烈的

① 王雄.中学历史教育心理学[M].吉林:长春出版社,2012:72.
② 叶澜.教育学原理[M].北京:人民教育出版社,2007:178.
③ 王红彬,黄忠侨.从皮亚杰到罗杰斯——由比较看两位心理学家的教育研究范式[J].外国中小学教育,2003(11):22.
④ 李国瑾,张晓乾.让"自主·合作·探究"成为历史教学常态的探索与思考[J].中学历史教学参考,2016(12):20.
⑤ 王雄.中学历史教育心理学[M].吉林:长春出版社,2012:70.
⑥ 王雄.中学历史教育心理学[M].吉林:长春出版社,2012:71.

成就动机。

（4）鼓励学生间、师生间的相互探讨。这就涉及交往动机的概念。"交往动机（affiliation-oriented motives）与成就动机都属于社会性动机，它是指一个人与他人接近、合作、互惠，并发展相处感、友谊感与归属感的内在动力。"[①]如在现实的学校教育背景中，学生愿意听他们喜欢的老师上课，愿意为他们喜欢的老师学习，学生也愿意相互之间讨论、辩难等。利用交往动机的作用，让学生在较为宽松的气氛中进行讨论，有助于帮助他们形成正确的学习态度。同时，在交流和讨论中发现自己，更深入地理解学习目的。

（5）及时反馈与适当评价。让学生及时了解自己的学习结果，了解自己的进步，以提高学习热情，增强学习的自信心。

（五）关注心理健康

"心理健康是一种良好而持续的心理状态与过程，表现为个人具有生命的活力、积极的内心体验、良好的社会适应，并能有效地发挥个人的身心潜力和积极的社会功能。"[②]心理健康教育是素质教育的重要组成部分。在教育教学的实践中，个别学生因为家庭或个人等各种各样的原因，存在一定的心理健康问题，如心理障碍、行为障碍、心理异常、心理困扰、行为适应不良、人格适应不良、心理疾病等，这就需要教师进行个别辅导。这种辅导不能都推给心理教师，而是人人有责。在个别辅导中开展心理健康教育，有利于预防心理疾病，维护学生心理健康，有利于青少年社会化和人格健全的发展，有利于提高学校日常教育与学校工作的成效。

五、检查辅导效果，重质轻量，注重实效

个别辅导要及时检验效果，重质轻量，以便适时调整辅导对象和辅导内容。检查辅导效果一般可以通过以下的方式进行。

（1）随时了解。教师在辅导过程中，随时了解学生的情况，检查辅导效果。

（2）检查作业。课堂教学告一段落以后，立即布置适量的、有针对性的作业，当堂练习，及时批改，从作业批改中可以看出效果。

（3）课堂提问。安排难度相当的问题或与个别辅导相关的问题，指名少数个别辅导过的学生回答，不仅可以及时了解学生理解的深度，还可以补充提问，适时追问，进行深度辅导。

（4）试题检测。经过一段时间的辅导，可以将近期的辅导内容在全班进行试题测验，从接受辅导与未接受辅导的学生成绩对比中了解辅导效果。

六、建立评价机制，树立典型，以点带面

建立积极的评价机制，树立成功典型，以点带面，可以激发学生学习的兴趣和动机。心理学家罗杰斯认为：人类生来就有学习的潜能和愿望，在合适的条件下，每个人所具有的学

---

① 王雄.中学历史教育心理学[M].吉林：长春出版社，2012：71.
② 张大均.教育心理学（第二版）[M].北京：人民教育出版社，2005：322.

习、发现的潜能和愿望是能够释放出来的，所以要想办法激发他们的学习内在动机。表扬正是打开这个动机的钥匙。所以，我们应多找机会来表扬学生。我们要重视"学困生"在学习上的点滴进步，对在作业或考试中取得进步的学生要大力表扬，而且要当众表扬，并知会家长，也让家长去表扬，要想办法让他们保持坚持不懈的努力状态，并通过他们树立榜样，带动更多的同学认真学习。

第三节　如何命制原创试题

考试与教育是一种伴生现象，"考试其实是一个包括命题和考试实施等环节在内的评价体制，而命题则突出地反映了考试的意志、品质，集中地表现了考试的社会文化价值和测量学意义"。① 当前，在普通高中阶段，学习评价的方法多种多样，但"纸笔测试"仍然是目前最常用、最重要的评价方式。而"'纸笔测试'的核心是编制历史试题"。② 命题是每个教师的必修课和基本功，能够充分体现一名教师的综合素质。尤其是原创命题，因其具有较强的针对性、灵活性、预测性和模拟度，对于落实高考评价体系要求、打造卓越高效课堂、提高复习备考效率、促进教师专业成长都具有重要意义。

但是应该看到，当前有不少教师，对原创命题缺乏足够的重视，在命题上存在诸多问题。有专家指出这些问题主要有三个方面："一是不想命题。认为现成资料和讲义上的配套题目很多，直接运用即可。这实际上反映了教师的职业倦怠和对自我发展要求不严格。二是不敢命题。生怕自己命制的题目达不到现成资料、讲义上的水平而贻笑大方，认为不如采用'拿来主义'保险，缺少应有的创新意识。三是不会命题。有不少教师，特别是青年教师，具有命题的热情和自觉，但是由于缺乏名师点拨指导，缺少对命题思路、方法和原则的系统深入的研究揣摩，题目的科学性、规范性需要加强。"③也有一线教师指出："教师命题能力欠缺，归纳起来主要有两个方面原因：一是以'命题'为研究主题的研修活动过少，教师缺少必要的命题技术培训与指导；二是许多学校为了体现考试公平，往往采用上级业务部门统一命制的试题，导致教师的命题权缺失。"④总而言之，就是对原创命题存在畏难情绪，不敢迈出第一步。

原创命题中存在的种种问题需要引起我们的关注和重视，那么，原创命题的价值和意义是什么？原创命题应该坚持哪些原则和策略？原创命题的路径和流程是什么？

一、原创命题的价值和意义

（一）有利于落实高考评价体系的要求

义务教育历史课程的评价主要是评价学生在学习过程中表现出的核心素养水平，并用

① 刘芃. 刘芃考试文集[M]. 北京：人民教育出版社，2012：1—2.
② 薛伟强，范红军，陈志刚. 中学历史课程与教学概论[M]. 北京：北京师范大学出版社，2019：321.
③ 范红军. 原创试题的价值和意义[J]. 中学政治教学参考，2019(11)：71—72.
④ 刘文莲. 浅析高中历史教师命题的实践探究[J]. 中国校外教育，2015(33)：14.

评价结果改进教师的教学行为和学生的学习方式,使教、学、评相互促进,共同服务于学生核心素养的发展。[1]

考试是评价的手段和方式,命题本质是为评价服务。新高考评价体系由"一核四层四翼"组成,其中,"一核"是高考的核心功能,即"立德树人、服务选才、引导教学",回答"为什么考"的问题;"四层"为高考的考查内容,即"核心价值、学科素养、关键能力、必备知识",回答"考什么"的问题;"四翼"为高考的考查要求,即"基础性、综合性、应用性、创新性",回答"怎么考"的问题。这是我们原创命题的理论基础和实践指南,也是我们原创命题的价值导向和操作规范。通过原创命题的规范化、系统化研究,可以尽量减少和规避"偏、难、繁、怪、旧"的试题,提高试题的质量和效度,从而更好地落实高考评价体系的要求。

(二)有利于促进中学教师的专业成长

研究命题的技术与艺术有助于教师进一步熟悉课标教材,调整教法学法,反馈教学效果,是一线教师提升专业素养的必经之路。

对原创命题的研究涉及教育科研的方方面面,需要广泛和大量的学术阅读,对历史学科核心素养的内涵和水平划分的深入解读,对历年高考真题的深入研究,对原创命题技术的积累和探索,以及简洁精准的书面表达和完整严密的逻辑自洽,因而非常有利于促进教师的专业成长。"通过长时间的原创试题实践,教师的见识会不断增长、思考会不断深入、底蕴会不断丰厚,教师会逐步成长为科研型、学者型、智慧型的教师,使自己的人生价值得以实现,使自己的职业生涯绽放芳华。"[2]可见,原创命题对于中学教师而言,不失为一个进入教育科研神圣殿堂的合适入口,假以时日,日精日进,也可以到达学术的高峰。

(三)有利于提高高中复习的备考效率

教育部考试中心历史命题组原组长吴伟教授认为,目前中学历史教学及备考存在的主要问题有三个方面:知识学习缺乏深度,深度不够形成知识孤岛;学科视野缺乏广度,视野不够出现囚笼效应;能力训练缺乏效度,效度不够导致重复劳动。因此,复习备考也需要来一场"供给侧结构性改革",减少无效或低效的复习供给,增加有效或高效的复习供给。从这个意义上说,原创命题大有可为。原创命题具有"较强的针对性、灵活性、预测性和模拟度",为精准复习备考提供"手术刀"式方案,"对精准复习备考、减轻学生负担、走出题海战术具有重要意义",[3]从而优化复习方案,提高复习质量。

(四)有利于打造卓越高效的历史课堂

每一节历史课都是师生一段共同追求生命价值的历程,是思想与灵魂的碰撞,是历史与现实的对话。应该有效度、有深度、有高度。这也是卓越、高效课堂的标准之一。如何打造卓越高效课堂?原创命题可以扮演奇兵的作用。例如关于"1929—1933 年经济大危机爆发

---

① 中华人民共和国教育部. 义务教育历史课程标准(2022 年版)[M]. 北京:北京师范大学出版社,2022:61.
② 范红军. 原创试题的价值和意义[J]. 中学政治教学参考,2019(11):71—72.
③ 刘建荣. 原创命题——二轮复习的精准备考策略[J]. 教学考试,2020(17):77—80.

的原因"问题,学术界争议不休,莫衷一是。我们通过一道原创命题,对这个问题做一整体梳理和深度拓展,学生很快对这一复杂问题有了比较清晰的了解,极大提高了课堂效率。

（原创命题）关于大萧条的原因,新中国成立初期学界多认为它是资本主义制度发展的必然结果;20 世纪八九十年代以来,学界对西方经济史的研究,已不再局限于社会制度的框架之下,而是从经济运行的内在规律,包括银行制度、货币政策、关税政策等,去解释相关现象。据此可知,关于美国大萧条发生的原因（　　　）

A. 是资本主义制度的必然产物　　B. 研究的结论受时代环境影响

C. 缺少对世界市场的观察分析　　D. 只能有一种正确合理的解释

【参考答案】B

二、原创命题的原则和策略

通常,人们把编制或设计测验试题称作命题。命题在教育测量和评价体系中占有特别重要的地位,它是有效评价的重要保证,也"指挥"着教学的方向,影响着学生努力的侧重点。命题的方式有很多种,这里我们主要讨论原创命题。"原创命题是一项技术性较强的工作,也是一项富有创造性的劳动。需要我们用心为之、用力为之、用情为之。这样,才能出好题、铸精品、成经典。"[1]那么,具体如何操作? 应该秉承怎样的原则? 黄牧航、周朝阳老师提出四点建议非常具有指导性和启发性:一是形式年轻化,思想成人化;二是素材生活化,结论理性化;三是主题领域化,技能终身化;四是解释多样化,评价多元化。[2]

（一）价值立意的时代化

高考具有独特的社会价值,而这种社会价值又因时代的变化而变化。与时俱进,稳中有变,是多年来高考命题的突出特点。教育部考试中心发布的 2019 年全国高考试题评析《落实"五育并举",提升育人功能》就体现了鲜明的时代性。"2019 年高考命题以习近平新时代中国特色社会主义思想为指导,全面贯彻党的十九大精神和全国教育大会精神,充分体现立德树人鲜明导向,倡导德智体美劳'五育并举',全面落实高考评价体系要求,发挥高考'立德树人、服务选才、引导教学'的核心功能,增强理想信念、爱国主义、品德修养、奋斗精神等品质的考查和引导,集中反映共和国成立 70 年来的光辉历程、伟大成就,注重能力和素养考查,着力提升高考命题质量,彰显高考命题的育人功能和素质教育导向作用。"[3]因此,我们在原创命题的立意和选材等方面,要充分考虑价值取向的时代化,与时代同步,与国家同行,自觉践行以"一核四层四翼"为主要内容的高考评价体系要求,深化考试内容与形式改革,切实提高命题专业化水平,落实立德树人,落实"五育并举",充分发挥史学的社会功能和育人价值。

① 范红军.原创试题的命制策略[J].中学政治教学参考,2019(12):60—62.

② 黄牧航,周朝阳.历史试题编制原理与技术[M].广州:广东教育出版社,2015:160.

③ 教育部考试中心.落实"五育并举"　提升育人功能——教育部考试中心评析 2019 年全国高考试题[J].云南教育(视界综合版),2019(Z2):58—62.

那么,如何通过原创命题考查"五育并举",尤其是体、美、劳呢?

(原创命题)"40年来,'为国争光、甘于奉献、追求卓越、顽强拼搏、改革创新、锐意进取'的'女排精神'始终与国家、社会的发展紧密结合在一起,逐步演化成一种民族精神的象征,在社会各界产生了高度的思想聚合力。"作者意在说明(　　)

A. "女排精神"内涵始终没有发生变化

B. 中国女排推动了全民健身的蓬勃发展

C. "女排精神"为现代化建设蓄势助力

D. 中国女排承载着中华民族振兴的梦想

【参考答案】C

本题意在考查"五育并举"中的"体育"。中国女排为改革开放提供了强大的精神动力,将"女排精神"与改革开放两大热点问题结合起来考查,颇具时代感。

(原创命题)唐代诗人王维(字摩诘)诗云:"空山不见人,但闻人语响。返景入深林,复照青苔上。"宋代诗人苏东坡(号东坡居士)诗云:"殷勤稽首维摩诘,敢问如何是法门。弹指未终千偈了,向人还道本无言。"这两首诗都体现了(　　)

A. 理学对唐宋诗歌的深刻影响　　　B. 道家自然主义哲学深入人心

C. 士大夫援禅入诗的审美意趣　　　D. 尊古崇雅的创作追求和风气

【参考答案】C

本题意在考查"五育并举"中的"美育"。这道题是对2019年新课标全国Ⅱ卷第26题考查"宋诗以理为诗的美学特点"的进一步深化,宋诗之所呈现出"以理为诗"的特点是因为深受佛教特别是中国化佛教禅宗的影响。

(原创命题)1952年,山西人民广播电台反复播放和教唱歌曲《歌唱李顺达》:"太行山高来漳河水长,李顺达美名天下扬,在生产战线他是模范呀,爱祖国他能献出全部力量。……他是我们新中国农民的一面旗帜,他是我们中国农民的好榜样。"此举意在

A. 树立人民公社化运动的旗帜和典范

B. 提高农民参与社会主义生产的热情

C. 倡导学习西沟村农业合作社的经验

D. 建构适应国家建设需要的社会新风

【参考答案】D

本题意在考查"五育并举"中的"劳育"。李顺达是50年代的"全国劳动模范",新中国农民的一面旗帜,本题有助于弘扬"劳动最光荣、劳动最崇高、劳动最伟大、劳动最美丽"的社会主义劳动价值观。

(二) 命题资源的学术化

高考命题资源的学术化是新课程改革以来高考命题的一个突出的趋势和特征。陕西省西安市历史特级教师郭富斌老师指出:"命题人非常看重试题的学术性,他们公开表示要在

学术理解的基础上出题,题目的背后体现学术前沿性和历史学的特性与学术素养。他们不讳言近几年的试题当中用了很多新的概念,这些概念就反映了史学中的前沿的研究,并希望以此来引导中学的历史教学。"[1]华南师范大学黄牧航教授认为"与旧课程相比,新课程历史科的高考命题主要呈现出三方面的特点:专业化、新情境和主题式"。其中专业化趋向的主要表现是"命题者热衷于把高校的学术研究新成果转换成高考试题,其本质就是把历史专业的思维方法和研究内容渗透到高考命题中"。[2] 他把这些新成果在历史高考命题中的呈现大致分为五种类型:借助学术新成果考查学生理解原始素材的能力;借助学术新成果提出与教科书不同的观点;借助学术新成果考查学生对史学研究方法的掌握;借助学术新成果考查学生的史学理论素养;借助学术新成果来考查学生对学术史的理解。

黄教授还运用计量史学研究方法详细列表了2007—2013年国内外学者学术成果引用次数排名,这些统计数据对原创命题的选材具有非常重要的方向性指导意义,这里我们想进一步指出的是:

第一,要重视对马克思主义史学经典著作学术成果的引用。近年来高考加大了对唯物史观的考查力度,所引史料多来自马克思主义史学经典著述和研究成果。张岂之、陈祖武、于沛、李文海、李捷等编写的《史学概论》列举了中国马克思主义史学代表性著作。(见表7-2)

表7-2　中国马克思主义史学代表性著作[3]

著作类型	作者	代表作
史学理论和历史理论	李大钊	《史学要论》
	翦伯赞	《历史哲学教程》
	华岗	《中国历史的翻案》
社会史	郭沫若	《中国古代社会研究》
	吕振羽	《史前期中国社会研究》《殷周时代的中国社会》
	侯外庐	《中国古代社会史论》
思想史	吕振羽	《中国政治思想史》
	侯外庐	《中国思想通史》
中国近代史	范文澜	《中国近代史》上册
	胡绳	《帝国主义与中国政治》《从鸦片战争到五四运动》
	刘大年	《刘大年史学论文选集》
中共党史	胡绳(主编)	《中国共产党的七十年》

① 李维民.考试命题技术与解题技巧[M].西安:陕西师范大学出版社,2011:335.
② 黄牧航.历史科高考题中运用学术研究新成果初探——基于2007—2013年高考历史试题的统计分析[J].历史教学(上半月刊),2014(01):10—17.
③《史学概论》编写组.史学概论(第二版)[M].北京:高等教育出版社,2018.

（续表）

著作类型	作者	代表作
中国通史	范文澜	《中国通史简编》
	吕振羽	《简明中国通史》
	郭沫若(主编)	《中国史稿》
	白寿彝(主编)	《中国通史》(多卷本)
	谭其骧(主编)	《中国历史地图集》
中国专题史	许涤新、吴承明(主编)	《中国资本主义发展史》
	王钟翰(主编)	《中国民族史》
世界史	吴于廑、齐世荣(主编)	《世界史》(六卷本)

第二,要重视新成果的"二度消化"。将新的学术研究成果生活化、亲民化,用中学生容易理解的方式呈现出来,不要过于冗长、艰涩。例如:

(原创命题)英国著名法学家白芝浩在评价 17 世纪英国革命时指出:"如果没有受到宗教理论的推动的话,单单政治原因在当时是不足以激发人们对国王进行这样一种反抗的。"这表明(   )

A. 欧洲天主教成为英国革命的旗帜

B. 英国革命存在宗教政治化的特点

C. 专制王权与议会的矛盾不可调和

D. 宗教因素是革命发生的必要条件

【参考答案】B

著名英国史专家钱乘旦教授特别关注英国资产阶级革命中宗教政治化的特点,即清教运动为英国的资产阶级革命提供了精神动力。这是教材和教学中的软肋,而高考作为"引导教学"的"指挥棒",恰恰特别注重考查"教材和教学中的软肋"。

(三) 命题线索的主题化

如前所述,黄牧航教授认为"专业化、新情境和主题式"①是高考命题的三个主要呈现形式和趋势。我们梳理了近 5 年来全国卷高考分值最大(25 分)的材料题(见表 7-3),命题线索的主题化一览无余。

课标修订组核心成员、首都师范大学叶小兵教授曾经说过,"高考是把原有构建的知识大厦炸裂,随便捡几块砖,让你自己重新构建体系"。我们认为这里的"随便捡几块砖"并非真的"随便",而是有线索、有主题的,对原有知识进行整合,最终形成新知新识,从而"增长知识见识"。

---

① 黄牧航.历史科高考命题中运用学术研究新成果初探——基于 2007—2013 年高考历史试题的统计分析[J].历史教学,2014(01):10—17.

表 7-3　2015—2022 年全国卷材料题命题的主题与立意统计

年份	试题	范围	题型	立意
2015 年Ⅰ卷	儒学问题	必修Ⅲ	纵向发展	传统文化
2015 年Ⅱ卷	孟苏对比	必修Ⅲ	横向对比	以法治国
2016 年Ⅰ卷	人口膨胀	必修Ⅱ	纵向发展	人口问题
2016 年Ⅱ卷	人口迁移	必修Ⅱ	横向对比 纵向发展	移民问题
2016 年Ⅲ卷	救济制度	必修Ⅱ	横向对比 纵向发展	民生问题
2017 年Ⅰ卷	民族主义	必修Ⅰ	横向对比	核心价值
2017 年Ⅱ卷	矿业政策	必修Ⅱ	纵向发展	道路自信
2017 年Ⅲ卷	郑成功收复台湾	必修Ⅰ、Ⅱ	纵向发展	统一问题
2018 年Ⅰ卷	基层社会治理	必修Ⅰ	纵向发展	基层治理
2018 年Ⅱ卷	物种交流	必修Ⅱ	横向对比	人类命运共同体
2018 年Ⅲ卷	上曼对比	必修Ⅱ	横向对比	工业化城市化
2019 年Ⅰ卷	四国钢铁业对比	必修Ⅱ	横向对比	改革开放
2019 年Ⅱ卷	海关税率	必修Ⅰ、Ⅱ	纵向发展	国家主权
2019 年Ⅲ卷	汉罗对比	必修Ⅰ	横向对比	国家治理
2020 年Ⅰ卷	中德关系	必修Ⅰ、Ⅱ	纵向发展	中外关系
2020 年Ⅱ卷	海河治理	必修Ⅰ、Ⅱ	纵向发展	制度自信、群众路线
2020 年Ⅲ卷	西希对比	必修Ⅰ	横向对比	制度自信
2021 年甲卷	贸易政策	必修Ⅰ、Ⅱ	横向对比	党的正确领导
2021 年乙卷	司希对比	必修Ⅰ、Ⅲ	横向对比	史学理论
2022 年甲卷	中国海军建设	必修Ⅰ、Ⅱ	纵向对比	党的正确领导
2022 年乙卷	中日技术引进对比	必修Ⅰ、Ⅱ	横向对比	党的正确领导、制度优势

（四）命题载体的情境化

历史情境是学生学习、感知历史知识的重要媒介，也是新课标体系下落实核心素养的重要载体。"高考评价体系中所谓的'情境'即'问题情境'，指的是真实的问题背景，是以问题或任务为中心构成的活动场域。'情境活动'是指人们在情境中所进行的解决问题或完成任务的活动。"根据目前高考的考查方式，高考内容的问题情境是通过文字与符号描述的方式即纸笔形式进行建构的，而情境活动也同样是通过文字与符号的形式进行的。

高考评价体系中的"四层"考查内容和"四翼"考查要求，"是通过情境与情境活动两类载体来实现的，即通过选取适宜的素材，再现学科理论产生的场景或是呈现现实中的问题情境,让学生在真实的背景下发挥核心价值的引领作用,运用必备知识和关键能力去解决实际问题,全面综合展现学科素养水平"。因此,多维度地创设试题情境,考查学生在新情境下如何解决问题,如何把问题解决好,有利于检测和评价学生的历史学科核心素养水平。例如:

> (原创命题)1971 年,在日本名古屋举行的第 31 届世界乒乓球锦标赛上,中国运动员庄则栋与美国运动员科恩因为一次偶遇开启了中美两国乒乓球队的互访,轰动了国际舆论,成为举世瞩目的重大事件,被称为"乒乓外交"。1972 年,美国总统尼克松访华,中美签署《上海联合公报》。这说明"乒乓外交"(　　)
>
> A. 加速了中国走向世界的步伐　　　B. 推动了两极格局的瓦解
>
> C. 结束了中日两国隔绝的局面　　　D. 实现了中美关系的正常化

【参考答案】A

本题考查核心素养之唯物史观——"人民群众是历史的创造者"。庄则栋和科恩的偶遇以"小球"转动"大球",开创了被誉为"乒乓外交"的外交佳话,开启了中美关系正常化的大门,加速了中国走向世界的步伐。本题通过创设具体的情境,让学生比较直观地理解人民群众的历史作用,让核心素养情境化、意义化。

关于命题与情境和情境活动的关系,《高考评价体系说明》以图表形式进行了详细的说明,可供参考(表 7 - 4)。

表 7 - 4　基于情境和情境活动的命题要求

考查要求	考查内容	考查载体	基于情境活动的命题要求
基础性	构成学科素养基础的必备知识和关键能力	基本层面的问题情境	要求学生调动单一的知识或技能解决问题。
综合性	必备知识 关键能力 学科素养 核心价值	综合层面的问题情境	要求学生在正确思想观念引领下,综合运用多种知识或技能解决问题。
应用性	必备知识 关键能力 学科素养 核心价值	生活实践问题情境或学习探索问题情境	要求学生在正确思想观念引领下,综合运用多种知识或技能来解决生活实践中的应用性问题。

（续表）

考查要求	考查内容	考查载体	基于情境活动的命题要求
创新性	必备知识 关键能力 学科素养 核心价值	开放性的生活实践问题情境或学习探索问题情境	 要求学生在正确思想观念引领下，在开放性的综合情境中创造性地解决问题，形成创造性的结果或结论。

（五）能力覆盖的综合化

义务教育阶段历史学科评价内容要包括学生学习态度、学习参与程度、学习内容掌握程度、核心素养的发展状况等；要对学生核心素养五个方面的综合发展状况进行评价，主要评价学生将所学历史知识与技能运用于解决具体问题时所表现的核心素养水平。[①] 这就要求历史学科评价要体现综合性。历史学科作为一门综合性学科，要突出对考生综合能力的考查。不仅要有学科内部不同模块之间，如中国史和世界史、横向与纵向间的综合，更要有不同学科间、不同能力和素养间的结合。通过原创命题将历史元素与政治、地理、经济、文学、艺术、道德修养、价值理念等融为一体，从多个向度考查考生的人文素养。例如：

（原创命题）位于山西省芮城的元代永乐宫壁画是中国古代壁画的奇葩，分别画在无极殿、三清殿、纯阳殿和重阳殿里。其中的精品是位于三清殿的《朝元图》。画面以东王公、西王母夫妇为中心，各天官簇拥左右。这反映了元代绘画（　　　）

图 7‑2　永乐宫三清殿西壁《朝元图》局部

A. 一定程度上受宗教影响　　B. 都以人物画为主要题材

C. 具有鲜明的文人画风格　　D. 完全超越当时的社会生活

【参考答案】A

---

① 中华人民共和国教育部. 义务教育历史课程标准(2022 年版)[M]. 北京：北京师范大学出版社，2022：62.

本题将历史、美术、宗教(道)等多学科知识结合起来考查,涵盖唯物史观(永乐宫壁画诞生的社会背景是蒙古族统治者对宗教的兼容并包态度、"社会意识反映社会存在",排除D项)、史料实证(《朝元图》)、历史解释(一切历史叙述都是历史解释,从"无极殿、三清殿、纯阳殿和重阳殿""东王公、西王母"这些与道教文化密切相关的关键信息可见,元代绘画受道教等宗教文化影响颇深)、家国情怀(永乐宫壁画是可与敦煌壁画相媲美的我国古代的杰出宗教壁画)等核心素养,需要学生具备较高的综合能力才能正确作答。

(六) 语言表述的规范化

义务教育学业水平考试命题要遵循导向性、科学性、规范性三大原则。所谓规范指的是在命题过程中要系统规划命题流程、制定命题范围,严格按照命题规范命制试题,确保命题框架合理、内容准确无误、情景符合事实、问题设计恰当、语言表述清晰、考试结果有效。[①] 在原创命题的过程中,特别要注意表述的规范、严谨、科学,否则,不仅得不到应有的训练作用,反而会导致学生思维混乱。在实践中,也许一百道好题的正向作用都不如一道烂题的负面作用大。这就要求命题教师要具有相当的专业水准和表述能力。事实上,在高考命题当中,也存在表述不规范、不严谨的时候,给广大师生带来了诸多困惑。例如2018年全国Ⅱ卷第32题:

(2018·新课标全国Ⅱ卷高考·32)罗马共和国时期,平民和贵族展开了长达两个世纪的斗争,斗争的成就主要体现为其间所颁布的一系列法律。恩格斯曾评论说:"氏族贵族和平民不久便完全融化在国家中了。"这一长期斗争的结果是( )

　A. 贵族的特权被取消　　B. 罗马法体系最终形成

　C. 公民与贵族法律上平等　 D. 自由民获得相同的权利

【参考答案】C

这里正确答案C选项里的"公民"一词就存在表达不精准的问题,因为,公民本身就包括贵族和平民,准确的表述应该是"平民"。

再如2012年高考新课标全国卷文综第33题:

(2012·全国课标卷·33)据统计,1992年全国辞去公职经商者达12万人,未辞职而以各种方式投身商海者超过1000万人,这种现象被称为"下海潮"。这反映了( )

　A. 市场经济改革成为社会共识　 B. 多种经济成分开始共同发展

　C. 城市经济体制改革全面展开　 D. 计划经济开始转向市场经济

【参考答案】A

江西九江一中周明学老师认为,无论是"内证"(即题干材料)还是"外证"(即其

① 中华人民共和国教育部.义务教育历史课程标准(2022年版)[M].北京:北京师范大学出版社,2022:64.

他材料)都不能反映"九二共识说"，因此本题答案表述是"不正确"的。周老师在《市场经济改革"九二共识说"献疑》一文中说："在这种改革面临严峻局面的情况下，通过邓小平的一次巡视谈话，通过一次党代会的决议，在1992年当年就想让市场经济改革成为社会共识，这几乎是不可能的。"①

高考题被普遍认为是命题的典范与标杆，都不能免于纰漏和瑕疵，何况原创命题，因此，要慎之又慎！

（七）命题形式的美观化

美是一种格局，也是一种意象。美是一种追求，也是一种境界。犹如一座有着浓厚历史文化底蕴的城市，也需要华灯的亮化。增强原创命题形式的美观度，是打磨一套优秀模拟试题、提升原创命题能力的重要环节。那么，如何从整卷的角度"亮化"命题？从而提高原创命题的模拟性、科学性和趣味性呢？

1. 史料形式的图表化

史料是人们了解过去、认识历史的重要依据和基础。史料的分类因标而异。"欧美国家用'sources'指代史料，包括'primary sources'（第一手资料）和'secondary sources'（第二手资料），或者分为物体（沉默）史料和陈述（意识）史料。"②庞卓恒教授等主编的《史学概论》根据史料的存在形式，分为"实物史料（也称史迹遗存）和文献史料两大类"。③ 张岂之教授等人主编的《史学概论》将我们所认识并且可以利用的史料分为四大类：实物、行为、口碑和文献。《普通高中历史课程标准（2017年版2020年修订）》指出："由于时代和认识上的局限，并非所有史料都能进入人们的视野。迄今为止，人们所能认识并可以搜集、运用的史料大体有文献、实物、口述、图像等类别。"④从命题角度而言，常用材料形式有文字材料、表格材料、图片材料等。将多种形式的材料错落有致地搭配分布，特别是材料形式的图表化和多元化，有助于提升整卷的美感和趣味性。其中包括：

（1）文字材料。这是最常见最基本的呈现形式，大体分两类：一是典章古籍类，包括史学著作、历史文献、地方史志、名人文集、铭文碑刻、族谱家谱等；二是文学作品类，包括诗歌、小说、剧本、楹联等。

从命题角度而言，"命题不拘泥于教科书，运用新材料，创设新情境，古今贯通，中外关联，把握历史发展的基本脉络"是高考命题的五项基本原则。因此，即便全是文字材料，命题形式也不完全一样。主要可以分"纵向联系类"和"横向对比类"两种类型。如：

①"纵向联系类"。

（原创命题）1924年以前，中国国民党组织形态的演变，多缘发于内部；而1924

① 周明学.市场经济改革"九二共识说"献疑[J].中学历史教学，2014(06)：25—27.
② 薛伟强，范红军，陈志刚.中学历史课程与教学概论[M].北京：北京师范大学出版社，2019.
③ 庞卓恒，李学智，吴英.史学概论[M].北京：高等教育出版社，2014.
④ 中华人民共和国教育部.普通高中历史课程标准(2017年版2020年修订)[M].北京：人民教育出版社，2020：37.

年国民党改组,其组织形态却发生了迥异于以往的"革命性"变革,以至于当时有国民党人认为与其称为"改组",不如称作"改造"更恰当。这次改组( )

    A. 改变了国民党的性质   B. 借鉴了苏共的政党组织

    C. 削弱了国民党的基础   D. 导致了国民革命的失败

【参考答案】B

②"横向对比类"。

    (原创命题)1933 年 3 月 9 日,美国国会通过《紧急银行法》,宣布禁止兑换黄金和出口黄金;1935 年 11 月 3 日,国民政府财政部发布公告,实行白银国有,禁止白银流通。这说明当时中美两国( )

    A. 加强了政府对金融的干预   B. 面临空前严重的经济危机

    C. 推行自由主义的经济政策   D. 结果导致了恶性通货膨胀

【参考答案】A

(2) 表格材料。表格材料其实是文字材料的一种特殊表达方式,它以各种项目的数据为主体构成,将文字材料表格化、时序化、数据化。例如:

    (原创命题)20 世纪 70 年代末,党和国家领导人频繁大规模出国考察学习,特别是在 1978 年形成了第一次出国考察学习潮(表 7-5)。

表 7-5 1978 年第一次出国考察潮

时间	代表团团长	出访目的地
1978 年 3 月—4 月	李一氓	南斯拉夫、罗马尼亚
1978 年 3 月—4 月	林乎加	日本
1978 年 5 月—6 月	谷牧	西欧五国(法国、瑞士、比利时、丹麦、西德)
1978 年 1 月—1979 年 2 月	邓小平	缅甸、尼泊尔、朝鲜、日本、泰国、马来西亚、新加坡和美国

    这次出国考察学习潮( )

    A. 引发了真理标准问题的大讨论   B. 极大推动了伟大的历史性转折

    C. 直接诱导了农村经济体制改革   D. 建立了社会主义市场经济体制

【参考答案】B

(3) 图片材料。包括历史文物、历史地图、历史照片、漫画、曲线图、柱形图、饼形图、时间轴等。例如:

    (原创命题)如油画所示,1934 年 11 月湖南汝城县沙洲村,3 名女红军借宿徐解秀老人家中,临走时,把自己仅有的一床被子剪下一半给老人留下了。这就是红军长征途中发生的"半条被子"的故事,这一故事主要反映了( )

图 7-3 油画《半条被子》

A. 红军长征的危险性与艰巨性　　B. 国民党统治下农民阶级的极端贫困
C. 日本侵华的残酷性和野蛮性　　D. 中国共产党与人民群众的鱼水深情

【参考答案】D

2. 答案分布的均衡化

这里特指选择题的答案分布。我们统计了近 10 年来高考全国卷历史学科选择题的答案分布情况(表 7-6)，发现 12 道选择题中 ABCD 四个选项答案数量的大致分配比例有 3∶3∶3∶3 和 3∶3∶2∶4 两种类型。即若设定 ABCD 答案数量为 X，那么 2≤X≤4，并且某一选项连续分布不能大于或等于 3 次。这符合一般的审美原则，也符合新时代高考内容改革"系统性、整体性、协同性"[①]的要求。

表 7-6　2013—2022 年全国Ⅰ、Ⅱ、Ⅲ卷选择题答案分布情况

年　份	A 项数	B 项数	C 项数	D 项数
2013 年Ⅰ卷	3	3	3	3
2013 年Ⅱ卷	3	3	2	4
2014 年Ⅰ卷	2	4	3	3
2014 年Ⅱ卷	3	3	4	2
2015 年Ⅰ卷	3	3	3	3
2015 年Ⅱ卷	3	4	3	2
2016 年Ⅰ卷	3	4	3	2
2016 年Ⅱ卷	3	4	3	2
2016 年Ⅲ卷	4	2	2	4

① 孙海波.深入学习贯彻党的十九届四中全会精神　全面深化高考内容改革[J].中国考试,2020(01):1—6.

（续表）

年 份	A 项数	B 项数	C 项数	D 项数
2017 年 I 卷	4	3	3	2
2017 年 II 卷	3	2	4	3
2017 年 III 卷	4	3	3	2
2018 年 I 卷	4	2	3	3
2018 年 II 卷	3	4	3	2
2018 年 III 卷	3	3	3	3
2019 年 I 卷	2	3	3	4
2019 年 II 卷	3	3	3	3
2019 年 III 卷	3	3	3	3
2020 年 I 卷	3	3	4	2
2020 年 II 卷	3	4	3	2
2020 年 III 卷	3	4	2	3
2021 年甲卷	3	3	4	2
2021 年乙卷	3	3	3	3
2022 年甲卷	3	3	3	3
2022 年乙卷	3	3	3	3

3. 设问方式的多元化

（1）选择题设问方式要多元化。设问是命题中最为匠心独具的部分,对于相同的材料,不同命题者由于知识结构、认知水平和感悟能力的差异,其命制试题的角度、方式、难度和档次也截然不同。选择题的问题设置多样化有助于考查学生的核心素养和综合能力,从而更好地服务于高校创新型人才选拔。我们汇总了 2022 年全国甲、乙卷选择题的设问方式（表 7-7）,可以清楚地发现一套试卷 12 道选择题几乎没有完全一样的"求答语",这种多样化的设问方式对我们的原创命题应有一定的启发。

表 7-7 2022 年全国甲、乙两卷选择题设问方式汇总

题号 ＼ 设问	全国甲卷	全国乙卷
24	上述记载所体现的政治理念最接近	据图 4 可知,商、西周青铜器铸造的繁荣
25	由此可知,唐后期对皇子皇孙的安置	能够突出体现这一风格的书体是
26	这表明,在宋朝	据此可知,设置通判的主要目的是
27	上述措施的主要目的是	这可用于说明

（续表）

设问\题号	全国甲卷	全国乙卷
28	这可用于说明,进口货值的下降	这种主张
29	这反映出,当时	这一转变反映出
30	这说明,边区政府	上述调整
31	图示占比变化反映出	这一变化的产生主要是由于
32	出现这种现象的主要原因是	下列属于成为古代雅典官员前提条件的是
33	据表可知,该时期	据此可知,"法国意识"的萌发缘于
34	这一系列变化表明	由此可知,这一时期的德国
35	这反映出当时	这表明当时

长沙市一中瞿建湘老师认为,历史是前进的河,而非安静的湖。根据历史长河发展的轨迹,选择题的设问有四大角度(表7-8),这对我们设置选择题的设问角度和考查方向也具有一定的方向性指导价值。

表7-8 选择题四大设问角度

设问角度	考查方向
(1) 背景、原因、目的	为什么(历史从何处而来)
(2) 理解、特点、实质	是什么(历史的本来面貌)
(3) 比较、发展、变化	怎么变(历史的参照演变)
(4) 影响、作用、认识	会怎样(历史向何处而去)

（2）材料解析题设问方式要多元化。我们以"四定法"将材料解析题设问部分解构为四个部分,即包括定向词、定法词、定位词和限定词(表7-9)。

表7-9 材料解析题设问部分结构组成

定向词	定法词	定位词
根据材料 根据所学知识 根据材料并结合所学知识 综合上述材料	概括 分析 比较 说明 评析 指出 列举 探讨 论证 阐述	背景 原因 条件 目的 特点 内容 成就 实质 影响 作用意 义 启示 认识等

注意:一般来说,定位词前往往会有关键的限定词,限定答题的时间、空间、角度等。

根据表7-9的分解,材料解析题设问方式多元化可以从这四个方面入手：

① 定向词多元化。其中最常见的是"根据材料并结合所学知识"回答问题,根据定向词,

可以确定答案来源方向。

② 定法词多元化。定法词（即行为动词）既承担命题人对学生历史学科思维方法的考查，又为学生正确解题提供思路和方法。根据定法词，可以确定答题基本思路。

③ 定位词多元化。定位词往往是定法词的宾语，利用定位词，可以确定材料解析题的基本类型，从而建构答题的模式。

④ 限定词多元化。限定词多为时间、空间、角度等，通过限定词，确定答案的时间范围、空间范畴和角度切入，从而考查学生的时空观念。

4. 情境文字的简洁化

简洁是一种高级美。华南师大黄牧航教授认为"新课程历史科的高考命题主要呈现出三方面的特点：专业化、新情境和主题式"。[①] 无论是"专业化""新情境"还是"主题式"命题在搜集材料、创设情境时都"宜小不宜大"，提倡短小精悍，不要长篇大论。不管是选择题，还是非选择题，都力求简洁明了、浅显易懂，切忌长篇大论、繁难偏旧、晦涩难懂。就选择题而言，材料一般不要超过三行文字；就非选择题而言，一般两则材料，不超过三则材料。

简洁也是一种残缺美。原创命题要想提高难度，增强模拟性和区分度，情境文字信息需要尽量简洁而具有一定的残缺性，给学生预留一些联想和思考的空间，"调动和运用所学知识"，来解决问题。

总而言之，"考试随着教育的产生而产生，也将随着教育的长期存在而一直存在下去。考试过程的核心环节是命题，掌握考试命题的理论知识和实际技巧是衡量教师专业水平高低的重要方面"，[②] 也是教师专业成长的一种重要的方式和途径。工欲善其事，必先利其器。达尔文说"最有价值的知识是关于方法的知识"，方法论的问题解决了，就一定能够解放我们的命题思路，规范我们的命题流程，从而命制出生动活泼同时又具有较高信度、效度和区分度的试题来。

三、原创命题的路径和流程

命题是考试评价过程中的中心环节，命题的规范程度很大程度上影响着命题的质量和评价的效度。那么，对原创试题的命制而言，基本的路径和流程是怎样的呢？一般而言，原创命题的基本流程可以分为三个阶段、十四个流程。

（一）前期准备阶段

1. 准确把握国家教育方针

首先要认真学习领会党的二十大精神和 2018 年全国教育大会精神，深入学习并准确把握习近平总书记提出"四个坚持""四个服务""六个下功夫""五育并举"的教育方针。

① 黄牧航.历史科高考命题中运用学术研究新成果初探——基于 2007—2013 年高考历史试题的统计分析[J].历史教学，2014(01)：10—17.
② 黄牧航，周朝阳.历史试题编制原理与技术[M].广州：广东教育出版社，2015：3.

在党的二十大上，习近平总书记提出："教育是国之大计、党之大计。培养什么人、怎样培养人、为谁培养人是教育的根本问题。育人的根本在于立德。全面贯彻党的教育方针，落实立德树人根本任务，培养德智体美劳全面发展的社会主义建设者和接班人。坚持以人民为中心发展教育，加快建设高质量教育体系，发展素质教育，促进教育公平。加快义务教育优质均衡发展和城乡一体化，优化区域教育资源配置，强化学前教育、特殊教育普惠发展，坚持高中阶段学校多样化发展，完善覆盖全学段学生资助体系。"这些论述具有中国特色社会主义教育的鲜明特征，进一步丰富了党的教育方针的时代内涵。

在 2018 年全国教育大会上，习近平总书记强调"六个下功夫"，即要在坚定理想信念上下功夫、要在厚植爱国主义情怀上下功夫、要在加强品德修养上下功夫、要在增长知识见识上下功夫、要在培养奋斗精神上下功夫、要在增强综合素质上下功夫。并进一步提出"培养德智体美劳全面发展的社会主义建设者和接班人"的"五育并举"教育方针。

党在新时期的教育方针就是原创命题的旗帜和方向，原创命题就是要通过评价体系的改革准确把握新时代的新形势新要求，落实立德树人根本任务。

其次要重点关注教育部考试中心关于高考评价体系的改革。2014 年 9 月，国务院颁布了《关于深化考试招生制度改革的实施意见》，成为考试招生制度改革的纲领性文件。近年来，教育部考试中心相关领导和专家相继发表了一系列文章，指导和推动高考评价体系的改革，以"一核四层四翼"为核心的新高考评价逐渐形成和完善。2020 年初，教育部考试中心以综述的形式发布了《中国高考评价体系》和《中国高考评价体系说明》，引发中学教育界极大关注。

高考评价体系是以价值为引领的、系统的、科学的、创新的评价体系。原创命题既要脚踏实地，更要仰望星空，以上都是在原创命题这片天空中要时时关注和仰望的"北斗星"。

2. 深度研究历年高考真题

教育部考试中心刘芃在《刘芃考试文集》一书中说了一段经典"语录"："与其大量做题，不如抽出时间认真研究往年的试题，往年的试题是精雕细磨的产物，它反映了对考试内容的深思熟虑、对设问和答案的准确拿捏、对学生水平的客观判断。研究这些试题，就如同和试题的制作者对话。"[①]历年高考真题是高中历史命题的典范，深入研读每一年高考结束之后教育部考试中心发布的试题评析，以及一线教师发表的高考研究论文，对高考真题进行逐题和整卷分析，研究其命题的方向、方法及趋势，揣摩其命题意图和立意，只有深度研究高考真题才能提高原创命题的科学性、规范性、预测性和模拟性。例如陕西省西安中学特级教师郭富斌老师总结分析了新课程卷和全国卷命题的基本趋势为：从知识中心到问题中心、从知识立意到能力立意、从教材知识到课程知识、从传统史观到新史观。这一基本判断对命题有重要指导作用。

3. 明确考试类型

"考试是学校教育发展的产物，是进行教育测量和评价的最重要、最常用的工具。它着

---

① 刘芃. 刘芃考试文集[M]. 北京：人民教育出版社，2012：477.

眼于客观地、正确地衡量学生实现教育目标的程度,同时也是为学校教学提供反馈信息,开发人的智力的手段。"[1]我国的考试五花八门,种类繁多。在初高中阶段,也有各种各样的考试,大体可以分为四种基本类型,即:复习性考试(周练、单元练、月考等)、诊断性考试(统考、诊考等)、合格性考试(会考、统考等)、选拔性考试(高、中考)。这四种类型的考试对应巩固、诊断、检测、区分等四类不同层次的功能。不同的试题主要目的不同。

4. 确定测试目标

根据高考评价体系的要求,测试目标即"一核四层四翼"。当然,具体到不同类型的考试和不同题型的试题,测试目标并不相同,应具体问题具体分析。

5. 确定素养水平

《普通高中历史课程标准(2017年版2020年修订)》以附录的形式明确了"历史学科核心素养水平划分",这为原创命题提供了较为精细化的命题依据和参考,特别是有利于确定试题考查的素养类型、素养水平以及设置试题的难度系数。

6. 编制双向细目表

"双向细目表是一种用于检查试题的分布是否符合考试要求的表格,也是对试卷结构效度的最简单的检验方法。"[2]于整卷而言,通过编制双向细目表,进一步细化命题目的、内容、结构、考点、目标、要求、题量、题型、难度、价值取向、评分细则等。示例如表7-10。

表7-10 文科综合(历史)命题双向细目表(部分)

考查板块	考点	题型	题号	分值	材料类型	能力要求				预测难度		
						获取和解读信息	调动和运用知识	描述和阐释事物	论证和探讨问题	易	中	难
总体难度系数												
预估平均分												

① 李维民.考试命题技术与解题技巧[M].西安:陕西师范大学出版社,2011:330—333.
② 黄牧航,周朝阳.历史试题编制原理与技术[M].广州:广东教育出版社,2015:9.

（二）中期命制阶段

1. 搜集整理命题材料

原创命题的史料来源必须务求真实性和权威性，才能最大限度保证试题的严谨性和科学性。在选择和摘编史料时，应尽量从原始史料或权威著作中选取，不要轻易使用从网络上或者公众号的碎片化阅读中获取的来路不明、真相存疑的所谓史料。华南师范大学的黄牧航教授在《历史科高考命题中运用学术研究新成果初探——基于2007—2013年高考历史试题的统计分析》一文中运用计量史学研究方法详细列出了2007—2013年国内外学者学术成果引用次数排名（表7-11、表7-12），这些统计数据对原创命题的选材具有非常重要的方向性指导意义，所列著作可以成为我们原创命题的重要史料来源。

表7-11 2007—2013年历史科高考国内学者学术成果引用次数排名[1]

排名	姓名	被引用的学术著作	次数
1	白寿彝	《中国通史》	11
2	钱乘旦	《英国通史》	1
		《世界现代化进程》	1
		《论明治维新的失误》	1
		《英国文化模式溯源》	1
		《英国工业革命中的人文灾难及其解决》	1
		《沉疴猛药——土耳其的凯末尔改革》	1
3	马克垚	《世界文明史》	3
4	吴于廑、齐世荣	《世界史》	2
5	高德步	《世界经济通史》	2
6	张海鹏	《中国近代通史》	2
7	许涤新	《中国资本主义发展史》	2
8	张晋藩	《中国法制通史》	1
		《中国法律的传统与近代转型》	1
9	吴国盛	《科学的历程》	2
10	徐中约(台湾)	《中国近代史：1600—2000 中国的奋斗》	2

---

[1] 黄牧航.历史科高考命题中运用学术研究新成果初探——基于2007—2013年高考历史试题的统计分析[J].历史教学，2014(01)：10—17.

表 7‑12　2007—2013 年历史科高考国外学者学术成果引用次数排名

排名	姓名	被引用的学术著作	次数
1	斯塔夫里阿诺斯	《全球通史》	8
2	费正清	《剑桥中国晚清史》	1
		《剑桥中华民国史》	1
		《观察中国》	1
		《伟大的中国革命》	1
3	R.R.帕尔默	《近现代世界史》	3
4	霍布斯鲍姆	《帝国的年代》	1
		《资本的年代》	1
5	保罗·肯尼迪	《大国的兴衰》	1
		《联合国过去与未来》	1
6	杰里·本特利	《新全球史》	2
7	安格斯·麦迪森	《世界经济千年史》	2
8	彼得·李伯庚	《欧洲文化史》	2

另外,史料还应该具有多样性、生活性、乡土性和趣味性,可以增强试题的丰富性、地域性、可读性。

2. 选择能力知识载体

并非所有的史料都可以用来命题,因此选择能够且适合承载能力考查要求的知识载体尤为关键。当然,知识只是考试的载体,知识本身并不是考察的对象。"高考中对于所学知识的运用,并不是点对点的单纯知识考查,也不是将它们进行孤立和割裂,更不能通过死记硬背来应对。试题将知识点置于广阔、丰富的情境中,与能力、素养等考查目标紧密联系在一起,考查学生在问题解决过程中对知识的理解和掌握,促进学生知识体系的构建、融会贯通和迁移,从而形成具有内部规律和内在联系的整体知识网络结构。"[①]

这里要特别强调材料和角度的新颖性。高考"要在增长知识见识上下功夫""命题不拘泥于教科书,运用新材料,创设新情境,古今贯通,中外关联,把握历史发展的基本脉络"是高考命题的基本原则,也是原创命题的基本原则。运用新材料,多维度地创设试题情境,考查学生在新情境下如何解决问题,如何把问题解决好,有利于检测和评价学生的历史学科核心素养水平。

因此,高考真题即便考查的考点是高频考点、必备知识,入题材料也都是新材料。那么,作为原创命题,其原创性的一个重要体现就是材料的新颖性。例如关于"经济全球化"这一考点,2016 年以来,经济全球化出现了一些不确定性,"随着国际体系中权力结构的变动和主

① 徐奉先.高考历史学科关键能力考查路径研究[J].历史教学(上半月刊),2019(03):10—16.

要大国内政外交战略的调整,世界政治正经历复杂而深刻的变化,国际形势跌宕起伏、变化迅速,'黑天鹅现象'层出不穷,国际政治的现状呈现出巨大的不确定性。这种不确定性的一个重要表现就是全球化进程有所退潮。作为全球化最早倡导者和推动者的西方发达国家,特别是美国表现出很强的'逆全球化'动向。全球化的发展前景面临巨大的不确定性"。[①] 我们可以超越教材,创设新情境,来考查经济全球化的相关知识,以便于学生理解当下的世界。如可以从经济全球化与传统文化之间的关系入手,呼吁重视传统文化的价值;也可以从经济全球化对各国影响的不平衡性角度入手,解释新兴市场国家的崛起原因;还可以从经济全球化的核心要素入手,评析不同国家支持全球化和反全球化的原因及影响。

3. 设置问题和选项

"不论什么类型的试题,归纳起来,皆由立意、情境和设问三个要素构成。"[②]其中设问是试题的命题指向,关系着命题立意的实现程度。因此,设置问题和选项是最能体现命题人的整合能力和表达能力的部分,是命题人的命题水准的集中体现。对于相同的材料,不同命题者由于知识结构、认知水平和感悟能力的差异,其命制试题的角度、方式、难度和档次也截然不同。每年的高考试题之所以成为我们效仿的模板,是因为其选项和问题设置有很好的区分度,能够服务高校选拔创新型人才。

（1）选择题。

第一步,斟酌设问方式。设问方式是根据材料主旨、考向目标或难易程度设置的"求答语"。所谓"斟酌",其一,是因为相同材料、设问的方式和角度不同,题目的难度系数和能力要求就大不相同。其二,对12道选择题的设置必须统筹兼顾、合理调配,同质设问不能太多。

第二步,确定正确选项。依据设问方式确定正确选项的具体内容和语言表达,务必符合历史事实、契合设问主旨,且无价值导向偏差。

第三步,设置其他选项。其他三个选项要么史实错误,要么不符题意。其迷惑性根据命题的难度要求而定。在命题的实践过程中,常用的设陷阱方式有十种(表7-13)。

表 7 - 13　选择题十大障碍设置方式

知识障碍	概念障碍
阅读障碍	语法障碍
逻辑障碍	理解障碍
程度障碍	转换障碍
思维障碍	视野障碍

第四步,打磨完善选项。即对每个选项的措辞进行修改、润色。选项的切入角度尽量多样化,避免同质角度过多;选项的长短尽量整齐化,显得对称、整齐、美观、大方,界面友好。

① 韩召颖,姜潭.西方国家"逆全球化"现象的一种解释[J].四川大学学报(哲学社会科学版),2018(05):94—102.
② 陈伟国,何成刚.历史教育测量与评价[M].北京:高等教育出版社,2003:204.

（2）非选择题。

第一步，确立材料形式。这里主要指的是 41 题的材料是属于古今贯通（如 2022 年全国甲卷第 41 题，采用古今对比的形式，串联中国古代、近代和现代的三则史料），还是属于中外关联（如 2022 年全国乙卷第 41 题，采用中外关联的形式）；42 题以何种开放形式（文字、图片、表格、目录、时间轴等）呈现。

第二步，明确考向目标。非选择题的几则材料都有一个明确的主题，一线贯穿，呈现出主题式命题的特征。依托主题确定考查的内容，即"考什么"。如：2018 年全国Ⅰ卷第 41 题主题是"基层社会治理"；2019 年全国Ⅱ卷第 41 题主题是"关税自主"；2019 年全国Ⅲ卷第 40 题主题是"国家治理"。

第三步，确定设问方式。即"怎么考"，一般有四种设问方式：一是"根据材料"设问，二是"根据所学知识"设问，三是"根据材料并结合所学知识"设问，四是"综合上述材料"设问。设问方式不同，暗含答案来源不同（表 7 - 14）。

表 7 - 14　材料题的设问方式及答案来源

设问方式		答案来源
根据材料	材料	答案在材料中，这种设问不受教材束缚。
根据所学知识	教材	答案在教材中，材料只不过是个引子。
根据材料并结合所学知识	材料＋教材	答案在教材和材料中，结合材料有效信息和教材结合点。
综合上述材料	设问间的递进或并列或转折关系	答案在材料间递进或并列或转折的关系中，根据前面的设问和答案得出认识和结论。

高考题大多采用"根据材料并结合所学知识"设问，如 2022 年全国乙卷第 45 题的设问：

（1）根据材料并结合所学知识，简析荀子称商鞅变法后的秦国军队为"盗兵"的原因。（9 分）

（2）根据材料并结合所学知识，评价商鞅的军事改革。（6 分）

4. 明确评分标准

就选择题而言，主要是每道题的分值的确定。一般中考模拟题分值为 1 分，高考模拟题分值为 4 分。其他类型的考试如期中期末考试可根据实际情况确定分值。

就非选择题而言，评分标准尤为重要。一般而言，一个答案要点 2 分或者 3 分。当然，根据学段的不同和考试类型的不同，可以进行调整。

对高中而言，开放性试题的评分标准一般采用 SOLO 分类评价法，即按等级赋分。这是"一种以测量学生的高级思维能力为目标的评价方法"。[1] 如 2019 年全国Ⅰ卷 42 题的评分标准如表 7 - 15 所示。

---

[1] 黄牧航. SOLO 分类评价理论与高中历史试题的命制[J]. 历史教学，2004(12)：58—63.

表 7 - 15　2019 年全国Ⅰ卷 42 题的评分标准

评析(9分)		结论(3分)	
7—9 分	对评析的观点有概括性评价,分析紧密围绕概括性评价展开,能够举出两个或两个以上论据,或从两个以上角度论述,论证充分,逻辑清晰,文字通顺。	3 分	结论明确、恰当,不能重复材料观点,须与评析有严密的逻辑关系。
4—6 分	对评析的观点有概括性评价,分析与概括性评价联系比较紧密,能够举出两个论据,充分支持观点,逻辑清晰。	2 分	结论明确,不能重复材料观点,与评析有一定的逻辑关系。
1—3 分	对评析的观点有概括性评价,分析与概括性评价联系不紧密,仅能举出一个论据。	1 分	结论较明确,不能重复材料观点,与评析的逻辑关系不强。

5. 撰写参考答案和解析

(1) 就选择题而言,应该从材料有效信息入手,对四个选项都要进行辨析,不仅要阐明正确选项的理由,更要分析错误选项的原因,因为"分析一个选项,带动一串知识"。例如:

(原创命题)《汉书·地理志》记载:"汉兴,立都长安,徙齐诸田、楚昭、屈、景及诸功臣家于长陵。后世世徙吏两千石、高訾富人及豪桀并兼之家于诸陵。盖以强干弱支,非独为奉山园也。"这说汉代陵邑制度

　　A. 成功抑制了土地兼并　　　B. 有利于打击门阀士族

　　C. 兼具礼制和政治功能　　　D. 始于汉武帝削弱王国

【参考答案】C

【命题立意】考查汉代中央集权的加强;考查获取和解读材料信息、调动和运用所学知识的能力,以及理解历史叙述与历史结论的能力;渗透时空观念、史料实证、历史解释、家国情怀等核心素养。

【答案解析】汉代陵邑制度将豪强大族和富商大贾迁至长安附近陵邑集中居住,一定程度上抑制了土地兼并,但并不能消除土地兼并,故 A 项错误;魏晋时期,豪强地主逐渐发展成为门阀士族,尤以东晋时期最为典型,材料为西汉时期,故 B 项错误;由材料关键信息"盖以强干弱支,非独为奉山园也"可知,汉代陵邑制度一方面有守陵、祭祀等礼制功能,另一方面有利于强干弱枝,加强中央集权的政治功能,故 C 项正确;材料无法判断汉代陵邑制度始于汉武帝时期,故 D 项错误。

(2) 就非选择题而言,要依据设问和材料的有效信息,找出解题思路和部分答案要点,并结合所学知识补充其他答案要点。当然,还要根据分值多少,判断答案要点的个数。而且答案要点力求"序号化、段落化、要点化、条理化、规范化",点要多、话要短、面要宽。

（三）后期打磨阶段

1. 相关老师试做

一个人的智慧是有限的，一套原创试题命制出来之后，难免出现这样或那样的问题，因此，"需要有专门的教师进行审稿并反馈。审稿的教师可以是命题的教师，也可以是别的没有参与命题的教师，但最好是没有介入命题的教师，因为这样有助于从别的角度来审视题目，更有利于发现题目的问题和不足"。① 建议要打团体战，请两到三位学科组内相关教师试做（注意：是试做而不是试看！），并提出修改意见，然后再进行调整和打磨。在实践中，国内知名教育机构的命题和审题工作都有一套比较完整的流程，一般会请一位教师主创命题，两位教师两轮审题，然后再请至少两位教师做题，再进行第三轮审题，最终才定稿，以确保万无一失。

2. 反复推敲打磨

一套试题或者一道试题的命制要想成为经典、成为精品，必须反复推敲、反复打磨。最好是团队作战，群策群力。每个人都从自己的知识结构和认知能力出发，对试题从题干的严谨性、题枝的干扰性、答案的科学性、答案的落脚点等角度进行不断的修改和完善，使试题趋于完美。

3. 最终修改定稿

一套高质量的试题不可能一蹴而就，需要较长时间的打磨和完善，才能最终定稿。正如唐代诗人卢延让在《苦吟诗》说："吟安一个字，捻断数茎须"；裴说《洛中作》说："莫怪苦吟迟，诗成鬓亦丝"；贾岛《题诗后》说："二句三年得，一吟双泪流"。好诗是改出来的，好题也是改出来的。那么一套完整的原创题从命制到定稿需要多长时间呢？大致需要一个月的时间。

至此，一套成熟的试题才能算是基本命制完毕。

总而言之，考试与教育是一种伴生现象，"考试其实是一个包括命题和考试实施等环节在内的评价体制，而命题则突出地反映了考试的意志、品质，集中地表现了考试的社会文化价值和测量学意义"。② 当前，在普通高中阶段，学习评价的方法多种多样，但"纸笔测试"仍然是目前最常用、最重要的评价方式。而"'纸笔测试'的核心是编制历史试题"。③ 命题不易，原创更难。正所谓"百尺竿头须进步，十方世界是全身"。要想成为真正的原创命题专家，还需要沉下心来，博观而约取，厚积而薄发。"原创试题像一台马达，为我们提供源源不断的动力；像一片沃土，为我们提供充足丰富的养分；像一个支点，助我们撬开成长发展之门。愿我们都能认识到原创命题的重要性，增强原创试题的自觉，保持原创试题的韧劲，提升原创试题的水平。"④

---

① 黄牧航,周朝阳.历史试题编制原理与技术[M].广州:广东教育出版社,2015:3.
② 刘芃.刘芃考试文集[M].北京:人民教育出版社,2012:1—2.
③ 薛伟强,范红军,陈志刚.中学历史课程与教学概论[M].北京:北京师范大学出版社,2019:321.
④ 范红军.原创试题的价值和意义[J].中学政治教学参考,2019(31):71—72.

第八章
课外延展与探究性学习

第一节　如何设计历史学科校本课程

现代意义上的"课程"定义角度广泛，一般指学校为实现培养目标而选择的教育内容及其进程的总和。《普通高中历史课程标准(2017 年版 2020 年修订)》中将课程类别调整为必修课程、选择性必修课程和选修课程三类，其中在"课程结构"一目中提出"学校可自主开发校本课程"，并出示了《历史课程之间关联性、层次性和渐进性示意图》(图 8-1)，其中"校本课程"与《史学入门》《史料研读》等选修课程并列在延伸课程中。可见，校本课程作为国家课程开发的重要补充，反映了素质教育的价值取向，也有利于增强学生深入学习历史的能力和素养。校本课程应该如何设计？课程在选题过程中要考虑哪些因素？课程实施前要做哪些准备？开发过程中要注意哪些问题？这些内容是我们本节中要关注的重点。

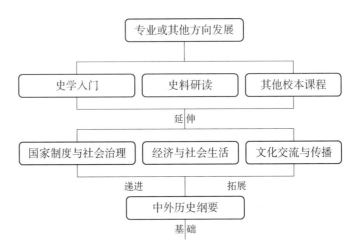

图 8-1　历史课程之间关联性、层次性和渐进性示意图①

校本课程(school—based curriculum)即以学校为本位、由学校自己确定的课程，它与国家课程、地方课程相对应。20 世纪 70 年代在英、美等发达国家，校本课程开始受到广泛重视。开发校本课程，其意义不仅在于改变自上而下的长周期课程开发模式，使课程迅速适应社会、经济发展的需要，更重要的是建立一种以学校教育的直接实施者(教师)和受教

---

① 中华人民共和国教育部.普通高中历史课程标准(2017 年版 2020 年修订)[M].北京:人民教育出版社,2020:11.

育者(学生)为本位、为主体的课程开发决策机制,使课程具有多层次满足社会发展和学生需求的能力。

随着基础教育课程改革的不断推进,校本课程的开发与实践越来越受到社会和学校的关注。教育改革赋予了学校相对较大的办学自主权,学校自然也成了课程编制的主体角色之一。作为国家课程体系在学校层面的具体实践,在开发过程中一方面可以充分调动教师的积极性,同时也能提高教师的科研能力,体现地域物质和精神文化特色。校本课程开发无论作为一种理论构建还是一种实践形态,都是目前课程研究领域持续的热点课题,那么历史教师在这样的发展历程中扮演什么角色? 又该何去何从? 怎么能抓住这样的契机促进自身的专业成长呢?

一、历史学科校本课程开发的出发点

"我希望通过校本课程能达到何种目的?"这是教师在开发校本课程时首先要思考和明确的问题。早期英美等发达国家为满足学生多种需要,开设了许多适应社会、经济发展并且符合学校和学生情况的校本课程。我国在引入校本课程概念后,不少专家和学者都对其合理性进行过大量的理论论证,一些地区和学校也在课程开发方面作出了创新和尝试。伴随着历史校本课程如雨后春笋般萌生,教师应持何种心态呢? 是为完成任务而开发? 为应付检查而开发? 还是为补充数量而开发? 显然,如果教师是基于以上目的出发,那显然是本末倒置的做法。通常情况下,一门有序的校本课程开发,教师应选择结合校本课程的定位和历史学科特色,从以下几个方面进行思考。

(一)要充分考虑学生需要

校本课程开发的出发点和终极目标都应是满足学生的教育需求。课程开发要尊重学生的个性差异,提升学习者的主体性,培养学习者的创新意识、创新能力,这是课程改革的主要趋向,也是教师在开发校本课程时首先要考虑的问题。从"生"出发的课程才能够"生动",比如七年级开发校本课程要充分考虑学生的知识储备,要以提高兴趣作为立足点;八年级学生已经具备了一些历史学习的能力并对某类问题有了较为深入的认识,校本课程开发时就可以选择某个专题方向了;高中年级的校本课程不光要有"意思"更应该有"意义",要在提高学生的思维品质和创新能力上下功夫。课堂教学要充分分析学情,校本课程亦然。

(二)要结合历史学科特色

在充分考虑学生发展需要的基础上,课程开发还要体现学科特点,不能成为"万金油"课程,如讲述"儒家学派"问题,语文教师可能会侧重于某一篇文章中某一段落的理解,重在文字研究。历史教师就需要侧重产生背景、主要主张、对当时及后世影响等方面,在教学素材上要充分结合文献或文物资料进行论述,这就是学科特色。教师可以挖掘历史学科的人文性,如校本课程"历史的温度"通过讲述杰出历史人物的经历片段,促使学生感悟历史的厚度和深度,培养学生人文素养、家国情怀和道德责任感;可以挖掘课程的综合性和科学性,作为一门包容性强的学科,充分寻找历史学科与科学学科的交融点,如校本课程"历史与化学的'奇妙'旅程",利用化学知识对青铜器进行修复或对瓷器色彩进行还原,培养学生探究的积极性和创新精神;也可以利用过去与现代社会发展过程中的重叠性和差异性锻炼学生的思考能力和思维方式,如校本课程"另一只眼看历史"在历史事件叙述的基础上丰富看待历史事件的角度,增强学生的思辨意识等。

（三）要结合学科建设需要

教师在开设校本课程时绝不是在"单打独斗",既要全盘考虑整个教研组课程开发体系,还要考虑对历史课程教学的有益补充。现行初、高中部编教材均采用时间顺序,教材内容丰富,但课时时间相对较少,这给课堂教学带来了较大挑战。所以教师在开设课程时,也可以将历史学科自身课程体系的建构和完善作为一种突破途径。以高中教材《中外历史纲要（上）》为例,教材编排有利于构建学生时空观念,但对学生形成中西对比、古今贯通的大历史视野引导性不够,校本课程在设计中可以选择专题性问题进行探究,如校本课程"锦绣中华"探究中国服饰变迁,通过服饰以小见大探究人类社会生活的变迁及隐藏在服饰背后的文化密码;再如校本课程"论战:出奇制胜",从世界范围内选取具有代表性的战争,在了解战争前因后果的基础上,思考战争与人类的关系,得出更深刻的理性认识;还有如校本课程"关于货币那些事儿",以货币为突破口切入经济生活,使得学生对经济生活具有更深入的了解。

（四）要考虑学校特色需求

新一轮教育改革逐步深入,中小学多样化、特色化发展趋势明显,校本课程要适应校园环境、融入校园文化。如陕西省西安市曲江第一中学学校特色定位为"根植传统、面向现代",教师在充分挖掘乡土资源的基础上,突出文化传承意识,形成校本课程"长安:中国的'DNA'",以长安变迁为主线,将周秦汉唐历史与"一带一路"倡议相结合,让学生更加了解自己所生活的土地;人大附中校本课程理念是"让课程适应学生、将创造赋予师生、将世界融入课程、将未来融入课程",该校特级教师李晓风老师开设了"现代西方科学哲学"课程,给学生提供了更宏观的历史视角。

【案例节录】

校本课程"中国近代女性史"设计出发点①

1. 历史知识的拓展

近代中国处在一个由传统走向现代的时代转型期,社会的各方面都在发生翻天覆地的变化,对于这一历史阶段,国家课程的编撰侧重于政治史和经济史的内容,而对服饰、教育、婚姻、就业、社会生活等着笔不多,这又恰恰是学生特别感兴趣的内容。为此,将校本课程开发的重点放在补充女性史和社会史的相关内容,为课内和课外的历史学习架起一道桥梁,弥补中学历史课堂的不足,拓展学生的课外

---

① 李莲玉.初中历史校本课程的开发与实施探究——以《中国近代女性史》为例[J].中学历史教学,2019(01):46—48.

知识。

2. 历史思维的培养

历史思维能力是学习、研究历史问题的能力，包括辩证思维能力、扩散思维能力、创造思维能力、逆向思维能力和历史形象思维能力。相较于国家课程，校本课程的开发拥有更大的活动空间，我们可以在实践中，利用丰富多彩的活动来达到培养学生历史思维的目的。如通过辩论扩展学生的知识，培养他们的思辨能力；通过撰写历史小论文培养他们分析历史的能力；通过动手完成历史小制作，培养他们的创造思维能力等等。今天，新的课程改革呼唤历史教师引导学生学会探索和研究，学会自己去寻找规律和作出结论。这就要求我们在校本课程开发的过程中，要注意灵活运用各类历史素材，通过多种教学手段引导学生进行探究性和创造性的学习，提高学生的历史思维能力。

3. 人文情怀的渗透

北京四中的赵利剑老师说过："在中学历史教育的过程中，教师应在尽量还原历史本原的基础上，结合自己对历史学科的准确理解，帮助学生逐步具备现代社会公民的基本素质——以自由之思想、独立之精神为主导的科学态度和关爱生命、平等博爱的人文情怀。"历史作为一门人文学科，我们不仅仅是为了让学生记住那些死气沉沉的历史知识，更重要的应当是弘扬几千年传承下来的历史人文精神，这是历史教育的本质所在。因此，在开发校本课程中我们应该承担起培养学生人文精神的重任，在教学实践中逐步渗透历史学科的人文情怀。

开发校本课程既是新一轮改革的着力点和切入点，同时也是教师专业发展的需要，是推动学校发展的强大动力。教师是校本课程设计和实施的主力军，只有不断提高自身素质，才能保证历史校本课程开发与实施的成效。校本课程的开发赋予了学校和教师更大的选择权和决策权，教师不仅仅是课程的消费者和被动的实施者，而且在某种程度上还必须成为课程的生产者和主动的设计者。课程开发过程中教师的理论素养和实践能力必然会得到迅速提升，不仅能够加深对本学科知识的理解，还能累积实践性知识、培养团队合作能力，促使教师的知识结构更加趋于合理和完善。教师可以以此为契机，结合自己的专业特长，综合上述几个开发校本课程的出发点，着手开始自己的"探索"历程。

二、历史学科校本课程开发的准备工作

明确了自己的开课方向，下一步要做的是开设校本课程的"课前"准备，就像课堂教学中的备课一样，那么教师需要具体做哪些前期准备呢？

(一) 综合课程资源

与课堂教学不一致的是，课堂教学有现成的课程标准、教材，甚至还会有同行们的经验成果，这些都可以作为课堂教学前使用的资源。但校本课程不同，从选题角度、课时安排到

授课大纲都需要自己设计构思，所以教师开设校本课程要备的"教材"，往往不是一蹴而就的，它需要教师做较长时间的准备，尤其是在授课资源上的准备。

初次开设校本课程，教师不要贪图高深、前沿、特色，要尽可能做到从小切入口、从自己熟悉的角度入手，这样容易形成自己对校本课程较好的"初体验"，否则校本课程的备课环节会给教师增加极大负担，从而背离了自己的设计初衷。所以首先要确定自己的开课方向，可以结合统编版初、高中历史教材特点，完善历史学科体系的目的，以历史时期阶段为切入点，形成课程"先秦史""隋唐史""晚清史"等；也可以以地方历史文化资源为切入点，形成课程"古蜀传说""观长安"或"大街小巷"等；还可以以特殊人群作为切入点，如"中国近代女性形象""战争中的儿童"等。这些小的切入口目标明确，搜索教学资源也较容易上手。

现代教育技术的发展使资源的获得更加便利，"信息爆炸"时代，信息的获取变得相对简单，但在知识的海洋中汇总针对性的专业系统知识是校本课程开发的基础性工作。所以明确了开课方向后，下一步要筛选教学内容。之所以强调"筛选"，是因为历史学科涉及的知识和研究方法纷繁复杂，想通过一学期或者一学年时间完成全部涉及领域显然是不现实的，当然也是不科学的。确定所选课程开发首先要遵循"最基本"的知识精选原则，切忌贪多。不管基于什么样的目标开设课程，教学初衷依然是培养学生的基础素养，帮助学生建构和提升人文领域尤其是历史领域的最基本知识，培养学生知古鉴今的历史情怀等。并不是教师讲得多，讲得眉飞色舞就是精彩的课程，更多的还是需要师生共鸣，所以课程内容不讲求面面俱到，而是选择对学生发展最关键、最具有持续影响力的史实，同时也要考虑充分利用新的考古资料和文献资料，让教学内容更具有趣味性、时代性和前沿性。

完成教学内容的资源整合，教师也就基本形成了自己的授课思路，有了自己的校本课程的雏形。

【案例节录】

表 8 - 1　校本课程"长安：中国的'DNA'"[①]导言课"了解你身边的这座城市"课程资源清单

课程资源	(1) 模型类：学校考古教室中蓝田人遗址模型；半坡人遗址沙盘；青铜器模型。 (2) 图片类：书院门、曲江池、洪庆镇等西安市内地名图片；周秦汉唐疆域图；唐长安城详图。 (3) 视频：《其实陕西没有啥》(片段)、《长安十二时辰》(片段)。 (4) 自制资源类："十三朝古都"时间轴；中国古代政治制度变迁(表格)。

（二）全面把握学情

校本课程的开设打破了固定的班级授课结构，其班级往往是师生互选后的"新班级"，这种重新"洗牌"增加了教师了解学情的难度，但没有学情分析，教学就成了无源之水。教师不仅要了解学情，更要深入把握学生的学习特点、学习能力和兴趣点。没有学情分析作为支撑，校本课程就容易变成"师本课程"，学生选课也可能变成为修满学分的功利驱动，失去开

---

① 校本课程由陕西省西安市曲江第一中学历史教研组开发。

发校本课程的意义。学情分析可以有如下几个层面保障：第一，教师在招募校本课程学生时，一定要对自己班级的学生有一定的规划，或者依据课程需要设置特定的学生选课条件，必要时还可以对选课学生进行一定的测试，作为选课的参考依据。这不是对学生的歧视，反而恰恰是学生学习效果的重要保障。第二，确定学生后，可以全面了解学习者的学习需求，通过调查问卷或访谈方法，了解学习者的学习准备情况、学习期望以及学生对于历史校本课程相关内容的态度与兴趣，适当调整自己的授课计划和授课内容。第三，确定好教学方向后，教师在教学方法、学生小组划分等方面，依据此前掌握的信息，进行合理的课时规划，课堂中也可以根据师生互动实际和生成性问题进行深入探讨，体现校本课程育人价值。课前和课中对学情"鞭辟入里"的把握，可以保证课堂的有效性，为课程顺利推进做好较充分准备。

（三）巧布课程评价

校本课程评价是一个对自身课程开发的评价与质量监控过程，作为保障和改善校本课程质量的重要手段，校本课程评价应该受到关注。而现实情况却是无论在理论研究还是实践操作上，课程评价恰恰是最容易被忽视也是最脆弱的一环，要避免课程开设"轰轰烈烈"，课程效果"虎头蛇尾"，教师就必须依据自己开设的校本课程实际内容，寻找具有特色的评价体系。一般情况下，较为完善的校本课程评价包含如下方式（图 8-2）：

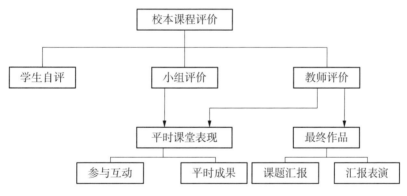

图 8-2 校本课程评价

评价形式的多样可以充分体现学生整个学习过程的状态，也契合课程设计的出发点，在最终学习任务评价中可依据学生兴趣点和课程内容巧用心思，如了解了自己生活的城市的"前世"，可以让学生通过"微视频"的方法展示城市的"今生"；走进博物馆文物馆藏，可以开展讲解员大赛活动或者进行文创产品设计；学习服饰文化，可以让学生设计服饰并分享设计理念等。这些评价方式既能考查学生对教学内容的了解，还能进一步提升学生的综合素养，学生"学在其中"亦"乐在其中"。

（四）撰写课程纲要

结合学校开设校本课程的要求，教师要全面、恰当、清晰地阐述课程设计的目标，目标设计要做到具体性、可操作性，同时要对整体课程有具体的课程内容或活动安排，具体到课时安排,为选课学生提供更有针对性的参考;在申报表(一般学校会有统一的课程申报表)中除按照学校要求必须填写的项目外,可依据实际情况,填写授课需要的基本条件(如多媒体或室外场地)、学生条件(便于学情分析)、授课大纲(最初期的师生互动)等,并将其有效融入学校校本课程体系中。

【案例节录】

表8-2　校本课程"历史棱镜下的美学"①课程纲要清单

课程名称	历史棱镜下的美学		
课程类型	拓展性课程(学科融合类)		
课程目标	(1) 打破学科壁垒,使学生透过艺术作品,观察艺术家融入在作品中的历史信息,加深学生对历史知识的理解和培养学生思考问题的能力,增强审美能力。 (2) 提高学生动手实践力,通过拓片制作、手工制作、历史剧表演等,让历史走进现实,提高学生创新意识和操作能力。		
课程特色	(1) 学科融合的新视角:历史棱镜下的美学,用美术作品打开通往历史的窗户,选取不同时期典型的艺术作品(含陶俑、壁画、文人画、西方艺术流派绘画等),突破历史与美术的壁垒,并突破各自学科的教学难点,体现项目式学习的特征。 (2) 创新评价的新形式:历史与美术老师联手合作,创新评价方式,每一课时都设计不同的创作和评价方式(如艺术布展、考古模拟、历史小舞台、诗歌朗诵等),学习任务明确,充分体现"学中做"和"做中学"的双重意义。 (3) 注重情境的新环境:考古教室＋陕西历史博物馆＋曲江艺术博物馆等,通过外部环境的创设激发学生学习和创作的动机。 (4) 定位发展的新角色:走进历史的你,学会审美的你,不断创作的你。		
适合对象	高一年级学生		
课程实施	序号	主题	评价方式
	1	秦陵兵马俑——无与伦比的地下军阵	①发挥你的想象:为兵马俑"上妆";②手工制作:利用黏土、石膏粉制作小兵马俑;③体验考古:模拟挖掘兵马俑。
	2	砖上春秋:见证两汉琅华——评价方式	①史料探究:汉代画像砖里的丰富内涵;②考古体验:瓦当拓片。
	3	敦煌壁画《张骞出使西域图》——凿空丝路的图像记忆	①历史剧小舞台:张骞出使西域;②绘画临摹:班级壁画长卷临摹。
	4	大唐盛世《步辇图》:勾勒汉藏交往的联姻佳话	①历史地图:周秦汉唐至明清历史方位地图;②艺术创作:唐代古装设计。

① 校本课程由西安市曲江第一中学丁慧芸教师主持开发。

序号	主题	评价方式
5	《清明上河图》：解读宋朝市井的生活密码	①史料实证：《清明上河图》里的北宋盛衰；②文创设计：《清明上河图》延伸作品设计。
6	深藏不露的《千里江山图》：十八岁少年的千年绝唱	学生作品布展：《千里江山图》创作布展。
7	八大山人书画：墨点无多泪点多	文学创作：选取一幅文人画（或其他画作）将其转化为现代诗歌。
8	欧仁·德拉克罗瓦《自由引导人们》：工业革命时代的浪漫情怀	朗诵小舞台：与明清文人画朗诵作品一起进行创作，并进行现场朗诵。
9	米勒《拾穗者》：麦田里的农家史诗	微视频创作：用镜头记录长安故事。
10	毕加索《格尔尼卡》：超越绝望的现代救赎	艺术创作：用生活中废品（如雪糕棍、纸杯等）创作一幅具有现代艺术特色的作品。

（五）整理教学设计

在完成纲要的基础上，任课教师要完成具体教学设计撰写，就像课堂教学需要有教学课件或教学设计一样，校本课程也要有授课流程的组织稿，它可能与课堂教学的教学设计不尽相同，但设计内容应该包括课时目标、教学重难点、主要教学方法以及教学准备等。充足的设计准备会使教学过程更加游刃有余。

【案例节录】　校本课程"历史棱境下的美学"第3课时教学设计片段

【课时目标】

（1）通过对不同地区画像砖的分析，尤其是对四川、江浙一带画像砖的细节探究，认识、掌握汉代农业、手工业及商业发展的史实。

（2）以典型画像砖为探究对象，了解汉晋时期佛教文化盛行的表现及汉代基层管理和民间价值取向。

（3）通过对画像砖中政治、经济、文化等汉代史实的了解，进一步提升史料实证的素养，同时提升文物保护的意识。

【学情分析】

高中学生已经掌握汉代初年郡国并行制、察举制的推行等史实，了解汉代后期出现庄园经济等状况，同时掌握董仲舒新儒学的内容，这些都可以为本课画像砖（石）内容探究做知识储备。

【教学重难点】

教学重点：通过典型画像砖石探究，能够了解汉代农业、手工业、社会生活等方面的表现，并能提高史料实证的能力。

教学难点：通过画像砖(石)内容提炼历史信息。

【教学准备】

(1) 教学课件、导学案。

(2) 使用教学资源：视频《汉代画像砖上的雕刻神话》《曲江新区秦砖汉瓦博物馆》《清代早期、清代晚期和民国时期瓦当的区别》《制盐画像砖》介绍；图片四川博物馆相关画像砖拓片。

(3) 教具准备：瓦当复印品。

【教学过程】

导入新课：展示目前所知最早发现的汉代画像砖。

内容主体：依据展示的画像砖进行史料实证研究，形成一定历史解释。

(1) 画像砖与汉代政治(东汉伍伯画像砖、山东嘉祥《射侯射爵》画像砖(石)等)。

(2) 画像砖与汉代手工业(四川成都画像砖《盐井》《酿酒》《舂米》等)。

(3) 画像砖与汉代对外交往(《驼舞》《胡舞》画像石等)。

(4) 画像砖与社会生活(四川画像砖《庭院》《养老》等)。

【作业设计】

活动设计：结合"秦砖汉瓦"主题内容进行设计创作，点燃你的创意。

三、教师在校本课程开发中要关注的细节

(一) 重视团队合作

历史校本课程的研发仅靠一两名教师单打独斗很难形成有影响力的、资源丰富的优质校本课程，且会给相关教师带来一定程度的工作负担和压力。教师在开设校本课程时一定要注重团队力量，刚开课时可以考虑两人合开。从理论角度看，小组成员间可以集思广益、发挥各自特长、调动身边资源，促使历史校本课程更丰富更多元，同时成员间互帮互助、互相交流学习、取长补短，有利于教师的专业发展，有利于提升学校教师团队的整体能力水平与凝聚力，增加教师团队合作意识。从现实角度来讲，评价活动的有序开展也需要团队合作，如进行校本剧展演、文物讲解大赛，这些都需要集体的力量才能完成。

(二) 重视课程资源建设

课程资源是否优质、充足，已经成为影响历史校本课程顺利研发和实施的最大影响因素。在开发校本资源时，要尽可能全面地获取资源，不能拿一本资料讲到底，这样就不算是课程开发了，充其量就变成别人知识的"搬运工"了。历史教师可以使用的资源除了开课内容涉及的专业文献资源外，还可以包括网络资源、博物馆资源、人力资源(专业人士的辅助)等，可以积极与社会机构进行多种形式的合作交流，比如博物馆、图书馆等，这些都可以成为校本课程的优质课程资源，多种资源的利用可以让课堂更加生动。

(三) 考虑编写校本学习资源

一般相对成熟的课程,为保证课程内容的相对稳定,并且考虑较长时间的可复制性、推广性,教师可以考虑编写校本学习资源。参编人员要严格贯彻《中小学教材管理方法》要求,做好日常教学与课程资源开发的平衡,在课程开发选题时就要做好长远准备,边实践边对学习资源进行筛选整理,最后集合学习资源编写团队,完成学习资源开发。

在学习资源编写过程中,要严格遵循课程标准中对于教材编写的相关要求,注重科学育人,遵循教育教学规律,坚持核心素养导向,通过历史知识的呈现和学生学习方式的提升两条主线,体现以学生发展为本,尊重学生学习的主体地位,促进每个学生的全面发展,准确阐述历史课程所包含的基本史事系统,揭示中国历史和世界历史发展的主要线索和大趋势,"史事的选择和叙述应有代表性和典型性,无科学性、常识性错误;要实事求是地解释和评述历史,做到论从史出,史论结合;原始文献等资料及数据的引用要准确、权威和可信,符合学术规范,注明出处和来源"。①

【案例节录】

表8-3　校本课程"长安:中国的'DNA'"学习资源开发②研讨清单

序号	研修活动	教研组老师的研讨汇总	反思与改进
1	"长安:中国的'DNA'"学习资源文稿一校	(1) 文稿评价方式不够具体,最好能用表格的形式量化展示。 (2) 每个章节要设置"想一想""议一议"等环节,在学习中培养学生思考的品质。 (3) 将章节的标题统一化,最好能体现历史底蕴和文化素养。	(1) 完成评价量表。 (2) 设置对应思考问题。 (3) 利用古诗词或对联将标题统一化。 (4) 确定二次校稿时间。
2	"长安:中国的'DNA'"学习资源二次校稿	组内进行循环校稿 (1) 将错别字和有问题的图片进行汇总,反馈给章节负责人。 (2) 利用查重软件进行查重筛查,降低重复率。 (3) 交由兄弟学校进行意见交流。	(1) 对反映出来的细节问题,尤其是问题比较大的图片进行编辑,如去水印等;利用查重反馈信息进行进一步修订。 (2) 根据兄弟学校的交流意见增加与高中历史知识对接的部分内容。
3	"长安:中国的'DNA'"学生信息反馈处理	(1) 将学生反馈的信息整理汇总。 (2) 根据学生的建议进行适当修订,根据学生关注的信息点考虑后期校本课程设置的侧重点。	校本课程开设过程中不断进行调整。

---

① 中华人民共和国教育部. 义务教育历史课程标准(2022年版)[M]. 北京:北京师范大学出版社,2022:72.

② 西安市曲江第一中学历史校本课程"长安:中国的'DNA'"配套资源2017年由陕西人民出版社出版。

（续表）

序号	研修活动	教研组老师的研讨汇总	反思与改进
4	"长安：中国的'DNA'"校本课程改善建议	(1) 学生手中校本学习资源文稿没有装订成册不易保存，造成资料浪费。 (2) 学生的课堂汇报内容杂乱，针对性不强。 (3) 学生的历史剧汇报演出台词过于现代化。 (4) 邀请大学区共同申报和实践。	(1) 装订成册，循环利用。 (2) 对课堂汇报的内容进行规划。 (3) 历史剧汇报演出改为规定校本剧演出。 (4) 推广到大学区，填写校本课程申报表。
5	"长安：中国的'DNA'"校本剧编写	(1) 校本剧的选题。 (2) 校本剧开展的形式。 (3) 排练指导问题。	(1) 确定为《拜访丝路》。 (2) 在校本课程开设中期邀请曲江影视集团专业教师培训。 (3) 利用名师中学历史工作室经费购买服装和道具。
6	"长安：中国的'DNA'"一书出版发行	(1) 对内容进行第四次校稿。 (2) 邀请教科所教研员、大学区学校及历史学专家教授进行论证。 (3) 联系出版社。	(1) 对专家提出的参考文献、图片来源问题进行进一步修订。 (2) 联系出版社和兄弟学校刊印发行。 (3) 邀请大学区、教科所老师到学校观看校本剧汇报演出。

四、历史学科校本课程开发深化的思考

（一）关于"量"

教师在熟练开发一门校本课程后，下一步工作是要干什么？是在延续已有的课程的基础上形成具有个体特色的校本课程体系，还是将这一门课程固定下来作为精品？这是课程开发关于"量"的反思。要真正打造一门课程是需要付出很长时间的，如果是将课程简单地看成是第一门功课的"套路复制"，这样就变成了"重复劳动"，失去了课程价值，所以教师在尝试完成1—3门校本课程后，就要停下脚步思考一下，在已有的基础上应该如何突破，这是课程开发深化的第一重反思。

（二）关于"学生负担"

"少课时、轻负担、高质量"是课程改革的目标之一，开设校本课程是为培养学生个性特长、促进教师专业成长、构建学校特色，不要让校本课程成为教师和学生的共同"负担"，教学过程和评价过程中不要过多追求"花架子"，额外增加学生过度信息查找的任务、"艺术创作"的任务。如果要采用学生汇报演出的评价方式，一定要将其整体工作肢解到学期的作业任务中合理布局，避免出现学期末教师"集体催债"，课程效果大打折扣。

(三) 关于"视野"

教师不要只知道埋头干活,也要"抬头看路",了解校本课程开发的趋势和方向,避免原地打转。如有学者提出了"课程群"的概念,课程群将原有课程 A+B+C+……的形式改成从 An、Bn、Cn 课程中派生出的(A+B+C)n 课程,实现课程"螺旋式上升"。课程设置的逻辑性可以尽可能大地激发学生思维,并促进学生从一个核心主题出发形成完整的思维链条,实现课程群的利益最大化。课程群的研究可以促进学校构建互补课程体系,删除原先课程间的重复,体现群内一门课程对另一门课程的意义,并使学生更好地把握一门课程与其他课程以及整个课程群的关系,从而达到整体大于部分之和的效益,教师在课程深化中就可以寻找这个新的增长点。如此前提到的历史学科利用学科的包容性可以与美术学科合作,形成课程"中国古代建筑美",与化学学科联系,形成此前提到的课程"历史与化学的'奇妙'旅程",也可以与语文学科融合,形成课程"一带一路与儒家文化漫谈"等,成为师生共同成长的新的发展方向。

【案例节录】

校本课程"南外+南博文物修复"①公开课精彩设计剪影

"南外+南博文物修复"课程是由南京外国语学校历史组牵头,南外和南博强强联手合作设计开发,整个课程以项目式学习为主,在学校老师和博物馆专业人员的指导下分组探究实验,查找资料,进行课题研究。2019 年 5 月 24 日在南京外国语学校报告厅举行了江苏省"基于 STEM 理念的高中化学课程基地"展示活动,历史教研组周媛媛老师、陈懿名师工作室成员周子艺老师共同执教"出窑万彩——明清瓷器修复实验探究"一课。展示课是以其中一组学生探究课题"研究铜着色剂在不同条件下的显色"展开,与化学实验探究方法进行交叉融合,以著名的铜红釉为例,通过调整温度、浓度等变量,探究不同条件对着色剂显色的影响,尝试制备出与古瓷釉料性状、颜色接近的着色剂,把现代科技融入传统修复工艺。此课程涵盖了历史、艺术、物理、化学等学科,运用学科融合,发展学生思维,培养家国情怀,弘扬传统文化,努力培养学生发展带得走的能力,努力践行 STEM+课程中所致力于学生终身的整体的、综合的、面向未来的教育。

第二节 如何指导学生做研究性学习

教育学家苏霍姆林斯基在《给教师的建议》一书中指出:"对自然现象、生产、人的实践采取恰当的带研究性的学习方法,能够使学生在思维过程中努力地从实践中挖掘更多的材料,他们就能养成一种宝贵的脑力劳动品质,即不通过直接观察,而用间接方式去研究、认识和探索事实和现象的能力。"教育部在《普通高中"研究性学习"实施指南》中对研究性学习的内

---

① 校本课程由南京外国语学校历史教研组开发。南外:江苏省南京外国语学校简称。

涵做了明确界定："研究性学习，是指学生在教师的指导下，从自然、社会、生活中选择、确定专题进行研究，并在研究过程中主动获取知识、应用知识、解决问题的学习活动。"研究性学习或研究课题的开展是社会发展的需要，是将学生学习活动从被动接受到主动探究的重要探索。教师在研究性学习中扮演什么角色？如何指导学生选题？研究性学习开展过程中教师还要从哪些方面进行合理指导？这是本节要解决的几个核心问题。

一、认识研究性学习开展的意义

（一）提高学生社会责任感

学生的研究性学习不仅仅是一项简单的科学研究工作，除了基础的资料搜集和信息整理外，还涉及学生克服困难的勇气、坚持不懈的毅力、统筹安排能力、论文写作以及人际沟通能力等，学生在研究过程中要想有效推进，就要与团队成员通力合作、取长补短，也就培养了自身的团队合作意识和社会责任感；研究性学习完成后，教师会组织学生开展评价，通常模式是模拟答辩，不同组之间的互相交流和讨论会相互碰撞，引发认知冲突，也有助于提升学生的责任感。如某学生研究起点是某地国家遗址公园中的雕塑，研究重点为园内雕塑反映的时代特征（如唐长安城遗址公园、大明宫遗址公园等），研究的同时学生又关注到了园区内雕塑破坏和命名有误等问题，从而形成新的调研报告，也就体现了学生的社会责任意识。

（二）激发学生学科学习兴趣

兴趣引导着受教育者的人生方向。学生的研究始于问题，因解决具体问题而产生的学习动机是一种间接远景性学习动机，这种学习动机作用稳定而持久，不容易受到偶然因素和情境变化的干扰，使学生对这一学科产生浓厚兴趣。如学生对唐代壁画产生兴趣，他会通过文献检索了解壁画创作的背景、壁画中主要人物身份、服饰特点，甚至还会考虑壁画的保护手段等，这使学生能理解到历史学科过去与现实的关系，理解文物对人类社会的共同意义，从而对历史学科产生浓厚的持续性兴趣。

（三）培养学生独立人格

课题的产生是由学生首先发现问题，在问题发现过程中培养学生的质疑精神；研究过程中，学生和教师共同解决问题，共同确立研究方案和方法，充分发挥学生的主体作用；在后续分析问题并提出解决方案的过程中，学生需要综合各方面信息来作出合理的分析，这个过程是学生学习独立思考、形成批判性思维的过程，有助于学生独立人格的养成。

二、研究性学习中教师的定位

研究性学习中教师不会把现成的结论告诉学生，学生要在教师指导下发现问题、探究问题、获取结论，所以"研究性学习"课程内容就有了许多不确定因素，从而对教师和学校都提出了挑战：首先教师失去了对学生学习内容的权威和垄断；其次教师处于被学生选择的地位;再次教师从个体走向合作,从分科走向跨学科。以上是挑战,但也是机遇,在教师被学生选择的同时,教师也在选择学生,从而师生通过一同关注自己感兴趣的事物而形成知识和能力提升,教师的生存空间也无形中扩大了许多。所以一定程度上,教师是研究中的学习者。

相较于校本课程的开发,教师在研究性学习中扮演的角色要略显被动,教师往往是学校和学生之间的纽带。从某种角度说,在这项课外活动中,学生处于相对主动的地位,教师则相对被动,这种被动是对教师的素质包括思想、业务、心理素质的考验,只有真正成为复合型的教师,在整个研究中教师才能充当合格的指导者的角色。

华东师范大学聂幼犁教授在点评湖北省公安县车胤中学蒋碧勇老师的“鸦片战争可否称为商业战争”①这一研究性学习案例时指出,“尊重历史”和“发展学生”是历史课程的基本要求之一,要想真正“发展学生”就要充分发挥学生的主体性、积极性与参与性,培养探究历史问题的能力和实事求是的科学态度,提高创新意识和实践能力。点评中肯定了蒋老师在组织研究性学习时的五个品质,包括对学生有深入了解、有一定的学术准备和深层思考、按学生情况选择适当的教学模式、围绕课题进行充分的资源准备、达到多个教学目标,教师在进行研究性学习指导时对自己的角色定位和要求不妨以此作为参考要求。②

三、指导学生进行选题

选题是学生开展研究性学习的第一步,也是教师指导学生活动的第一步,这一步至关重要,关系到未来课题的方向甚至成果。教师需要掌握如下几项与选题相关的基本常识。

(一) 选题来源

1. 学生自行选择研究课题

课题的主要实施者是学生,学生能自己提出问题、分析问题和解决问题是课题研究推进的重要保障,学生可以从生活和学习活动中获取题目,也可以从文献资料中发现题目,学生提出感兴趣的话题,自行组建研究队伍(一般情况下,中学研究性学习活动开展是以小组为单位进行团队合作)。

2. 教师提供与专业相关的课题

作为专业教师,为给学生提供更全面、细致的指导,教师可在学期初结合学情先初步拟定一定数量的研究题目,由学生自主选择。这种课题项目参照表的方式尤其适用于起始年级初次接触研究性学习的学生,既有利于学生课题的开展,同时也是教师积累研究素材的重要方式。

---

① 蒋碧勇.鸦片战争可否称为商业战争——一个研究性学习的案例及教学反思[J].历史教学,2005(01):50—55.
② 聂幼犁.给教师的建议——从“鸦片战争可否称为商业战争”,看中学历史学科研究性学习[J].历史教学,2005(04):38—43.

（二）课题类型

1. 知识探究型

这种选题是研究学习课题中的较低层次，学生通过课堂学习或课外阅读学到某一方面知识，学生可以在指定范围内获得学习体验并形成学习报告，如"从郑和下西洋看明朝时期的对外交往"，该课题目标明确，内容亦有明确限定，学生能通过课题研究对明朝的对外关系有更深入的理解，是一种基于课堂的外延性课题探究。

2. 学术研究型

在历史学习过程中，学生对某一教学问题感兴趣，提出较有创造性的研究问题，需要一定的文献研究或行动研究方法进行研究，形成一部较有特色的学术论文，教师要善于将这种兴趣点激发和引导。如"二战中的'两术'变革"，从二战中提炼出新的研究视角——战术和美术，基于课堂并高于课堂，学生在研究中更加宏观并创造性地解决了问题。

3. 社会调研型

教师可以指导学生走向社会和生活，进行实际调查研究，如指导学生走进博物馆、走进文物或者走进历史遗迹，然后撰写具有一定现实价值的调查报告或论文，如此前提到的《西安市曲江池遗址公园雕塑调研报告》，在调研中发现问题——雕塑命名错误和雕塑服饰错误，通过文献研究提供雕塑调整方案。

4. 创造发明型

这是研究性学习中的较高层次，以创造作为最终目标，并解决现实问题，这是学生将历史与现实辉映的写照，也是家国情怀的有效抒发。如"基于文化传统对××市新开地铁线命名思考""当古典建筑遇到现代美""利用化学原理对斗彩进行颜色复原"等，都体现出学生对现实生活的关注。

5. 跨学科研究

学生的课题研究可以以历史学科为基点，进行跨学科研究，如跨历史、地理学科的"历史时期郑国渠灌溉面积变化对关中地区政治经济影响"，从降水、关中作物种植等角度讨论郑国渠的变化对关中的影响；跨语文、历史学科的"从《白鹿原》看关学对关中地区的影响"，让文学作品与陕西地区"关学"文化相结合，让儒学变得更加生动、具体；跨历史、艺术学科的"从陕西历史博物馆壁画珍品馆馆藏看千年丝路文化"，从壁画中的细节探讨丝绸之路上的民族文化交流；充分利用音乐、历史、通用技术等元素形成的微电影设计"灯影下的千古绝唱"，从传统文化入手、利用科技手段，使文化寓古典于现代。学生在学科之间寻找交叉点和突破口，研究过程也成为学生学会学习的过程。

（三）选题指导

要找到一个既符合学生兴趣点又切实可行甚至有创新点的课题是不容易的，教师作为选题的控制者之一，教师在拿到学生的选题思路后，要进行一定的选题指导，要做好把关工作。

1. 从定位上指导

结合一些实践案例看,学生对研究性学习的定位容易存在一些误区,认为研究性学习是指向未知领域,探究别人没有涉及的领域,将学生的研究性学习与专家学者的科学研究混为一谈。其实中小学生应当把研究性学习指向已知领域,吸收人类已有的科学文化成果,对某一课题进行探究。定位上的指导会使学生有科学目标、具体研究思路和可行的研究方案,最终也就能够产生具有一定研究意义的成果。

2. 从内容上指导

学生的选题有时虽然有意义,但囿于研究时长或资料不足等不便,或者有些题目缺乏创新,都需要教师进行合理指导,选择实际操作性强又能激发学生想象力的课题。教师要对课题研究的可行性进行指导,有些不合规范的课题要明确指出,避免研究走上弯路,如不符合道德规范的课题"利用现代科学技术进行墓葬勘探"、条件难以具备的如"探究原子弹的内部构造""白宫的建筑艺术特点"、选题过于简单如"秦朝三公九卿制的影响"、选题过于宏观缺乏可行性,如"中国近代思想流派沿革"等。在确定了可操作性的基础上,指导学生对提出的问题进行初步理性思考,学生对自己提出的问题进行修正和加工,将其转化为可研究性课题。

在研究性学习开展过程中,教师要充分发挥课题研究的德育功能,可以适当引导学生关注社会热点问题或现实生活中的困惑,鼓励他们从中选择所要研究的对象,而这些对象和热点往往又能让学生认识社会,无形中激发学生的社会责任感。

(四) 完成开题报告

开题报告是选题的总结和结束,开题主要解决为什么研究(研究背景、研究价值)、如何研究(研究方法、研究条件)、研究结果预期(成果形式)等方面,初接触研究性学习的同学容易出现的问题主要包括:第一,通常不能准确把握课题的研究动态,容易导致做重复工作和无用工作,教师需要给予其文献研究的基本方法指导。第二,研究过程缺乏逻辑性,可能出现为了突出某一环节而忽略整体的情况。第三,对研究结果的预期无法结合课题开展的实际情况,给予充分合理的展示,而是陷入千篇一律的论文或调查问卷分析中。教师在规范上做好前期准备,往往能起到事半功倍的效果。

【案例节录】

研究性学习"从陕西历史博物馆唐墓壁画珍品馆馆藏看千年丝路文化"[①]开题答辩

尊敬的各位评委老师,大家好,我是来自××学校的××,今天我要汇报的课题是:"从陕西历史博物馆唐墓壁画珍品馆馆藏看千年丝路文化"。下面我准备从研究起源、研究优势、研究准备和研究成果呈现四个方面介绍我的选题思路。

---

① 研究性学习"从陕西历史博物馆唐墓壁画珍品馆馆藏看千年丝路文化"为陕西省西安市曲江第一中学高中 2020 届学生作品。

1. 研究原因

早在 2010 年陕西历史博物馆唐墓壁画珍品馆建成后不久，我便参观过唐墓壁画，只是当时的我对于这些画在墙上的画提不起兴趣，但却已经有了"一面之缘"。去年，大型文博类探索节目的热播在全社会引起了广泛的关注，"让国宝活起来"一时间成为时髦的口号。在陕西历史博物馆向大家推荐的三件国宝藏品之中，懿德太子墓壁画《阙楼仪仗图》可以说是独树一帜了，精美的壁画与趣味性十足的故事一下子就激发了我对唐墓壁画的兴趣，可以说是一个颇为巧合的契机了。

第二个原因就是壁画本身，进入到高中经过一个学年的学习后，我逐渐明确了自己的优势和学习方向，最终选择了文科。在日常学习和研究性学习开展活动中，我对于文物的兴趣从感性阶段逐渐进入到理性阶段，认识到文物本身蕴含的历史、文化和社会价值，而壁画又是一种具有丰富研究价值、定位特殊的文物。唐墓壁画形象地展示了中原文明与外域文明，特别是丝路文明之间同异并存、求同存异、异中求同、同中化异等深层次的历史文化现象。

第三个原因是我们所处的特殊地域——长安。国家"一带一路"倡议的提出，作为土生土长的西安人，我深刻感受到了近几年西安的发展，从城市规划的日臻完善到"西安年，最中国"，从"第九个中心城市"的定位到"丝绸之路电影节"，西安正以崭新的姿态出现在世人面前，我也想贡献自己的一份力量。壁画这种特殊的载体，是链接过去、现在和未来的一条特殊的纽带，我希望成为这条纽带传输的使者，让长安的文化主题更加丰富。

2. 研究优势

由于出生在文博家庭，我从小就对历史与文博有着浓厚的兴趣，更是《百家讲坛》《国宝档案》等栏目的忠实观众。初中阶段的我，开始尝试独立阅读部分历史学文献资料，提出、思考并着手探究一些简单的历史学问题，撰写数篇研究心得。同时自学高校历史学基础课系列教材，独立撰写一篇历史学专业论文已发表。参加了学校"珩理考古社团"，通过走进大明宫、秦咸阳宫遗址、汉阳陵等社会实地考察掌握了一定的研究方法，无论是内在兴趣，还是外界提供的平台，都使我立志在大学阶段，选择文博与历史学方向做更深入的学习与研究。

3. 研究准备

高一上学期（2017 年 12 月），我的第一次研究性学习便是有关唐墓壁画的研究，形成了一份对壁画研究的基础性研究小报告，但由于选题较为宽泛，研究也仅仅是浅尝辄止，算是一次不成功的实践；后来我在社团活动和学科学习中，对于研究方法有了一定的提升，我又在多次参观陕西历史博物馆壁画珍品馆基础上，对壁画有了更多的了解。因为唐墓壁画甚多、馆藏品数量也很多，在吸取了第一次研究的失败教训后，我利用知网查阅了关于唐墓壁画研究的相关成果，最终确定研究的重点壁画为《客使图》（东西壁），同时主动翻阅了程旭馆长《丝路画语》、杨瑾老师关于壁画研究的已有成果,扩宽了我的视野。

4. 研究成果呈现

基于以上的背景,我的研究呈现方式主要包括三个部分:研究论文、陕西历史博物馆新馆布展壁画馆规划建议(视频细节展示,了解文物保护工作的流程,感受文物保护者的"工匠精神";模仿省图书馆的专家讲座模式,推出壁画馆公众号,定期进行主题授课;设置实验操作间,提供真实模拟文物修复的部分过程,让壁画博物馆走下"神坛")、文创产品创新。

以上是我的开题思路,感谢您的聆听,也真诚地希望得到您的指导,谢谢!

四、研究性学习开展中的指导

中学生研究性学习往往以学期为单位,主要由学生以小组为单位自行完成,确定选题后学生开始进入搜集资料的过程,在学期末进行汇报展示。在此过程中,教师也要有效有度地参与到研究中来,避免形成研究性学习中指导教师角色变成"签字员"。其实学生的研究过程基于其研究水平的局限性,教师需要合理地进行过程性指导,主要体现在以下方面。

(一) 对整个研究小组的宏观了解

了解研究性学习课题组基本成员,尤其是了解小组长及课题成员基本分工,可以建立一个相互沟通的平台(如 QQ、微信等),便于及时了解每位小组成员的研究动态,包括研究成果以及研究困难,及时提供指导;当然指导教师给予的是整体思路、方法、经验的指导,具体的操作需要学生自己去完成;干预过多,反而削弱了学生研究主体的作用。

(二) 研究方法和内容指导

如前所述,学生在开题报告中容易出现研究综述和研究方法选择的困境,在开题中教师予以指导的基础上,教师在研究实际进行中要对该部分进行特别关注,让研究的困境成为学生的成长点;同时学生初次进行课题研究,完成的结果可能不如预期理想,既要抓住其闪光点,又要将其研究不全面、不透彻的地方明确指出,然后不断打磨不断修改,让学生体会研究的科学严谨和不易。

(三) 完善研究成果

指导教师要指导学生面对最后的研究成果答辩,其中包括研究报告的格式、研究内容表述的专业程度、研究思路、研究成果的创新性和实践性等;同时也要与学生进行答辩预演互动,培养学生的语言组织能力和应变能力,通过专家评审、提问、解答等环节,让学生从单纯的研究,不断向探究、深究方向进步,为下一次的研究做好充分的准备和反思。

研究性学习是一场破茧成蝶的探索之旅,学生基础、学习能力、资源获取途径等都会制约学生研究进展,教师要在提升自身学术水平基础上给予学生最实际的指导,要俯下身去看到学生在研究、在思考、在解决问题中的真实困境,才能将研究性学习效果拓展到、影响到基础性教学。教师也可以在基础教学中穿插研究性学习主题课程,为学生个体开展研究性学习作示范,在此方面我们可以从上海市奉贤区华亭学校陆建国老师的做法中参考借鉴、汲取智慧。

【案例节录】

研究性学习"我的最高目标是拯救联邦"选题缘由及教学策略

　　上海市奉贤区华亭学校是一所地处上海市郊区的初级中学,学生水平大体属于中等,陆建国老师在讲授"南北战争"一课时遇到契机:绝大多数同学都知道林肯废除了黑人奴隶制,是个伟人,也对林肯有一定的了解,但有同学提出疑问:"为什么林肯不在战争前或者战争一开始就废除奴隶制? 南北战争中的林肯是不是优柔寡断、直到战争最危险的时刻才决定废除奴隶制?"学生的提问引起陆老师的关注和反思:"我们长期以来对南北战争过分强调废除奴隶制,忽略了南北战争本身是为了维护联邦统一,不了解美国的政治制度和当时局势造成了学生的误解",所以陆老师以此设计了一堂先讲授、再探究的活动课。教师在整个教学过程中共发言46次,精选了符合中学生认知特征的九则材料,有16名同学在课堂中与教师有生成对话,材料运用自然而多样化,不仅解决了学生的疑问,也是对学生史料分析能力、史料实证素养的一次提升,更是教师对研究性学习的一次"现身说法"。有了课堂教学中的研究性学习示范,会让学生开展研究性学习更有目标性,研究方法也更科学合理。

第三节　如何规划学科综合实践活动

　　随着新课程改革的不断深入推进以及中学生核心素养的提出,时代对中学学科建设、教师综合素养以及学生的学习理念、方法都提出了新的更高的要求。教学的场地已经不能仅仅局限于教室,授课时间也不能只是课堂的四十或四十五分钟,由信息技术支撑的多媒体教学也已经不能满足教师的教学需求以及学生对于知识的体验欲望。学科活动是课堂教学的延续和拓展,能营造多元的学习氛围,通过形式活泼、内容充实的活动进行体验式学习,在参与操作中丰富学习感受,享受探索与发现的乐趣,综合提升学生的核心素养。基于历史学科特色,可以从学科活动课和社团活动两个方面进行综合实践活动的探索。

一、历史学科活动课

(一) 基于教材中规定的活动课设计策略

　　《义务教育历史课程标准(2022 年版)》在教材编写建议中提到"教科书的编写要尽可能地引导学生通过教科书的学习,进入历史情景,由浅入深地感受和认识历史",在"课程基本理念"中指出"鼓励自主、合作、探究式学习,倡导教师教学方式和教学评价方式的创新",《普通高中历史课程标准(2017 年版 2020 年修订)》中也倡导尽可能地以丰富的形式呈现教材的活动课内容,初高中历史科教科书中也专门设置了历史活动课,如统编版初中历史教材七年级上册第 21 课"让我们共同来感受历史"、七年级下册第 22 课"中国传统节日的起源"、八年级上册第 27 课"考察近代历史遗迹",以及高中《中外历史纲要(上)》活动课:"家国情怀与统一多民族国家的演进"等,内容丰富、形式多样的活动课贯穿了时代精神和创新精神。

【案例节录】

七年级下册"中国传统节日的起源"活动课①教学设计片段

教学目标:

(1)了解中国传统节日的起源和演变,知道中国传统节日的习俗,提高文化素养。

(2)正确看待节日文化,从中国传统节日中理解中华民族的道德观和价值观,增强民族自豪感。

(3)通过对中国传统节日相关资料的搜集、梳理,提高整理、分析资料的能力,提高沟通和表达能力。

(4)通过"洋节"和"土节"比较,学会正确看待传统文化和外来文化,认识和继承中国传统文化。

课前收集:

(1)分组:春节、清明节、端午节。

(2)探究:节日起源和演变、节日习俗和文化、节日作用和影响。

(3)整理:小组合作,作幻灯片、简报、粘贴画等,准备在课上交流。

导入新课:2017 年 1 月 26 日《人民日报》发文,中共中央办公厅、国务院办公厅印发《关于实施中华优秀传统文化传承发展工程的意见》强调:深入开展"我们的节日"主题活动,实施中国传统节日振兴工程,丰富春节、元宵、清明、端午、七夕、中秋、重阳等传统节日文化内涵,形成新的节日习俗。盘点我国传统节日:春节、元宵节、清明节、端午节、中秋节、重阳节等。今天就走进传统节日,探寻节日的渊源,感受中国传统文化的魅力。

活动展示:

主题一:节日起源和演变(在学生展示基础上补充资料,资料来源《中国民间信仰风俗辞典》中对春节来源的解释;清明节与介子推;闻一多先生考证端午节起源的历史故事,丰富了教学内容,提升了家国情怀,并初步渗透了史料实证意识)。

主题二:节日的习俗和文化(学生交流节日中衣食住行的切实感受,教师通过表格归纳整理节日中的饰物与用品、饮食与物品、仪式与活动等,又通过节日习俗的传承与演变,使学生从感性认识上升到理性认识)。

主题三:节日作用和影响(通过一则网络短信图片:禁止校园庆祝圣诞节,引起

---

① 该活动课设计者为江苏省南通市如东县新区初中沈美莲老师,在人民教育出版社网站资源中可查阅全文,本书在收录过程中对原文略作删减。

学生思考传统节日的意义，同时反思如何正确处理"洋节"与传统节日的关系）。

实施历史活动课是按照课程标准的要求，按常规教学内容和进度围绕教材内容进行的一种活动形式，可以在课堂上进行，也可以在课外进行，其目的是调动学生学习历史的兴趣，提高学生的历史素养，培养学生良好的情感、态度和正确的价值观。[①] 既充分发挥学生的主动性，促进学生历史学习方式的转变，也有利于实现学生的多样化学习经验，同时有利于培养学生的创新能力和终身学习能力，可以说活动课对于提升学生的学科素养有重要作用。但现实却是活动课成为不少教师心目中的"鸡肋"，学生配合程度如何？教学目标如何设计？课堂秩序好维持吗？这些都是需要考虑的问题。在一些客观因素作用下，有部分教师甚至认为历史活动课是自找麻烦，不会有任何效果。理论与现实的差异正说明其是教学的突破点，以"让我们共同来感受历史"（统编版初中历史教材七年级上册第 21 课）一课为例，可以有多种突破方式：如充分利用寒假时间，安排学生寻找家中的老照片，突出寻找历史的过程，对老照片进行 500 字左右的解读，突出感悟历史的过程。教师在寒假结束后对学生作品进行集中展示（或评选展示），这种形式既能调动学生的积极性，照顾到整体学生的参与程度，同时对教师组织活动也相对便利；教师也可以将第 21 课的内容肢解到整个学期的教学过程中，在课堂开始前利用 3—5 分钟进行历史故事展示，可以由教师做示范然后由学生循环展示，让历史的感悟贯穿于整个学期的历史教学过程中；也可以选取教学过程中比较具有代表性的教学素材进行深入挖掘，形成具有教学特色的主题探索活动课（如采用《清明上河图》解读宋代社会风貌、利用唐长安城模型体会盛唐气象）。以"家国情怀与统一多民族国家的演进"一课为例，教师可以选择与学校行政部门（如政教处）利用特殊节日（如五四青年节）联合进行活动推广，如开展"家国春秋　使命担当"知识竞赛或者主题演讲，学生可以在活动中锻炼语言表达能力和历史理解能力。

【案例节录】
　　单元主题活动课"《清明上河图》中的宋代'社会密码'"[②]教学设计思路
　　教学目标：
　　（1）通过仔细观察《清明上河图》中部分图片，印证宋代的社会生活、风俗习惯及经济发展状况，提高分析和处理历史信息的能力。
　　（2）认识宋朝是我国古代继隋唐之后经济和文化科技继续发展的一个重要朝代，了解艺术作品也是认识历史的重要途径。
　　（3）通过《清明上河图》与《东京梦华录》《宋史》、出土铜镜、冶铁遗迹等文献或文物资料展示的信息进行对比和印证，初步学会用文献资料与文物资料相互印证的方法。
　　（4）了解传递历史信息的多种方式，掌握研究图片历史素材的方法。

---

① 成学江、刘芳.关于综合实践活动与历史课程有机渗透的探索和思考[J].中学历史教学参考,2015(12):19—23.
② 该活动课设计者为陕西省西安市曲江第一中学历史教师丁慧芸老师。

（5）文化传承需要社会每一个公民的力量,提高保护文物的意识和文化传承使命感。

学情分析:学生通过第二单元的学习,已经对宋代的政治、经济和社会状况有一定了解,可以作为探究《清明上河图》的重要知识基础,但知识储备还没有经过内化和系统化,基础相对薄弱,所以在教学中还要注意内容和方法的引导;同时七年级学生参与课堂的欲望非常强,喜欢表达自己的看法,但语言表述容易口语化,所以要特别关注知识表述的规范性以及语言表达的训练。

课前准备:制作微课回顾已学知识;搜集、整理学生提供的老照片作为研究素材;准备教具《清明上河图》;准备学案和相应活动课探究用纸,用于展示探究过程中需要的部分细节图片和活动成果。

设计过程:

（1）导入新课。

利用微课回顾已经学习过的宋代历史知识,含政权并立、民族融合、经济重心南移、科技文化生活等内容。

（2）新课讲授。

环节一:入画(学生介绍自己了解的《清明上河图》,教师通过展示其印刷品对其所描绘的主要内容进行宏观介绍,并将《清明上河图》中"脚店"一处细节利用展台进行展示),初步教给学生探究的方法。

环节二:释画(教师提前选取《清明上河图》中4组共11张图片,以小组为单位发放探究图组,学生通过小组合作将从图中得出的信息汇总到探究活动纸上,并选出小组代表进行展示,教师将学生汇报中重点内容进行板书;在此基础上教师补充一组深度探究图片,并设计问题由全班进行思考,达成理性思考)。

环节三:出画(教师抛出问题:通过《清明上河图》中局部细节的探究,我们看到了一幅宋代生动的生活画卷,但《清明上河图》又属于艺术作品,你怎么判断图片反映出来的现象的真实性呢? 在学生作答的基础上教师选取遗址遗迹类史料、实物和文物类资料、文献资料等印证《清明上河图》中的某些探究结果,让学生简单了解二重证据法,为学生以后研究该类历史问题和历史现象提供方法指导)。

环节四:画中有话(教师展示《清明上河图》被辗转收藏的经历,提高学生文物保护和文化传承的使命感;同时利用班上同学课前提供的老照片进行探究,将掌握的图片探究方法学以致用,拉近历史与现实距离)。

作业设计:推荐阅读《100多年前法国人拍的老西安照片》,了解你身边的这座城市,提升家国情怀和乡土文化认同。

（二）基于教学内容考量的活动课设计策略

活动课程是以学生的爱好和动机为出发点,可以采取多种多样的活动形式,主旨在于让学生的历史学习既有"意思"又有"意义"。随着活动课程理念逐渐普及,历史课堂开始注重引入历史活动课,除去教材中设计的活动课外,教师还可以结合实际教学内容多角度设计历史活动,从而充分实现对学生主体性的尊重,提升历史课堂的教学效果。

如在讲述统编版初中历史教材七年级上册第16课"三国鼎立"一课时,义务教育课程标准内容标准中对该课要求为"知道赤壁之战和三国鼎立局面的形成",因为初中学生课堂参与度相对较高、小学阶段对三国中的人物及故事有所涉及,但又对文学作品中的故事和史实关系认识并不深刻,所以该课可以尝试利用活动课形式,教学可从"说一说你了解的三国""看一看历史中的三国""读一读小说中的三国"三个环节进行,让学生在达成本节课内容目标的基础上,通过探究初步认识史实与小说的联系与区别,教师结合具体教学进度和学生学情,在学期初制订教学计划时有意识地进行规划、渗透。

【案例节录】

部编版初中历史教材七年级上册第10课"秦末农民大起义"活动课[①]设计思路

"秦末农民大起义"一课教材中包括了秦的暴政、陈胜吴广起义和楚汉之争。其中,前两部分内容之间是因果关系,即秦暴政引发陈胜吴广起义,而秦暴政是秦灭亡的根本原因,陈胜吴广起义沉重打击了秦王朝,第三部分内容有着承上启下的作用。为了突出本课教学线索,故将第三部分做舍去处理,并入第11课"西汉建立和'文景之治'"进行讲解。本节课只讲秦末农民起义,分析秦亡原因,这是学生第一次接触农民起义,学生尤其是城市学生对农民的理解不深刻,对古代农民的诉求了解更少,而部编版教材在七年级上下两册中有多个课时都以农民起义作为重要知识点,所以在本节课将其讲透有利于将来同类问题的分析和讲解。

基于学情分析,在教学过程处理中主要采取文物、遗迹、史料等鲜活素材,尽可能为学生提供生动情境,帮助学生理解秦亡的原因,力争体现"史料实证"的意识和素养;为形成完整和思辨的历史线索,对本节课进行环节重设,分为:①一份令人惊叹的伟业(回顾第9课秦始皇完成统一和加强中央集权的措施,为推进新课做好铺垫)。②一位堪称劳模的皇帝(秦始皇执政后的勤勉,与第二单元中夏商周末代君主做对比,同时为分析东汉后期、隋朝、唐朝后期等农民起义原因时做同类或异类归因对比)。③一双引发思考的鞋底(利用陕西文博资源秦始皇陵兵马俑的代表性文物及《史记》文献资料认识秦的暴政,尤其是从兵马俑跪射俑的鞋底花纹触发学生对秦朝统治的深度理解,认识农民起义的根本原因)。④一场石破天惊的起义(陈胜吴广大起义,充分利用起义形势图对有关农民起义的规律性问题进行讲解)。四个环节相扣,让学生辩证认识秦始皇的政策,并分析秦亡的根本和直接原因,突破重难点。

---

① 该活动设计者为陕西省西安市曲江第一中学历史教师丁慧芸。

(三) 历史学科活动课的效果和反思

通过以上案例,我们不难发现历史学科活动课首先为学科基础教学提供了丰富鲜活的教学资源。如在讲授盛唐气象时,可以让学生首先自己去搜集有关盛唐气象的素材,充分挖掘身边的历史资源,利用活动课进行集中展示,学生可以就自己所选择的素材进行解说,将文物图片和文物模型带进课堂,既是一场互通有无的历史学交流,为学科教学提供了形象生动而又丰富鲜活的资源,又为提高学生思辨能力和语言表达能力提供了一个"大比拼"的舞台;其次活动课有利于培养学生的创新意识和探究精神。如在利用《清明上河图》讲解宋代社会生活时,利用图中的细节提出问题,如:你在图中能找到哪些与长安城不一样的景象?"脚店"的招牌说明了什么问题? 图中有哪些交通工具,这些工具的出现说明了什么? 该画作创作于宋徽宗时期,国家的政治、军事、外交均已走入绝地,可《清明上河图》却给我们呈现了一派祥和升平的盛世局面,这不得不说是一种矛盾和对立。有专家解读说,其实张择端在《清明上河图》中暗藏着不和谐的密码,你能找出来吗?《清明上河图》属于艺术作品,你怎么判断图片反映出来的现象的真实性呢? 学生在观察中思考、分析与探究,逐渐掌握运用所学知识解决问题的方法,利用二重证据法辨别史料真伪,激发了学生求知热情和创新意识,初步培养了学生大胆质疑小心求证的科学探索精神。

开展活动课要注重学生问题意识培养,活动课旨在让学生能够发现问题、分析问题、最终尝试解决问题,使其成为学生的思考方式和行为习惯,而不是热热闹闹、花里胡哨地追求形式上的课程改革;所以教师在设计活动课时一定要正确处理活动课与学科课程的关系,活动课既独立存在、有别于学科课程,又与学科课程相互联系、相互影响,内容上不能过于标新立异,亦不能占用过多的教学时间。

二、开展历史社团活动

近年来以某一学科为主导形成的社团活动成为学校特色之一,社团活动是对第一课堂的拓展和延伸,其上课地点可以在校内但不局限于教室甚至还可以在校外开展,社团开展以培养学生健全人格、健康审美情趣和创造力、历史学科的思维力为目标,以活动形式为抓手,培养学生对历史学科的兴趣,拓展学生的知识面。历史社团不同于此前提到的校本课程或研究性学习,其活动形式往往更加灵活多样。如"行走博物馆""考古社""博通社""知行社"等,每个社团可结合学生、校情等开展实际社团活动。

教师开展社团活动要做好充足的准备,如社团名称、社团章程、社团选拔条件、授课教师、社团活动初步方案、评价方案等,如有校外研学,还要考虑安全报备。这些前期准备也可以充分调动学生的积极性,如社团名称就可以在全校范围内征集,既宣传了社团同时也对教师了解学生有了一定帮助;社团规划方案也可以在开课前让学生结合社团主题填写活动课意向单,既结合既定方案也充分尊重学生的主体地位,有利于社团活动顺利开展。

【案例节录】

表 8-4　西安市曲江第一中学珩瑝考古社团学期活动方案

西安市曲江第一中学珩瑝考古社团学期①活动方案节次	课时内容	上课地点	参加教师或邀请嘉宾
1	考古基础知识讲座社团主要活动介绍	社团教室	陕西省考古研究院研究员曹龙(社团校外指导)
2	从"寻龙诀"到"盗墓笔记"	社团教室	社团校外指导:吴春
3	考察参观:大明宫国家遗址公园了解唐宫殿建筑(分小组探究)	大明宫国家遗址公园	社团负责教师
4	考察参观:大明宫国家遗址公园实践拓片、制陶、探方(分小组)	大明宫国家遗址公园	社团负责教师
5	学生成果汇报	社团教室	社团负责教师
6	年度十大考古发现进校园	社团教室	社团校外指导:郭妍利
7	陕西师范大学博物馆参观	陕师大博物馆	社团负责教师
8	北大考古文博学院教授讲座	学校报告厅	社团负责教师
9	学生成果汇报	社团教室	社团负责教师
10	考察参观:曲江池遗址公园(分小组探究)	曲江池遗址公园	社团负责教师
11	考察参观:汉阳陵博物馆(分小组探究)	汉阳陵	工作室全体成员
12	中国铜镜文化	社团教室	社团校外指导:朱军强
13	学生成果汇报	社团教室	社团负责教师
14	学校社团成果汇报(期刊展示)	学校展板	社团负责教师

社团建设:
(1) 整理上年度社团活动照片、学生作品,制作年度学生活动视频,参加全国中学考古社团汇报。
(2) 做好陕西省博物馆教育联盟年会汇报资料。
(3) 做好新增考古专用教室申请(含布局设想、造价预算等)。
(4) 以教研组为单位参观西安市高新第一中学考古社团实施情况。

---

① 该活动方案为西安市曲江第一中学珩瑝考古社团 2018—2019 学年度第一学期社团活动方案。

三、组织历史学科节

　　学科活动节没有固定的要求和模式,其开展一般有两种思路。一是确定一个主题(或结合特殊纪念活动),结合不同学段学情,进行年级间活动的联合展,这种活动形式往往历时时间长,但活动形式比较丰富,参与人群也较广,还可以促进年级与年级之间的师生互动、生生互动甚至还会包括知识和技能方面的互动,如确定主题为"家国情怀",可以做如下规划:七年级——"老照片背后的故事"故事会;八年级——"走进革命圣地,与国旗合影"照片展;高一年级——"家国春秋"主题演讲活动;高二年级——"文博知识竞赛",做此类系列活动需要教研组各位教师以及学校部门、年级和班级的大力配合,往往一学期或一学年组织一次,但这种形式影响力大,学生收获更为充分。二是同样确定一个主题,依然以"家国情怀"为例,可以在某一年级开展活动,不规定具体形式,学生寻找最能体现自己家国情怀的方式,教师对学生作品进行分类,以集中汇报方式展示成果,学生的参与过程也变成研究的过程,这种形式较容易操作,也可以结合历史活动课进行统一协调。

【案例节录】

表 8-5　西安市浐灞欧亚中学第二届政史地学科节活动设计

活动时间	活动形式	活动内容
2019 年 11 月 25 日	专家讲座	"中美贸易战与当代青年的历史使命"专题讲座
2019 年 11 月 26 日	模拟法庭、以案释法	红领巾法学院"预防校园欺凌、共建和谐校园"
2019 年 11 月 26 日	"唇枪舌剑、谁与争锋"辩论赛	辩论内容"中学生使用手机的利与弊"
2019 年 11 月 27 日	知识竞赛	"经天纬地"知识竞赛
2019 年 11 月 28 日	舞台展示	"历史大咖秀"风采展示

【参考书目】

1. 朱汉国,郑林主编.新编历史教学论[M].上海:华东师范大学出版社,2008.

2. 罗超.历史教学法的改革和创新[M].芜湖:安徽师范大学出版社,2018.

3. 于友西.中学历史教学法[M].北京:高等教育出版社,2017.

4. 聂幼犁.中学历史研究性学习研究:案例分析与点评[M].天津:天津古籍出版社,2009.

第九章
历史教师的信息素养

现代社会对信息通信技术（Information and Communications Technology，简称 ICT）的依赖已经达到前所未有的高度，人们的生活，特别是年轻一代生活在信息技术的环境中：手机、互联网、在线视频等。随着信息通信技术的发展，许多相关技术例如音视频技术、数据挖掘技术、学习分析技术等被应用到教育领域。从改进教与学的过程到提高学习效果、从提高学生学习投入度到与其父母无缝沟通、从校园网络到更高效的校园管理及监控，在学校教育中恰当运用信息和通信技术大有裨益。

联合国教科文组织于第 35 届大会发布《教师信息与通信技术能力框架》，描述了教师运用 ICT 进行有效教学所应具备的能力，教师应运用适合于知识型社会的教学方法。中国教育部于 2012 年出台了《教育信息化十年发展规划（2011—2020 年）》，并于 2013 年启动"全国中小学教师信息技术应用能力提升工程"，计划建立教师信息技术应用能力标准体系，推动教师在课堂教学和日常工作中有效地应用信息技术。[1] 2018 年 4 月教育部印发《教育信息化 2.0 行动计划》，对教学与技术提出了更高的整合要求：线上线下结合的教与学将成为主流；建立在数字化、网络化基础上的个性化学习将变得更加重要；教学分析方法将从以因果关系分析为主转向以数据关系分析为主，通过大数据分析为教学和教育决策提供支持。[2] 2019 年 3 月，教育部发布《关于实施全国中小学教师信息技术应用能力提升工程 2.0 的意见》指出，信息技术应用能力是新时代高素质教师的核心素养，突出培养教师将技术深度融入教学全过程、推动教育改革发展的融合能力。可见，教师提升自身整合技术的学科教学知识能力，提升信息素养，既是知识型社会对教师专业能力的要求，又是新时代我国教育改革发展的要求。

信息素养一般包含以下六大特征：捕捉信息的敏锐性、筛选信息的果断性、评估信息的准确性、交流信息的自如性、应用信息的独创性、使用信息的规范性。就历史教师而言，信息素养主要体现以下四个方面。

一是把关教学材料的能力。进入信息时代，历史教学材料不难寻而难择，大量资料的公开出版、搜索引擎的使用，使得师生可接触的材料呈几何级数膨胀。因此，教师要具有信息检索与鉴别能力，要成为教学材料的把关人，在海量数据中使用合适的工具精确找到符

---

① ［意］维多里奥·米多罗.《联合国教科文组织教师信息与通信技术能力框架》本土化修订指南［M］.池瑾，姜炎，译著.北京：世界图书出版公司，2017：3.
② 王珠珠.教育信息化 2.0：核心要义与实施建议［J］.中国远程教育，2018(07)：5—8.

合教学目标的经典材料。

二是掌握整合材料的能力。教师不仅要关注经典材料的深度解读,还要在掌握历史基本的知识架构的基础上,具有资源组合与应用能力,将新材料融入知识体系中,积极反思,大胆借鉴、应用和创新,从而彰显德性,涵养情感,培育学生的家国情怀。

三是数字工具应用的能力。教师要自如地掌握获取、保存、加工、传递网络信息的方法,同时能借助数据分析工具反馈常态教学目标达成程度、诊断学生学业水平及能力,让数字资源为我所用。

四是移动学习介入的能力。在手机已经成为人们日常生活的"必需品"时,教师利用信息技术开展移动学习,既是引导学生对手机正向使用的示范,又能与学生进行实时互动,实时搜集与分享信息,及时评价反馈,从而更好地完成教学任务;学生通过手机可随时随地学习,并在社交媒体分享自己的认知变化,获取新动态与他人的反馈,增进与同伴的交流,从而提高学习的效能。

在教育中深度融合信息技术会创造一个全新的交流环境,这要求教师具备一套与以往不同的课堂设计与管理技能:在新技术支持下构建学习环境,将新技术融于新的教学方法,以多媒体为基础更新、改编和创建教学资源,在信息技术和新媒体中鼓励合作互动、协作学习和小组合作。教师职业素养将与熟练掌握信息技术并更多地从事与 ICT 相关的教学活动有关,在信息化教学环境、教学资源支持下,教师将实现教育思想、教学观念、教与学方式以及课堂教学结构的根本性变革。其中,教师信息素养提升的关键在于提高整合技术的学科教学知识能力(TPACK)。TPACK 是 Technological Pedagogical And Content Knowledge 的英文缩写,包含三个核心要素,即技术知识(TK)、学科内容知识(CK)、教学法知识(PK),是"学科内容、教学法和技术"这三种知识要素之间的复杂互动,是整合这三种知识而形成的一种新知识形式,是美国近年来在"信息技术与课程整合"途径与方法研究领域的新发展与新成果,是提倡将 ICT 集成到教育中的最常见框架之一。[①] 结合联合国教科文组织《教师信息与通信技术能力框架》中将教师日常工作中的技术素养分解成的六个方面(理解教育中的 ICT、课程与评估、教学法、ICT、组织与管理、教师专业学习),本章将从信息环境下的教学资源与工具、信息化教学交互平台、个人知识管理与专业信息检索三方面,对历史教师应具备的信息技能进行介绍和案例说明,旨在为教师提供参考和指导,以便有效运用信息通信技术,提高教育质量。

现代信息技术的发展,为历史教学提供了新型的教学手段和教学技术,为历史教学向数字化教学方向发展打下了基础。现代信息技术在历史教学中的运用,能够拓宽有关历史的信息源,拓展历史视野,使师生获取更多、更具体的历史信息,有助于对教学重点和难点的解决。更为重要的是,信息技术的应用能够有效地改变传统的教学方式,适应信息时代人们个性化、多样化的学习习惯和学习方式,将学生的学习过程由封闭转向开放,由单一转向多样,由被动转向主动,促进教与学的互动和交流。"在教学中,教师要努力将现代信息技术与历

---

① 何克抗. TPACK——美国"信息技术与课程整合"途径与方法研究的新发展(下)[J]. 电化教育研究,2012(06):47—56.

史教学内容的展现相结合，通过多媒体手段呈现具体的、形象的、动态的、多维度的历史情境；恰当运用现代信息技术的优势，组织学生开展各种学习活动，促进学生的自主学习、合作学习和探究学习。随着现代信息技术与历史教学的深度融合，教师要积极探索线上教学的模式，并将线上教学与线下教学有机结合。"①

第一节　如何获取数字教学资源与工具

一、历史教学网络资源

互联网时代，课堂已经由封闭转化为开放，教学资源由单一性的纸质资源转化成多样化的线上与线下结合的混合资源，教学资源的内容和呈现形式极大丰富。通过利用不同形式和内容的网络历史资源，为学生创设有利的学习条件，提供更合适的学习材料，帮助学生进行有意义知识的构建，让学生在利用网络资源完成历史知识学习的过程中，培养良好的学习习惯。不同形式和内容的网络历史资源不但可以丰富学生的历史知识，锻炼学科关键能力，还可以提高教学的效率，提升中学历史的教学质量。

网络历史资源信息量丰富、共享交互便捷，对于中学历史课程教学具有日益重要的作用。有学者按照教师必须"拥有一定的教学内容，掌握必要的教学策略，具备相当的文化和理论素养"，将历史教学网络资源分为实用型资源、策略型资源和素养型资源。② 实际所能检索到的历史网络资源往往集三种资源于一体，因此本节将从历史教学类网站、高校史学类精品课程、期刊文献数据库、数字图书馆、数字博物馆、历史专门网站六个主题门类向读者介绍历史教学常用的网络资源。

（一）历史教学类网站

中学历史教学园地：内容包括初、高中历史各个年级、各种版本教材的资料，资料丰富，更新及时，原创性强，是中学历史教师常用的参考网站。

历史学科网：学科网是国内最大的教育资源门户网站，教育资源丰富，囊括了国内各省市、地区，初中、高中各个年级的历史教学资源。网站包括资料、资讯、备课中心、知识点、试卷、免费资料、专辑等，旗下还有"e卷通组卷系统"，试题全、选题精、搜卷准、组卷快、易操作。

人民教育出版社网：人民教育出版社的官方网站，其初中历史、高中历史板块提供人教版历史课程资源，包括教师用书、电子课本、课件素材、参考资料、教学设计、课件插图、视频素材等，还有与各年级历史课本同步的评价测试、教师分享的原创课件。

中国教育学会历史教学专业委员会活动展示：包括了其学术年会的专家报告、展示课视频，以及全国中学历史录像课评比作品。

国家中小学智慧教育平台是由教育部主办的集学生学习、教师教学、学校治理、教育创

① 中华人民共和国教育部.义务教育历史课程标准（2022年版）[M].北京：北京师范大学出版社，2022：61.
② 何成刚，陈亚东.历史教学网络资源的分类及开发[J].历史教学，2002(12)：45—49.

新等功能于一体的综合服务平台。该平台不仅上传了最新版统编初高中历史学科的电子教材，而且针对每一课内容精选微课案例，以及提供教师精选研修项目。

（二）高校史学类精品课程

中国大学 MOOC：由网易与高教社携手推出，承接教育部国家精品开放课程任务，其历史频道截至 2022 年 12 月收录了 95 个历史课程，既有通史如"简明世界史""中国古代史通论""世界文明专题"，也有专门史如"唐史四讲""名人与近代中国""欧洲一体化"等。

网易公开课：平台收录了大量中国大学视频公开课，以及国外 TED、BBC、Coursera 等平台的公开课，其有关"历史"的检索结果项达四千多个，内容全面且专业，如收录有武汉大学公开课"近代中国的主要矛盾和历史任务"、耶鲁大学公开课"英国近代史"（中文翻译）等。

（三）期刊文献数据库

参见本章第三节"如何进行个人知识管理与专业信息检索"中"文献的获取途径"一目。

（四）数字图书馆

数字图书馆为用户提供了免费的图书、图片、视频、音频和软件的浏览与下载服务。常用到的数字图书馆有：

超星数字图书馆（http://chaoxing.com/）：超星数字图书馆是国家"863"计划中国数字图书馆示范工程项目。2000 年 1 月，在互联网上正式开通。涵盖了经济、法律、语言与文学、艺术、历史、地理、自然科学等多个学科门类的中文图书。网站已有的资源包括：35 万授权作者的近 40 万本电子书、5 850 位名师的 98 593 部视频讲座集、750 余人的专业团队组成的 40 个课程编辑部、超过 1 000 万注册用户的学习空间。

世界数字图书馆：由教科文组织及 32 个合作的公共团体共同成立，由全球规模最大的图书馆"美国国会图书馆"主导开发，以多语种格式免费提供世界各地的重要材料，包括手稿、地图、珍本书籍、乐谱、录音、电影、印刷品、照片、建筑图等。

（五）数字博物馆

数字博物馆通过技术手段将实体博物馆通过音频讲解、实景模拟、立体展现等多种形式，让用户通过互联网即可身临其境地观赏珍贵展品，更便捷地获取信息、了解历史知识。

1. 全景博物馆

3D 数字化在线展览，可以在网络上逼真地呈现展品与博物馆之间的空间关系。拓宽了受众对文物和古建筑的欣赏视角，为用户带来了"比真实更逼真"的文物画像，延展、深化了受众对文化艺术作品的直观感受。扫描二维码可了解主要全景博物馆相关情况。

全景博物馆汇总

2. 在线馆藏浏览

扫描二维码可了解故宫文物数字库等在线馆藏浏览网站详情。

在线馆藏浏览网站汇总

（六）历史专门网站

1. 原始资料网站

中国国家图书馆读者云门户：提供国家图书馆馆藏数字化资源的检索及在线阅读服务，内容涵盖古籍、民国时期文献、地方志、历代碑帖、甲骨等。

上海图书馆开放数据：精选上海图书馆馆藏古籍、民国四书、抗战图片库、特色老唱片，以及8004种家谱。

中国第二历史档案馆：目前开放了北洋政府档案的政务、军事、交通、教育及农商等部分，共计4500余条，24 000余画幅。

抗战文献数据平台：是国家社科基金抗日战争研究专项工程的阶段性成果，收录的1949年以前的各类文献达1 000万页以上，平台囊括档案、图书、期刊、报纸、图片、音频、视频等多种形式，"汇多库于一"。所有文献均可免费检索与阅览。

中华人民共和国条约数据库：收录我国对外缔结和参加的部分双、多边条约。

汉典全文检索系统：是目前最具规模、数据统合最为严谨的中文全文数据库之一，收录历代典籍已达一千二百五十八种，七亿一千八百一十三万字，内容几乎涵括了所有重要的典籍。

书格数字古籍图书馆：致力于开放式分享、介绍公共版权领域的古籍善本数字资源，以艺术类、影像类、珍稀类以及部分刊印水平较高的书籍为主。

2. 门户指南类网站

中共中央党史和文献研究院：由中共中央党史和文献研究院主管主办，设有党史研究、经典编译、影像纪录、成果总库等24个一级栏目，近100个二级栏目，提供及时、权威、准确的党史、文献和著作编译等信息服务。

发现中国：是一个提供地图制作分享服务的公益网站，聚焦了大量网友制作的世界各地历史地图，其中也上线有两个常用的专业专栏——中国历史地图以及国外各大图书馆高清中国古旧地图，在需要使用电子地图时可以提供参考。

爱思想网历史学栏目：提供史学理论、中国古代、近现代、共和国史以及世界史、考古学、历史地理学等的分类目录，收录文章较为权威。

澎湃私家历史频道：其口号是"一切历史都是当代史，一切历史都是思想史。从网络、出版、纸媒和线下沙龙等路径全方位出发，打造中国最具现实关怀和国际视野的历史平台"。

搜狐历史频道：内容以中国史为主，其中内容板块以朝代来划分。

凤凰网历史频道：其"知青""兰台说史""视见""文化风向标"四个栏目颇具特色。

3. 历史特色网站及移动设备应用软件

全历史（Allhistory）以AI知识图谱为核心引擎，可以清晰迅速地了解历史事件发展过程、人物生命历程的轨迹信息；其关系图谱模块让你通过图谱的方式直观了解历史事件、人物之间的关系；其时间地图模块以"左图右史"理念为基础，能展现条目主体以时间和地点为线索的信息。

动历史:资讯类视频平台梨视频旗下的频道,提供有趣的历史类短视频。

移动设备应用:故宫博物院自主研发了 9 款移动设备应用软件:《胤禛美人图》《紫禁城祥瑞》《皇帝的一天》《每日故宫》《韩熙载夜宴图》《故宫陶瓷馆》《清代皇帝服饰》《故宫展览》《故宫社区》。

4. 国外世界史资源库

最佳历史网(Best of History Web Sites)被谷歌评为历史网站访问量第一名,该网站除提供历史资源,还提供历史课程计划、教师指南、活动、游戏、测验等链接。

美国国家人文中心"美国课堂"(America in Class)以主题形式提供符合该国历史课程标准的历史文献、文学作品、艺术作品,以及历史课程规划和教学设计,是我们认识美国历史课堂的一个窗口。

美国国家人文基金会项目 EDSITEment 涵盖了广泛的人文学科高质量的教育资源,从世界历史和文化,到公民、语言、艺术、建筑和考古,包括"课程计划""教师指南"和"学生活动"三个子目,内容丰富。

5. 微信公众号自媒体

随着各类历史相关公众号的建立,各种史料、研究动态、思想观点、学术成果等信息迅速传播,学术公众号专业突出且内容新颖丰富,公众号文章视听结合且易于即时阅读,微信已经成为历史研习的重要平台,以下是适用于中学历史教学的部分历史类公众号推介。

期刊类中,国家人文历史(人民日报社主管主办《国家人文历史》公众号)内容丰富浅显易懂,东方历史评论(《东方历史评论》杂志公众号)在微观上为历史提供新鲜洞见,世界历史编辑部(社科院世界历史研究所主办《世界历史》公众号)、中国经济史研究(社科院经济研究所主办《中国经济史研究》公众号)、近代史研究(社科院近代史研究所主办《近代史研究》公众号)主要推送与期刊内容关联的内容。

研究机构类中,社科院考古所中国考古网(社科院考古所网站微信)宣传考古学文化与文化遗产保护,当代中国研究(当代中国研究所公众号)宣传与推送有关国史的资料与研究,民俗学论坛(中国民俗学会公众号)推送民俗学领域学术动态与民俗知识,档案春秋(上海市档案馆公众号)聚焦城市记忆、留存城市发展、传承城市历史,讲述上海故事;新史学 1902(北京师范大学出版社公众号)、商务印书馆(商务印书馆有限公司公众号)、甲骨文(社会科学文献出版社旗下甲骨文团队公众号)主要推送人文历史书讯及学术文章;观复博物馆(新中国第一家私立博物馆观复博物馆公众号)推送的展览具有亲和力,注重人与历史的沟通。

二、信息化资源制作与呈现

(一) 幻灯片教学课件的美化

幻灯片教学课件已经为大学教学广泛使用,幻灯片教学课件的制作水平在很大程度上影响了教师的授课质量。制作精良的幻灯片能很好地提高学生学习兴趣、吸引学生注意、激发学生思考，帮助学生强化学习效果，而劣质的幻灯片则会对学生的学习起到反作用。

历史教学幻灯片一般用来呈现原始材料、原始照片、文物图片、资料表格、历史故事、学者观点、历史评论等，以文字多、图片大小不一为主要特点。教师美化幻灯片的核心目的是使教学内容直观、明了，有逻辑，能够快速清晰被学生理解。因此，在设计幻灯片时，要注意以下几个方面。

1. 空间结构整齐匀称

版面上的所有元素，要能够实现相对距离一致或对齐。包括相同元素之间对齐，和各元素与幻灯片边距的相对距离一致。幻灯片中"排列"操作下有"对齐"选项，其中包括左对齐、水平居中、右对齐、顶端对齐、垂直对齐、底端对齐等。同时要注重页面排版，分析内容理清页内层次，区分结论类内容与支撑类内容，辨别它们之间是并列关系还是上下级关系，从而匹配不同的版式。

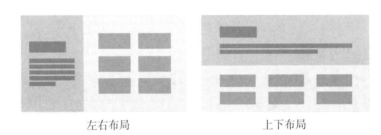

左右布局　　　　　　　　　　　　上下布局

图9-1　常见幻灯片页面版式布局

2. 内容结构呈现清晰

一要设计目录与导航栏。目录位于幻灯片的最开始，展示我们整个课程的路径，导航栏在每个页面中，展示目前课程的进展阶段，可以帮助学生有效定位课程内容，达到 PPT 结构有序、层次清晰的效果。二要设计过渡页和强调页。在教学设计中课程内容是分环节的，这同样要在 PPT 中有所呈现。在每个环节间设计过渡页面，在环节内部设计强调页，既起到焦点转换作用，也是调整课堂情绪的好方法。过渡页面的设计一般使用全图排版法，结合文字与蒙版，可以让信息更加突出、让幻灯片更加简洁美观。

图9-2　PPT 导航栏示例

图9-3　使用全图排版法设计过渡页

3. 统一颜色、字体

第一，色彩上要避忌相似色，文字与背景色应该时刻保持强对比。遇见深色背景时，所有文字统一选白色，遇见浅色背景时，所有文字选择同色系的深色部分；把页面颜色控制在两种以内，只做深浅变化。若需要多种色彩方案，我们需要根据一些网络配色方案，如 Color Hunt 网站提供的色彩方案，使用幻灯片吸管工具完成色彩的匹配使用，切忌随意配色。第二，字体上要分清字体的类型，不同字体对应不同的页面，如主题型字体用于营造氛围，内容型字体使版面清晰、方便大量阅读。第三，在此基础上可配合课堂氛围选择整体色彩，如"抗日战争"一节可将主体色调定为浅灰色，呈现庄严、凝重的气氛。

4. 利用素材美化平衡

我们在选择图片史料时，首先应当优先通过搜索引擎寻找高清图片，在幻灯片内对图片进行缩放操作时，为保持美观，一般不改变图片的原始比例（即宽高同时放大缩小）。其次，适当添加图片素材，如在讲"古代海外贸易"时，或者讲"古代丝绸之路路线地图"时，可在页面添加"帆船""海浪"的 PNG 图片，在适当调节素材的颜色和透明度①后，既能填补幻灯片画面空白，又能体现历史事件的特征，千库网是一个图片素材库网站，提供了各类好看免费的 PNG 图片。再次，在小标题中合理运用图标。下载简单图标可以使用阿里巴巴矢量图标库，下载复杂精美图标可以尝试使用 FLATICON 图标素材平台。

图 9-4　排版前后对比

5. 局部细节精心规划

如在幻灯片上使用到地图时，若需要强调某个具体的地域范围，可以使用"任意形状"在地图上对具体地域进行描绘并调整形状颜色。在地图上需要强调历史事件的空间变化时，可以使用"曲线"形状描绘路线并按需调整线条的粗细和颜色。细节的规划还离不开动画效果的帮助。除了使用常用的"进入"和"退出"动画以外，还应多使用"强调"动画和"路径"动画。"强调"动画中"放大""缩小""变淡""线条颜色"等动画可以通过改变对象的大小和颜色展示画面重点的转移。

---

① 当把素材作为背景使用时，为避免素材颜色和文字颜色冲撞，可在素材上、文字下叠加一个与素材同样大小的"形状（矩形）"，通过"形状填充"进行颜色和透明度的调整（通常颜色可选用白色，透明度为 10%）。

6. 善用插件高效设计

插件 iSlide 号称幻灯片的瑞士军刀，是一款功能强大的幻灯片插件，集原创素材库和实用功能于一体的，大部分功能和素材都是免费使用，能够有效地提高制作幻灯片的效率。iSlide 插件的组成主要包括四个部分：设计、资源、动画、工具。设计部分包含一键优化和设计排版；资源部分包含主题库、色彩库、图示库、智能图库、图标库、图片库；动画部分包含平滑过渡、补间动画、时间缩放；工具部分包含幻灯片拼图、幻灯片瘦身、安全导出。除此之外，Motion Go 则是一款专门优化幻灯片动画设计的插件，其在线动画库囊括了海量能在幻灯片演示的视觉表达要素。

（二）教学微课制作

近年来国内外对微课研究的不断深入和教学实践的不断丰富，对微课的认识日益深刻、全面。尽管至今仍未形成系统规范的概念，但一般对微课的主要描述基本是：以一个或若干个重要的知识点为中心，以音频或短视频为载体，进行简短、完整的教学活动；是一种新型的数字化教学资源。[①] 这是从数字资源视域看问题，也有学者从课程视域看问题，通常意义的"微课"只是微型教学视频形式的一种配套学习资源，是"微课程"教学系统的组成部分，其教学模型包括课前自主学习任务单、配套学习资源、课堂教学方式创新三大模块。[②] "微课"的目的在于帮助学生完成任务单给出的学习任务。由此可见，微课设计制作绝不仅是教学视频制作而已，而是至少包含了自主学习任务单和教学视频的组合，构成学生课前的自主学习资源。

1. 开发自主学习任务单

从结构上来看，自主学习任务单包括学习指南、学习任务、困惑与建议三个组成部分。[③] 学习指南与学习任务须由教师设计，收获、困惑与建议由学生完成任务之后填写。

学习指南包括课题名称、达成目标、学习方法建议、课堂学习形式预告四个要素，反映对学生完成学习任务、达成学习目标的指导。区别于以布置习题为主的"导学案""学案"等其他自主学习载体，学习任务坚持目标管理、问题导向的原则与策略。达成目标是学生通过自主学习应该达到的认知程度、认知水平，一般用"通过阅读教材（或观看教学视频，或分析相关学习资源等）和完成任务单给出的学习任务"等实现"目标的条件＋目标行为＋目标内容"表述。课堂学习形式预告为简要说明课堂教学组织形式，也可用简易的流程图代替，目的有三：一是使学生发现如果不完成好学习任务，课堂上就无法参与学习了；二是当天学习的内容不能忘了（即自觉巩固）；三是使学生对课堂学习充满向往。课堂学习形式预告的设置，既能让学生发现完成课前学习任务和参与课堂学习之间的关系，从而完成好课前自主学习任务单给出的学习任务，也有利于提高课前学习成效的巩固和学生做好课堂学习的心理准备。

① 陈伟新.高中历史微课的设计与应用实践研究——基于无锡市辅仁高中历史微课教学实践的研究[D].上海：上海师范大学，2016：3.
② 金陵.两种"微课程"之比较[J].中国信息技术教育，2018(17)：15.
③ 金陵.翻转课堂与微课程教学法[M].北京：北京师范大学出版社，2015：137.

因此,课堂上有趣的环节或者重要的环节都要进行预告。

为了保证学习质量,设计学习任务的时候,要对照达成目标一条一条地分析,把与目标有关的概念和方法转化为问题,同时兼顾教学重点、难点和一般知识点的覆盖,力求做到没有缺陷,为学生学习达成目标创造条件。我们可以在学习任务旁边附上学习资源链接,以二维码①的形式,方便学生即时查看。当学生通过自主学习理解了概念、原理之后,教师可以提供几个与"任务"难度相当的题目让学生练练手,使其印证自主学习成效,获取学习成就感。

收获、困惑与建议,是为反馈自主学习信息而设。同时,旨在培养学生依据目标评价学习成果的能力,养成即时评价的习惯,使他们时时体验到学习成就感,发现自身蕴藏的学习力,从而激发自主学习的兴趣。

案例:

表9-1 "辛亥革命"课前自主学习任务单

一、学习指南	
(一)课题名称: 高一历史必修《中外历史纲要(上)》第19课"辛亥革命"	
(二)达成目标:通过观看配套视频,完成研修任务单给出的学习任务 1. 能说出孙中山革命思想的内容(是□ 否□) 2. 能梳理孙中山革命思想形成的背景(是□ 否□) 3. 能总结以孙中山为代表的革命先行者的精神(是□ 否□)	
(三)学习方法建议: 建立时间轴,梳理清政府和革命党在晚清的活动,并互相对照。	
(四)课堂学习形式预告: 1. 展示讨论清政府和革命党在晚清的活动时间轴。 2. 阅读晚清民众的真实心声。 3. 分享黄花岗烈士墓参观记录。	
二、学习任务	学习资源链接
(一)同盟会纲领的含义是什么?请用白话文翻译。 (二)孙中山是从什么时候开始成立革命团体号召革命的? 有几个原因? 经历了哪些事件才推翻了清王朝? (三)孙中山成立兴中会时中国面临着怎样的危机? 林觉民的绝笔信体现了革命党人的什么精神? 回望孙中山一生事迹,孙中山最大的精神特质是什么?	配套视频:辛亥革命爆发的背景。(二维码略)
三、困惑与建议	

① 二维码使用黑白矩形图案表示二进制数据,用手机扫描后可获取其中所包含的文本、图片、网址等信息,方便学生访问数字资源。二维码在教学中的应用,可以开阔学生的视野,使教学更高效。常用二维码制作网站有草料二维码(https://cli.im)。

2. 录制教学微视频

课程教学视频具有人机一对一特征，受环境的干扰少，只要教学视频具有足够的重要性和趣味性，就能抓住学生的注意力，集中精神，得到良好的学习效果。教学视频提供了个性化学习方式，不同的学生掌握同样的学习材料，需要的时间不同。学得快的同学，学习过程中，在看课前视频的时候可以快进，学得慢的可以暂停，甚至可以倒退重新观看。观看视频可以暂停、倒退、重复、快进，让学生按照自己的步骤学习，可以有效提高学生的成绩。教学视频的随时在线，当学生在学习过程中忘记了某个知识，这时只要找到相应的视频链接再次学习即可，这是传统课堂教学做不到的。

教学微视频录制一般要经过确定选题、规划框架、誊写脚本、收集素材、前期制作和剪辑合成阶段。以下为历史教学常用微视频呈现的方式。

（1）出镜讲解视频。

录制环境。教师在保证录制空间安静的前提下，可以选择教室、图书馆、校园景观等场景，也可以在专业的录制教室进行摄像，如果有条件还可以在博物馆、历史古迹进行实地授课，利用实景配合教学内容。录制重点是建立"一对一"的感觉。教学视频就是为学生自主学习、"一对一"高效学习而设计制作的。如教师以办公室为背景，坐着面对镜头，就能营造出单独辅导的授课氛围，这不仅让学生产生亲切感，授课效果也是最好的。

录制设备。要做到画面清晰，构图合理，拍摄运动镜头时要做到连贯、平稳，同时确保声音清晰、无杂音。教师既可以利用手机方便快捷地录制视频，也可准备摄像机进行专业录制。教师要重视录音设备的使用，在教学视频中，拍摄视频声音质量好比画质好更重要。人物身上的灯光亮度适宜是保证出镜时微课人物造型良好的基本要求，因此教师也要顾及灯光设备。

教师仪表仪态。教学视频要求教师具有良好的形象，教师在面对摄像机时，表情要做到自然、不做作，学生更喜欢随意、非正式的上课形式。视频录制中教师要表现出视觉吸引力，如使用肢体语言、黑板书写、练习勾画等，还可以通过与镜头的互动，如向镜头打招呼等建立与观看视频的学生互动的感觉。

教师语言。视频中的教师视频讲课的语速可以稍快，不需要故意放慢，同时语速语调要多变、自然，语言要口语化，尽可能地展现出现实生活的真实的自己，这样就可以很容易地吸引学生注意力。言谈内容要体现在对观看的学生讲，可以带入一些个人的内容把握视频节奏。为了制造"一对一"的授课感觉，尽量少使用"你们""大家""各位同学"等集体受众式用语，教师在讲课时，多用"你""咱们"，使学生感觉"我的老师就在身边"，拉近师生距离，增强教学亲和力。

（2）录屏讲解视频。

环境上，一般用录屏软件＋幻灯片录制，有条件可以使用平板电脑、交互式白板为硬件录制从而增加手写注释，有手绘比单纯的幻灯片录屏更好。在语言上，录屏讲解要控制语言速度，确保语言有间隔，给学生进一步思考的空间。在设计上，教学要更突显优化教学媒体表现效果展开师生情感交流与教学内容的思维碰撞，内容上可从"问题化＋故事化""结构化＋可视化""科学性＋趣味性"等方面入手，展示要点而不是文字稿。形式上应该尽可能让画面动起来，讲到哪里呈现到哪里，做到视听同步；讲解的知识点应该一个一个出来，以吸引学生的注意力，而不是一下子铺在画面中，一页幻灯片停留好久，只靠教师自己的讲解。

（3）混合讲解视频。

一般来说有教师头像出现会比单纯幻灯片录屏更好，因此我们可以经过后期制作将文字、幻灯片和教师的出镜讲解制作到一起，形成动静有序完整丰富的课堂视频。视频的后期编辑非常重要，通过这个过程，教师可以剔除原视频中的错误。它可以由教师自己掌控，但却很耗时。在编辑的过程中，教师可通过可视化提示来强调、强化录像中的内容，帮助学生理解历史知识。还可以插入视频短片，更改画中画的设置，对屏幕的某些部分进行缩放，也可以插入文本插图。这里介绍一些视频后期处理软件，供大家参考。

Adobe Premiere 软件是 Adobe 公司出品的一个专业的后期视频处理软件，广泛应用于广告制作和各类影视制作中。在微课制作中，它具有支持素材种类多、剪辑功能强大、第三方插件丰富、输出视频格式多等优点。

Adobe After Effects 同样是 Adobe 公司出品的一个视频处理软件，但与 Premiere 相比，更注重于视频特效方面，应用领域十分广泛。在微课制作中，不仅可以根据教学内容制作出所需的视觉效果，而且可以为微课制作出炫酷的片头，增加微课的吸引力。

剪映是字节跳动旗下深圳市脸萌科技有限公司开发的一款手机、平板、电脑通用的全能易用剪辑软件，任何人无需学习专业知识都能快速上手。其在线素材库支持搜索海量音频、表情包、贴纸、花字、特效、滤镜等。并且拥有智能字幕、智能抠像、文本朗读等十分实用的视频制作功能，面向所有用户免费使用。

（4）创新性视频。

通过创新视频呈现模式可能会给学生提供意想不到的学习动力。如与其他教师共同制作视频，对于中学生而言，如果有两位教师通过对话的模式进行讲课，这会比一位教师单独讲课要更有意思。目前互联网短视频十分火热，因此教师也可以模仿热门视频，如采用"竖屏"模式方便在移动终端观看。视频应该尽可能选择一个较小的切入点，求精而不是求全，争取能够制作出"短小精趣"的教学视频。

3. 检查、修改与上传

检查录课应重点关注以下四种失误：讲错、口头禅过多、时间超过 2 秒钟的停顿、画面出现干扰学习的因素等。教师应当做好重讲准备之后再重新录制相当段落。如无需修改，则可以直接与任务单一起打包上传到云服务平台。至此，一个教学微视频的创作流程结束。

（三）投屏技术的应用

利用无线同屏技术，可以将教师移动设备内的图像、视频、音乐等多媒体内容或对设备的操作过程镜像投影到大屏幕上，方便学生学习；同屏技术可以使用大量的移动 App，大大丰富教学手段；有助于教师教学的灵活性，避免被电脑固定，也能对学生的学习效果进行及时展示。

1. 无线投屏技术的软硬件支持

无线投屏技术需要一定的硬件条件支持，需要发送设备和接收设备都处在同一个局域网中，如今教室的多媒体终端一般都具备这样的条件。如果移动设备为安卓系统、教室电脑为 Windows 10 及以上系统，则只需在电脑端的"设置→系统"列表找到"投影到这台电脑"的选项，在安卓设备的"设置→连接"菜单中找到类似"手机投屏""多屏互动"表述的选项即可。如果设备为其他操作系统，也有不少可实现实时投屏的软件，这里推荐一款完全免费的全平台通用软件"幕享"（Letsview），通过幕享，可以轻松将手机、平板上的课件、习题等多媒体文件投屏到电脑。

2. 无线投屏技术的适用场景

（1）演示。

现有的教室多媒体系统，如投影仪、LED 显示屏，大多不支持触屏操作或触屏灵敏度不高，而手机、平板等设备的屏幕是高清多点触控屏，通过投屏技术，可以将移动设备设置成为功能强大的手持电子白板。教师在移动设备上自由书写、播放课件和文档，就类似于将大屏幕当作电子白板了，而且这块"电子白板"还可以自由携带，作为无线遥控。投屏技术除了能够传输音视频数据、实时画面外，还能传输鼠标和键盘信号，能够远程控制教室的电脑和大屏幕，如希沃授课助手中就有远程播放电脑上的 PPT、鼠标控制左键和右键的功能。借助无线网络和投屏技术，教师只需在手机上做相应的设置，就可以任意控制电脑。

（2）拓展。

随着移动互联网迅速发展，移动教育 APP 领域比桌面端得到更多资源，新功能不断涌现，借助投屏技术，以及 4G、5G 网络，教师可以利用丰富的 APP 资源为教学服务，哪怕教室的多媒体硬件跟不上时代的发展，也能拓展其功能。如一些课程视频资源 APP，如网易公开课，可以在线免费观看来自于哈佛大学等世界级名校的公开课课程；TED 公开课，集齐了众多科学、设计、文学、音乐等领域的杰出人物，分享他们关于技术、社会、人的思考和探索。

（3）反馈。

利用投屏技术，将手机拍摄的画面实时同步显示在教室大屏幕上，可以用于案例分析、作品展示，有助于教师当场分析，进行针对性讲解，还能实现局部放大、保存图片和视频的功能，提高教学效率。这是目前让所有学生在课堂上使用自购或校方的移动智能终端还不现实的条件下，最高效的课堂反馈教学信息的方式。

三、问卷调查与数据分析

问卷调查法是通过收发调查问卷来收集被调查者的相关数据资料的一种方法,因其实施方便简单,是社会科学研究普遍采用的研究方法之一。在教学研究中,问卷调查的使用范围十分广泛。我们可以调查学生的行为活动,用来了解学生某种行为的特征、原因、规律以及所产生的影响。通过对这些调查数据的进一步分析,可以发现学生行为方面存在的问题,并提出相对应的建议,进而优化学生行为。也可用于调查学生的意见和态度,如通过问卷调查学生的学习态度、学习动机,以及课堂改进建议等,教师既可以发现学生存在的问题,为学生提供学习建议,又可以收集到自己课堂的反馈信息,从而进一步改进自己的教学。随着技术的发展,目前最常用的问卷形式为网络电子问卷,网络电子问卷可以借助一些网络问卷系统生成,如问卷网、问卷星等。我们将编制好的问卷录入到网络问卷系统后,其可以帮助我们快捷地收发问卷,同时可以实现对调查结果简单的统计分析。

(一) 问卷的设计

1. 问卷的结构

一份完整的问卷通常由卷首语、正文以及结束语三大部分组成。

(1)卷首语分为标题、前言和指导语。

第一,问卷的标题是对调查内容的高度概括,需与研究内容保持一致。第二,问卷的前言是对调查研究的目的、意义和内容作简要的说明,以期引起被试的重视和兴趣,从而得到他们的合作和支持。具体来说,前言的内容一般会涉及六项内容:自我介绍,主办调查的单位、组织和个人身份,调查的目的和意义,对被试的希望和要求,应答问卷的时间和方法,问卷调查的匿名性和保密原则,对被试的合作与支持表示感谢。前言在文字上要求做到简洁、明确、通俗、可读性高并具有吸引力,而在语气上则需做到谦虚、诚恳、如实、平易近人。如一份历史人物学习现状调查问卷的前言为:"亲爱的同学,您好! 这是一份关于当前中学历史人物教学研究的调查问卷。问卷的主要目的是通过了解您对历史人物的认识、对历史人物教学的意见,为历史人物资源在中学历史课堂的有效利用提出合理的策略及建议。感谢您抽空参与本次调查。本次调查会对您填写的各项信息保密,谢谢!"第三,指导语旨在告诉回答人如何填写问卷,包括对某种定义、标题的限定以及示范举例等内容。比如在调查学生对时空观念的理解时,首先要给出时空观念的通俗定义。

(2)正文包含所要调查的全部问题,主要由问题和备选答案组成。

根据其所涉及的内容一般可分为四种类型:背景性问题、客观性问题、主观性问题和检验性问题。第一,背景性问题是请被试填写一些关于其自身的个人基本情况,大致包括个人基本信息,如年龄、性别;教育条件信息,如所在年级、成绩等级等。第二,客观性问题是指调查客观存在或已经发生的行为事实的问题,前者可用于调查"是否有"和"有多少"等方面的事实,而后者则更多用于调查曾经发生过的行为,包括行为的时间、地点、人物等,如"您的历史老师平时上课是否有讲授过历史人物""您的历史老师采用过什么方式方法来讲授历史人物"。第三，主观性问题主要有情感性问题（对人、对事、对物的好恶、情绪反应）、评价性问题（对人、对事、对物的某种品质的判断）、认同性问题（对某一事物或对别人的某项意见的赞同倾向）、认识性问题（对某种事物认识、了解所表达的思想和信念）。第四，检验性问题是在问卷中对同一个实质性问题设计了若干个相依性问题，这些问题之间形成某种程度的相互验证关联，目的是检验回答者是否真实而准确地回答了问题。

（3）结束语通常是问卷的最后一部分。

研究者会在此处用短语对被试的合作再次表示感谢，也可以提示被试不要漏填或对作答进行复核。另外，有时为了寻找接受后继访谈的样本，研究者会在结束语处询问被试是否愿意接受访谈，如果愿意请留下姓名及联络方式等。

2. 设计问卷的一般流程

在问卷中，需要被试进行作答的调查问题仅是问卷的一个组成部分，问卷所创设的语境对被试如何解读和应答问题也具有相当重要的影响。因此，研究者必须对问卷整体和其中的每一个问题都要进行细致的设计。系统的步骤有助于完善问卷，一些重要原则也可对问卷的设计有指导意义。问卷设计主要包含五个阶段，基础准备阶段、概念操作化阶段、编制问卷初稿阶段、试用阶段以及修订与定稿阶段。

（1）基础准备阶段。需要确定问卷总体研究目标、类型（封闭式、开放式）、形式（纸质、电子）。

（2）概念操作化阶段。要将研究中需要明确涉及的主要概念界定清楚，主要包括问卷中涉及核心概念的内涵与外延、相关概念的具体范围、确定概念的观测变量及具体维度、确定变量的操作性质指标，从而为后期题目的编写提供基础。

（3）编制问卷初稿阶段。我们要围绕研究目的与内容，查询相关的文献资料，与相关的专家、同行、被调查者进行沟通和交流，从中获取对问卷可能涉及的问题及看法、提问的方式、题目的形式等。随后将初步探索得到的草拟问题和选项按照一定的逻辑关系排好问题的先后顺序。

（4）试用阶段。问卷的试用方法主要包含专家评价法和预调查法。专家评价法是邀请相关领域的同行或专家，对问卷的概念维度、总体结构、问卷设计、选项编排等问题进行总体评价。预调查法是通过与正式抽样的群体相似的或从正式抽样的群体中抽取的小样本对问卷初稿进行预测试，实施过程与正式调查的过程完全相同。

（5）修订与定稿阶段。对试用阶段出现的问题进行修订，如在选项方面需要关注试用阶段选择率极低的选项、过度集中的选项、存在错误的选项、选项排列顺序不当等问题。在题目方面则是关注与问卷调查目标不一致以及与概念维度不一致的题目，主要体现在专家评价和题目与总分呈低相关的题目，以及多数被调查者没有回答的题目、提法有误的题目等。对问卷进行重新修订后就可以进行发布了。

（二）网络问卷的发布、分享与回收

目前主要网络调查问卷平台有问卷星、问卷网。

要进行网络问卷发布时，需要先选定一个网站，我们以问卷星为例。创建新调查后，可以看到问卷星提供了多种题型模板（图9-5），问卷里面最常出现的是单选、多选、填空、排序以及矩阵类型的题目。矩阵问题是关注同一主题的一系列问题，它们具有相同的选择项。这类问题可以使用一个共同的起始语句呈现，从而通过减少每一个问题的文字使用量缩短问卷的长度。同时，矩阵问题也强化了问题间的共同主题，因此对于每一个问题的回答都与矩阵中的其他问题有一定的相关性（图9-6）。

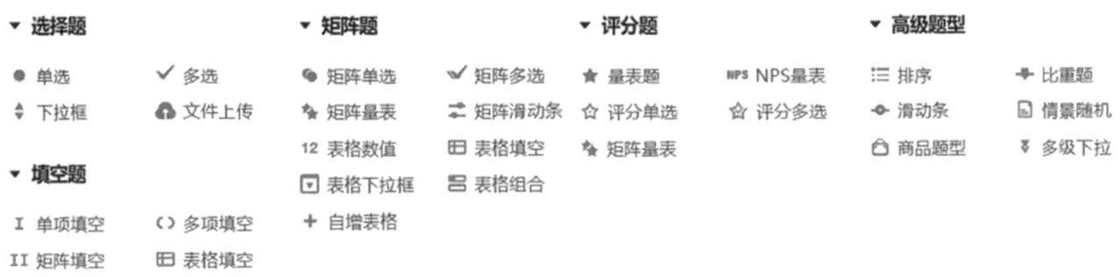

图9-5 问卷星题型模板

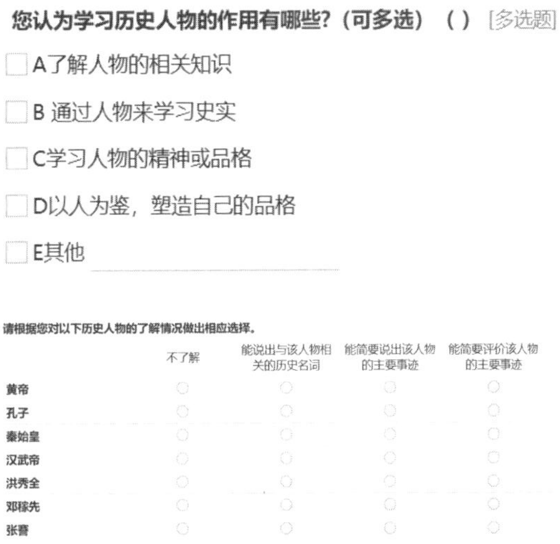

图9-6 多选题、矩阵单选题示例

在设置完问卷题目后，就发布问卷了。先点击预览查看问卷效果，检查之后点击完成编辑，并点击发布问卷，问卷星就会自动跳至发送问卷调查的界面，我们可以分享下载二维码或问卷链接发送给被调查者进行填写。

（三）问卷数据简单分析与结果应用

当问卷发布成功并完成收集问卷的工作后，就进入到问卷分析环节。问卷分析环节是挖掘问卷信息的关键环节，对调研结果乃至整个研究的最终结论都有着举足轻重的作用。问卷星作为目前较大的网络问卷发布平台，具备一定的问卷分析功能，目前已经能够

完成一些较为简单的问卷分析任务，且分析操作便捷，费时短，基本上能够满足日常的调研需求。

1. 单选题、多选题、里克特量表题分析

这三种题型主要应用频率分析。频率分析是问卷分析中一种基础的分析方法，从频率分析中，我们可以获取到被试群体对不同选项的观点、看法以及态度等各个方面的信息。需要注意的是，单选题和里克特量表题各个选项频率的加和应该等于1，而多选题的各选项的频率加和一般大于1，极少数情况下会等于1。

2. 排序题分析

排序题的选项平均综合得分是由问卷星系统根据所有填写者对选项的排序情况自动计算得出的，它反映了选项的综合排名情况，得分越高表示综合排序越靠前，计算方法为：选项平均综合得分 $= (\sum$ 频数 $\times$ 权值$)/$ 本题填写人次。

3. 分类统计操作与分析

问卷星分类统计功能以问卷中任何一道或多道选择题的选项、填写者 IP 所在省份或城市、答卷来源渠道为依据进行分类从而得到每一类答卷的统计报告。如我们可以将男性和女性填写的问卷分开来统计。

4. 交叉分析

使用交叉分析可以设定一个或多个自变量、因变量，从而得到在自变量不同水平上，因变量数据的差异，并以数据表格或折线图、柱状图等方式呈现。如我们可以性别为自变量，"您认为学习历史人物的作用有哪些"（图 9 - 6）为因变量，从而能够比较不同性别对学习历史人物作业认识的差异。

（四）其他教学数据采集分析

在平时的学习过程中，教师经常利用周练、单元测试、模拟考试等手段，检测学生知识和能力的形成水平，了解教与学的薄弱环节，但要通过人工的手段得出每一题的正确率是非常耗费精力和时间的事情。虽然上述提及的问卷星可以进行在线考试、在线投票，却对线下考试派不上用场。学校的在线改卷系统操作繁琐，一些智慧校园平台需要专人管理，一款能够教师自己操作并快速记录学生线下作答情况的应用一定会受到老师们的欢迎。

门口易测（http://www.mkyice.cn）是门口学习网从它的整体工具里独立出来的一款题卡扫描工具，使用它无需增加设备、无需专业人员干预，只需要普通纸印刷、手机即可扫描出结果，显示精确的各选项统计数据。如图 9 - 7 所示，在班级报告中，可以查看每个学生的得分率，点击单个学生的姓名所在行，可以查看该生的答题情况；试题报告可显示出每道题的得分率，点击题号所在行，可以查看该题每个选项的选择率。

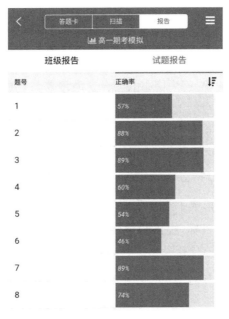

图 9-7 门口易测 APP 页面示意图

通过对学生练习准确率的分析，我们能够精准诊断学情，理清主次，从而改进习题讲解的教学方案——准确率达到 90％以上，我们可以采取学生课后帮扶 1 对 1 的方式；准确率达到 75％—90％之间的题目，我们可以采用学霸讲评的方式；准确率在 50％—75％之间的，采用学生交流式讲评，教师引导；准确率在 50％以下的，上课重点讲评，加强变式训练。[①] 及时了解哪里可以不讲、要讲什么、怎么讲，真正优化了课堂的"讲"。我们还可以及时针对数据显示的高频错题、易错题进行有效分类，合理整合，及时研讨高频错题的原因，提炼错题中的知识点，进行错题重组。

第二节 如何搭建信息化教学交互平台

当我们在提倡"信息技术与课程整合"之时，不可避免地要将面对面教学与在线学习结合起来，称之为"混合学习"。混合学习，也叫"混合式学习"或"融合性学习"，来源于英文"Blended Learning，B-Learning"。其概念在 20 世纪 80 年代便已出现，意即两种以上不同教与学方式的结合。近年来混合学习重新在国际上引起人们的重视，被赋予了新内涵——指在线学习与传统课堂面授二者的结合。也就是说，既要发挥教师在课堂面授中引导、启发、监控教学过程的主导作用，又要充分体现在线学习中学生作为认知过程主体的主动性、积极性与创造性。混合学习兼取"传递—接受"和"自主—探究"二者之所长，强调以有意义的传递与教师主导下的自主探究相结合，能够有效提高以传统课堂为基础的班级授课制的效果和效率，"经过中国学者在各级各类学校（尤其是在中小学）进行的多年试验研究实践证明"，

① 胡晓红，凌伟. 发现与改进：基于数据的精准教研的路径与实践[J]. 中国信息技术教育，2019(Z4)：7—10.

在这种指导思想指引下形成的教学设计，"是在信息化教学环境下最有效，也最受教师欢迎的"。①

随着我国新一轮以发展学生核心素养为统领的课程改革持续推进，为完成学科核心素养落地、向教学实践转化，以"智慧"为核心的综合素质培养与生成的"智慧课堂"概念日益受到重视。② 与此同时，随着互联网、大数据等新一代信息技术的迅速发展及其在教育领域中广泛应用，课堂教学数据的采集与处理、学习过程的评价与反馈、课堂教学的互动和课后个性化辅导等均发生了重要变化，传统课堂教学环境向信息化、智能化方向发展，技术支持的智慧课堂应运而生。

智慧课堂结合混合学习，形成了混合教学模式。混合教学模式是指以教师为主导，以学习者为主体，基于一定的教学目标，提供与学习环境相契合的资源和活动，把课堂教学与在线学习有机地融合，从而取得最优化教学效果的教学方式。③ 混合教学模式包含多种教学方法的混合、多种教学设备的混合、多种课程内容与学习资源的混合、多种学习策略与评价方法的混合，以及同步学习与异步学习的混合等。基于交互平台的混合教学在学习记录跟踪、学习计划制订、学习方法设计及学习效果评价等方面特色突出。混合式学习适应并促进最新的教育发展趋势，特别是在个性化指导、基于数据的实践以及将学生作为创造者等方面，成为学习知识、合作、创建和解决问题的基础。④

一、基于交互平台的混合教学模式

信息化教学交互平台能够高效打通课上课下、学生与学生、学生与教师、学生与资源之间的面对面交互和在线交互，但混合式教学要为学生创造一种真正高度参与性的、个性化的学习体验，需对原有课程进行再优化，为学生创设积极、协作的学习体验，帮助学生积极建构自己对知识的理解。更重要的是，课程的顺利开展和实施与良好的教学设计密不可分，因此基于交互平台的混合式学习模式的构建需要遵循一定的设计原则。

其一，要转变设计理念，由知识传递的设计向能力培养的设计转变，教学目标要更加关注学科核心素养，对学生综合运用多种历史思维进行培养。其二，要转变设计视角，由教学设计向学习设计转变，既要关注为学习者创设真实的个性化的学习体验，也要关注为学习者搭建支架（如学习活动步骤的设计、学习资源与工具的设计），从旁协助、引导、帮助学生完成学习任务、达成学习目标。其三，要转变设计范畴，不仅需要关注前期的设计与资源开发，更需要关注学生学习过程中对学生学习体验的设计，通过创设问题情境、设计学习活动、设计学习交互、设计学习资源等帮助学生有效、高效达成个性化的学习目标。⑤

① 何克抗.教育信息化发展新阶段的观念更新与理论思考[J].课程·教材·教法,2016(02):3—10,23.
② 张晓顺,张晓娟,于海波.核心素养与智慧课堂深度融合教学模式建构研究[J].现代中小学教育,2019(10):9—13.
③ 李逢庆.混合式教学的理论基础与教学设计[J].现代教育技术,2016(09):18.
④ 吴莎莎,张春华,季瑞芳,李国云.技术应用更凸显教师独特性[N].中国教育报,2019-10-25.
⑤ 冯晓英,王瑞雪."互联网+"时代核心目标导向的混合式学习设计模式[J].中国远程教育,2019(07):19—26,92—93.

历史教学设计的构成一般包括教学目标、教学内容、教学策略、教学评价与反思四个要素。[①] 基于交互平台的混合教学设计主要体现在对后三者的优化与创新上。基于混合式教学的有关理论,结合中学生特征以及历史学科的特点,我们从教学前期分析、教学活动与资源设计、教学评价制定三个角度提供方案,设计了一种基于交互平台的混合教学模型,如图9-8所示。

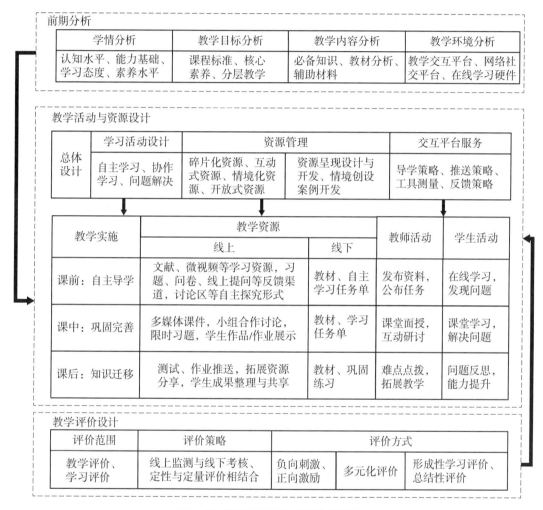

图9-8　基于交互平台的混合教学模式

(一) 优化教学前期分析

混合式学习前期分析主要指教师对即将开展的混合式教学课程的前期基本情况的评价与分析,包括学情分析、教学目标分析、教学内容分析、教学环境分析四个方面。

1. 学情分析

基于核心素养进行学情分析,目的是了解学生的认知水平、能力基础和学习态度,尤其

[①] 徐艳. 高中历史教学设计的原则、要素及优化[J]. 教学与管理,2019(06):116—117.

关注学生的高阶认知素养,突出关注学生的实践能力,充分考虑学生的学习兴趣和自主学习与发展的可能性。[①] 教师通过学情分析了解学生起点水平,并以此为基础,为学生设置合适的知识与能力"支架";在教学中为教师教学行为提供反馈信息和改进依据,在课后对学习结果的分析能促进教师教学反思,同时也是对下一阶段学习起点的了解与认知。有效的学情分析可以帮助教师"因材施教",强化教学效果,更好地服务于教学目的。目前科学简便的评价工具、评价手册尚未充分开发,因此教师可以为本班制定学情分析量表,通过问卷形式在交互平台推送给学生,探索定性与定量相结合的分析方式。

2. 教学目标分析

教学目标是教学活动的出发点,也是教学活动的归宿。通过对教学目标的分析,可以明确所需的教学内容及安排顺序,教学目标也是设计教学活动、检查学习效果和学习评价的依据。教师要在历史学科核心素养与课程标准的指导下制定适应信息时代发展的教学目标,并在学习内容分析的基础上,选择与所学知识有关的基本原理、基本概念、基本方法和基本过程作为主题。同时混合学习模式下要注意线上线下的设计都围绕同一个教学目标,也要注意根据交互平台上学生的反馈信息,为不同层次的学生提出不同的目标和要求,使学生潜在的能力得到发挥,从而保证课程实施的整体性与动态性。

3. 教学内容分析

在教学内容方面,除去对教材进行层级分析、归类分析外,还要梳理出必备知识,以及辅助材料的运用。由于互联网已成为学生生活中不可或缺的一部分,学生的信息获取方式已经发生深刻变化,学生已经不再仅仅从教材或参考书中获取学科知识,他们习惯于从多个不同渠道获取信息,对碎片化的信息非但不反感,反而会倍感亲近。因此交互平台的加入,可以便捷地为学生有针对性地提供教材内容之外的图片、音视频,以及网络资源链接等辅助材料,以及教师本身创造的优质资源(学习资源要内容实用、富有趣味、条理清晰、数量合理),充分利用互联网的优势,为必备知识的学习创造丰富的情境。学生可以更多地投入课程学习、更方便地获取学习资料,也可以帮助学生知道史料是通向历史认识的桥梁,在史料中提取有效信息的基础上提出自己的历史认识,增强学生的实证意识。另一方面,教师也要意识到在课堂上对某个知识点讲授得清晰,和所有学生明白这个知识点之间没有必然联系;自己在课堂上没涉及某个知识点,和大多数学生能够通过课外自学掌握这个知识点之间没有必然矛盾;利用其他教师制作的优秀微课资源,让学生在课外方便的时间对课堂中无法涉及的教学内容灵活地开展学习活动,可以使得教师和学生在课堂上有时间更深入地讨论更重要的必备知识,并及时解决学生学习过程中的困惑。[②]

如《中外历史纲要(上)》"从隋唐盛世到五代十国"一课,以"统一多民族国家进一步巩固和发展"为主旨,可以在课前以推送课件的形式为学生提供隋唐大运河、含嘉仓遗址的相关

---

① 马思腾,褚宏启.基于学生核心素养发展的学情分析[J].现代教育管理,2019(05):124—128.
② 于歆杰.论混合式教学的六大关系[J].中国大学教学,2019(05):14—18,28.

图片与文献资料,或者提供学习任务单(对知识点进行简单的介绍,指出资源的使用方法,以及必须要达到的目标)让学生自主找寻上述材料并整理发布①,学生能够感受隋唐的魅力,对隋唐的繁荣富庶有直观认识,理解国家统一的局面与社会经济发展密切相关;在课中以小组合作答题形式为学生分别推送少数民族地区区域开发、安史之乱后藩镇割据类型等相关文献,学生可以在交流互动中印证隋唐时期的民族交融以及对藩镇割据的双重影响有更全面、丰富的认识,增强学生的课堂活跃水平。

4.教学环境分析

混合式教学环境由在线学习环境和面对面课堂学习环境构成,在线学习环境又分为硬件和软件两个方面,硬件如网络、手机、计算机等,软件包括课程录制与分发、交互工具、学习分析工具、网络社交平台等;课堂学习环境主要指教室的设置和多媒体设备的配备。

(二)优化教学活动与资源设计

教学活动与资源设计主要包括总体设计和具体的教学实施。总体设计分为学习任务、资源管理以及交互平台服务三部分;教学实施则从课前、课中、课后三个阶段,以教师作为课堂指导者、学生学习的帮助者和资源的提供者,引导学生发展关键能力,挖掘学习者学习的潜力,发挥学习者的主动学习积极性,培养学生的历史核心素养。其中既强调课前学生的知识内化环节,也重视课堂上混合情境的创设,既强调学生的学习"主体"作用,也强调教师的"主导"作用,通过"混合"为学习者带来更优化的学习绩效和最佳的教学质量。

1.学习活动设计

学习活动是教学设计的基本单位,学生是在体验、参与活动的过程中主动地完成对知识的意义建构。自主学习活动有阅读、批注、摘要、自测、观看微课、提交作业、发布作品、学习反思、资料收集与整理等;协作学习活动有课堂讲授、辅导答疑、分组任务、问卷调查、投票、辩论、角色扮演、情境模拟、作品评价等;问题解决活动有网络探究、案例分析、参观访问、项目参与等。

对应不同的教学目标、教学内容可以采取不同的学习活动。着眼于在单位时间内传授较为系统的结构化知识,可采用观看微课或课堂讲授的互动模式;着眼于培养学生自学能力,可采用阅读、做批注、做摘要等自主学习活动,选择研究性学习活动;着眼于培养创造性思维能力的,可采用案例分析、参观访问等探究式活动,选择基于问题或者基于项目的学习活动。对于不同类型知识与对应学习活动之间的关系,可参照以下思路设计:当学习事实性知识时,如"1911 年辛亥革命爆发""1915 年袁世凯复辟帝制"等历史发展过程中的事件、现象、人物活动,可充分发挥交互平台的优势,运用多媒体呈现生动形象的学习内容,以自主学习为主,选择研究性学习活动;当学习概念性知识时,如"科举制""三省六部制""两税法"等

---

① 学生推荐资源具有随意性且质量可能得不到保障,因此需要教师事先制定好资源推荐的规范,要求学生推荐时要说明推荐的原因。教师要关注学生动态,及时浏览学生推荐的资源,帮助学生进行筛选,并且整理形成学生推荐资源库,这样既能供有兴趣的学生浏览观看,又能激励学生继续推荐资源。

揭示历史现象本质、历史发展客观规律的历史概念，可设计课堂讲授、讨论交流、案例分析等活动，并有意识地利用交互平台的多种工具设置活动；当学习程序性知识时，如"分析历史事件影响的几个层次""简评历史事件"等材料分析题常见问法，则重点让学生理解规则，教师可设计案例分析，学生在教师提供的支架的帮助下，练习执行程序性知识的步骤，最后通过平台推送练习独立掌握学习内容；对于策略性知识，如"选择题的答题方法""如何理解古代中国的制度变迁"等，重点让学生学会学习，教师作为学习的指导者和组织者应尽量组织学生进行交流沟通，为学生提供对话机会，建议采用在交互平台讨论区撰写日志、创建讨论、学习反思等活动。

2. 资源管理

（1）碎片化资源应用。互联网时代进行学习资源开发时应满足学习者碎片化学习的需要。要围绕教学重难点开展符合学习者认知特点和信息加工规律的资源，比如开发容量小、碎片化的微型资源。碎片化不是学习内容的简单拆分，课程设计时应目标明确、指向性强，不能单纯以拆分细化为目的，应保持内容简明、题目独立、有趣实用、情境多样、提供选择的原则。如统编版教材《中外历史纲要（上）》"全民族浴血奋战与抗日战争的胜利"一课，以向抗战英烈及抗战中蕴含的伟大民族精神致敬为主题，可提供四封家书——赵一曼家书、张自忠将军家书、左权将军家书、戴安澜将军家书为微型资源，引导学生从中挖掘家书蕴含的民族精神。

（2）互动式资源应用。课程的资源建设应着力关注学习者的学习参与度提升，建设能够提高学习者参与度的互动式资源。比如在视频资源中嵌入测试题，在课堂问题探究中运用交互平台的"弹幕"工具促使学生更为踊跃地表达自己的观点，运用在线作答工具在课堂进行限时练习题等，都是互动式资源的有效应用。

（3）情境化资源应用。课程资源设计时，我们可以将资源巧妙地融入情境中，利用虚拟技术搭建适应学生学习偏好的教学环境，如利用在线博物馆和影视资源，"再现"历史人物形象与历史建筑形态，展示历史文物风貌，关联学习资源与历史事实，用多种信息推送渠道实现多重感官刺激，激励学生学习兴趣，提升学习体验。如教科书《中外历史纲要（上）》"改革开放与社会主义现代化建设新时期"一单元，以中国特色社会主义推动中华民族伟大复兴为主题，可利用"伟大的变革——庆祝改革开放 40 周年大型展览"网上展馆。网上展馆采用360 度全景和 3D 模型技术手段，运用多媒体互动叠加图文、音视频等多种形式，在丰富的历史图片、文字视频、实物场景和沙盘模型等的支持下，带领学生全方位、多角度、深层次感受改革开放 40 年的巨大变迁。在沉浸式、漫游式参观展览的情境体验的支持下，有助于学生解决问题、内化知识、提升学习效果。

（4）开放式资源应用。互联网内容更新迭代快，学习资源类别丰富，以师生共同参与的模式进行资源建设、开发、管理，特别是学生的参与可以使学习资源更具针对性和实效性，资源的利用效率和生成迭代速度也更加合理，从而推动资源的可持续发展。

资源管理还包括资源库建设，需对资源进行模块化分类设置，在原始文献、学者评论、教学设计案例、新媒体网站专栏、数字博物馆等多种媒体样式的教学资源基础上，进行资源呈现设计、情境创设和案例开发，以满足教学需要。

3. 交互平台服务

交互平台提供导学策略、推送策略、工具测量、反馈策略等多种服务。首先，在线学习开始前教师要做好规划，提前做好手机课件、搜集好其他网络资源或录制微视频，写好自主学习任务单、导学案或是学习指南并统一上传，告知学生具体安排及他们将要完成的任务，清楚明了地指明学生接下来的学习内容以及达成目标，加强学生的自我管理。其次，为学生在线课堂的交互建立统一的标准，设计的学习任务单要包括学生完成作业的时间、作业提交的截止时间、与课堂教学同步的内容等信息；学生根据学习任务单要求，自主学习微视频和其他资源，提交作业。最后，教师在平台上对学生作业进行审阅，并给出分数与评语；学生根据平台上教师对作业情况的反馈进行作业修改或补充。

在使用交互平台服务时，还要注意在线学习和课堂活动的分配策略。根据课堂教学和在线学习的不同功能作用，一般有四种模式：课堂教学为基础、在线学习为拓展（A 模式）；在线学习为先导、课堂教学为后继（B 模式）；在线学习为主导、课堂教学为提升（C 模式）；课堂教学为前奏、在线学习为后继（D 模式）。[①] 每种模式都有自身的优势和适用范围，需要教师综合各种条件加以选择和应用。如《中外历史纲要（上）》"改革开放以来的巨大成就"一课，本课与时政紧密相连，围绕改革开放 40 年来我国在政治、经济、思想、军事、外交和文化等方面的重大事实展开教学，以认识中国特色社会主义进入新时代重大意义这样的情感认知为主要教学目标，比较适合通过自主探究、合作学习来实现意义建构，选择 C、D 模式较为合适。

4. 教学实施

教学活动的开展主要分为三个阶段：课前自主导学阶段、课中巩固完善阶段、课后知识迁移阶段。

（1）课前自主导学阶段，主要是学生利用交互平台进行自主学习。学生利用教师提供的自主学习任务单和混合式学习平台提供的课程资源，在学习目标的指导下进行自主学习。整个过程有教师的监控和辅导，学生可以随时反馈学习情况，教师根据学习情况和学生的反馈进行内容总结，了解学生存在的问题和学习需求。学生还可利用混合式学习平台讨论区等交互工具迅速组建讨论交流小组，对相关知识进行交流，充分表达自己的认识和理解。

（2）课中巩固完善阶段，由教师组织学习，教师与学生、学生与学生之间就课程学习中出现的问题或疑惑开展内容讲授、学习讨论、集体答疑、小组协作等学习活动，对知识的重点和难点进行新的梳理和认识。混合式交互平台记录了学生在课前课程导入阶段的学习情况，

① 陈慧.混合学习模式构建及教学策略研究[D].上海：上海师范大学，2017：38—44.

教师根据平台上的记录和数据可掌握学生对课程知识学习的进展和疑难问题，为本阶段的答疑和学习干预提供了参考数据和策略。教师在课堂上可利用平台交互工具，运用发现式学习、协作学习、探究式学习等多种学习方式，充分调动学生的积极性，解决课堂协作学习过程中出现的问题。

（3）课后知识迁移阶段，主要是通过在线测试、课堂考试、课程作业等方式对所学知识进行巩固。学习支持环节的主要作用是对知识的深化理解和巩固。交互平台支持的课后巩固环节，教师可以夯实学习能力较弱的学生的基础知识，逐渐提高知识水平，也为学习能力强的学生提供学习资源拓展，实现个性化教学。知识的理解与巩固是学习者知识内化的过程，混合式学习重视学生对所学知识的反思和检验，通过交流、讨论、练习、作业和测试，巩固所学知识，提高学习质量。

如在教科书《中外历史纲要（上）》“隋唐制度的变化与创新”一课使用“雨课堂”交互平台（参看本节第二部分），在课前自主导学阶段，教师可以制作手机课件（图 9－9），把课文分割成独立的小块内容，并提供“进士科”“均田制”等陌生词汇的名词解释，以及针对本课难点“两税法”提供“汉唐间赋税制度的变化”的材料阅读，学生可以在手机上根据实际情况点击“不懂”“收藏”“评论”，教师在后台就可以掌握学生对课文阅读的总体情况，如学生的哪个课文片段“不懂”，以及在“评论”中了解学生的学习情况。在课中巩固阶段，教师可以在“雨课堂”中设计练习题（图 9－10），如设计选择题考查学生个体对知识点的掌握情况，设计材料题并使用小组合作答题模式——组内学生可以依次修改答案——提高学生合作效率。在课后迁移阶段，教师可以以学生的答题成绩、答题时间、课堂活跃程度等后台数据为支撑（图 9－11），为不同能力的学生提供个性化学习支持。

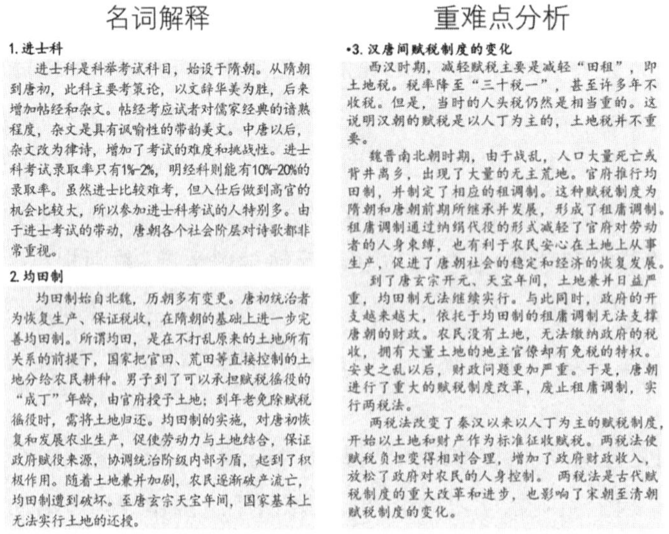
名词解释

1. 进士科

进士科是科举考试科目，始设于隋朝。从隋朝到唐初，此科主要考策论，以文辞华美为胜，后来增加帖经和杂文。帖经考应试者对儒家经典的谙熟程度，杂文是具有讽喻性的带韵美文。中唐以后，杂文改为律诗，增加了考试的难度和挑战性。进士科考试录取率只有1%-2%，明经科则能有10%-20%的录取率。虽然进士比较难考，但入仕后做到高官的机会比较大，所以参加进士科考试的人特别多。由于进士考试的带动，唐朝各个社会阶层对诗歌都非常重视。

2. 均田制

均田制始自北魏，历朝多有变更。唐初统治者为恢复生产、保证税收，在隋朝的基础上进一步完善均田制。所谓均田，是在不打乱原来的土地所有关系的前提下，国家把官田、荒田等直接控制的土地分给农民耕种。男子到了可以承担赋税徭役的“成丁”年龄，由官府授予土地；到年老免除赋税徭役时，需将土地归还。均田制的实施，对唐初恢复和发展农业生产，促使劳动力与土地结合，保证政府赋役来源，协调统治阶级内部矛盾，起到了积极作用。随着土地兼并加剧，农民逐渐破产流亡，均田制遭到破坏。至唐玄宗天宝年间，国家基本上无法实行土地的还授。

重难点分析

•3. 汉唐间赋税制度的变化

西汉时期，减轻赋税主要是减轻“田租”，即土地税。税率降至“三十税一”，甚至许多年不收税。但是，当时的人头税仍然是相当重的。这说明汉朝的赋税是以人丁为主的，土地税并不重要。

魏晋南北朝时期，由于战乱，人口大量死亡或背井离乡，出现了大量的无主荒地。官府推行均田制，并制定了相应的租调制。这种赋税制度为隋朝和唐朝前期所继承并发展，形成了租庸调制。租庸调制通过纳绢代役的形式减轻了官府对劳动者的人身束缚，也有利于农民安心在土地上从事生产，促进了唐朝社会的稳定和经济的恢复发展。

到了唐玄宗开元、天宝年间，土地兼并日益严重，均田制无法继续实行。与此同时，政府的开支越来越大，依托于均田制的租庸调制无法支撑唐朝的财政。农民没有土地，无法缴纳政府的税收，拥有大量土地的地主官僚却有免税的特权。安史之乱以后，财政问题更加严重。于是，唐朝进行了重大的赋税制度改革，废止租庸调制，实行两税法。

两税法改变了秦汉以来以人丁为主的赋税制度，开始以土地和财产作为标准征收赋税。两税法使赋税负担变得相对合理，增加了政府财政收入，放松了政府对农民的人身控制。两税法是古代赋税制度的重大改革和进步，也影响了宋朝至清朝赋税制度的变化。

图 9－9 “隋唐制度的变化与创新”一课制作的手机课件示例

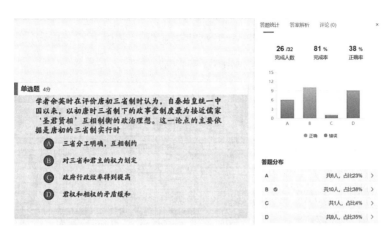

图9-10 "隋唐制度的变化与创新"一课课堂答题统计示例

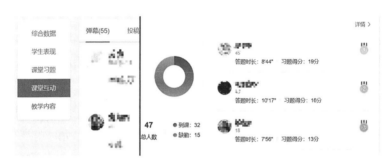

图9-11 "隋唐制度的变化与创新"一课学生学习数据示例

(三) 优化教学评价制定

评价是课程实施的重要一环,针对教师混合教学过程与效果的评价能够为教师前期准备工作和课程教学实践的创新提供依据和参考,针对学生学习过程与成效的评价能够帮助学生发现自己学习方法的不足、知识能力的欠缺等,在后续的学习过程中进行改进和弥补。学生学习效果评价采用线上监测与线下考核并进、定性与定量评价相结合的方式进行。

1. 负向刺激和正向激励

利用交互平台,教师可以用基于学生网上学习的数据来了解学生,在教学中刺激和激励学生来学习,帮助学生发现最有效的学习方法,解决个性化问题,提供完善的个性化辅导。教师在课堂上可布置 2—4 个简单练习题,学生根据此前听讲所掌握的知识,用手机在限定时间内(30 秒—1 分钟)完成答题,此举能让学生及时发现自己对哪部分课堂讲授尚未掌握,课后可以开展有针对性的复习;教师给出每道题答案分布的柱状图,实时了解同伴的学习成效对学生所造成的刺激,尤其是对于基础一般的学生来说,要远大于教师把题目的正确答案讲解出来。若教师布置有一定难度的练习题,可以让学生用纸和笔将解答过程写出来,鼓励先做完的学生用手机拍照后在交互平台(如"雨课堂")中投稿。在教师手机上,可以看到每个学生的投稿结果，典型的或出乎意料的正确解答，可以被教师以实名方式投送到屏幕上，并进而被实名推送到每个学生的手机上；由于对某道题做得又快又好，使学生名字出现在现场其他同学的手机和大屏幕上，是一个较强的正向激励。

2. 制定多元化评价机制

我们主张多元化的评价机制，评价主体多元、评价方法与手段多样。因为每个学生的学习起点、学习风格不同，所以对学生的学习过程评测尤为重要。多元化的评价体系不能只包含学习成绩的考核，内容上至少包括学生学习兴趣、合作能力、参与度、创新能力等多方面的考核，形式上可采用小组汇报、单元小测、课外实践等多种方式结合使用，交互平台对教学全程的数据记录正好能发挥巨大作用。评价是了解学习者学习行为偏好、认知风格、对问题理解能力的机会。在开展探究学习、协作学习的过程中，实施与课程内容相结合的形成性评价就变得尤为重要。

3. 形成性学习评价与总结性评价

根据学习评价的内容和学习任务发生的时间阶段不同，学习评价一般分为形成性学习评价和总结性学习评价。形成性学习评价关注学生的学习全过程。教师把课程资源上传到交互平台之后，利用混合式学习平台跟踪和记录功能，可在平台后台界面通过学生观看课程视频的时长、查看课程资料的数量、完成在线测试的情况及交流互动的频率等信息，对学生学习状况进行动态的形成性评价，客观展现学生的学习态度、学习习惯、学习风格、基础知识掌握情况及存在的问题，成为教师判断课程内容和教学设计的重要参考。总结性学习评价是在教学活动结束后，对学生达成规定教学目标的程度而作出的评价，一般以计分的形式给出最终成绩。通过总结性学习评价可考察出学生对知识的掌握程度，这往往体现在学校组织的月考、段期考中，利用数字化改卷平台可以精确分析学生与班级历次考试的得失，有助于提高教学评价的客观性。

4. 评价主体多元化

为了发挥评价的导向、激励作用，让评价为教学服务，应改变评价主体单一的现状，让学生本人、同伴、教师都参与到评价的过程中。在线学习能够准确记录学生的学习信息、学习行为数据，利用恰当的分析方法与工具（如评价量表）可以给出学习风格、行为、效果相对准确的评价结果[①]，这能够对学生的自我认知反思提供有针对性的反馈。教师也可以在课程中加入评价性活动，如在课程开展过程中，学生在协作学习或者活动时要求学生对小组内部成员进行评价，不仅可以促进学生之间的交流、学习汲取同伴的优点、积极反思同伴存在的问题或缺点，还有助于学生更深刻地了解自己，从而调整学习策略和行为。

---

① 可参考著作［美］丹奈尔·D. 史蒂文斯，安东尼娅·J. 利维. 评价量表：快捷有效的教学评价工具（第 2 版）［M］. 陈定刚，译. 广州：华南理工大学出版社，2014.

表 9-2　课堂教学评价指标参考表①

一级指标	二级指标	评价标准(内容)	分值权重
教学目标(20%)	目标确定	教学目标定位准确、可操作	5
	依据要求	符合新课改的三维目标要求	5
	符合学情	基于学情和学生学习需要	5
	发展空间	体现层次性,能分层细化	5
教学过程(40%)	学生活动	激发学生思维、培养学生解决问题的能力	10
	教师素质	教师的语言、板书和表达	10
	师生互动	教师对学生的评价和反馈,教学活动的开展	10
	过程安排	教学结构简明、有层次	10
教学效果(20%)	学生发展	学生的学习得到提高,思维和能力得到发展	10
	问题解决	教学任务完成,达到预期教学目标	10
课堂文化(20%)	课堂氛围	师生、生生互动真实有效	10
		教师和学生的情绪体验	5
	座位安排	有利于教学活动的顺利开展	5

二、交互平台的功能特性

作为教育信息化研究的热点方向,目前很多学校或企业发布了具备"智慧课堂"特点的产品或应用,发展比较成熟的在国外有 Google Classroom;在国内有中国版谷歌教室之称的"课堂派"、蓝墨科技开发的"蓝墨云班课"、在全国广泛应用的交互式平板厂商广州视睿出品的"希沃易课堂"、超星公司基于神经系统原理打造的知识传播与管理分享平台"超星学习通"、学堂在线与清华大学在线教育办公室共同研发的"雨课堂"等,除此之外 QQ、钉钉等社交办公软件也都开发了网上课堂功能。作者通过相关文献检索和试用对比,认为"雨课堂"教学平台对中学历史教学更为便捷与实用,可以有效地整合教师的信息化教学资源,增加师生之间的实时交互,量化评价学生课堂内外的学习数据。因此,本节将以"雨课堂"教学平台为案例,展示在云平台上实现历史课堂的人机交互、师生交互和生生交互的方式。

(一) 技术环境

促使教师使用教学云平台的动机往往来自以下几个方面:其采用的信息技术解决并简化了教师的教学任务,而不是让它变得更加困难;能给教师提供非常精确的心理或实践满足感——增加了对教学的兴趣和乐趣;改善了与学生的关系;高效地完成培养目标。PPT 和微信是教师分别在电脑桌面和智能手机上最为熟悉的两个软件,"雨课堂"的软件界面全部基于 PPT 和微信(图 9-12),通过增强这两个软件的既有功能,实现了在课下教师可以推送视

① 杨金月.中小学课堂教学评价量表及其比较研究[D].南京:南京师范大学,2018:69—70.

频、语音、图文、习题等资源到学生的手机上，在课堂上可以实时答题、投票、弹幕互动等师生之间的实时沟通反馈等一系列功能——这一方面大大降低了师生的使用门槛，提高了软件的易用性；另一方面，便于教师充分利用过往的课件资料开展教学；同时，也拉近了师生和教学内容的距离，增大师生交流密度。

图9-12 "雨课堂"电脑端PPT插件界面

（二）课下功能

"雨课堂"覆盖课前、课中和课后每一个教学环节。利用"雨课堂"电脑端的PPT插件，教师可以快捷地将一个编辑好的PPT文件转换成一组版式与PPT文件一致的网页，并通过手机微信端的操作将课件推送到对应班级学生的微信中，称为"手机课件"。推送还可以包含各类网络视频、习题、投票以及教师个人的语音，利用其制作功能，教师可以在短时间内制作出一个内容丰富的微课。学生查看后，可以利用"报告老师"功能向教师反馈学习过程中遇到的问题。教师还可以实时查看学生的学习情况，包括浏览课件的人数，每个人查看的页数等信息。课前预习资料的发送，使学生能够在课前就将原有知识经验与将要学习的知识进行一次自我构建；课后教师推送适当数量的练习题，让学生们在练习中对知识进行巩固，牢固自己构建的知识体系。

（三）课上功能

在上课的过程中，如果教师开启"雨课堂"授课模式，放映幻灯片后软件系统会自动生成一个本堂课程的二维码，学生通过微信扫描进入班级，能够开启以下功能。

1. 幻灯片同步

教师讲授的每一页幻灯片都会通过"雨课堂"即时发送到学生手机端，方便学生保存课件并回顾课程内容——幻灯片的同步使全班每一名学生都可以自主按照自己的学习节奏听课，较好地避免了学生的听课思路因教师变换幻灯片而打断。

2. 教学实时反馈

每页幻灯片下方都设有"不懂"按钮，学生可以将课程学习中不懂的知识点进行收集整理，并匿名反馈给教师；教师端可以统计"不懂"反馈信息数量，及时了解学生掌握程度，调整授课节奏，对于重点问题进行有针对性的集中讲解。

3. 课堂测试

利用"雨课堂"的桌面电脑端插件，教师可以在幻灯片中添加不同类型的题目（有单选题、多选题、投票题、填空题、主观题），进行实时的课堂测验。教师可以设定答题时限，学生则通过手机微信中的界面作答。这种方式给予了每一位学生表达自己观点的机会，让发言怯场的学生多了一种参与课堂的方式。在答题过程中，教师可以随时了解学生的答题详情，答题结束后，教师可以选择性地向全班学生公布答题情况分布，以便学生了解自己在班级中的位置。

4.“弹幕式”课堂讨论

“雨课堂”将视频网站中为青少年所喜爱的弹幕功能移植到了课堂环境中，弹幕信息滚动显示在授课屏幕顶端，相当于全班学生进行集体的“并行讨论”，从而实现了全班学生集体的“并行讨论”，能促使学生更为踊跃地表达自己的观点，有利于教师更全面地了解不同学生的想法。

（四）统计功能

“雨课堂”实时反馈的“教学日志”以及课后生成的详尽数据，可以为教师开展教学活动提供依据，提高教学质量。

表9-3　“雨课堂”在教学过程中设置的数据采集环节①

教学过程	数据采集环节
课前	① 课前教师推送预习材料(包含视频、习题和语音讲解)到学生微信。 ② 教师能看到每位学生的预习数据。
课中	③ 课上幻灯片逐页发送到学生微信，如果没有听懂，学生可以使用“不懂”按钮匿名反馈给教师。 ④ 随堂限时习题应答，使学生听课更专注。 ⑤ “弹幕式”讨论功能，方便学生并行讨论、随时开关。
课后	⑥ 教师课后向学生推送作业题。 ⑦ 教师收集学生的答题数据。

第三节　如何进行个人知识管理与专业信息检索

一、个人知识管理

个人知识管理（Personal Knowledge Management，简称 PKM）一般指个人通过工具建立知识体系并不断完善，进行知识的收集、消化吸收和创新的过程，是将知识管理思想应用到个人而形成的一种方法论。移动互联网时代，教学方式发生了翻天覆地的变化，教师的主要

---

① 王帅国.雨课堂：移动互联网与大数据背景下的智慧教学工具[J].现代教育技术，2017(05)：26—32.

职责正从提供专业知识转向构建学习环境,激发学生的好奇心、深化知识、培养更高层次的思维和实践技能,帮助学生成为自主学习的主体,以数字化方式寻求知识、协作、创造和解决问题。[①] 这些不断变化的期望正在改变着教师持续从事职业发展的方式。互联网让知识传播更碎片化、媒体化和场景化,教师要充分利用当前信息技术飞速发展、知识迅速传播的契机,有效积累教学知识;了解并学会熟练操作各类互联网工具,有序地实现知识的存储、整理与加工的方法,建立教师个人知识体系的互联网化管理;通过整合,将新知识融入旧知识体系,积极反思,大胆借鉴,主动交流,应用、创新知识,循环往复地更新迭代完善自己的知识体系,以适应信息时代教育对教师个人能力的要求。

中学历史教师须具备一般的历史知识,掌握通常师范大学本科历史专业开设的中国史、世界史,以及历史文献学、考古学、史学理论与方法等专业课程的主要内容。在此基础上,结合上课的实践经验,还要系统地研读每一历史时期政治、经济、思想文化的有关论著;关心、阅读有关的历史专业报纸杂志,及时了解史学研究动态;由此积累的众多知识需要进行合理管理方能提高教学应用效率。中学历史教师需要管理的知识还有教学计划、教学设计、教学课件、教学反思、练习和试题、数字图书、数字教材、课后札记和读书笔记、课堂管理、学生工作、业务进修和培训知识、科研成果、工作日程、个人发展计划、个人成长历程分析等。每位教师的知识管理需求是不一样的,要根据自己的实际需求出发,选择适合自己的知识管理工具和知识管理方法。

(一) 巧用互联网搜索引擎收集资源,重视教学知识积累

解决问题的最高效方法,往往不是自己苦思冥想,而是借鉴他人的宝贵经验。网络世界的资料异常丰富,搜索引擎则是获取未知信息的重要来源。善用搜索引擎,就可以大幅度提升我们的快速学习能力和解决问题的能力。

1. 通用搜索引擎与垂直搜索引擎

当我们搜索的信息类型多、希望获得更多更广的信息时,我们可以使用百度、Bing、搜狗等通用搜索引擎,百度是国内最大的搜索平台,Bing 支持中文输入搜索全球搜索,搜狗支持自媒体平台微信公众号、连接各行业精英的知乎问答的高质量信息搜索;若要搜索特定类型的信息,如图片、视频、文献、教案、课件,则使用垂直搜索引擎效率会更高,如本章第一节提到的综合性历史教学资源网站、豆瓣等评价网站,以及微博、微信等自媒体平台都属于垂直搜索引擎。我们还可以利用一些搜索聚合工具提升搜索效率,例如"虫部落"汇聚了百科、电子书、微博、搜狗知乎、搜狗微信、学术搜索和资源搜索等大量垂直搜索引擎,全国图书馆参考咨询联盟则能让图书、期刊报纸等数据信息检索变得十分便捷。

---

① 季瑞芳,吴莎莎,张春华,李国云.新技术如何推动教学变革——基础教育创新驱动力报告(挑战篇)〔J〕.开放学习研究,2019(02):1—7,11.

2. 使用命令搜索提高准确度

①在使用通用搜索引擎时，我们要指定文件类型搜索，可以使用"关键词＋filetype：＋文件类型"命令，如我们要搜索有关罗斯福新政的 PPT 文件，则可在搜索框中输入"罗斯福新政filetype：PPT"。②要指定在某个网站或网站群进行搜索，可以使用"关键词＋site：＋网址"命令，如我们要搜索中国政府网站中有关改革开放的内容，可在搜索框中输入"改革开放site：gov. cn"命令。③要在网页标题中出现关键词，可以使用"intitle：＋关键词"命令。④进行精准匹配使用双引号（""），必须含有关键词使用加号（＋），排除关键词使用减号（－），不同的命令可以进行组合。

3. 媒体资源下载工具

近年来，微视频风靡全球，抖音、快手、哔哩哔哩等视频分享网站涌现大量历史知识短视频和教育教学视频，我们可以通过以下工具下载这些视频作为课程资源。Internet Download Manager（简称 IDM）是一款曾获国外著名 IT 网站最高 5 星评价的下载软件，它可以自动嗅探网页上的视频和音频并下载，十分方便教师搜集历史课堂素材。此外，网络视频下载还可以使用维棠视频下载器、硕鼠等工具。

（二）善用知识存储与加工工具，有效实现知识整合

熟练使用资源存储与加工工具，目的是使个人知识条理化和体系化，使教师可以方便、快捷地找到所需知识，为知识的交流、应用和创新提供便利条件。

1. 纸质资源数字化

在需要将手边的书籍、试卷等教学资料转移到电脑上时，此前往往需要一台文件扫描仪，但随着手机的更新换代，手机摄像头已经可以充当文件扫描的工具，目前许多手机已支持直接在拍照界面进行文件扫描和文字识别，我们也可以借助其他手机应用进行辅助，如"扫描全能王"可以帮助我们清晰扫描纸质文件。在"扫描全能王"中对文件进行拍摄后，我们会进入到"切边"模式，通过调整边框位置可以为不平整的画面调节水平；通过点击其预设的"增强并锐化""黑白"模式，或者自行调整"对比度""亮度""细节"等参数，可将文件杂色去除；最后通过右上方的"分享"按钮将文件"以 PDF 分享"或"以图片分享"保存至电脑进行进一步整理。OCR（光学字符识别）技术可以帮助我们将图片中的文字转换成可编辑的电子文稿，我们可以使用 QQ 聊天窗口的截图功能进行 OCR 识别，点击右下角的"复制"图标即可对图片型文字资源进行文字提取，如图 9－13 所示。

2. 文件分类

个人数字文件管理是知识管理中的重要环节。文件分类管理需养成良好的文件、文件夹分类和命名习惯，合理的命名要包含核心信息及修改事项。对文件进行分类管理，可按照主题进行分类，如教学、科研、培训学习等；如果持续地要关注一些事情，需要不同主题的内容整合，如一轮复习，我们可以按照时间驱动，建立月文件夹，实现文件的高效管理。

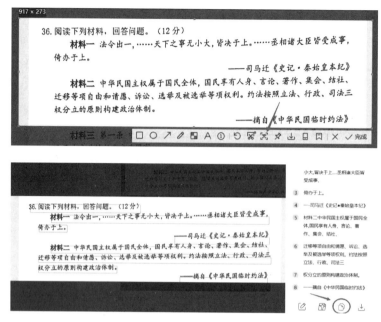

图 9‑13　使用 QQ 聊天窗口的截图功能进行 OCR 文字识别

3. 文件搜索

使用 Everything 搜索电脑文件。我们在互联网上下载了大量的图片、文档、书籍，在教学过程中积累了大量课件、教案，电脑上信息越来越多，快速地在电脑中找到需要的文件也变得十分必要，在 Windows 自带搜索框里搜索往往需要花费好几分钟。Everything（https://www. voidtools. com/zh-cn/）是一款免费快速的文件搜索引擎，用于快速搜索特定名称的文件和文件夹，能够瞬间找到搜索结果并显示匹配列表。因为 Everything 的搜索是基于名称的，因此在下载和编辑资源的时候，要对文件有自己的命名规则，做好分类。如论文文献可加上"宋代""晚清"等时段命名；课件命名要加教材单元与课文标题，如"《中外历史纲要（下）》走向整体的世界　第 6 课全球航路的开辟"，试题命名附上时间以方便整理归类，如"2020 年×月××省高考第×次模拟考试题"。另外，教师常常因为事情过多一时未整理文件，想寻找相关文件时已经忘记了文件名称，而文件的来源一般为 QQ、微信以及浏览器，我们可在它们的相关文件夹 QQ（…\Documents\Tencent Files\你的 QQ 号\FileRecv）、微信（…\Documents\WeChat Files\你的微信号\FileStorage\File）以及浏览器的"下载"文件夹中寻找；同时，只要记得文件的类型以及大致的保存时间，我们还可以通过检索文件后缀名的方式在 Everything 中快速查找，如在检索框中输入". doc"，以"修改时间"进行排序，即可将电脑中的文档以时间次序进行查阅。

使用 Docfetcher 检索文档全文内容。Everything 只能以文件名检索文件，无法检索文档内容。而 Docfetcher（HTTP://docfetcher. sourceforge. net）可以实现文档内容的全文检索，不需要一个个打开文档，只需要构建一次索引库，支持常见类型的文档（Office 系列，pdf，txt）。

4. 文件云同步

同步云服务最大的特性就是能够自动同步特定文件夹的文件,方便我们在不同设备间无缝转换以及与他人协作共享。金山办公旗下的 WPS office 不仅是一款本地文档编辑器,也提供云服务自动同步文档。专业的云服务软件中坚果云同步稳定快速,可以在电脑与各移动平台间实现文件同步。除了同步之外,它还可以保存文件的历史版本,找回删除文件等功能,不用担心不小心删除的误操作;由于免费版空间与流量有限,它比较适合 Excel、Word文档等轻量化文件的同步与分享,因此教师可以将重要的电子表格、文档以及最近编辑使用的教学课件使用坚果云同步,方便即时取用。百度云盘、阿里云盘等容量大,能够覆盖用户储存视频、图片、多媒体课件的需求,由于免费版速度有限及缺乏协作功能,比较适合文件的备份,因此教师可以定期将工作文件归类整理后上传到大容量云盘中保存,通过云备份化解数据因意外损坏、丢失的风险。

5. 碎片化收集——使用云笔记构建知识体系

信息时代我们喜欢利用碎片化时间进行阅读,会使用新闻 APP(澎湃、网易、搜狐等),获取政治、经济、科技、文化等方面的消息;使用博客、微信公众号、知乎、Quora、豆瓣等获取专门领域的信息;平时在备课、纸质阅读过程会有许多有用的信息、一些好的想法需要保存。笔记类工具可以帮助我们实现多方面信息的综合管理,以知识管理与协作平台"FlowUs息流"为例,它可以帮助我们快速创建云文档,用文字、图片、语音记录灵感。使用剪藏功能,通过自动识别剪贴板或者系统共享菜单的方式收藏网页内容,通过添加"FlowUs 剪藏助手"为微信好友,在微信中转发或直接发送内容给"FlowUs 剪藏助手",即可将在微信中查看的信息剪藏。除了在线文档,"FlowUs息流"还拥有知识库、文件夹管理等多形态功能,甚至可以通过搭建团队空间,实行多人多端实时协同互动,是一个完整的知识管理工具。

我们可以在笔记软件上,运用以下三步高效地收集整理一个专题备课资料:第一,建立信息临时处理文件夹。将通过微信、剪贴板、网页剪辑来的资源统一放置于此,不做分类便于快速地收集知识,积累知识碎片。第二,建立初步分类文件夹。将临时处理区的信息进行归纳整理,根据原始资料、多媒体资源、学术观点、教学设计、习题试卷等类型进行分类移动,按照重要性打上星标,添加关键词标签尽量完善每条信息的标题。第三,文件再加工整理。分类完成后,在教学或者查阅其他资料过程中如有内容的更新,可运用笔记软件的标签系统对原来分类的信息进行删改,保持知识信息的时效性。

(三) 智用平台借鉴分享与传播,推动知识转化创新

知识的分享与传播是教师个人隐性知识向显性知识转化的过程。教师之间的知识交流,是丰富教师个人知识、提高知识结构层次的过程,是教师个人知识管理的一个重要步骤。教学笔记是教师将日常教育教学活动中随时出现的、印象深刻的事件进行总结和分析,并且记录下来,以备未来做参考和借鉴。教学案例是教师对真实的教育活动情境的描述,包括记

录教育疑难问题及矛盾冲突，以及提出这些问题的解决方法等。两者是教师进行个人知识管理、实现知识转化的重要手段。

1. 运用思维导图实现个人知识的整理与分享

思维导图是以一个关键词作为主题，从主题辐射延伸，最终形成一个有序的树形结构图。"幕布"（https://mubu.com/）是一个思维整理平台，是以层级折叠式文字来整理内容的大纲式头脑管理工具。"幕布"专注结构化的思维记录，其能快速编辑、浏览层级结构，支持一键生成思维导图，并能简易标签和互联网快速分享，可帮助教师快速完成主题构建和知识领域的组织，实现知识存储与分享的轻量化、云端化、便捷化。

2. 借助协同平台实现个人知识最大化

在集体备课中，我们可以使用知识协同工具，如腾讯文档、钉钉协作、飞书云文档、石墨文档等，可以在线进行多人协作撰稿、教案讨论、会议记录，大幅度提高信息内容的产生、交流、分享、传播效率，能够加快新课备课的速度、降低教师个人时间成本，通过备课资源的协同，产生新的备课资源，也为个人和集体都带来了利益。

3. 使用互联网实现个人知识分享与传播

知识的分享有许多种方式，如分享教学笔记、个人教学反思到博客、BBS、微博、微信等平台，分享教学课件、教学录像到历史教学资源网站，参加录像比赛等。与人分享知识的过程，不仅可以使所分享知识显性化、具体化，加深个人理解，也可以让他人了解你，结识高质量朋友，增加合作机会，建立个人品牌。

二、文献检索与阅读工具

无论是教学还是研究，都无需从零开始，我们需要在前人的文献基础上继续前行。掌握一定量的必要信息，是进行教学工作和教育研究的首要条件，也是作出正确教育决策必不可少的前提。假如想了解相关的学术研究，通常可以在中国知网的检索框中输入关键词。但面对搜索结果，该如何判断、如何选择，又如何区分其相关性与价值？假如想找到一份不错的教学案例或是教学设计，应该确定怎么样的检索条件？如何确定主题词、关键词或者其他检索条件呢？假如教师想查找教辅与试卷上材料的出处，应该从哪里获取？文献信息的传播已经与日新月异的互联网技术紧密结合，因此，教师在日常的教学与研究中，需要掌握一定的文献检索与分析的方法，来帮助我们在文献海洋中迅速、准确地获取自己所需要的信息和知识。

文献检索是指查阅、分析已有的同类研究或相关研究，尽可能多地查阅与研究主题相关的各种形式的资料（书籍、报纸期刊、学位论文、统计资料、调查研究报告及官方文件等），以期在他人研究的基础上继续做进一步深入的研究。常用的信息化文献检索平台有"百度学术"（http://xueshu.baidu.com）、"谷歌学术"、"中国知网 CNKI 学术搜索"（http://scholar.cnki.net）、"读秀"学术搜索引擎（https://www.duxiu.com/）等，它们都可以在大量的文献数据库中找到想要的文献的出处,其中百度学术的"开题分析"和 CNKI 学术搜索的"学术趋势"可以帮助我们快速分析研究趋势。相较于学术搜索引擎,学术数据库如"中国知网""维普中文期刊服务平台""万方数据知识服务平台"更容易获取引文、关键词、摘要、全文等文献的详细信息。

(一) 文献的获取途径

中国知网(CNKI),即中国知识基础设施工程(China National Knowledge Infrastructure,简称 CNKI),始建于 1999 年 6 月,由清华大学、清华同方发起,经过多年的发展,因其涵盖的知识资源范围广、文献数量丰富而受到最多关注。与此同时,中国知网有专门的中国基础教育期刊全文数据库——CNKI 中小学数字图书馆,是国内先进的基础教育知识服务与数字化学习平台。因此以中国知网为例,其文献获取方式除了个人充值付费下载之外,还可以:①通过所属高校、中小学的图书馆,使用校内网或虚拟专用网络(VPN)进入。②假如本单位并未购买相关资源,读者可以通过成为国家图书馆、大部分省市图书馆的注册或读者卡用户后,在图书馆网络下使用;或者进入该馆网站,在馆外远程访问电子资源,访问点一般在图书馆网站的"数字资源导航"处(图 9 - 14)。

图 9 - 14　公共图书馆的电子资源界面

此外,我们也可以通过访问中文社科免费文献资源获取文献全文——国家哲学社会科学文献中心。国家哲学社会科学文献中心立足于全国哲学社会科学领域,由国家投入和支持,开展哲学社会科学文献信息资源建设和服务。文献中心提供了文献数据库服务——国家哲学社会科学学术期刊数据库,简称"国家期刊库(NSSD)",是由全国哲学社会科学规划领导小组批准建设,中国社会科学院承建的国家级、开放型、公益性哲学社会科学信息平台,收录精品学术期刊 2 000 多种,论文超过 1 000 万篇以及超过 101 万位学者、2.1 万家研究机构的相关信息。个人用户注册后在任何地点都可以登录使用。

如果需要查找外文文献的网络免费全文学术资源,中国教育图书进出口有限公司的 Socolar 平台提供了开放获取学术资源的服务。我们还可以通过访问 DOAJ 与 OpenDOAR 获取。DOAJ 是开放存取期刊的列表,其宗旨是增加开放存取学术期刊的透明性、可用性、易用性,提高期刊的使用率,扩大学术成果的影响力。OpenDOAR 是由英国的诺丁汉

(University of Nottingham)大学和瑞典的隆德大学(Lund University)图书馆等机构在2005年2月共同创建的开放存取机构资源库。

（二）文献检索的方法

布尔检索法是指利用布尔逻辑运算符"或"(or)、"与"(and)、"非"(not)连接各个检索词，由计算机进行相应逻辑运算，以找出所需信息的方法。逻辑"与"可增强检索的专指性，缩小检索范围；逻辑"或"可连接同一检索组里的多个同义词、近义词和相关词，扩大检索范围，有助于提高查全率；逻辑"非"可以排除不希望出现的概念，增强检索的准确性。我们可以在检索平台的"高级检索"中使用布尔检索法。例如：需要检索"历史核心素养"方面的文献，将其划分为"历史"与"核心素养"两个关键词，使用"题名或关键词"项目、"与"检索法，同时如需要提高准确性，可把关键词匹配度由"模糊"改为"精确"，如图9-15所示。

图9-15 数据库的高级检索

（三）文献检索的评价

文献检索的结果可以从相关性、时效性、价值性三方面进行评价。相关性、时效性可直接利用系统按钮将文献结果进行排列，价值性可以从作者与机构、被引与下载、来源期刊三大方面考虑。

某个研究领域往往会集结一些核心作者群，他们的成果在一定程度上反映着该领域的发展水平与现状。一般来说，权威或知名机构内发布的信息在质量上比较可靠，尤其是政府机构、某领域内的著名学术团队、知名高校、研究机构、行业协会及国际组织等。有关中学历史教学领域，我们可以关注各高校从事历史学科教学或从事考试、教材、课标研究的学者、各地教研员、名师工作团队等。

大多数情况下，文献被引次数越高，反映出该文献在该领域被关注的程度越高，该文献的价值也越高。文献的下载次数是文献受利用程度的重要反映，下载频次最多的文献往往是传播最广、最受欢迎、文献价值较高的文献。很多检索系统都能查看被引次数和下载次数并排序。需要注意的是，由于不同数据库系统资源的信息量不同，被引次数和下载次数只能在同一检索系统内进行讨论和对比。

学科的主要期刊，所含专业情报信息量大、质量高，能够代表专业学科发展水平并受到本学科读者重视。中学历史教学领域内的主要期刊有：历史教学社主办的《历史教学（上半月）》、华东师范大学主办的《历史教学问题》、陕西师范大学主办的《中学历史教学参考》、华南师范大学历史文化学院主办的《中学历史教学》。判断期刊水平的主要方式还有查看其影响因子[①]。影响因子是指某一期刊的文章在特定年份或时期被引用的频率,是衡量学术期刊影响力的一个重要指标。一般来说影响因子高,期刊的影响力就大。影响因子是一个相对统计量,可在一定程度上表征其学术质量的优劣。另外,我们还可以通过"中文社会科学引文索引(CSSCI)"[②]、《中文核心期刊要目总览》[③]、中国人文社会科学期刊 AMI 综合评价报告[④]来得到教育类相关核心期刊的列表。

(四)文献检索的技巧

数据库检索的优先级:查找论文文献的第一步可优先在文献数量丰富、易于访问与获取资源的"百度学术"进行检索,如未找到合适文章,则可再访问"中国知网""万方数据""维普期刊"等数据库。

选择合适的检索词:在查找文献的时候,如果不清楚查找哪些文献及其关键词,可以选择期刊导航功能,在列表中寻找感兴趣的学术期刊以及核心期刊,关注最新研究方向,通过浏览部分文献的摘要、全文确定关键词。

结果分组、分类、排序:通过关键词检索,往往会出现的大量结果,则需要对检索结果进行分组,我们可以利用数据库包含的主题、发表年度、研究层次、作者、机构进行分组浏览;也可以在检索结果中以资源类型、文献来源、关键词进行分类浏览,如果要专门查找综述类文献,可在"文献类型"中找到分类;此外,我们还可以对检索结果进行排序,如选择"发表时间"排序可以得到最新的文献,选择"被引"排序可以得到关注度最高的文献(图 9-16)。

图 9-16 中国知网对"历史 and 核心素养"检索结果的分组、分类和排序

查看引文网络:点击文献标题进入某一文献后,我们可以通过引文网络,查看其参考文献(研究的依据、基础、背景)和引证文献(研究的继续、发展、评价),了解研究的变迁,从而有效地把握研究的方向(图 9-17)。

① 期刊的影响因子可在如下网站查询:http://navi.cnki.net/knavi。
② CSSCI 来源期刊目录(2021—2022)[EB/OL].(2021-04-25)[2023-12-20].https://cssrac.nju.edu.cn/cpzx/zwshkxywsy/20210425/i198393.html.
③ 陈建龙.中文核心期刊要目总览[M].北京:北京大学出版社,2018.
④ 中国人文社会科学期刊 AMI 综合评价报告(2022 年)[R/OL].(2023-01-12)[2023-12-20].http://www.cssn.cn/ggzp/202301/W020230112567374893617.pdf.

图 9-17　引文网络呈现方式

案例：使用文献搜索进行备课

2022 年高考全国甲卷小论文材料摘自萨维帕里·戈帕尔等主编的《人类文明史，第 7 卷：20 世纪》一书，在备课过程中我们希望通过阅读原文，从而对材料有更全面的了解，如一时不能在图书馆找到纸质书时，可以借助垂直搜索引擎"全国图书馆参考咨询联盟"进行检索，通过电子文献传递的方式阅读所需内容（图 9-18）。

2019 年高考全国Ⅲ卷选择题第 24 题考查"教民亲爱，莫善于孝；教民礼顺，莫善于悌；移风易俗，莫善于乐；安上治民，莫善于礼"这一思想产生的制度渊源，在备课过程中我们可以借助垂直搜索引擎"读秀"，输入关键词"安上治民，莫善于礼"去查找引用过它的其他著作（图 9-18），从而有利于教师在比较阅读中对材料获得更为全面的理解。

图 9-18　利用垂直搜索引擎进行专业书籍检索

在进行 25 分材料题命制时，如要针对"白银货币化"进行命题，我们可以先在"百度学术"中使用关键词搜索"白银货币化"，从相关作者中选择靠前作者"万明"，再根据搜索结果的文献标题、摘要与期刊选取到核心文献，进入到下一页面后可从来源中选择"PDF 爱学术"进行快速阅览和下载（图 9-19）。若文献选择不理想，可更换为"中国知网"查阅该领域内的核心作者群以及高引用文献。若将本题设置为中外比较的考查形式，在有关中国的文献摘编完成后，更改关键词为"白银 and 欧洲社会"进行搜索,再选取合适的文献进行摘录与比较。

图 9 - 19　利用"百度学术"进行命题资源搜索

(五) 文献管理软件

如何进一步将下载好的文献进行有效管理,我们可以通过文献管理软件进行操作,常用软件有知网研学和 Zotero。知网研学是中国知网(CNKI)公司开发的一款以云服务的模式,提供集文献检索、阅读学习、笔记、摘录、笔记汇编、论文写作、学习资料管理等功能为一体的个人学习平台。Zotero 是一个开源、易用的多平台科研工具,可用来帮助收集、组织、阅读、引用、分享各类资料,通过其插件系统,还可以实现许多自动化的操作。以下以知网研学软件为例。

1. 文献快速管理

针对可以在中国知网中检索的文献,我们可以不用单个下载,在选中所需文献后,可以点击中国知网检索界面的"导出/参考文献"按钮,导出所选文献题录(图 9 - 20),并在知网研学软件中添加"学习专题",选择"导入题录"将文献导入。如果此时电脑网络拥有可下载知网全文权限时(如在图书馆的网络下),直接单击"导入并下载"即可;也可选择"仅导入题录",在拥有知网研学会员(可用积分换取)的情况下可进行全文在线阅读。如果本地已经存

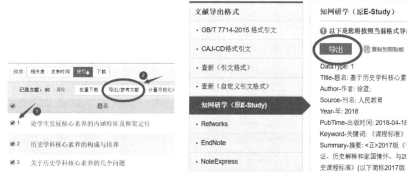

图 9 - 20　在中国知网检索界面导出文献题录

在其他平台下载的文献，也可通过"添加文献"按钮加入到软件中管理（图9-21）。

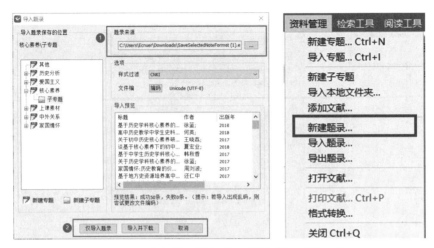

图9-21　在知网研学中导入题录与添加本地文献

2. 数字化阅读

双击要阅读的文献，可以进入"全文阅读界面"（PDF文献与XML文献的阅读界面会略有不同），共分为四栏（图9-22）。目录栏，可以清晰了解文章结构，并且快速定位文章章节；原文栏可以对原文进行"笔记、摘录、涂鸦"的操作；笔记栏能够集中查看当前文献所做笔记，在"功能导航"页面中（图9-23），还可以查看、搜索与编辑所有阅读文献的笔记，方便比较与

图9-22　在知网研学中使用笔记功能

图9-23　在知网研学中阅读文献笔记

综合各文献的信息;题录信息栏可查看文献的基本情况。工具栏上还有许多实用工具按钮,如"文字识别",读者可以自己尝试操作。

3. 参考文献著录

参考文献的著录是比较繁琐的过程,知网研学提供了可以内嵌在 Word 中的小插件,能够帮助我们插入、编辑和更新参考文献(图 9-24)。

图 9-24 知网研学 Word 插件

(六) 文献的阅读策略

1. 结构化阅读

查阅文献应该遵循一定的流程,有系统地进行。如何在大量的文献阅读中有目的地找寻与我们所需主题直接相关的内容,判断出哪些信息应该保留,从而便于后期整理系统化的阅读笔记。加拿大安大略理工大学菲利普·钟和顺博士在《会读才会写:导向论文写作的文献阅读技巧》一书中凭借多年教学经验总结出了一套阅读密码,采用结构路线、技术路线和语法路线对文献进行解码,并用阅读密码进行标识,最终可以通过阅读密码的整合实现由读到写的转换,表 9-4 采用阅读密码的方式阅读文献十分值得借鉴。由于密码能够让你知道阅读一篇文献时应该包括哪些结构,因此,我们可以根据自己的阅读习惯来定义自己的阅读密码。如在对历史教学设计相关的文献进行阅读时,我们可以对教学设计中的教学立意、问题、新史料、自主学习等分别编码,并在阅读文献时以"笔记"的形式标记出来,最后利用知网研学软件"笔记素材"功能汇总文献摘录,方便后续的查阅与研究。

表 9-4 菲利普博士针对社会科学期刊文献的阅读密码表[①]

密码位置	密码缩写	名称	作用
前言	WTD	他们想做什么(What They Do)	明确作者在文中提出的主要问题
文献综述	SPL	现有文献总结(Summary of Previous Literature)	对前人研究成果的高度概括与总结
文献综述	CPL	现有文献批评(Critique of Previous Literature)	评论前人研究成果并指出其局限或不足之处
文献综述	GAP	研究空白(GAP)	指出现有文献中缺失的部分,找到研究空白

---

① [美]菲利普·钟和顺.会读才会写:导向论文写作的文献阅读技巧[M].韩鹏,译.重庆:重庆大学出版社,2015:71—79.

（续表）

密码位置	密码缩写	名称	作用
文献综述	RAT	理论依据(Rationale)	提出开展研究的理论意义,证明其研究是必要的、有理由的
研究结果	ROF	研究结果(Result of Findings)	描述了主要研究结果与发现
讨论	RCL	与现有文献观点一致的研究发现(Results Consistent with Literature)	描述作者自己的研究工作支持他人已经做出的研究工作
讨论	RTC	与现有文献观点不一致的研究发现(Results to the Contrary)	描述和现有文献观点不一致的研究发现
结论	WTDD	他们做了什么(What They Did)	明确回答研究问题,与 WTD 一脉相承
结论	RFW	对未来研究的建议(Recommendation for Future Works)	指出目前研究工作还不完善,借此对未来研究的方向、路线等提出建议

2. 创造性阅读

阅读的目的不是单纯停留于接受和继承文献本身的内容,阅读是学术创造的一个中间环节,会读才会写。创造性阅读的核心是在阅读过程中能发现问题、提出问题、不断解决问题,其基础是建立在读懂与读透原文之上。《学术论文的创造性阅读》一书为我们总结了理解文献的具体阅读方法。

表9-5　理解式阅读法的要点①

论文要素	阅读要点
标题	这个标题有新意吗？ 其结构合理吗？ 标题和内容相符吗？
内容	文本的主要论点是什么？ 理由是什么？ 术语、例子、图表、观点有没有特别新颖之处？
论证	论证充分吗？ 主要的证据有哪些？ 推理是否符合逻辑？
研究方法	研究是否以"问题的提出与假设""文献综述""提出假设""资料收集与分析""假设检验""结论与分析"等完整程序展开？ 研究是否有全面、翔实的文献介绍与分析？ 是否具有一定的理论框架？ 研究资料的类型怎样,是通过什么方式取得的？ 统计方法是否恰当？
参考文献	参考文献著录是否规范？ 有没有我们还未阅读过的重要文献？
作者	该作者还有什么著作和论文发表？ 作者所在的机构还有什么相关的学术成果？

---

① 汤建民.学术论文的创造性阅读[M].杭州:浙江大学出版社,2007:100—104.

第十章
历史教学资源的开发与使用

  著名教育家苏霍姆林斯基在《给教师的建议》一书中讲道："教师所知道的东西，就应当比在课堂上要讲的东西多十倍，以便能够应付自如地掌握教材，到了课堂上，能从大量的事实中选出最重要的来讲。"①这句话所展现的教师"积累——研究——筛选"教学内容的过程其实就是教学资源开发的过程。

  随着新课程改革的逐步深入，我国课程改革取得阶段性成就，为优质教育的创造提供了保障。而近年来知识观、教学观以及教师观的不断变革，"深度学习"等新的学习观念的引入又开始触动人们对课堂变革、打造优质课堂的思考。改革的重心也从"基于课程的教育改革"向"基于课堂的教学改革"转变。教学过程不再是"教教材"的知识传输过程，而是"用教材教"的知识建构过程，"教材"的外延含义也被扩大。而如何"用教材教"，其实就是如何开发并运用教学资源的问题。《义务教育历史课程标准（2022年版）》提倡教师"选择多样化的教学资源，探索多样化的教学方式和方法，鼓励将现代信息技术与历史教学深度融合。培养学生学会学习、发现和解决问题的能力，为创新型人才成长奠定基础"。② 合理开发并使用教学资源成为推动教学方式转变、提升课堂教学质量的重要推手。

  对于历史学科而言，历史学科客观性、一度性、综合性以及复杂性的特点使得历史教学资源的开发与使用具有学理上的必要性。历史的发生与发展本身是一个客观的过程，是不可逆转的，更是难以再现、重演的，然而，并非无迹可寻。在历史的过往与现实的人之间横亘着过去留下的文献记录、遗址、文物等"中介物"。历史学科的学习与研究，也只能借助这些"中介物"，按图索骥、步步寻踪、层层推演，去再现历史的真相，获得对历史的解释，这就使得历史教学资源的开发成为历史学习的必要，大量"中介物"的存在也为历史教学资源的开发与使用提供了现实的可能性。作为一门人文社会学科，历史学科是博大精深、包罗万象的，万事万物都可在历史中找到其产生、发展、嬗变、革新以及走向衰亡的轨迹。史料浩如繁星、史实纵横交错、史事异彩纷呈，历史教师要做的就是去寻找、整合这些资源，搭建起学生学习的"脚手架"，帮助学生理清历史脉络，建构历史知识。那么，什么是历史教学资源？如何去寻找并开发历史教学资源？开发历史教学资源应遵循哪些原则？又如何利用历史教学资源来促进课堂教学？这些都是值得我们关注并探讨的问题。

---

① ［苏］B. A. 苏霍姆林斯基. 给教师的建议［M］. 杜殿坤，编译. 北京：教育科学出版社，1984：86.
② 中华人民共和国教育部. 义务教育历史课程标准（2022年版）［M］. 北京：北京师范大学出版社，2022：3.

第一节　历史教学资源概述

随着新课程改革的逐步深入，教学论研究的不断深化，教学资源的开发与使用逐渐成为各学科进行教学改革的重点内容。历史学科的广博性、综合性等学科特点又使得中学历史教学资源格外丰富多样。本节拟从概念、分类、开发与使用的原则、价值等四方面对历史教学资源进行概述介绍。

一、历史教学资源概念

教学资源是学科教学法、教学论研究中提出的一个重要概念。随着 21 世纪国家基础教育课程改革的深化和新时代教育观念的变革，系统论中的"资源"一词开始被引入教育领域，人们开始从资源的视角重新审视课堂教学活动，而教学资源作为支撑课堂教学活动开展的基本要素和重要条件，也逐渐走进教育研究者的学术视野，成为教学改革的一个关注点。

关于教学资源，学界有多种表述："教学资源就是教学信息的来源，或者指一切对教学有用的物质和人力。"[1]"教学资源是指配套教学活动开展，保证教学顺利进行所用到的相关资源。"[2]这些表述在一定程度描述了教学资源的范畴，但具体内涵又相对模糊。在顾明远先生主编的《教育大辞典》中，教学资源被解释为："教学资源是指支持教学活动的各种资源，分为人力资源和非人力资源。人力资源包括教师、学生学习小组、课外活动小组、旅行小组、课外辅导员、家长、社会成员等；非人力资源包括各种媒体和各种教学辅助设施：传统媒体有粉笔、黑板、印刷媒体、实物、实物模型、挂图等，现代媒体有投影设备、幻灯片、影视、计算机及计算机多媒体系统。此外，还有各种社会教育性机构，如公共图书馆、博物馆、青少年活动中心、少年宫等也是教学资源的组成部分。"（图 10 - 1）[3]根据上述对教学资源的定义，结合历史学科的特点，我们可以把历史教学资源概括为：富有历史文化教育价值，能够被开发运用于历史教学活动中，且能优化教学过程，促进教学目标顺利达成，提升历史教学品质的一切条件和资源的总和。这些条件和资源既包括校内的，也包括校外的；既包括物质的，也包括人力的；既包括传统的文献资料、文物遗迹，也包括现代的网络信息；是静态资源和动态资源的有机统一，是预设性资源和生成性资源的协同共生。

历史学科是一门综合性很强的人文学科，涉及政治、经济、军事、思想文化、文学艺术、科学技术等古今中外人类社会的各个领域，同样也拥有其他学科无法比拟的、丰富多元的教学资源。教学资源的丰富性与适切性程度往往影响着教学目标的达成程度、教学质量水平的高低。历史教师应充分发挥学科优势，"合理开发与有效利用各种课程资源，精选、整合有助于开展历史学习活动的优质资源，配合教材共同构建开放式、立体化的教学资源和

---

① 林培英.论地理教学资源[J].课程·教材·教法,2002(05):44—47.

② 王丽娜,梁虹.浅谈立体化教学资源的建设[J].化工高等教育,2004(03):96—97.

③ 顾明远.教育大辞典(增订合编本)[M].上海:上海教育出版社,1998:723.

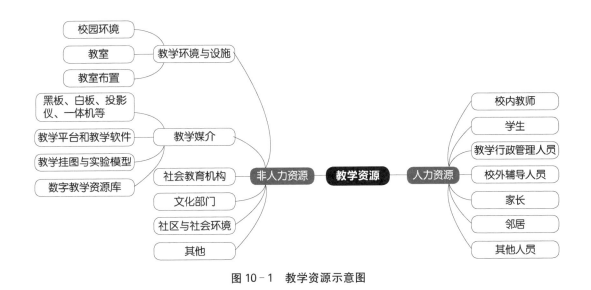

图 10-1　教学资源示意图

平台"。①因地制宜地开发更丰富的历史教学资源,遵循教学规律,对教学资源进行优化重组,形成教学合力,创建开放、灵动、生成并且富有生命力的历史课堂,提升学生的历史素养和人文底蕴,助力学生的成长。

二、历史教学资源的分类

历史教学资源包含的内容十分丰富,分类的标准也多种多样,根据不同的分类标准,可以划分为不同类型。

(一) 按空间分布划分

校园是学生接受教育最主要的空间场域。因此按空间分布划分,可以把历史教学资源划分为校内资源和校外资源。校内历史教学资源指的是在学校内部一切可以服务于历史课堂教学活动的人力、物力、场地、活动等资源,人力方面包括历史教师、学生、班主任、教辅人员、杰出校友等;非人力方面,包括校园环境布局、教师校舍、信息化教学设备设施、历史学科专用教室、历史教科书及其辅助用书、图书馆、校史馆、校内历史遗址、历史讲座及展览、学科组资源库(包括教学案例库、论文库、课件库、教学设计库、教学叙事库、试题库等)都是常用的校内教学资源。并且,校园文化环境、历史名人、杰出校友等也是历史教师可以开发和利用的教学资源。校外历史教学资源指的是在家庭、社区、乡土乃至整个社会中可以丰富历史教学内容、拓展历史教学形式的资料、物品、人员、场所与活动,包括家庭中的家谱、老物件;社区中阅历丰富的长者、历史文化活动;乡土中的古建筑、古村落、民间风俗、历史名人、非物质文化遗产;社会中的图书馆、档案馆、博物馆、历史遗迹、历史纪念馆等。校外历史教学资源内容丰富、形式多样,生动性与直观性较强,但空间分布比较分散,需要历史教师进行走访

---

① 中华人民共和国教育部.义务教育历史课程标准(2022年版)[M].北京:北京师范大学出版社,2022:73.

搜集、筛选整合。

相对而言，校内资源的开发和利用在时间和空间上要方便得多，也比较容易获得相关部门的帮助。在校内资源的建设方面，学科教研组长应该成为统筹建设校内资源库的第一责任人，尤其是电子资源库建设方面，通过协调全校相关教师，尤其是历史科组教师共同完成，可以避免很多的重复劳动和无效劳动。

（二）按资源本身属性划分

按资源本身属性划分，历史教学资源可以划分为物质资源和人力资源。历史教科书、历史照片、历史档案、历史遗迹、历史文物等都属于物质资源，而历史教师、学生、家长、历史亲历者、史学研究者以及社会各界人士属于人力资源。

（三）按承载方式划分

按承载方式来划分，历史教学资源可划分为文本资源和非文本资源。历史文本资源是指以纸质材料、胶片、光盘、磁带等介质保存的资源，如历史纸质文献、档案资源、历史老照片、保存的光盘、磁带中的音频和视频资源等。历史非文本资源大体分为三类：一是指以实物、遗址为主的资源，如：历史文物、历史古建筑、古街道；二是以口头的形式保留、流传至今的资源，如：民间故事、口述史资源等；三是数字信息化资源，指的是与历史教学相关的，以互联网为载体和传播媒介的各类文字、图片或影像信息资源，如数字图书馆中的电子书、网络数据库中的期刊论文、历史纪录片以及各种社交媒体中的各类有关历史教学的资讯信息。

在信息化时代，数字化是资源处理和存储传输的大趋势。文本资源信息化、数字化、可视化，是历史教育工作者需要系统学习的一个技能领域。对于具备一定电子计算机技能的教师，将文档、档案、照片等纸质材料变成电子素材，将音频、视频资源转码保存处理并非难事。但是，深度利用现代技术开发学科资源依然有许多可以探索的空间，比如，如何将历史文物、历史古建筑、古街道等通过立体成像技术，变成数字资源，对于绝大多数文科出身的历史教师而言都是全新挑战，但是随着文物博物馆逐步走向社会和大众，社会上专门的技术公司在这些领域都有了不少值得肯定的探索。关于这些资源的检索开发利用，在本书第九章进行了系统的介绍，在此不再赘述。

（四）按存在形态划分

按照存在形态来分，历史教学资源可分为静态教学资源和动态教学资源。静态教学资源指的是主要以静止状态存在或呈现的历史教学资源，如历史文献资料、历史图片、石碑题刻、历史文物、历史遗址等。而动态教学资源则是指以不断运动、变化的状态存在或呈现的历史教学资源，如网络资源、史学研究成果以及历史学家、历史亲历者等人力资源。

三、历史教学资源开发与使用的原则

历史教学资源的开发不是随意把某些资源引入课堂，也不是所有搜寻、筛选出的历史教学资源都能运用于教学中，其开发和使用都需要遵循一定的基本原则，以更好地发挥教学资源的作用,服务于历史课堂教学之中。

(一) 真实性

历史是需要求真的,因此历史教学资源务必要真实准确,这是历史教学资源开发和使用的首要原则。历史是过去发生的事,具有过去性、一度性,是不可能再现、重演的。我们了解历史、研究历史、揭示历史的规律只能从历史留下的"足迹"——历史文物、历史遗址和古人记录在金石、竹简、缣帛、纸张上的文字资料来尽可能地接近客观实际,"还原"历史的本来面目,求得历史的真相。所以,保证搜集到的历史教学资源的真实性就显得尤为重要,这将直接影响到学生在历史学习中对历史认识的准确性以及得出的历史结论的科学性、正确性。历史学家郭沫若曾说:"无论作任何研究,材料的鉴别是最必要的基础阶段。材料不够固然大成问题,而材料的真伪或时代性如未规定清楚,那比缺乏材料还要更加危险。因为材料缺乏,顶多得不出结论而已,而材料不正确便会得出错误的结论。这样的结论比没有更要有害。"[①]这就要求历史教师在搜集历史材料时首先应确保材料的来源真实、可靠,尽量选择当事人、亲历者直接记录或留下的资料和遗物、遗迹等原始资料,即"第一手资料",必要时可对搜集到的材料进行辨析和考证。比如口述史料,尽管事件的亲历者掌握具体情景,但随着时间的久远也会出现记忆的偏差,造成史料不够准确,这在客观上没办法避免。从主观上来看,由于立场、情感、隐私、动机、个人好恶等复杂因素,即便事件的亲历者也可能会刻意隐瞒一些真相,甚至刻意扭曲一些事实,这种主观因素也是造成史料不足以完全相信的重要原因。

其次,历史教师在编辑和整合历史教学材料时也要保持客观性和严谨性。一是要尽量全方位地收集资料,从不同立场的主体那里获取信息。比如对西安事变善后的态度,在国内主要涉及到中国国民党和中国共产党两个大党的态度,也应该引导学生了解其他社会团体的主张,即便在国民党内部,有亲英美派、有亲日派,还有地方军阀,各自的主张也不一样;国际上,苏联、美国、日本的态度都关系到国内各种政治力量的平衡。充分搜集各个立场的资料,才能够抽丝剥茧般看清楚当时历史的细节,作出相对准确的历史解释。二是要充分理解并尊重材料本来的意思,避免带着个人情感、立场修改、编造材料或者望文生义、断章取义,使得处理后的材料和原意大相径庭。比如,在讲抗美援朝的时候,不少教师都会用史料"我们在错误的地方、错误的时间、同错误的对手打一场错误的战争",来说明中国的伟大胜利使得美国人自己都后悔发动这场战争,这句话学生听起来很受用。事实上,布莱德雷说的这段话却是有前提的:"如果我们把战争扩大到共产党中国,那我们就会被卷入错误的时间、错误的地点同错误的对手打一场错误的战争。"布莱德雷的那段话是 1951 年 5 月 15 日在美国参议院军事外交关系委员会前作证的声明,话题是麦克阿瑟因为与杜鲁门总统发生统帅权之争,并且主张将韩战战事扩大至中国一事,原文是:"Frankly, in the opinion of the Joint Chiefs of Staff, this strategy would involve us in the wrong war, at the wrong place, at the wrong time, and with the wrong enemy."翻译过来为:"坦白地说,从参谋长联席会议观点

---

① 郭沫若. 十批判书[M]. 北京:人民出版社,1954:2.

来看,这个策略(按:指将战事从韩国扩大到包括中国本土)会让我们在错误的地点、错误的时间,与错误的敌人进行错误的战争。"这段话出现在中国参加抗美援朝战争后的 1951 年 5 月 15 日,而且采用的语气是虚拟语气,这表明这段话谈论的是可能发生的事,即 1951 年 5 月 15 日以后可能发生的事。所以,他谈的绝对不是当时中国已经参战、还在进行中的抗美援朝战争,而是指扩大到中国本土的战争冲突。并没有什么后悔发动朝鲜战争的意思,只是不建议打到我国境内而已。最后,还要注明材料的来源、出处,使得材料有据可循,有意识地培养学生的史证意识。这也是教师教学态度严谨、尊重学术规范的体现,同时为教师后期深入研究并形成文章奠定了扎实的史料基础。

（二）精选性

在备课过程中,教学素材既需要全面广泛,又需要精致典型,这看似是一对矛盾,实际上,这两个原则是针对备课的不同阶段而言的。整体来说,在前期搜集、积累教学资源时,要力争穷尽。历史学科博大精深、包罗万象,从古至今遗留下来的历史资料也是浩如繁星,内容异彩纷呈、形式多种多样,为历史教学提供了丰富的教学资源。在最新的初中历史课程标准中提倡的跨学科主题学习活动,能结合语文、地理、艺术等课程的学习,初步理解古代史料的含义,尝试运用史料说明历史问题。[①] 也需要"借助历史资源的丰富多样性,为学生提高创新精神和实践能力搭建多维度的平台"。[②] 因此,在前两轮备课过程中,要尽可能多地搜集资料。并不是说搜集的资料都要在课堂上呈现,这些资料是教师的备课资源,作为背景知识,储备在大脑里,以备随时调取。而到后期进行教学设计时,就要做到精挑细选了。结合教材内容,选取最贴近史实、最能揭示历史问题本质的历史材料,增强教学材料的典型性;依据课标要求,精选、整合出有利于教学目标有效达成、促进学生历史学科核心素养培育的核心资料,增强教学材料的目标性;立足学情,删除材料中艰涩难懂、与教学内容关联性不大的部分内容,或对材料进行注释与解读,增强教学材料的可读性。在选择材料时,要考虑到所选的每一段文字、每一幅图片、每一张表格的功效,使之与教学过程有机结合,服务于历史课堂。寻找资料特别辛苦,因此在备课过程中舍弃资料是特别让人"心疼"的一件事,往往觉得哪条史料都很重要,很舍不得。所以我们特别强调,要控制好教学材料的数量与运用的频次,避免出现材料"满堂灌"的现象,过多历史材料的罗列与堆砌不仅会占用大量课堂时间,使得教学内容难以完成,而且会导致学生分不清重难点,注意力不集中,教学目标难以达成。

（三）可行性

学生是历史课堂中的学习主体,读懂学生,使历史教学资料符合学生的认知发展水平、思维能力,是教学能否取得成效的关键。教学资源的选择与整合要充分考虑到学生实际,考虑到是否具有可操作性。依据学生的年龄阶段和心理特征、思维方式选择能够引起该学段学生阅读兴趣,激发历史思维的材料,如:初中阶段的学生感性思维较强、理性思维较弱,就

① 中华人民共和国教育部.义务教育历史课程标准(2022 年版)[M].北京:北京师范大学出版社,2022:14.
② 中华人民共和国教育部.义务教育历史课程标准(2022 年版)[M].北京:北京师范大学出版社,2022:40.

应尽量选择图片、视频音频等直观性较强的材料,增强教学的情境性,"通过情景再现、问题引领、故事讲述和多样化的资源运用等方式,激发学生的求知欲,促进学生积极、主动地学习历史"。[①] 而高中阶段的学生理性思维较强,具备一定的历史分析、判断能力,能够形成自己的历史认识,筛选教学材料时就应选择一些史论结合、启发性较强的文献资料,提升学生的历史思维水平。还要依据学生已有知识基础与阅读水平,对教学材料进行加工、编辑,确保材料简洁明了、难度适中。删减或改写学生不易理解的学术词汇或语句;历史地图、历史图表可加上标注;对于文言文,教师可结合语境适当进行注释和翻译,尽可能避免因词汇、概念、语言形式或上下文信息衔接等问题给学生带来阅读理解的障碍。最后,还要结合学生的认知特点对材料进行排列、整合,结合教学环节中的不同活动目的选择不同的材料呈现方式,使得材料组合有梯度、有层次性,材料呈现灵活、生动,能够针对学习内容层层递进,能与教学活动环环相扣,保证教学的顺利进行,也更好地达成教学目标。比如在《中外历史纲要(上)》第16课"两次鸦片战争"的设计中,就可在导入环节呈现"中英《南京条约》签订时的场景"历史绘画图,引导学生观察画中中英双方代表的不同表情,思考为何会展现这样的表情?运用倒叙的方式,设置情境、制造悬念,激发学生的学习兴趣。而在探究《南京条约》内容及影响的教学环节时,教师可再次呈现这幅油画,并展示绘画作者信息——条约签署亲历人英国上尉约翰·普拉特(John Platt),引导学生从绘画者的立场等因素客观看待绘画中展现的历史信息,更进一步认识到条约的不平等性。最后在教学升华环节,还可呈现这幅绘画,并与现今中国外交官与各国外交官会谈场景作对比,引导学生议变化、谈感想,涵养家国情怀。

(四)思想性

历史学科是一门极具人文性与思想性的学科,对历史教学资源的开发与使用也要注重其所呈现的思想导向、价值取向与思维深度,选取有助于学生辩证分析历史、深刻揭示历史、共情感受历史的教学资源,以促进学生历史思维的发展、历史意识的形成以及人文情怀的涵养。历史是人的活动史,不仅记录着人的所言所行(实践活动),还蕴含着人的所思所想(思想活动),包括每个人的生活体验、心灵感受、情感经历以及价值判断。历史是人类生命的表达,在选取历史教学资源时应选择与学生的生活体验相关,能够触发学生对生命的理性思考、对历史的情感共鸣的鲜活且富有生命力的材料。要引导学生"充满人文情怀并关注现实问题,热爱家乡、热爱祖国,放眼世界,以服务于国家富强、中华民族伟大复兴和人类命运共同体的构建"。[②] 让学生在人物故事中学会"同情之理解",在立场对比中形成健全的判断能力与价值取向,在文物遗迹前感受历史的延续及变迁,对历史怀有温情与敬意,"对个人、家庭、国家、天下有一种责任感,对人类的命运有一种担当"[③]。历史是人类对过去的认识和思考,更是现在跟过去之间永无止境的交谈问答。"述往事,思来者",历史学科的史鉴性、思辨

① 中华人民共和国教育部.义务教育历史课程标准(2022年版)[M].北京:北京师范大学出版社,2022:15.
② 中华人民共和国教育部.义务教育历史课程标准(2022年版)[M].北京:北京师范大学出版社,2022:6.
③ 张汝伦.我国人文教育的现状及出路:张汝伦教授在上海"世纪人文论坛"上的讲演[N].文汇报,2005-8-6.

性使其成为启发学生独立思考和批判性思考的最佳课程。在开发与使用历史教学资源时，选取启人深思的历史细节，组合制造思维冲突的"史料问题链"，设置历史场景中的开放式探讨，鼓励学生从多视角、多层次去观察、分析历史现象，开展基于史实的理性批判与反思，以更好地解释过去、认识当下和展望未来，达到"寂然凝思，思接千载；悄然动容，视通万里"之境。

四、历史教学资源开发和使用的价值

历史教学资源在课堂教学中的开发与运用有利于丰富课堂教学的形式和内容，提升课堂教学的质量，对学生学科核心素养的培养以及学科教学价值的提升具有重要意义。

（一）转变教学方式，激发学生的学史兴趣

"教与学的过程是一个使非生命载体的知识向生命载体的知识转化的过程，探究是激活知识生成和生长的手段。"[①]然而，关注当下的历史教学课堂，我们不免会发现这样的现象：教师在讲台上倾心讲述、细心讲解，力争把每个知识点都讲得"完美"；学生却在讲台下或是昏昏欲睡，提不起兴趣，或是奋笔疾书，力争把每条史实、每个知识点都"抄下来"，笔记密密麻麻，学习却没有"入脑""入心"。学生对历史学习提不起学习兴趣，出现"喜欢历史，却不喜欢历史课"的现象。正如不少教育学者感叹的那样，相比于生物、化学、物理课的动手实验、地理课的绘图测量、数学课的推理演算，在历史课堂中，听讲和背诵"史实"似乎是最典型的学习方式了，这样的教学与新课程提倡的建构知识路径完全背道而驰，也全然无法引领学生"像历史学家般进行研究和思考"。

"历史之义绝不仅仅是发生于过去的一些事情的积累，历史是一连串研究和重建过去的过程与结果。"[②]历史学科的魅力不仅在于历史事件、历史人物本身的精彩，更在于追寻古人的足迹，步步寻踪，探寻历史真相，思考历史何以如此给人以神秘感和真实感。"与其说历史教学是依凭语言文字教授历史知识，不如说历史教学启动各种感知依凭多样的资源探寻历史答案"[③]，课堂教学中丰富多彩、形象生动、多元开放的历史教学资源，能够很大程度上激发学生的学习兴趣、调动起学生学习的积极性，为学生搭建起探寻历史真相的"脚手架"，实现教学方式的转变。历史教学不再是教师将历史事件、历史结论平铺直叙地"告诉"学生的"冷冰冰"的单向传输过程，而是教师与学生带着对历史的温情与敬意，步步寻踪，探究历史的真实的富有生命力的双向互动过程。在暗藏伏笔、层层递进、启人深思的史料组合中，学生能够"进入"历史知识的发现过程，"参与"人类的历史实践，采用历史的思维方式去理解历史的发展与变迁，去感受历史现象背后蕴含的人类丰富的情感；在真实贴切、直观生动的历史影像情境创设中，学生能够如临其境、如见其人、如闻其声，与历史事件、人物在一个频道上共

① 赵亚夫.中学历史教育学[M].北京：北京师范大学出版社，2019：201.
② 郑林.基于学生核心素养的历史学科能力研究[M].北京：北京师范大学出版社，2017：135.
③ 赵亚夫.中学历史教育学[M].北京：北京师范大学出版社，2019：201.

振,感受历史事件的转折起伏、历史人物的艰难抉择,获得触动心灵的历史感受;而在广阔开放的博物馆、历史遗址、乡间田野等社会学习场所中,学生能够在鲜活的"现实生活"中找寻历史的"影子",知古鉴今,彰往察来,在与社会紧密联系的历史学习中生发关切社会现实的人文情怀。

(二)增加教学弹性空间,彰显教师的教学个性

著名教育家陶行知在《生活即教育》一文中曾写道:"从前的书本教育,就是以书本为教育,学生只是读书,教师只是教书。在生活即教育的原则之下,书是有地位的,过什么生活就用什么书,书不过是一种工具。书是不可以死读的,但是不能不活用。"①在很长一段时间的传统教学中,教科书作为国家确定的"法定知识"载体,成为课堂教学中"唯一"的教学资源,教师成为忠实地传递课本知识、"标准答案"的"教书匠",这样的教学空间是狭窄的,教学过程是封闭的,教学风格更是呆板的、缺乏生命活力的。

教科书承载的是公民成长所需的"公共知识",容量是有限的,内容是普适的,无法满足历史教学的全部需要,更无法满足每个学生学习的个性化需求。教师对历史教学资源的开发和使用能够在一定程度上拓宽"教材"的外延,增加教学的弹性空间,突破教科书、教学场域等刚性框架的限制与束缚,使教学内容从静态的"史实"延伸到"鲜活的"历史学科思想,教学素材从书本中的材料拓展到社会历史中的"史料库",学习场所从课堂的狭窄范围扩展到社会生活的广阔空间,使历史教学内容丰富多彩,更具开放性、思想性和创造性;教学场域向学生"生活世界"回归,更具生命关怀和教育价值。比如"通过对家庭中的长辈进行访谈,收集家庭的老照片和老物件,并查阅与之相关的历史记载,形成口述史的材料汇集"。②

同时,教师开发和使用历史教学资源的过程,也是对历史课堂教学的一个"润色""再创造"的过程,可以融入教师的历史理解、生命历程以及价值取向,展现教师个人"独特"的教学风格与个性。历史教学不仅是一门科学,更是一门艺术、一项富有创造性的实践活动,"在一种创造性的教育活动中,教师应该是一个富有思想的自觉的教育工作者,而不是一个官僚机器上没有思想的零件或者一棵不能思考的芦苇"③。面对同样的教材、学生以及教学工具,不同的教师通过对不同类型教学资源的个性化开发、优化组合以及熟练使用,会呈现出截然不同的教学风格与教学效果。喜爱考古与文博的历史教师会将文物"引进"历史课堂中或将课堂"搬进"博物馆中,带领学生在观察、鉴别文物中找寻历史留下的蛛丝马迹,"触摸"历史的真实,感受浓郁的文化氛围与历史气息;逻辑清晰、思维缜密的历史教师会呈现或层层深入、或看似矛盾的丰富史料,带领学生去理性地分辨、批判地思考,感受历史的思辨性;情感充沛、关注历史细节的教师会将一个个生动的历史故事、一个个鲜活的历史人物、一封封笔下饱含深情的家书、一段段穿越时光的历史影像呈现在课堂上,带领学生去体悟历史中的"人"

① 陶行知.生活即教育[M]//陶行知.教育的本质.长沙:湖南人民出版社,2019(08):62.
② 中华人民共和国教育部.义务教育历史课程标准(2022年版)[M].北京:北京师范大学出版社,2022:26—27.
③ 易凌云.论教师个人教育观念的理论基础[J].湖南师范大学教育科学学报,2005(04):14—18.

的喜怒哀乐、岁月中的人生百态和世间冷暖,感受历史的"温度"。在这样的教学过程中,历史教师也展现着自己的文化底蕴、人格魅力、人生境界,让每堂课都成为自身生命历程的一部分,从而成长为具有自己独特教学风格的教育"艺术家"。

(三) 培育学科核心素养,提升学科教育价值

"历史学科核心素养是学生在学习历史的过程中逐步形成的具有历史学科特征的正确价值观念、必备品格和关键能力,是历史知识、能力和方法、情感态度与价值观等方面的综合表现。"[1]当前,历史学科核心素养的提出为历史教学勾勒出一幅历史学科育人、树人的教育"蓝图",而历史课堂教学则是支撑这幅蓝图得以实现的关键。在教学流程的设计、教学内容的整合、教学材料的选用等方面,都要始终贯穿发展学生历史学科核心素养这一任务。

教师对历史教学资源的开发与运用有利于丰富学生的学习材料、拓宽学生的学习场域、转变学生的学习方式、增加教学的弹性空间,使得学生的历史学科核心素养在有知识"广度"、思维"深度"以及情感"温度"的课堂中得以润养和生长。学生可以在博物馆、图书馆、历史遗迹、乡野社区等真实的生活场景中去发现历史的足迹、"触摸"历史的真实,拓宽历史视野;在多视角、多类型、多层次的史料中揭开历史的神秘面纱,真实、全面、客观地认识历史,增强历史洞察力;在对历史材料的联系比较、历史问题的逻辑推理和严密论证中感受历史的原因与结果、联系与综合、延续与变迁,形成批判的历史思维与自觉的历史意识;在丰富的历史细节、生动的历史场景、真实的历史故事中感受人类充沛而饱满的情感、正确的价值观和深厚的人文底蕴,激发情感共鸣,生发历史感悟。比如:在高中选择性必修三《文化交流与传播》第六单元"文化的传承与保护"的教学中,一位老师紧扣单元标题中的"传承"与"保护"两个关键词,将历史背景定格在 20 世纪 30 年代的中国西南地区。通过介绍西南联大的图书馆、助学"贷金"以及几件衣食住行的小事,展现在抗战年代临时组建的大学的风采。在谈到"文化的传承与保护有何意义"时,一位同学动情地说:"在中国命运最坎坷、民族前途最暗淡的岁月里,西南联大仿佛一盏明灯,在黑云压顶时保持了一片河汉灿烂,西南一隅激荡着家国情怀、自由精神、民主意识和人文价值。"[2]由此可见,开发并运用丰富历史教学资源的课堂能够让学生在学习单纯的历史"硬知识"之外,生发更为丰富的内心体验,体会到更深刻、更丰富的情感,将历史知识、学科思想转化为自己内在的精神力量,在历史中汲取成长的养分,让学科核心素养得以在课堂中"生根发芽",提升历史学科的教育价值。

第二节　如何开发历史教学资源

对历史教学资源进行开发,厘清思路是关键。一般而言,教师在备课环节对教学资源的准备一般都会经历一个"寻找——处理——组合"资源的过程。寻找教学资源时,需步步寻

① 徐蓝,朱汉国.普通高中历史课程标准(2017 年版)解读[M].北京:高等教育出版社,2018:44.
② 张敏霞.大历史·大问题·大作业:统编教材环境下中学历史教学实践的新探索[M].上海:复旦大学出版社,2021:117.

踪,力争穷尽;处理教学资源时,要精挑细选,择善而用;组合教学资源时,更是要形式多样、层次分明。以下就对开发历史教学资源的步骤与思路进行简单介绍。

一、寻找:按图索骥、穷尽载体

"史料为史之组织细胞"①,历史的过去性、不可复现性使得"过去传留至今的证据"——史料成为人们认识、解释和重构历史的重要依据。为揭开历史的神秘"面纱",一点点接近历史的真实,历史学家"上穷碧落下黄泉,动手动脚找东西"②,搜寻历史证据,追踪历史的足迹。历史教学其实也是如此,学生通过教师在课堂上呈现的文献、文物等史料资源去推论"过去"、确证历史,从而完成对历史知识的自我建构。因此,历史教学资源也成为学生学习历史、认识历史的基础和媒介,成为开展历史教学的前提和根基。

教师对历史教学资源的开发程度会影响学生历史视野的"广度"、历史理解的"深度"以及历史情感的"温度"。而开发历史教学资源最重要的一步就是寻找教学资源,教师需依据课程标准、教学内容以及历史发展的基本脉络去"按图索骥"、步步寻踪,搜寻多角度、多类型、多层次的历史教学资源,并且尽可能"穷尽"各种载体,古人之历史文献与今人之历史评论、传世珍宝与考古发现、官方档案与民间信札,都要广采博蓄,各取其优,以确保备课资源的广泛性与丰富性,为后期材料的筛选提供更多的选择。那么,到哪里去寻找历史教学资源? 如何去寻找历史教学资源? 下文将从校内与校外两个基本场域介绍一些常见的寻找历史教学资源的场所与搜寻方法。

(一) 校内资源

在找寻教学资源时,要留心我们"身边的教学资源"即校内资源。学校作为教学活动的主要场所,蕴含着丰富的教学资源,可以说,校园中的"一草一木"、书本中的"一字一句"、学生与教师的"一言一行"都有可能成为课堂上的教学素材,"要引导学生积极主动地搜集和运用身边的学习资源"。③

1. 历史教科书及辅助用书

历史教科书作为"人类历史文化遗产精华"的主要载体,是历史教学活动展开的基础,也是历史教学资源开发的核心。从教学过程看,历史教科书是教师备课、施教、进行课后评价的"工作指南",也是学生获取知识、建构知识、进行复习演练的"学习指南",充分开发、利用好历史教科书这一最基础、最重要,也是最经济的教学资源就显得尤为重要。

教科书是课程资源的核心组成部分,是教师开展教学的基本材料,教师要依据课程标准,创造性地使用教科书,充分领会教科书的内在逻辑与思想方法,适当拓展与调整教学内容,并恰当利用其他课程资源,共同构建适宜学生发展的学习内容。

① 梁启超.中国历史研究法[M].石家庄:河北教育出版社,2000:49.
② 傅斯年.历史语言研究所工作之旨趣[M]//傅斯年.傅斯年全集(第3卷).长沙:湖南教育出版社,2003:11.
③ 中华人民共和国教育部.义务教育历史课程标准(2022年版)[M].北京:北京师范大学出版社,2022:26.

教科书是教学资源，但不等于说教科书是理所当然的教学资源。毋庸置疑的是教科书"教材"属性要远远大于其"学材"属性。如果我们还承认"我们必须永远从少的、短的、简单的、一般的、近的、规则的东西开始，逐步向更多的、更长的、更复杂的、更特殊的、更远的、更不规则的前进"①，我们就必须不断地改造我们的教科书，使其更多地符合学材的特点。

将教科书开发成可供利用的学材需要从几个方面着手。

（1）充分了解教科书。教师需从宏观上了解教科书的"全貌"，即教科书的基本体系构成、编写原则、编排逻辑、组织结构以及整体框架，还要从微观上理解教科书的基本内容、核心概念及主要观点，理清知识的主要脉络、课文内容之间的纵横联系。作为有经验的老教师，更应该注意现有教材和原有教材之间的区别与联系，在备课中做到心中有数。

（2）从学习者角度重新评估教材的板块设置，转变立场，将教材开发成学材。统编版初中历史教科书中的栏目包括导言、"相关史事""人物扫描""知识拓展"，统编版高中历史教科书中的栏目包括"历史纵横""史料阅读"等，这些内容是主干知识的必要补充说明，可以拓宽学生的知识视野，教师强化这些栏目的课堂功能可以增强教学的丰富性和生动性。教科书中的提示语、"思考点""学思之窗""问题探究""课后活动""探究与拓展"等栏目以及单元后的"活动课"，或以简短的问题提示，引起学生阅读时的思考；或以材料组合、开放性问题，考验学生的综合分析能力和解决问题的能力。如部编版初中历史教科书的"中国传统节日的起源"活动课、高中历史教科书的"家国情怀与统一多民族国家的演进"活动课，教师可以分组探究、合作学习的形式，开展项目化学习活动，给学生创造一个有利于历史思维发展、历史素养提升的开放空间。此外，教科书附录的大事年表等工具表均是重要的课堂教学资源，但也往往被认为是教学辅助素材而被忽视。

（3）重视教辅用书。长期以来教辅用书鱼龙混杂是一个不争的事实，但好的教辅用书的确包含了丰富的学习素材。因此，除了历史教科书，与教科书配套的辅助用书也是不可忽视的教学资源，比如：与教科书配套出版的辅助教师教学的《教师教学用书》《中学历史教师教科书插图介绍》《中学历史课堂教学设计与案例》等各类教学参考书，为教师的备课提供了丰富的教学材料；与教科书配套的辅助学生学习的中学历史地图册、练习册、填图册，也为学生的学习提供了丰富的学习资源。教师可将这些资源适当运用于教学中，如运用历史地图册，引导学生架构时间框架，建构空间观念；运用练习册进行随堂检测，帮助学生消化、巩固基础知识。

2. 教师、学生

教师与学生作为课堂教学中的"双主体"，成为课堂教学中不可或缺的创生性资源。

教师是课堂教学活动的组织者、引导者，也是学生学习过程中的协同者、陪伴者。在教学中，教师在向学生讲述历史故事、分析历史现象、论证历史观点的同时，也体现着自身的人生态度、人生经验及文化底蕴。可以说，教师自身的专业素养和主体意识也是重要的教学资

① ［捷］夸美纽斯.大教学论·教学法解析［M］.任钟印译.北京：人民教育出版社，2007：311.

源。唐朝著名史学家刘知几曾在他的历史论著《史通》中提出,史家治史之"三长"——"史才""史学""史识",作为新时期的历史教师,同样也应具备这样的专业素养。历史教师应有搜集史料、整合史料,叙述历史事实、分析历史现象、解读历史问题、得出历史结论的"史才",搭建起课堂教学的框架体系。历史教师应有渊博扎实的"史学"——深厚的史学理论功底、系统的中外通史知识以及对专门史、民族史、文化史、思想史的广泛涉猎,成为填充进课堂教学的瓦砾砖石。历史教师还应有洞见历史、发现生活的"史识",对历史问题的真知灼见、对历史规律的觉悟识见、对社会现象的观察辨析、对历史与现实的"寂然凝思、思接千载",见微知著、知古鉴今,挥洒出课堂教学的五彩斑斓。

除了专业的历史素养,历史教师的主体意识、主体觉醒更是取之不尽、用之不竭的教学资源。"新课程中的历史教师不仅要成为奔涌不息的河流,还应该成为善于寻找'水源'的'专家型'教师"[①],优秀的历史教师具备可持续发展的学习力,不断了解史学研究新动态,接受新知识、新观点,尝试新设计,为课堂教学注入源源不断的"新活力"。优秀的历史教师更有一双发现"美"的眼睛,发现历史中的"人"所散发出的熠熠光辉;发现历史史料引发的无尽思考;发现历史事件背后的育人价值;发现历史中的每一份温情与敬意、生活中的每一处美好与感动,而这些都会成为课堂教学中"意想不到"的教学资源。教师作为重要的课程资源,不单是指教师是历史知识的传授者,更是指教师是学生走进历史、开启历史智慧王国的钥匙,是连接今天与昨天的桥梁,是引导学生感受人性光辉与人情冷暖的引路人。正如知名特级教师郭富斌所言:"如果一个人从来没有感受过人性光辉的沐浴,从来没有走进过一个历史人物丰富而美好的精神世界;如果从来没有读过一本令他激动不已、百读不厌的人物传记;如果从来没有过一次和历史人物刻骨铭心的对话和体验,从来没有一个令他怦然心动的历史人物作为他的精神导师;……那么,他就没有受到过真正的、良好的历史教育。"[②]

学生是课堂的中心,是课堂学习的主体,应"充分考虑学生学习历史、认识历史的特点,通过学生自主探究的学习活动,体现学生在教学中的主体地位,实现历史课程育人方式的变革"。[③] 每一个学生进入课堂时都并非是一张"白纸",而是带着他们自身的学习生活背景、知识经验、社会认知甚至是上学路上的所见所闻、所思所想进入课堂的,他们自身的学习积累、社会阅历、成长经历以及课堂上迸发出的智慧火花都可以成为"特殊"的课堂教学资源——"创生性"资源,比如,教师可以抓住学生的"兴趣点",将丰富多彩的社团活动"引入"课堂中:甲骨文社的甲骨文书写大赛、兵马俑社的"地下军团的秘密"文物鉴赏、汉服社的"汉服中的古代史"文化研讨,让兴趣成为最好的老师,达到事半功倍的效果。老师还可以"抓住学生的疑惑点",开展以问题为导向的合作探究。一位历史教师在教学"明朝的对外关系"一课时,就抓住了课堂上学生对郑和下西洋的目的提出的问题与质疑,"将学生分为教材查阅组、史

① 姬秉新,李稚勇,赵亚夫.理解与实践高中历史新课程——与高中历史教师的对话[M].北京:高等教育出版社,2005:50.
② 郭富斌.历史教学要眼中有人[J].中学历史教学参考,2005(10).
③ 中华人民共和国教育部.义务教育历史课程标准(2022年版)[M].北京:北京师范大学出版社,2022:3.

料查询组、期刊检索组、网络探究组等四个小组"[1]，让他们利用周末时间去查询相关资料，进行课堂交流、探究，最后不仅达成了课堂教学的预设性目标，更实现了层次更高的生成性目标，尊重了学生的主体地位，鼓励了学生的质疑、探究精神，让学生感受到了学习的快乐。在这里，学生就成为了课堂教学中的"创生性"教学资源，激发学生"大胆质疑、小心求证"的治学精神，培养学生通过各种途径查阅资料、找寻资源的能力，学生在搜集资料、整理资料、论证问题的过程中其实也完成了自我教育、自我学习，一次"偶然"的质疑带来的却是"必然"的成长。

3. 校史馆

校园是学生学习、进行课堂活动的主要场所，更是我们身边最方便的教学资源库。一所学校在办学过程中积淀的历史文化、留下的历史足迹、涌现的历史文化名人都可以成为历史教学资源，对于一些历史悠久的学校而言，这样的资源更是十分丰富。"校园里那些老建筑、纪念碑、人物雕像、碑刻题词，以及图书馆、博物馆等，营造出一种浓郁的历史氛围和育人场景，构成一种跨代相传的历史回忆场所。置身其间，学生会有意无意地在这种'地点志'的'时间志'中获得一种潜移默化的历史体验。"[2]教师可以带领学生参观校史馆，讲述学校名称的来历、创办人的故事，展现学校百年变迁的风雨历程，感受在岁月中凝聚的办学精神，激发学生对母校的认同感与热爱之情；还可以将学校历史文化名人、反映特定时代背景的历史发展变迁过程与历史教材相结合，引入课堂教学中，用身边发生的"小历史"展现"大时代"，拉近学生与历史的距离，触摸历史的真实，进一步激发学生的家国情怀。如广州市执信中学的历史教师就充分利用学校的校史馆、朱执信墓、朱执信投身革命的英勇事迹等历史文化资源开设"朱执信和他的时代"[3]校本课程。以朱执信先生的革命人生投射近代历史的风云激荡、沧桑变化，延续革命事业，弘扬革命精神，赓续家国情怀。再如作为百年名校的陕西师范大学附属中学，曾经培养了在五四运动时期血溅总统府的学生领袖屈武；抗日战争时期、著名抗日歌曲《松花江上》的作者张寒晖先生也曾经长期在此工作，担任国文科教员，他所领导的斧头剧社在抗日宣传中盛极一时；杰出的教育家、北京大学原党委书记江隆基先生在这里工作期间，积极参与了西安事变。校史资源的开发，可以极大地拉近学生与历史之间的距离，找到链接现实与历史的线索。将这些革命志士的英勇事迹引入五四运动、抗日战争的课堂教学中，让学生在先辈生活过、奋斗过的这片"热土"上，感受能够穿越时空的精神力量。

（二）校外资源

校外是学生历史学习的广阔天地，更是历史教师寻找教学资源的宝贵"资料库"。《普通高中历史课程标准（2017 年版 2020 年修订）》提出"校外的社会资源是校内课程资源的必要

---

① 谭传金.转化学生的质疑为教学契机的一次尝试[J].中学历史教学，2018(12)：38—40,59.

② 刘强.融入校史资源　深植家国情怀[J].中学历史教学，2022(09)：23.

③ 刘琴,余冬,曹霞.馆校合作在高中历史校本课程开发中的应用——以广州市执信中学校本课程《朱执信和他的时代》为例[J].中学历史教学，2018(12)：54—56.

补充"①,《义务教育历史课程标准(2022年版)》也要求"教师不仅应在课堂上尝试创设帮助学生感同身受的历史情境,还应充分利用博物馆、档案馆、图书馆、历史遗址、古代建筑、古村落,以及爱国主义教育基地、历史文化名城等,尽量发掘和利用网络资源及乡土历史资源"。② 积极寻找并开发校外教学资源是推进历史教学改革的题中应有之义。

1. 图书馆

图书馆资源是历史教学资源中一个重要的组成部分,图书馆中蕴含的丰富的文史资料是教师进行历史教学、学生开展历史学习探究的重要辅助资源。图书馆中的历史文献资料主要包括:通史著作、历史研究专著、历史通识读物、历史刊物、历史地图集、历史文物图册以及文学艺术史、科学技术史、文化思想史、社会史、考古等历史学相关读物和资料。

图书馆历史教学资源的开发要与教师、学生日常的教育教学活动结合起来:在备课时,教师要充分挖掘图书馆的历史文献资源。以课标为指导和教材为参考,以学生的学科核心素养的培养为出发点,搜集能够补充教材内容、扩宽学生视野、触发学生情感共鸣,能够更好地服务于课堂教学的历史文献资料,以加深学生对课本内容的理解,丰富学生的历史人文知识,也使得教学有深度、有内涵、有价值导向。在课后,教师还应成为学生学习资源的开发者、学生学习的促进者。将课内的探究延续到课外,留下探究性较强的课后作业,发挥图书馆强大的信息整合功能,给学生提供研究性学习平台,留出足够的探究空间,让学生学会利用图书馆资源来解决相关问题,"能够搜集、分析重要的历史文献资料,学会社会调查的方法,加强对所学内容的理解与解释"③,从而掌握信息检索技术,提升资料阅读能力以及对信息的处理、整合能力,促使学生学会终身学习。

初中历史新课程标准还要求学生开展深度阅读活动,"如阅读《共产党宣言》、世界近代著名人物的传记等,撰写读后感,举行读书会,与同学交流心得"。④ 落实这一课标要求离开对图书馆资源的深度开发是不可能的。

2. 档案馆

历史档案是人类在过去生产生活中留存下来的原始记录,也是人类文明进步足迹的真实记载,它承载着人类的文明与记忆,也是一个民族、一个国家发展的历史见证。在悠长的历史岁月中,以甲骨、青铜、金石、竹简、缣帛、纸张为载体的历史档案将古代先民的思想、经验与智慧传承至今,穿越历史时空,与当代人对话,所以历史档案馆也承担着传承人类文明、展现时代风貌的历史使命和文化职责。

历史档案资源不仅是开展历史研究的"活化石",也是进行历史教学的宝贵资源。档案馆中的历史档案资源不仅包括国家行政公文、文书、官方统计数据、报纸杂志、笔记信函、账

---

① 中华人民共和国教育部.普通高中历史课程标准(2017年版2022年修订)[M].北京:人民教育出版社,2020:69.

② 中华人民共和国教育部.义务教育历史课程标准(2022年版)[M].北京:北京师范大学出版社,2022:15.

③ 中华人民共和国教育部.义务教育历史课程标准(2022年版)[M].北京:北京师范大学出版社,2022:25.

④ 中华人民共和国教育部.义务教育历史课程标准(2022年版)[M].北京:北京师范大学出版社,2022:34.

单票据、文稿等文字档案，也包括照片、录音、历史影像等音像档案，教师可将这些丰富的档案资源合理运用于历史教学中，拓宽史料来源途径，援引历史观点、佐证历史事实、丰富历史细节，使学生对教科书中叙述的"大历史"获得更完整的理解和认识。真实的政府文书、统计数据等文字档案可以增强学生对历史事件的理性认识，注重证据意识，客观评价历史事件，获得充分的历史诠释；而照片、历史影像等音像资料可以增强学生对历史现象的感性认知，使得历史变得生动立体、"有血有肉"，学生能够"重返"历史现场，用充满温情与敬意的目光去看待历史变迁中的人和事，获得充分的历史想象，也使得历史学习有温度、有情感。

此外，教师还可以充分利用地方历史档案馆的档案资源，补充乡土历史教学，展现家乡的历史变迁、风土人情、文化风貌，增强学生对家乡的热爱之情。不少档案馆还会定期举办档案展览，教师还可以抓住这些机会，与档案馆合作，组织一些课外探究活动，带领学生参观档案主题展，引导学生通过抄录、翻拍、复印等方式搜集档案资料，开展历史课题探究，在合作探究中感知档案史料的价值，学习整合、处理史料的方法，获得对历史更深入的认识与诠释。

3. 博物馆、纪念馆及历史遗址

人类在历史长河中创造、留存了无数的历史文化瑰宝，这些历史文化遗产在岁月波涛中打磨、淘沥，以文献、文物、遗迹等方式展现在我们眼前，记录了岁月留下的斑驳印记、人类在历史中蹒跚前行的足迹。历史博物馆、纪念馆和历史遗址作为陈列、典藏、保护和研究人类历史文化遗存的主要场所，承担着传承历史文明、赓续历史精神的历史使命和开展文化教育、提升公民素质的社会责任。历史教师应充分发掘历史博物馆、纪念馆和历史遗迹中蕴藏的历史文化资源，充实历史课堂，发挥历史学科的文化育人功能。

将历史文物"引进"课堂。历史博物馆、纪念馆、历史遗址中留存的文物瑰宝是历史的"物化记录者"，是史学家开展历史研究的重要依据和凭证，更是青少年进行历史学习的宝贵资料。每一件文物都是在特定的时空被人们创造并传承下来的，都真实地反映了那个时空中的历史制度变迁、社会面貌与人们的生活情况，每一件文物背后都讲述着一个故事、见证着一段历史、记录着一个王朝的兴衰更替。教师可依据课标要求，紧扣教材内容，将博物馆、纪念馆和历史遗址中的文物复制品或具体文物的三维图片、文字解说"引进"课堂，丰富历史细节，充实教学内容，将教科书中的文字与现实中的文物链接起来，培养学生"取地下之实物与纸上之遗文互相释证"的科学治学方法与"有一分史料说一分话"的严谨治学态度，能够有意识地做到论从史出，史论结合，从而形成对史实更清晰、更深刻的认识。

将历史课堂"搬进"博物馆、历史遗址等历史场景中。博物馆、纪念馆和历史遗址具有实物性、直观性和广博性等特点，能够为学生提供一个更为灵动、开放的历史学习、探索环境。博物馆、纪念馆和历史遗址中的文物展品、历史图片大多是按照时间线索或围绕一定的历史主题布展的，加之丰富的影音视频、互动解说以及富有历史气息的环境营造，能够给参观者带来多感官、多渠道的体验，带来身临其境之感。教师可结合教学内容适时组织学生参观历史博物馆、纪念馆,近距离观察文物纤毫毕现的细节,了解文物背后波澜壮阔的历史,探寻文物背后悠远动人的故事,感受文物背后丰富的人类思想情感,穿梭在时光的隧道中,一睹古人的生活情境、社会风貌,体味历史中的人情冷暖、世间百态,在"沉浸式"的学习中触摸历史的脉搏、感受历史的真实,获得文化的熏陶与情感的陶冶。教师还可以结合"学习任务单",改变传统教学方式,组织小组探究活动,引导学生带着任务参观、学习,理清历史发展的线索,探寻文物背后的信息,形成自己对历史的思考与解释。比如,一位历史教师在统编版历史教科书七年级上册第四单元"三国两晋南北朝时期:政权分立与民族交融"的教学中,就充分利用了博物馆资源,开展南京六朝博物馆游历活动。引导学生根据"六朝博物馆之东方大都会任务单"游历南京六朝博物馆,完成探究性任务,感受六朝时期"东方大都会"建康城在城市建设、生活品质、政治、经济、文化、艺术、对外的辐射力度等方面的繁荣概况,理性分析繁荣的历史原因,加深对于故乡南京的了解。[①]

4.社区、乡土历史资源

一方水土养育一方人,一方人创造一方文化。故乡、社区以及家庭是每一位学子长期生活与成长的地方,记录着他们的成长轨迹,承载着他们的成长记忆,寄托着他们对亲人、故土深深的眷恋之情,同时也是他们在成长过程中认识社会、开展探索学习、进行社会实践的重要场所。《义务教育历史课程标准(2022年版)》指出:"教师要注意选取贴近社会、贴近生活、贴近学生的情境素材,以加深学生的情感体验和实际感受。"[②]教师要充分利用好这一学生"身边"的历史教学资源库,充分发掘家庭、社区以及乡土中的历史教学资源,拉近学生与历史的距离,让历史"鲜活"起来,与学生"亲近"起来。

家庭是社会的基层细胞,家庭的变迁也是社会发展的历史缩影。一个家庭中的老照片、家谱、老旧物件不仅见证了一个家庭、一个家族的兴衰命运,更反映了时代的变迁。教师可结合教材,充分发掘家庭资源,作为教学的有益补充,同时也可发动学生开展"我的传家宝""家谱·家风"等探究活动,让学生讲述家史、展现家风,弘扬传统家庭文化。社区是学生开展课外活动的主要场所,社区中的历史资源包括古街道、古建筑、文化广场、社区图书馆以及丰富的人力资源,如阅历丰富的长者、历史学家、各行各业的精英,这些教学资源都是学生非常熟悉的,与学生的生活息息相关,可结合教学需要加以合理利用。

乡土历史文化资源是共同生活在某一区域的人们在特定的自然与人文环境中、在长期的生产与生活中创造、积累与沉淀下来的物质文明、思想文化与人文精神的总和。乡土历史文化资源囊括了地方历史发展沿革、重大历史事件、历史遗迹、历史名人、民俗文化、诗词书画遗存、非物质文化遗产等方方面面的内容,具有浓厚的地域文化特色,是地方历史发展的真实记录与生动写照,是家乡人民共同的历史记忆,同时也是国家历史记忆中不可分割的一部分。在历史教学中,教师可结合实际情况,适时融合地方历史文化资源,作为教材中讲述

① 邵静.博物馆:历史教学的资源库——博物馆资源融入历史教学的途径[J].历史教学(上半月刊),2017(12):46—49.
② 中华人民共和国教育部.义务教育历史课程标准(2022年版)[M].北京:北京师范大学出版社,2022:26.

的国家"大历史"的补充,展现家乡变化,投射时代变迁,引导学生从"小历史"认识"大历史""搭建起学生从认同'乡土'到走向'天下'的桥梁"①,根植家乡故土,体会家乡历史文化的丰富内涵与强烈感召力,"能够从历史的角度认识中国国情,认识中华民族多元一体的历史发展趋势,增强热爱家乡、热爱祖国的情感,铸牢中华民族共同体意识。"②从而激发学生对祖国历史与文化的认同感、自豪感,对国家、民族的历史使命感,培育家国情怀。

5. 网络资源

随着互联网时代的到来,各种信息技术飞速发展,大数据、云计算、人工智能推动着技术的革新;网络资源空前增长,迎来了知识、信息、数据的"大爆炸","互联网+教育"智慧课堂应运而生,推动着教育改革的深化和教学方式的改变,同时也为历史教学提供了更为丰富多元、便捷高效的信息和资料来源。互联网上的各种历史教学网站、历史资料数据库、音像影视平台与数字博物馆囊括了丰富的图文资料、音频和视频资源以及微课、慕课资源,为历史教师的日常备课提供了多样化的资源选择。因此,"高中历史教学要尽可能利用互联网的资源共享和交互功能,引导学生体验基于互联网的开放式学习,改变传统教学中过度依赖教师、过度依据教科书、过度注重知识记诵的学习方式"③。新时期的历史教师更应顺应时代的发展,变知识的"传输者"为教学资源的"开发者",结合教学需要,合理开发和利用这些网络资源。这些资源主要包括:

(1) 历史影视资源。历史具有"过去性",如长河般奔流向前,其过程是不可逆的。时光无法倒流,历史也无法重演,但历史影视作品、纪录片却能将历史场景、历史事件、历史人物生动地再现于光影中、呈现于课堂上,通过图像、声音的方式将历史信息传递到学生的头脑中,增强历史教学的直观性、生动性,丰富历史教学的手段,拓展历史教学的空间。历史课堂中可利用的影视资源一般可分为三类:一是历史纪录片、专题片,如《中国通史》《世界通史》《大国崛起》《复兴之路》《历史的拐点》等,详细梳理了中外历史发展的脉络,揭示了历史事件之间的联系,历史发展的内外动因与规律。二是历史题材的电视剧、电影,如《汉武大帝》《康熙王朝》《建国大业》《建党伟业》等,生动再现了历史事件波澜壮阔的发展历程,展现了历史人物的事迹、风采。除此之外,随着电视综艺节目的发展,一些具有历史气息、人文情怀的文博类综艺节目也如雨后春笋般涌现,如《国家宝藏》《上新了·故宫》《博物馆奇妙夜》,以文物梳理文明,揭开了国家宝藏的神秘面纱,讲述了历史文物的前世今生。

(2) 历史教学网站。不少综合类历史教学网站也为历史教师提供了教学论文、电子教材、教学设计、多媒体教学课件、音频视频资料、作业设计、中高考试题等综合性的教学资源,如:中国历史课程网、人民教育出版社网、中国教师研修网、中学历史教学园地、历史学科网等。

---

① 顾玉军,吴明海. 乡土教育:"乡土"与"天下"之链[J]. 湖南师范大学教育科学学报,2012(01):30—34.
② 中华人民共和国教育部. 义务教育历史课程标准(2022年版)[M]. 北京:北京师范大学出版社,2022:7.
③ 中华人民共和国教育部. 普通高中历史课程标准(2017年版 2020年修订)[M]. 北京:人民教育出版社,2020:54.

（3）网络资源数据库。随着信息时代的来临，"大数据""云计算"等信息技术的发展，越来越多的集信息储存、智能检索、资源共享等功能于一体的信息化平台、数据库应运而生，为教师提供了便捷的资料查找、论文下载服务。国内的在线资源数据库主要有：中国国家数字图书馆、超星数字图书馆、中国知网（CNKI）、维普中文期刊服务平台、万方数据知识服务平台、国家哲学社会科学学术期刊数据库、中国社会科学文库；国外的主要有：Social Sciences Citation Index 数据库（SSCI）、SpringerLink 数据库等；除此之外，还有一些历史学专业特色资源数据库，如：晚清期刊全文数据库、大成老旧期刊全文数据库、中国基本古籍库、中国历史文献库、中国近代影像资料库等，能为历史教学提供丰富的文献、图片资源。而随着人工智能、增强现实（AR，Augmented Reality）和虚拟现实（VR，Virtual Reality）技术的发展，不少历史博物馆纷纷推出了数字博物馆互联网平台，提供 360°全景游览博物馆服务，比如中国国家博物馆数字展厅、陕西历史博物馆数字展厅、"数字故宫"和"云游敦煌"等，让参观者足不出户也能身临其境地感受历史文物的魅力，这也为历史教师开发利用博物馆教学资源提供了便利。比如，一位历史老师就在学校高一年级开设了拓展性课程——"数字博物馆的发现之旅"，以数字博物馆所典藏的文物为基础，结合课本教学内容，展开以"文化发现"为主题的探究活动，如"书画中的宋元气象"，"给学生提供一个具有浓厚历史文化底蕴的非正式学习环境，增强历史的可视性、沉浸性和趣味性"。[①] 这些资源的详细情况以及开发和使用在本书第九章有专门的介绍，此处不再赘述。

（4）社交媒体、手机 APP。随着手机、平板电脑等智能移动终端的飞速发展与广泛普及，历史教育教学开始与信息技术深度融合，一些依托社交媒体、手机应用软件的新型移动教学资源涌现出来，如：微博、微信公众号、历史教学论坛、历史教育 APP，这些资源具有互动性、共享性、便携性、趣味性等特点，便于教师之间进行资源的交互、教学的交流，同时也为学生学习提供了丰富的学习资源。其中，又以微信公众号、历史教育 APP 应用得最为广泛，常见的一些历史教学微信公众号有：历史教育、历史园地、历史教育家、猫眼观历史等，这些公众号为历史教师备课提供了丰富的多媒体课件、课例以及音频、视频资源；常见的一些历史教育 APP 有：全历史、读点历史、历史知识大全、中华历史、看鉴微视频、国家人文历史，这些APP 不仅通过历史时间轴、历史地图、历史知识图谱去梳理历史概貌，更呈现了大量的历史图文故事、微课视频，深受教师和学生的喜爱。

6. 口述史资源

口述史资源是通过访谈历史见证人、亲历者搜集到的历史资源，也是历史教学中不可或缺的教学资源，具有重要的研究价值及教育意义。初中课标要求学生要"开展社会调查。通过实地考察和访谈，获取多方面信息，深入了解改革开放以来人民生活变化和社会变化，形成调查报告，进行交流"。[②] 从资料特点来看，口述史资料来源于当事人对当时当地目击的事

---

① 张敏霞. 大历史·大问题·大作业：统编教材环境下中学历史教学实践的新探索[M].上海：复旦大学出版社，2021：245.
② 中华人民共和国教育部. 义务教育历史课程标准（2022 年版）[M].北京：北京师范大学出版社，2022：26.

件的历史回忆,具有原始性,能最大程度再现历史现场,能够帮助学生"重返"历史时空,跟随历史见证人去"亲历"历史事件,获得真实的历史感受;不同于传统官方文献资料侧重对社会精英的关注,口述史资料更多的是记录、展现普通人的生活,扩大了历史记录的范围,具有重要的历史研究价值。同时,更丰富了历史教学内容,拉近了学生与历史的距离,使历史教学更为鲜活、生动。从资料搜集方式来看,口述史资料的搜集注重研究者本人"亲临现场",走进田野、深入社区,开展对历史见证人的访谈、录音或录像。在这个过程中,学生能够走出书本、走进社会,能够接触到不同的人、看到不一样的风景,将历史与现实连接起来,获得真实的情感体验、历史感悟。教师应合理开发、利用好口述史资源,引导学生开展口述史的学习活动,如"通过对家庭中的长辈进行访谈,搜集家庭的老照片和老物件,查阅相关的历史记载,形成口述的材料集"。[①] 以丰富历史教学内容,实现历史教学的育人价值。

二、处理:精挑细选、择善而用

章学诚先生曾说:"多闻而有所择,博学而要于约"[②],治学需要在渊博知识的基础上做到有所专精,开发教学资源也需要在"博观"——广采博蓄的基础上进行"约取",对搜寻到的历史教学资源进行适当的筛选和"再加工",包括抄录、整理——使教学资源脱离"原生态",转化为课堂教学中可呈现的形式或载体;辨析、筛选(鉴别、筛选)——辨析史料的真伪及价值,去粗取精、去伪存真;删减、加工——依据学情对材料进行适当的删减、转述或注释,增强教学资源的适切性。在处理教学资源的过程中,精挑细选、择善而用,以更好地发挥教学资源的作用,服务于历史课堂教学。

(一) 抄录、整理

教师在各个场所寻找到的历史教学资源大多处于原始状况,需要采取一定的措施使这些资源脱离其原始状况,转化为在历史课堂教学中可呈现的载体或方式。

对图书馆里的各种史籍、史学著作、报纸杂志,可以通过抄录、翻拍、复印等方式,将适用于教学的文字、图片材料截取下来,对于大段的文字,可巧用智能手机中看图识字类的小工具,以减少抄录的工作量,只是特别提醒,在拍照识别文字之后,最好马上校对,并上传云空间及时保存,保存文字的同时保留文字照片,还不要忘记拍摄封皮封底,注明版本和页码。而对档案馆里的各种历史档案而言,必须遵守相关规定,做好保护措施,有些档案馆出于对档案的保护明确规定不能拍照,所以可选择用抄录的方式获取。

对于文物、历史遗迹等实物资源,随着现代摄影技术的出现,"原先无法移动的遗址遗迹、珍藏于博物馆里的文物都可以通过摄影图像广为人知,而当时的各种历史场景也能够为历史留下镜头,如社会风貌、民众生活、生产劳动等",[③]在经相关工作人员同意后,可通过摄

---

① 中华人民共和国教育部.义务教育历史课程标准(2022年版)[M].北京:北京师范大学出版社,2022:26.
② 章学诚.文史通义校注[M].叶瑛,校注.北京:中华书局,1985:476.
③ 何成刚,彭禹,夏辉辉,等.智慧课堂:史料教学中的方法与策略[M].北京:北京师范大学出版社,2010:53.

影技术将博物馆中的文物、历史老照片翻拍下来，不少历史博物馆都推出了数字博物馆互联网平台，提供 360°全景导览博物馆服务，也可直接在相关网站下载这些图片，但要注意将相关文物信息一并下载或抄录，以确保资源的准确性和完整性。

社区、田野中搜集到的家谱、手稿可以经物主同意后进行翻拍或复印；石雕碑刻上的文字可以用拓印、拍照的方式获取；采访历史当事人的口述材料可经被访人的同意后通过录音笔获取，后期再进行文字转录，转录时尽可能原话原录，避免疏漏掉有用的信息或产生意思的误差。

在将寻找到的历史教学资源转化为文字、图片、视频等形式的教学资料后，还要对其进行初步的分类、排版、整理，以便后续步骤的开展，可建立起一个小小的"教学资源包"，将本课教学中所有可能用到的教学资源都按知识点或资源载体分类整理进去，日积月累，形成教师个人教学资源库，方便备课与教学。

（二）鉴别、筛选

史料不等于历史，"任何一种史料，都不是完全可信，里面可能有错误，可能有虚伪，可能有私人的爱憎，可能有地方及民族的成见，不经精密的考证，即笃信不疑，后患实无穷无尽"[1]。教师初步搜集到的丰富的历史资料并非全都真实可靠，也并非全都适用于历史教学，还必须对其进行鉴别和筛选。

1. 鉴别

不是所有史料都是真实的，也不是所有的真实的史料都是有用的，需对史料的信度即真实性进行鉴别，也需要对史料的效度即价值进行判断。那么如何对史料进行鉴别和考证呢？梁启超先生概括为："史料以求真为尚，真之反面有二：一曰误，二曰伪。正误辨伪，是谓鉴别。"[2]校勘文句，避免有误；考察记载的真实性，避免作伪。可通过以下步骤进行考证辨伪。

第一，考察史料的来源。即考察史料的原始出处，了解文献史料的写作时代、版本和作者信息、文物史料的出土信息、口述史料的被访者以及记录者信息，来源可追溯、信息越全面的史料其可信度越高。一般而言，历史档案馆、博物馆、图书馆中的历史资料大都经过了整理、考证，可信度较高；来源于民间的史料，如家谱文集、历史老物件、口耳相传的故事等则需要进行细致的追溯、考证，避免在迁延、流传过程中出现失真的现象；网络上的历史资源纷繁复杂，更需要加以甄别、遴选，尽量选用更具权威性的历史网站、历史资料库中的资源。

第二，考察史料的留存、迁延过程。历史资料都有一个留存、迁延的过程，在其流传过程中，或经历零散、佚失，或经历传抄，或经历重新编撰，其"原生态"都在不同的时代被改变了。特别是文献资料，容易因为传抄中的疏忽、校对不清或误解意思产生字误或记录失实，还可能因编纂者个人的主观立场、情感喜好，故意改变文本原意，歪曲甚至虚构史实。这就需要教师对搜集到的文献史料进行版本的对比、文句的校勘以及史实的考证。一般而言，史料历

---

① 杜维运. 史学方法论［M］. 北京：北京大学出版社，2006：118.
② 梁启超. 中国历史研究法［M］. 上海：上海人民出版社，2014：38.

经传抄、编纂次数越多，其偏离原意的概率就越大，所以档案、信函、日记、照片、文物古迹等"原始史料"，其信度和效度要高于史书、历史著述等"非原始史料"，未经中间人修改的"直接史料"的可靠度要高于经中间人抄录、修改的"间接史料"。考察史料的留存、迁延过程，选择更近"原生态"的"第一手资料"，在一定程度上能够提高史料的真实性。

第三，运用外证、内证、旁证、反证等多种方法鉴别史料。外证就是从史料的外形上辨其真伪，包括史料的制作材料、文体风格、书写惯例、笔迹等，比如金石、竹简、绢帛、纸等书写材料的演变具有明显的时代特色，可以提供年代的鉴别信息；行政公文、档案文书、民间契约等文献资料也有其特殊的文体风格、书写惯例，可以此辨别真伪；个人文集、日记、信札也可通过当事人的笔迹、字体以及习惯用语进行辨伪。内证是依据史料所反映的时代、史事、思想观点等内在要素鉴别史料的真伪程度，注意发现史料记载与史实是否有不符之处，文献内容与作者思想观点是否有悖谬之处，所述之事是否符合常理；历史老照片中人物的着装、周围的物品是否符合当时的时代特征，投射出的历史信息是否能反映历史事实。旁证就是借助其他旁系材料去互证史料的真伪。所谓"孤证不立"，可考察史料记事是否与其他文献资料记载相吻合，通过文字的互相印证来判断史料的可靠程度，也可采取"二重证据法"——取"地下之实物"与"纸上之遗文"相互释证，借助考古发现来鉴别史料。反证就是列举一个与史料意思相反的证据。总之，尽可能采用多种手段和方法对资料进行鉴别、辨析，去伪存真，以免引起学生对历史的误读。

此外，历史教师还应结合教学目标、教学对象以及史料本身的特征对史料进行价值判断，了解不同类型的史料在历史教学中的使用价值。文献史料是史料中最重要的部分，也是在历史教学中运用得最为广泛的教学资源，能够展现历史中的"人"的所思所想、所感所悟，展现丰富的历史思想、多元的历史视角。图像史料用视觉化的形式来呈现历史面貌、传递历史信息，是对社会面貌的"写真"，对历史场景的"再现"，能够于"无声"中传递丰富的信息，于瞬间中定格永恒的画面，于直观形象中拉近与历史的距离，是历史教学中不可或缺的教学资源。文物等实物史料能够最大限度拉近学生与历史的距离、历史与现实的距离，"触摸"历史的真实，感受历史的沧桑变化。口述史料通过访谈历史亲历者、见证人收集到，能够呈现更生动化、通俗化、生活化的历史描述，关注普通大众的社会生活，是历史教学资源的有益补充。

教师还应关注到历史小说、诗歌、历史漫画、歌曲等这类文学性、艺术性史料的使用价值，它们是在特定时代人们根据"当时"的所见、所闻、所思、所感写下来或画下来的历史证据，虽然因其本身艺术化的表达形式无法完全真实、客观、全面地重现过去的历史，但它们通过隐喻的方式，来展现或揭示一个历史时期社会发展中的深层次问题，能在一定程度上反映当时的社会面貌、时代特征以及人们的社会心理，具有强烈的时代性，其形象化、生动化、具体化的特点也有利于激发学生的学习兴趣，提高学习的积极性。在开发使用时教师要充分了解作者的身份、态度立场、生活的时代以及自身的人生际遇，从而准确解读出作者的"画外之声""弦外之音"。同时，也要警惕作者因自己的个人喜好、情感态度、意志立场以及时代观念、社会环境的局限对历史事实的故意歪曲、对历史真相的刻意掩饰或对历史的偏见或误解,注意进行鉴别。

【案例节录】

教学资源历史漫画"JOIN OR DIE"("联合,或者死亡")的考证及运用①

一位教师在进行"美国独立战争"一课的教学设计时曾对在教学中普遍用来论证北美希望联合起来摆脱英国殖民统治诉求的历史漫画"JOIN OR DIE"("联合,或者死亡")进行考证。在查阅相关文献书籍、网络资料后,这位教师发现这幅漫画并非北美反抗英国殖民统治的产物,而且得出的结论与之前人们对这幅漫画的认识大相径庭。第一,1754 年 5 月富兰克林创作这幅政治漫画并不是我们传统认识上的抗英,而是在法印战争中号召北美殖民地联合打败法国人和印第安人。当时北美的敌人是法国人和印第安人,而不是英国,英国是"母国"。第二,直到独立战争期间,也就是在富兰克林创作这幅漫画 20 余年后,这幅漫画才被用来号召北美联合抗英。北美许多报纸争相刊登这幅漫画,这幅漫画才成为当时美利坚民族独立的重要标识之一。如果教师不了解这幅漫画的演变过程,不知道这幅漫画在不同历史时期的不同诉求,直接想当然地把看到的史料和脑海中现成的既定历史概念配对,就会造成对这幅漫画的误读。对历史漫画的考证过程给了这位历史教师灵感,也生成了一个引导学生进行历史解读的教学契机。于是,这位教师结合自己的考证所得对历史漫画"JOIN OR DIE"("联合,或者死亡")进行了注释处理,并呈现了以下的教学设计:

图 10-2　漫画"JOIN OR DIE"

图 10-3　考证、加工后的教学素材

教师:给大家介绍一幅独立战争时期北美家喻户晓的漫画,"一条断蛇",标题是"JOIN OR DIE"("联合,或者死亡")。漫画刊登于 1774 年 7 月 7 日出版的这份马萨诸塞殖民地的报纸。

不过,据我考证,这幅漫画并不是这份报纸的原创,这幅漫画是国父富兰克林早在 1754 年,也就是七年战争前夕,为了呼吁北美各个殖民地联合抵抗法国人而画

---

① 王婕婷.史料实证与历史叙事的有机融合——以《美国独立战争》为例[J].中学历史教学,2019(01):49—51.

的。富兰克林的意思是,如果不联合起来抵抗法国人,北美就是死路一条。很可惜,当时富兰克林的愿望没能实现。

现在 20 年过去了,1774 年的北美报纸为何要争相刊登 20 年前的旧作呢?

学生:北美民众呼吁殖民地联合起来,体现了共同反抗英国的决心和争取民族独立的愿望。

从漫画作品传播视角出发,了解漫画创作与传播的时代背景,挖掘当时人们的社会心态,将漫画史料的传播过程与美国独立战争的发展进程合二为一,与北美人民追求自由与权利的教学主旨合二为一。

2. 筛选

教师在运用史料时,要考虑以下几点:"一是明确运用史料的目的;二是选择典型、可信、有价值、有说服力的史料,考虑史料反映的立场观点;三是所选史料要包含与学习有关的关键信息;四是考虑学生对史料的理解水平,帮助学生克服阅读史料的障碍;五是将史料展示与问题解决相结合;六是考虑根据史料的运用来组织学生的学习活动。"[1]这就要求教师对史料的真伪进行鉴别、对史料的价值进行判断,去伪存真后,还要对史料进行细致的筛选,去粗取精。一般而言,对史料的筛选可以遵从三个原则:一是目标性,选择契合教学重难点、最能反映典型史实、最能揭示历史问题本质,有利于更好、更直接地达成课程目标与教学目标的资料;二是思想性,选择有助于学生全面、客观、辩证地分析历史问题,形成积极的人生观、价值观,提升历史素养和人文素养的材料;三是切合性,选择符合学生的学段和年龄特征、认知水平的材料。所选材料要能引起学生的阅读兴趣,激发学生的探究欲;要简洁明了、难度适宜,符合学生的知识视野和阅读水平;要能够形成一定的梯度,以引导学生思维能够层层递进;还要尽量通俗易懂,避免在词汇、表达等方面给学生造成阅读障碍。

【案例节录】

契合教学重难点的历史材料的筛选、整合[2]

一位历史教师在进行部编版高中历史《中外历史纲要(上)》第一单元第 4 课"西汉与东汉——统一多民族封建国家的巩固"的教学设计时,通过对课程标准、教学内容的分析,确定了本课的教学重点是汉武帝巩固统一多民族封建国家的举措,教学难点是汉武帝巩固统一举措的意义及汉朝衰亡的原因。但本课教材从政治、经济、思想文化以及边疆管理四个方面概述了汉武帝巩固统一的十四项具体举措及其效果。对此,教师不可能在课堂中一一讲述,而是要根据历史学科核心素养的要求对知识进行合理的选择与整合,教学材料更是要精简、准确,以契合教学重难点,促进教学目标的达成。这位教师就将反映汉武帝巩固多民族封建国家举措的历史背景,即汉初以来的积弊与隐忧的史料与展现汉武帝巩固多民族封建国家举措的

① 中华人民共和国教育部.义务教育历史课程标准(2022 年版)[M].北京:北京师范大学出版社,2022:59.
② 陈新幻.自主阅读任务单在历史教学中的应用——以《中外历史纲要(上)》第 4 课为例[J].中学历史教学,2020(04):29—31,63.

史料进行了一一对应,设计了以下三个自主阅读任务学习单。

表 10 - 1 自主阅读任务单(一)

史料	积弊与隐忧(精炼概括)	应对举措(从任务单(二)选)	应对举措(精炼概括)
材料 1:"今师异道,人异论,百家殊方,指意不同,是以上亡以持一统。" ——《汉书·董仲舒传》	思想不一	举措 C	尊崇儒术
材料 2:"丞相(按:田蚡)入奏事,荐人二千石(按:郡守)……上乃曰:'君除(按:任免)吏尽未? 吾亦欲除吏!'" ——《汉书·田蚡传》	丞相擅权	举措 E	设立中朝
材料 3:"(豪强地主)役财骄溢,或至兼并豪党之徒,以武断于乡曲。" ——《史记·平准书》	豪强膨胀	举措 B	设置刺史
材料 4:"古者诸侯不过百里,强弱之形易制。今诸侯或连城数十,地方千里,缓则骄奢易为淫乱,急则阻其强而合从以逆京师。" ——《汉书·主父偃传》	诸侯势大	举措 A	颁行"推恩令"
材料 5:"(文帝)匈奴连岁入边,烽火逼于长安……(景帝)匈奴五次入边,杀掠人口,动以万计。" ——《史记·匈奴列传》	匈奴犯境	举措 D	北击匈奴

表 10 - 2 自主阅读任务单(二)

举措 A
"愿陛下令诸侯得推恩分子弟,以地侯之。彼人人喜得所愿,上以德施,实分其国,不削而稍弱矣。"
——《史记·平津侯父列传》

举措 B
"武帝攘却胡、越,开地斥境,南置交阯,北置朔方之州……改梁曰益,凡十三部,置刺史……省察治状,黜陟能否,断治冤狱,以六条问事:一条,强宗豪右,田宅逾制,以强凌弱,以众暴寡。"
——《汉书·地理志》

举措 C
"臣愚以为诸不在六艺之科孔子之术者,皆绝其道,勿使并进。邪辟之说灭息,然后统纪可一而法度可明,民知所从矣。"
——《汉书·董仲舒传》

举措 D
"元狩四年(公元前 119),漠北之役开始。是年夏,武帝集结了十万骑兵,又招募了四万人马,由卫青、霍去病分领……霍去病挥兵出击,大败左贤王……霍去病封狼居胥山。"
——安作璋《汉武帝大传》

举措 E

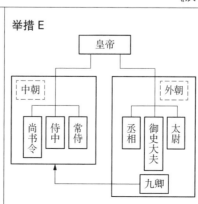

表 10-3　自主阅读任务单(三)

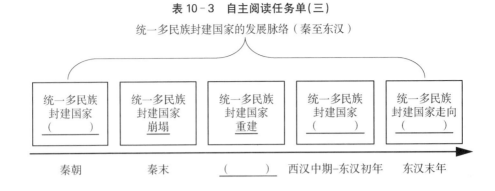

(三) 删减、加工

新课标强调,"学生学习历史不是简单地接受和记忆现成的答案,而是通过自己对相关史事的了解,以及运用有价值、可信的史料来判明历史事实,形成历史认识"。[①] 这就要求历史教师不仅要对搜集到的史料加以鉴别、筛选,还要根据教学实际和学情,对教学资源进行适当的删减与加工,使课堂上呈现的每一则史料,更契合学生的阅读水平、更符合教学探究历史的"脚手架"。按照资源的载体形式的不同,以下简单介绍一下相应的编辑、加工方法及要点。

1. 文献资源

课堂教学时间有限,长篇大段地引述文献资料显然是不现实的,这就需要历史教师对文字材料进行适当的删减或转述改写。删减之前,教师需通读材料,充分理解文字材料的确切含义、历史语境,挖掘材料背后的社会背景与特定情境,再结合教材内容,对不必要的部分进行适当删减,删减时还需注意上下文的衔接,避免因材料的部分删减影响到上下文历史信息的准确传达,进而导致材料整体意思的偏离与误读。对于一些文字难懂且篇幅较长的文献,更宜采用转述的方法,即教师将其内容用通俗易懂的话语介绍给学生。此外,我国古代许多文献资料都是使用专门的文字或表述方法,需要一定的古文字学、文献学等知识才能进行准确的识读,这就需要历史教师结合学生实际对一些艰涩难懂的词汇和语句进行注释、改写,用现代汉语对古文字、文言文进行翻译或转述。当然,不管是对材料进行删减还是转述,教师都需要做到心中有大局,眼中有条理,要避免断章取义或望文生义,偏离材料原意。最后,在处理文献资料时还需充分注意文献资料的体量,一堂课中资料过多、文字过多,学生会有疲倦感,资料过少,又难以形成对历史的深刻认识、达成教学目标,需要掌握好这个"度"。

2. 图像资源

历史图像资源包括历史照片、地图等原始性图像资源和漫画、各种历史数据统计图、关

---

① 中华人民共和国教育部. 义务教育历史课程标准(2022 年版)[M]. 北京:北京师范大学出版社,2022:59.

系图等再造性图像资源。前者能够直观、真实地反映社会历史的基本面貌,后者是后人根据史料进行整理、分析或想象而创作的历史图像。图像资源中又以老照片、历史地图的使用最为广泛。

历史照片是对历史时空的瞬间定格,能够较为真实地反映历史事物的本来面貌,但也正是"瞬时"的写照,可能会给学生解读、提取历史信息带来困难,需要教师对历史照片进行简要注释、说明。教师可对搜集到的历史老照片进行仔细观察,观察画面中人物的着装、周围的物品投射出的时代特征,以判断照片反映的历史时期以及基本历史事件,并结合其他文献资料,提取图中反映出的有效信息、挖掘其隐含的历史信息,对图片作出历史解释,并在图片旁做好注释,以便后面运用于教学中。对拍摄到的博物馆中的文物、历史遗迹等图片也要在旁边加上对文物、遗迹的基本介绍,使得最终在课堂上展示给学生的历史照片有明确的图片名称、拍摄时间、相关介绍等文字说明。

历史地图用"地图语言"直观、形象、生动地呈现了历史事件发生的地理区位、自然环境,展现了一定历史时期社会经济、政治与文化的发展概貌以及演变的历程,是历史教学中不可或缺的资源。对历史地图资料的加工处理,教师首先要对筛选出的历史地图进行读图、分析,这可能会涉及一些历史地理专业知识,如政区的沿革、历史地名的变迁、自然地理环境的变化以及疆域、海岸线的变化等,需要历史教师具备一定的地理学、历史地理学的知识,能够识读"地图的语言"——图例,包括河流、山峰、湖泊、道路等自然要素符号,进攻、退却、路线转移、战场、防御阵地等战况图常用符号,以充分了解并提取地图中的历史信息。然后结合学情,对地图上学生不易理解或标注不明确的地方进行适当的标注和注释,或在其旁加上文字说明。

3. 影视资源

历史影视教学资源运用现代录影、摄像和录音技术,集图像、文字、声音于一体,兼具历史性与艺术性,营造历史情境,给人以身临其境之感,深受教师和学生的青睐。受教学时长的限制,历史教师要对搜集到的历史影视视频进行裁剪、截取。截取的标准和处理其他教学资源的标准是一样的,要充分考虑教学目标、教学内容以及学情,可运用到的视频处理软件一般有专业进行视频制作、编辑的 adobe premiere(视频编辑软件)、windows movie maker(影视编辑软件)、会音会影;主要进行格式转换的格式工厂;适合微课录制、可在手机上操作的剪辑师等。截取的视频一般在 3 到 5 分钟为宜,太长容易使学生产生视觉疲惫,占用教师讲授、学生探究的时间,不利于教学目标的达成。

但对视频的截取可能会损害视频本身的丰富内涵和历史表达的完整性,这就需要教师适时布置课前预习或课后探究,引导学生完整观看一些可作为教学内容有益补充的历史视频,并撰写读后感,作为课堂交流展示的素材。

4. 口述资源

口述教学资源能够呈现更生动化、通俗化、生活化的历史描述,关注普通大众的社会生活,是历史教学的有益补充。对通过访谈历史当事人搜集到的口述资料的删减、编辑,需在征得受访者的同意下进行,删去重复的、与主题相关度不大的内容,筛选出有历史价值的材料;在充分尊重口述者原意的前提下对材料进行梳理、加工,使之系统化、条理化,以便运用于历史教学中。

【案例节录】

教学资源"两宋时期街市图"的加工处理①

为使学生对两宋时期的城市概貌以及居民的社会生活概况有更深入、全面的了解,一位教师在统编版初中历史七年级下册第12课"宋元时期的都市与文化"中融入了周宝珠《宋代东京研究》和林正秋《南宋都市临安》中北宋和南宋都城东京与临安的城市地图,作为教学素材。在对两宋时期城市居民社会生活的剖析环节的设计中,这位教师就将视线聚焦于两宋时期城市居民生活和娱乐的主要区域——东京的里城和临安的御街中段,结合了北宋《东京梦华录》和南宋《梦粱录》中对这两段街道的相关记载,对街市图进行了"加工"——将主要集市和各种店铺标注其中,以呈现给学生更多的历史细节。

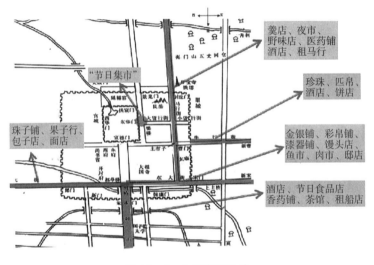

图 10-4 北宋东京里城

体现了两宋时期坊市界限被打破,出现"流动贩卖者的数量增加;临时性、小规模经营地点的灵活性;专门性经营与零散性经营的交叉混合;城市主干街道的商业性能逐渐凸显"②的城市特点,展现了两宋时期城市功能的转变和人们物质生活上的繁荣。

① 王继平,钟黎.巧用城市地图,优化社会生活史教学——以部编版七年级下册第12课《宋元时期的都市与文化》为例[J].中学历史教学,2019(02):59—63.
② 万晋.唐宋之际的城市:"变革"还是"延续"? [J].历史教学(下半月刊),2017(07):27—32.

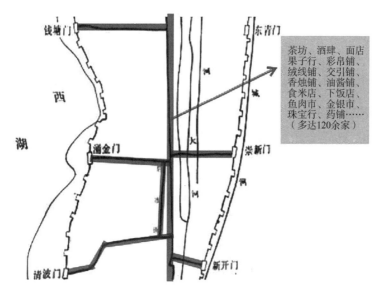

图 10 - 5 南宋临安御街中段

三、组合：形式多样、释史求通

历史是一门注重证据意识、逻辑推理和严密论证的实证型人文社会学科。正如李大钊先生所说："我们研究历史的任务，一是整理事实，寻找其真确的证据；二是理解事实，寻出其进步的真理。"[1]史料不是历史，但却是可以帮助我们推论历史、重塑过去、寻找真理的重要证据。历史学家可以借助史料和逻辑分析方法，步步寻踪、层层推演，再现历史的真实；而历史教师则可以通过史料的联系与比较、证据链条的建构，将物质层面的史料转变为学生思维领域的"地图"，按图索骥、由浅入深、由表及里，以帮助学生建构起历史知识，知道历史何以至此，又将去往何方。

"运用史料就是理解历史，需要秉持大胆怀疑、多源互证等原则。"[2]在耐心寻找、小心求证、精心筛选历史教学资源后，历史教师还要将这些资源进行"大胆组合"，或形成层层递进的"证据链"，帮助学生循序渐进地探索历史的真相；或形成看似矛盾却蕴含深意的"资料组合"，激发学生的思维碰撞，能够客观辩证地看待历史问题；或组成相互引证的"史料群"，在多元的史料互证中形成对历史更直观、更全面的认识。带领学生在多类型、多角度、多层次的史料组合中展开探究，体会运用史料证据"发现"历史的过程，以求得历史知识、历史方法以及历史认识等多方面的贯通。

（一）多类型组合

历史不是孤立存在的，历史事件之间相互联系，错综复杂，"史之所纪，则若干时间，若干地

① 李大钊.李大钊史学论集[M].石家庄：河北人民出版社，1984：193.
② 中华人民共和国教育部.普通高中历史课程标准(2017年版 2020年修订)[M].北京：人民教育出版社，2020：37.

域,若干人物,皆有连带关系,非具有区分连贯之妙用,不足以胪举全国之多方面,而又各显其特质"。[1] 更多的时候,历史研究是需要对多则来源不同、类型不同的史料进行联系比较,互释互证的。仅凭一则或一类史料去解释历史,过度推论以获得某个历史结论,这个结论常是难以令人信服或经不起推敲的,易出现对历史认识的偏差。在备课中,教师应尽可能多地掌握不同类型的史料,通过多种载体史料的组合互证,比如文献史料与文物史料的互证、口述史料与实物史料的互证、官方档案与民间传说的互证,让学生了解到史料证据的多元化,不同类型史料的价值以及证史信度,能够结合多重证据全面客观地认识历史,推理出可靠的历史结论。

【案例节录】

整合多类型史料探究解放区土地改革的历史意义及作用[2]

一位历史教师在进行统编版初中历史教材八年级上册第24课"人民解放战争的胜利"教学设计时,就通过整合多则不同类型的史料引导学生对土地改革的历史意义及作用展开探究。解放战争时期解放区所进行的土地改革运动,是一场深刻的农村大革命,也是一场意义深远的社会大变革,为人民解放战争的胜利奠定了广泛的群众基础,是解放战争取得胜利的重要原因之一。探究解放区的土地改革的历史意义以及其对解放战争胜利所起的推动作用既是课标要求也是本课的一个教学难点。所以,这位教师选取了亲历者的书信、旁观者的纪实、外文报纸评论以及博物馆中的历史老照片等来源不同、载体不同、视角不同的历史资料,展现了解放区的土地改革给翻身农民的生产生活带来的巨大改变,翻身农民以极大的革命热情投身到参军参战、保家保田的革命战争的洪流中,为人民解放战争的胜利提供了源源不断的人力、物力支持。

材料一：

表 10-4　张庄各阶级占有土地变化表

	1944 年		1948 年	
	人口比例(%)	人均亩数	人口比例(%)	人均亩数
地主	4	17.4	0.2	6.7
富农	2.7	11.2	1.3	4.6
中农	40	6.4	90	11.8
贫农	46.8	3	8.5	5.1
雇农	6	—	—	—
佃农	0.5	—	—	—

——(美)韩丁著,韩倞等译,邱应觉校:《翻身——中国一个村庄的革命纪实》,北京出版社1980年版。

---

① 柳诒徵. 国史要义[M]. 长沙:岳麓书社,2010:82.
② 案例来源:重庆市涪陵高级中学陈思睿老师。

材料二：哈尔滨市顾乡区靠山屯全体翻身农民给毛主席写信。

图 10‑6 西柏坡纪念馆

材料三：

美国的密勒氏报曾这样评论："（中国）内战战场的真正分界，是在这样两种不同的地区中间：一种是农民给自己种地，另一种是农民给地主种地"，这不但决定国共两党的前途，而且将决定这个国家的命运。

——《中国土地改革》编辑委员会编：《中国的土地改革》，当代中国出版社 2009年版，第 168 页。

材料四：

图 10‑7 活跃在山东解放区的民工支前小车队　　图 10‑8 《我送亲人过大江》摇船姑娘颜红英
　　　　——中国近代影像资料库　　　　　　　　（1949 年 4 月 22 日　邹健东拍摄）
　　　　　　　　　　　　　　　　　　　　　　——中国人民革命军事博物馆

图片、信件、报纸、纪实，四种不同类型材料的使用可以帮助学生了解史料的多样性，培养学生搜集史料的意识，多方史料来源也更具客观性与真实性。国外记者的亲历实录《翻身》以"他者"的视角展现了轰轰烈烈的土地改革中一个小村庄的历史变迁，图表数字的对比使学生感受到"土地改革使农村旧有的阶级关系和土地占有状况发生了根本性的变化"，直观且更具说服力；翻身农民给毛主席的信件真切表达了农民"翻身"后的喜悦之情，有利于将学生代入历史中，与农民感同身受，理解土地改革对于农民的重大意义;国外报纸的评论、翻身农民踊跃支前的历史老照片、"摇船姑娘"颜红英的故事则充分体现了"土地改革提高了农民生产、革命的积极性,为人民解放战争的胜利提供了人力、物力支持",多类型的史料,由深入浅、层层递进,符合学生的认知理解,而对土地改革意义的探究也帮助学生深入理解了土地改革对人民解放战争取得胜利所起到的推动作用。

（二）多角度组合

历史本质上是人类认识的产物,一切历史知识都是人们对过往的思考并作出的解释。正如钱乘旦先生所说:"发生的是'过去',写出来的是'历史'。写历史是人类对'过去'的梳理和重新认识,是人类对'过去'的挑选与判别,体现着每一代人对'过去'的不断理解与不断思考。"①不同时代的人会因所处时代的社会环境、价值取向和社会心态的不同,作出不同的历史解释,而即便是同时代的人也会因自身的立场态度和思想情感不同,看到不一样的历史,留下不同的历史评论。历史的多棱面触动着人们思考的神经:到底哪一面更接近历史的真实? 这就要求历史教师在开发教学资源时尽可能组成视角不同、观点各异的"资源组合",可以是同类型但不同视角的史料组合,引导学生尝试从历史的不同侧面对事实作出多层次的解释,实现对历史事实的全面分析、立体考察;也可以是不同类型、不同视角甚至观点相互抵牾的史料组合,让学生在认知冲突中引发思考,学会从繁杂错驳的历史表象中抽丝剥茧,解读历史,从而接近历史的本质,作出自己的历史判断。

【案例节录】

鸦片战争爆发的原因文献资源的整合②

上海市晋元高级中学的邹玉峰老师在进行高中历史"鸦片战争"一课的教学设计时,就将五段来源不同、观点不同且作者的阶级立场和民族立场各异的文献材料筛选、整合到了一起,组成一个"材料链",引导学生在唯物史观的指导下,运用阶级分析的方法去透过现象看本质,层层深入,认识鸦片战争爆发的根本原因,培养学生的历史思维。

材料一 这场战争是英国资产阶级旨在维护鸦片贸易而发动……的对华战争。……英国政府在印度的财政……不仅要依靠对中国的鸦片贸易,而且还要依靠这种贸易的不合法性。

——马克思:《鸦片贸易史》

材料二 当中国实行一种激烈的禁烟运动而使危机加剧的时候,战争果然就来到了;它(鸦片战争)不过是……决定东方和西方之间应有的国际和商务关系的斗争……

——英国学者马士:《中华帝国对外关系史》

---

① 钱乘旦.发生的是"过去",写出来的是"历史"——关于"历史"是什么[J].史学月刊,2013(07):5—10.
② 方勇.核心素养视域下的中学历史教学设计[M].上海:上海大学出版社,2019.

材料三 大家都认为……鸦片战争是一次典型的非正义战争……是……用鸦片染成的战争……（但是）根本问题是北京愿不愿意和英国订立平等国家关系的问题。

——美国历史学家费正清：《伟大的中国革命》

材料四 鸦片战争……是两种不同文化间的冲突。当两种各有其特殊体制、风格和价值观念的成熟的文化相接触时，必然会发生某种冲突。

——美国学者张馨保：《林钦差与鸦片战争》

材料五 英国外相巴麦尊在议会上发表的讲话："那个帝国……竟然……把能给我们大英帝国带来无限利益的大批的商品，全部给予销毁！我要求议会批准政府……去惩罚那个极其野蛮的国家！……要保护我们天经地义的合法贸易！"

——刘存宽：《试论英国发动第一次鸦片战争的双重动因》，《近代史研究》1998 年第 4 期

上述材料主要围绕两个问题展开评述：第一是战争的起因，材料呈现了不同的观点：英国为维护鸦片贸易而发动的；是由中国禁烟运动引起的；是双方的文化观念差异和政治交往之争使然；是维护正当的贸易活动而进行的商业战争。第二是战争的性质：谁是战争的始作俑者？中国还是英国？这场战争到底是侵略战争还是商业战争？教师引导学生进行文本解读、阶级分析后可以发现：材料一马克思认为鸦片战争是英国为"维护鸦片贸易"而发动的战争，看到了英国发动这场战争的直接原因和战争的非正义性，但未触及本质。材料二和材料五的马士和巴麦尊完全是站在西方殖民者的立场之上，以西方的价值观念来看待鸦片战争，将战争的责任完全归咎于中国，美化殖民扩张，掩盖战争的侵略实质。材料三和材料四的两位美国学者站在西方资产阶级与文化传统的立场上，片面地将原因归咎于国家间的平等关系问题、中西方之间的文化差异，有意掩饰战争的非正义性和西方的侵略性。在材料间的对比、分析、判断、层层阅读深入后，结合教师对鸦片战争时代背景的分析、中英两国之间的比较，学生不难认识到：鸦片战争，固然有中英之间的文化观念上的差异，也有双方不同贸易政策的冲突，但是就其本质而言，它是英国为了扩大商品市场和原料产地而对中国发动的一场侵略战争。

（三）多层次组合

历史研究"在于根据史料而加以间接之推理，非直接之观察也"（傅斯年语）[1]。历史学科的学习与研究是一个需要集证辨据、逻辑推演的过程。一般说来，人们对历史的认知都要经历一个由浅入深、由表及里的过程。历史思维的发展也呈现出由低到高、由简单到复杂的正态分布规律。这就要求历史教师在组合历史教学资源时遵循一定的规律，或由简到繁、由易到难，逐层递进，展现思维深入的过程；或层层铺排、前后连贯，构建教学线索，以展现出历史的延续（长时间的发展）与变迁（短时段的转变）。

---

[1] 何炳松.通史新义[M].长沙：岳麓书社，2010：3.

【案例节录】

整合有效地图资源，展现古罗马的空间演变①

上海市金汇实验学校的赵晓萌老师在部编版初中历史"罗马城邦和罗马帝国"一课的教学设计中就充分开发、使用了丰富的历史地图资源，向学生展示了四组古罗马不同发展时期的历史地图，构建起教学的时空线索，前后连贯，呈现了古罗马从兴起、强盛到衰亡的历史发展进程。

引导学生观察罗马兴亡的四组历史地图并尝试进行讲述。第一组为罗马城邦建立的系列图，从地中海中部到意大利半岛再到台伯河畔，罗马新城最后兴起于帕拉丁山冈，明确古罗马建立的地理位置；第二组为罗马共和国时期的扩张系列图，先后征服意大利半岛，控制西、东地中海地区，称霸整个地中海；第三组为《罗马帝国鼎盛时期疆域图》及《罗马帝国时代的欧亚大陆图》，认识罗马帝国黄金时期的疆域范围，了解和同一时空亚洲东汉王朝之间的交往以及"条条大路通罗马"的史实，进一步理解罗马帝国的主要成就和重要的历史地位；第四组为《罗马帝国的分裂和西罗马帝国灭亡图》，了解罗马帝国最终的命运。通过观察这样一系列地图的变化，一步步向学生展示了罗马从意大利半岛的一个小城邦，逐步崛起并不断扩张，最终形成一个庞大的帝国，并从大帝国走向分裂的历史变迁过程。

此外，对史料的多层次组合还需要结合"问题链"的设置。古人云"学起于思，思源于疑"，学生探究知识的过程总是从问题开始的，而思维与能力又在解决问题的过程中得到发展与提升。在层层递进的"史料链"中还要设置与之对应的同样层次鲜明且具有系统性、导向性的"问题链"，搭建起学生思考的"阶梯"、学习的"脚手架"，通过问题设置引导学生解读史料，从而一步步去思考、推理，揭开历史的真相，得出历史结论。在这个解读史料、解决问题的过程中，学生可以知道历史是如何被自己建构起来的，也能够学到进行史料研读、历史推理的基本方法。

【案例节录】

借多重史料探"抑商"之源②

东莞市石龙中学的李双娉、胡波两位历史老师在以"税收变动解释中国古代抑商"的教学设计中就展示了战国时期商鞅对待农业和商业的态度的多重史料，并通过连续设问，引导学生以史料为依据、历史理解为基础、唯物史观为指导，对"抑商"概念进行历史解释。

农、官、商三者，国之常食官也（合法的谋生职业）。农辟地，商致（流通）物，官法民。

——《商君书·弱民》

① 赵晓萌.浅谈中学历史教学中的系统性教育——以部编版《罗马城邦和罗马帝国》一课为例[J].中学历史教学,2020(05):16—18,71.

② 李双娉,胡波.借多重史料拨开"重农抑商"之迷雾——以"税收变动解释中国古代抑商"为例[J].中学历史教学,2020(05):7—9,50.

根据以上材料提问：商鞅眼中的农商关系是怎样的？学生回答：商业与农业同等重要。教师进一步提问：那么既然商业与农业同等重要，是社会经济发展运行不可或缺的，商鞅为何实行抑商政策？引入下一段材料：

言谈游士事君可尊身也、商贾可富家也、技艺足以口也。民见此三者之便且利也，则必去农……则必不为上守战也……国之所兴者农战也……农者寡而游食者众。众，则农者殆；农者殆，则土荒。

——《商君书·农战》

学生可从材料得出商鞅抑商原因："民去农，不守战，土荒，农殆"，教师加以拓展：农业是当时国家的战略产业和经济支柱，农业人口的多少决定国家赋税收入的多少，商业冲击农业以及可能诱导人们去农从商，从而影响国家的经济基础。但是商鞅也看到"商致（流通）物"的作用，那么如何发挥"商致（流通）物"作用，又确保小农经济的基础地位？老师继续展示史料：

使商无得籴（买进粮食），农无得粜（卖出粮食）……重关市之赋，则农恶商，商有疑惰之心。农恶商，商疑惰，则草必垦矣……壹山泽，则恶农、慢惰、倍欲之民无所于食。

——《商君书·垦令》

设问：商鞅如何抑商？通过研读史料，你对抑商概念有哪些新认识？引导学生分析史料、分组讨论得出结论：(1)战国秦汉时期抑商是抑制民间商业，将商业利益集中于国家之手，退私商而进官商。重农是目的，抑商是手段，必要时用行政手段干预经济。

围绕抑商原因的话题，老师引导学生再次解读古代抑商的概念。

中国古代抑商概念亦有另一层含义：（展示战国、汉代和唐代有关商人的三则史料）

夫明王治国之政，使其商工游食之民少而名卑，以寡趣本务而趋末作。

——韩非：《五蠹》

令商人不得衣丝乘车，重租税困辱之……市井之子孙，亦不得仕宦为吏。

——《史记·平准书》

工商杂色之流……不可超授官秩，与朝贤君子比肩而立，同坐而食。

——《新唐书》

围绕三则史料，教师设问：材料反映古代社会对商人是什么态度？在哪些方面抑商？若我们对抑商概念进一步完善，你觉得该如何补充？

进而引导学生分析史料、分组讨论得出结论：(2)抑商是对商人政治、社会、法律地位的限制，在全社会形成轻商贱商的思想与观念，以约束人们行为，防止人们"背本趋末"。

第十一章
教师个人发展

第一节　如何进行史学阅读

　　阅读能够让人的精神得到更好的滋养,教书育人的教师首先要是一名读书人,优秀的历史教师首先要成为一名积淀丰厚的人。史学阅读是教师专业成长最持久、最根本的源泉。《普通高中历史课程标准(2017年版2020年修订)》,已明确将培养学生的"史料实证"素养作为历史课程目标的重要内容,还精心设计了"史料研读"的选修课程内容,并强调开展"基于史料研习的教学活动",促进学生学习方式变革。因此,中学一线历史教师在实践层面,应以史料教学的理念为指导,积极推动教学改革。对中学历史教师而言,高质量地实施史料教学,还面临着诸多困难。① 如何进行史学阅读? 史学阅读如何与教学有机结合起来? 这些都是历史教师在史学阅读时必须要解决的问题。

一、为什么读:史学阅读的价值

　　首都师范大学赵亚夫教授曾指出,历史有效教学的原动力不是教育学和心理学,而是历史学;凡是把历史讲得不熟不透的教师,都是因为学科功底不扎实。很多人认为,教育理论可以帮助中学教师有效开展学科教学,事实证明并非如此。赵教授建议历史教师应高度重视"与学习视野相关的史论""与历史知识相关的史实"和"与历史学习方法和思考相关的史料"。② 史学研究领域每天都会有许多新成果、新观点,在阅读过程中充实学科专业知识、丰厚文化底蕴、提升教育理念,是历史教师的必备功课。历史学的特征和历史学科的课程改革等诸多因素都决定了持续不断的阅读是提升教育教学基本功能的重要途径。

(一)以读促教:提升历史教学高度

　　历史的学习离不开基本史料。何成刚博士强调以史料教学理念为指导进行历史教学,首先要求历史教师对特定教学内容有整体、深入的理解,了解学术界在该教学内容上的"主要史学认识"。唯有高质量的史学阅读,才能有效帮助我们了解这一点。当然,通过史学阅读获得的"主要史学认识"并非都要进入中学历史课堂,中学历史教师要发挥自己的专业判断力,综合课程标准、教科书、学生认知基础等情况,对"主要史学认识"进行消化、吸收和理

---

① 何成刚,沈为慧.史学阅读与史料教学[J].历史教学(上半月刊),2016(11):3—11.
② 赵亚夫.找准历史有效教学的原动力[N].中国教育报,2007-03-23.

解,形成"基本教学认识"。确立了基本教学认识,再来设计教学立意,就自然水到渠成了。可以说,脱离了高质量的史学阅读,就难以深度把握历史教学内容,就难以形成有深度的教学立意。而教学立意无疑是进行史料教学设计时要瞄准的"靶心",一旦确立有深度的教学立意,史料教学的设计就有了灵魂。[①] 史学阅读要对历史课程的学习内容按照课程标准的要求进行研发,对将"课本"视为历史学习内容的传统认知取向提出变革性要求,并对教师自身专业知识不足的部分进行及时弥补甚至是纠偏。一方面,史学阅读丰富了课堂资源,因为历史学科的特性决定了任何一节历史课在教学过程中都离不开史料的运用和分析。没有史料的充实和描述,很难实现"历史现场"的回归或者对历史的深入。因此,最能体现历史学科本质以及思想方法的教学理念,就是运用史料进行教学,这是培养学生历史思维能力以及历史核心素养必不可少的手段。另一方面,教师利用阅读加工知识、设计教学,又能从理解国家意志、把握课程结构、研究认知规律、整合课堂教学等方面帮助教师提高课程能力,促进专业成长。通过专业阅读,教师在提升自身史学素养的同时,也能为开展课堂教学恰当地选取和探究与主题关联的史料,必然会让教学过程充满思辨性和丰富性,让课堂更具有活力以及吸引力。

案例:李礼洪——史学阅读是历史教学的生命

李礼洪老师是广东省东莞市塘厦初级中学的教师,也是《史学阅读与微课设计——世界古代史》一书的参编者之一,在参与了该书编写后完成的一篇感想如下(节选)。

1. 广泛的史学阅读让我看问题更加深刻。如果不参加这次微课设计,可能我对伊斯兰教还存在很多误解,很多片面的认识,我之前所谓的对伊斯兰教的历史了解不过是皮毛,而且容易受新闻媒体报道的影响。近一年来,通过阅读伊斯兰教专家金宜久、白寿彝、马坚等先生的著作,对伊斯兰教的创立及早期的历史有了比较全面的认识。

2. 广泛的史学阅读让我的微课设计有更多的角度。做伊斯兰教的微课设计,我的设计方向和核心目标是换了很多次的,每换一次方向就是一次重新收集整理材料的过程。在广泛的涉猎过程中,我才知道哪个方向是有价值的、哪个核心目标是可以精耕细作的。在读各家专著的过程中,不同观点看法、不同史料证据会产生碰撞,我的思维水平就在碰撞的火花中得到提升。

(二)以读促学:优化历史教学方式

教师的阅读边界到哪里,学生的认知边界就在哪里。教师阅读对"学"的影响首先体现在对"学生"的影响上,苏霍姆林斯基曾说:"把每一个学生都领进书籍的世界,培养起对书的酷爱,使书籍成为智力生活中的指路明灯,这些都取决于教师,取决于书籍在教师本人的精

[①] 何成刚,沈为慧.史学阅读与史料教学[J].历史教学(上半月刊),2016(11):3—11.

神生活中占有何种地位。"教师爱阅读并能与学生一起有计划地阅读,不仅会提升自身的文化素养,还能增强学生对文本阅读的兴趣。学生的兴趣可以通过制造认知冲突来提升。例如在总结淮海战役胜利原因时,历史教科书或历史教师经常会引用陈毅于 1951 年 2 月 11 日,向苏联驻华大使尤金介绍淮海战役情况时所说的一句话:"淮海战役的胜利是人民群众用小车推出来的。"此论点并无不妥,但是,淮海战役另一位重要指挥者粟裕的分析更全面:"淮海战役的胜利,要感谢山东老乡的小推车和大连的大炮弹。"据载,解放战争时期,我军在大连创建的第一个现代化的大型兵工联合企业——建新公司生产出的各式炮弹及大量军事物资,有力地支援了东北及华东战场。据统计,建新公司成立近四年间,共生产日式三八、九四、一二四和美式七五山炮弹 545700 发;药筒 260000 个;自配 M 式野山炮引信 95000 个,改产掷弹引信 556000 个,修理旧引信 162000 个,合计 813000 个;生产日式、美式底火 609000 个;雷管 240000 只;60 毫米迫击炮 1430 门;苏式冲锋枪 563 支;弹体钢 3000 多吨以及各种型号的无烟火药 450 多吨。1949 年 1 月,粟裕在前线曾写信给建新公司经理:"朱毅同志,非常感谢你! 你们做的威力很大的炮弹,保证了我军取得淮海战役的胜利。"刘少奇曾赞誉:"大连建新公司支援人民解放战争,工作做得很好,中央很满意。"伍修权回忆说:"我们当时有一个原则,建新公司的产品以绝对多数供给华东作战,这一条讲得很清楚。"①上课老师如果能够凭借博览群书形成的多元认知来立体地解释历史,学生无疑会被激发出更多的探求欲望。

教师阅读对"学"的影响还体现在对"学养"的影响上,教师的史学阅读影响下的历史教学新理念尤其凸显历史教学的过程属性,由此出现的"史料教学"极大地推动了历史教学理念和实践的重大转型——从以"死记硬背"为特征的历史教学向以"理解应用"为特征的历史教学转变,从以"教教材"为特征的历史教学向以"用教材教"为特征的历史教学转变,从以"拘于教材"为特征的历史教学向"博览群书"为特征的历史教学转变。这要求教师不断更新和优化历史教学模式,要根据所教学生的个性激发其阅读的欲望,不断提高学生发现、分析、归纳、反思等能力,提高教学的针对性和精准度,促进学生的深度学习和学科素养的形成。

（三）以读促研:浸润教师专业成长之路

读书与教研密不可分,两者都与教师专业成长相辅相成。苏霍姆林斯基指出:"在学校里的真正的创造性劳动,首先是生动的、探究性的思考与研究。"教而不研则浅,研而不教则空。教育是实践性很强的领域,开展建立在史学阅读和批判性反思基础上的历史教学实践,是"教"与"研"有机结合的具体体现,阅读使教师有一个更广的视界、更丰厚的基础,对教育教学现象的认识更为深刻,更容易从感性经验上升到理性高度,从而促进教师教科研能力发展,不断优化教师的专业成长路径。

---

① 何成刚,沈为慧.史学阅读与史料教学[J].历史教学(上半月刊),2016(11):3—11.

二、读什么:史学阅读的选择路径①

长期的史学阅读能使教师的备课思路更为清晰,并形成"阅读研究成果——确定教学题眼——提炼核心内容——设置要害问题——确定基本思路"的一般程序。事实上,在不同的语境下,路径有不同的含义。如果将路径理解为"到达目的地的路线",那么史学阅读的路径选择可以基于知识建构、问题解决、多元融合和教学实践等方面。

(一)基于知识建构

历史向来都不是孤立存在的,史学阅读中的知识应有一定的广度,史学阅读是围绕所学的历史专题展开的。系统性、专题性的历史基本史实是历史专题的重要组成部分,历史教师需不断丰富自己的知识,特别是历史学科自身知识体系中的内容,如历史学习中的政治制度、政治改革、历史人物等。在此基础上,中学历史教师还应重视历史学科知识与其他学科知识联系的紧密性,特别是与语文、政治、地理学科的联系。此外,还应该注重历史学科知识与一般科学文化知识之间的广泛联系以及与现实生活的密切联系。史学阅读有助于教师思考自身专业素养结构中的优长,并针对自身的缺陷制定专业发展规划,从而充分发挥自身的主观能动性,在历史教学中不断实现突破。换句话说,只有通过史学阅读不断建构教师的史学功底和史学素养,才能从根本上丰富历史教师的知识体系,开阔教师的学习视野,提高自身的教学技能。在史学阅读过程中,教师已有知识结构、教学风格、专业发展规划、所教年级等是开展史学阅读的前提和依据。

(二)基于问题解决

梁启超曾说:"历史所以值得研究,就是因为要不断地予以新意义及新价值以供吾人活动的资鉴。"多数一线中学历史教师对开展历史研究的必要性非常认同,但是面对浩繁的历史知识,绝大多数人仍感觉深奥晦涩、难以理解,史学阅读更是无从下手。一般而言,在开展史料阅读前,要先认真研读历史课程标准和教科书,确定所要教授的内容,有明确的教学立意和教学目标,在这些立意和目标的指导下提出核心问题,并围绕这些问题来阅读相关史料,获得主要的史学认识。为了便于教师的具体操作,可以将问题作为史学阅读的起点。将教学实践与研究始终贯穿于史学阅读的整个过程,根据新的教学理念,紧扣中学历史课堂教学的具体内容,努力设计能够引发学生深度思考的问题,并结合当前历史教学研究的最新动态和自身的实际情况,尝试提出问题和解决问题,努力结合自身的教学实践养成史学阅读的良好习惯,从而促进教学研究纵深发展。

(三)基于多元融合

史学经典浩如烟海,史学研究的新成果层出不穷。但大多数中学历史教师在大学期间就没有接受过系统、专业的史学训练,工作后更无此机会,因此很多一线教师对史学的认识

① 陈建云.史学阅读的内涵、价值与路径——中学历史教师专业发展的视角[J].福建基础教育研究,2020(04):94—95.

和理解是片面的,加上课堂上教学时间的有限性决定了史料使用的有限性,由此导致教师在课堂上呈现给学生的史料只能是个别的、碎片化的,[①]学生对史料的了解也是模糊的、一知半解的。要引导学生深入了解史料,就需要历史教师之间进行合作学习、沟通交流、资源共享,然后依据课程标准,参考教科书,根据教学目标、教学重难点,从中选取有价值的、典型的重要史料,这可以有效加深学生对史料的理解。独行快,众行远。所以,可以构建教师学习共同体,重视同伴互助,通过读书沙龙等形式,使教师的视野更加开阔,接受的信息更加丰富多元,营造浓郁的史学研究氛围和较高的文化品位,精心设计教师阅读图谱,激发教师在阅读的基础上不断反思教学实践,提炼自身的教学特色和教学主张。教师自身、课题研究者、课程专家三者共同关注和研究中学史学阅读方面的问题,建立读书会、史学沙龙等促进教师的合作与互助,能共同助推教师发展和进步,有助于历史教师在纷繁复杂的史料资源中,准确建立起不同关键史料之间的内在逻辑联系;在特定的历史语境中,准确把握史料的含义与指向;在探究历史问题实质时,有效选取反映不同立场、不同视角的最有价值、最有证据力的史料,可以为中学历史教师理解史料含义、评判史料价值,提供有益参考。[②] 史学阅读是一个日积月累、循序渐进、渐入佳境的过程。在这个过程中,要注意创设与营造探究性的环境,促进史学阅读的不断深入。由于教师成长经历相异、性格不同,可以有意识地让教师在史学阅读过程中相互合作和启发,教师在学习过程中也更容易获得归属感和价值感。

案例:师生共读《草与禾》阅读计划[③]

【阅读指南】

1. 作者简介:

波音,蒙古族,北京大学毕业,曾任《世界遗产》等杂志主编。写作力求从细微处见雄奇,用通俗诙谐的文笔展现鲜活的前沿知识。出版十多部历史类、经济类、科普类作品,包括《航海、财富与帝国》《王朝的家底》《透过钱眼看中国历史》《透过钱眼看大国兴衰》《从此爱上经济学》《阅读宇宙》等,其中部分作品已发行繁体中文版、韩文版。

2. 本书简介:

4000 多年前,中华大地上出现了星星点点的史前文化,一路走过商周秦汉、三国两晋到唐宋元明清,也走过匈奴鲜卑、柔然突厥、回鹘契丹、女真蒙古,走到大一统的清朝。大江南北、长城内外的古人是如何突破语言、宗教、习俗的隔阂,互相理解,互相学习,最终塑造了中国的呢?《草与禾》一书从多个角度观察对中国历史走向影响巨大的华夏文明与草原文明之间数千年的碰撞、互动、融合过程,尤其强调了两种文明如何协调自身,如何呼应对方,如何选择文明的发展方向,如何不断演

① 何成刚,沈为慧.史学阅读与史料教学[J].历史教学(上半月刊),2016(11):3—11.
② 何成刚,沈为慧.史学阅读与史料教学[J].历史教学(上半月刊),2016(11):3—11.
③ 陕西省西安市曲江第一中学历史教研组"师生共读一本书"计划中《草与禾》一书阅读计划。

进,最后融合成璀璨耀眼的中华文明。这是一部宏大的中华历史作品,让我们更深刻地理解自己的来处,从而更好地理解国家、民族和未来。

【阅读阶段及主要任务】

表 11-1　阅读阶段及主要任务

阅读时间	主要任务	要求
通读阶段(9 月初—10 月 8 日)	通览全书,明晰概要。	每人必读,能说出全书框架。
积累性阅读阶段(10 月 9 日—期中考试前)	本书共分为 5 章,从 10 月第二周开始,教师利用集体教研、高二年级文科班学生利用延点课对每章内容进行分享。	(1) 历史组组内阅读主持人罗红梅,教师每两人为一组;高二年级文科班学生利用十一假期完成小组分工,全班分为 5 个小组,分工名单十一假期后上交。 (2) 分享时要求每组制作幻灯片,能对某章节进行阅读分享,每组确定中心发言人。
探究式阅读阶段(期中考试—12 月底)	提前一到两周提出探究问题供思考。	(1) 探究阶段注意确定核心发言人,至少包含 4—5 人,发言时其他同学可根据发言情况提出观点,形成碰撞局面。 (2) 每小组形成至少 3 篇探究文章,鼓励个人完成。
总结阶段	将优秀读书笔记进行分享,并收录至考古社团期刊《珩璎》。	完成电子稿的整理。

(四) 基于教学实践

课程改革特别鼓励教师进行个性化教学实践,倡导在教学过程中引入学术研究的新成果,运用新材料,创设新情境,对教材内容进行拓展和延伸,关注学生历史思维能力的培养,拓宽学生的史学视野。这就要求教师在史学阅读中要立足于学术研究的前沿,结合所执教的课题,根据课程标准进行史学阅读,了解研究概况,选取典型的史料,形成史学认识。当然,并非全部的"主要史学认识"都要进入中学历史课堂,中学历史教师要综合课程标准、教学目标、学情等,对"主要史学认识"进行理解和吸收,形成"教学认识和计划"。确立了教学认识和教学计划,再来设计教学立意,进行教学实践,组织学生逐步学会分析历史材料,归纳自己学习历史材料以后的认识,梳理并表达自己的观点,基于"论从史出、史论结合"的原则,准确把握不同史学的认识,促进其理解、迁移、问题解决和创新能力的提升。要引导学生进行反思和批判,而不只是接受所学内容或对史实进行重复记忆,进而体现自身的教学特色,这样能让史学阅读更集中展现中学历史教师专业发展的实践取向。

三、怎么读:史学阅读的科学图谱

历史教师开展史学阅读,仅有认真的态度还不够,还必须掌握科学的方法。一般而言,史学阅读需要考虑进度、目标和品质等有关要素。①

第一，制定史学阅读的刚性进度。教师常常会陷入日常的教学事务而放弃阅读。史学阅读的时间规划可以长期与短期相结合，短期计划可以短短的几天、几周为一个时间单元来进行阅读进度的设计，长期计划可以季度、学期、学年来进行阅读进度的设计。在此基础之上，再根据自身的具体情况确定阅读的总量，如在单位时间内读多少页、多少册等。在具体实施时须针对自身的实际情况预留微调的空间。一旦制订了计划，就要尽可能保质保量地完成。

第二，明确史学阅读的达成目标。不同的历史教师也会有不同的阅读喜好，为了满足自己的兴趣爱好而阅读自己感兴趣的历史专业书籍，可以增添阅读的自觉性。不过，见仁见智之选择，实际上是个体认识发展的结果，这一发展是史学阅读带来的视野变化与个体人生实践经历的交互作用。阅读中要随时把自己的收获和体会写成札记，这也是积累材料的重要方法。"在阅读的过程中，不但认知的因素在起作用，动机等非智力因素也在起作用。"要时刻铭记自己的阅读目标，发挥目标的动力作用，通过坚持不懈的史学阅读，不断提高自身的史学素养。

第三，确保史学阅读的内容品质。历史文献、论著浩如烟海，为保证阅读质量，需要进行内容的选择，注重核心阅读。首先，阅读核心期刊上的史学论文，这些论文在学术界和历史教学界都有很高的影响力。核心阅读是相对于通俗阅读而言的，主要包括两个方面：一是重点阅读南京大学中国社会科学研究评价中心发布的《中文社会科学引文索引（CSSCI）来源期刊目录》、北京大学图书馆发布的《中文核心期刊要目总览》、中国社会科学院文献计量与科学评价研究中心发布的《中国人文社会科学核心期刊要览》中的人文社科文章，特别是历史学、考古学类研究文献；此外，专业研究人员发表在非核心期刊上的学术文章也在阅读范围内。二是重点阅读在人文社科选题出版方面较知名的出版机构出版的、由专业研究人员撰写的研究著作。② 其次，阅读正规出版社出版的专业性较强的研究著作。例如，关于启蒙思想，可以阅读有关启蒙运动的专家著作、西方文化史方面的著作，也可以阅读通史巨著中有关启蒙运动的部分。最后，阅读专门和权威历史研究网站上的文献，如中国社会科学网、中国共产党历史网等。此外，专业研究人员发表在非核心期刊上的文章，包括随笔、演讲等，其中不乏真知灼见和新的材料，也应该划归到阅读的范围内。

第四，形成深度的主题性阅读习惯。何成刚博士提出群文阅读的主张，其实就是针对某一历史问题进行的系统的深度阅读，教师要能够围绕一个历史问题，广泛收集整理基于不同视角、不同学科、不同领域研究人员撰写的研究文献，总结梳理不同专业研究文献的研究方法、基本论点、核心史料，体会不同研究人员是如何"横看成岭侧成峰"的，避免盲人摸象，将一家之言视为史学认识的全部，从而忽视了史学认识的丰富性。③ 这种深度阅读，需要阅读历

① 陈建云. 史学阅读：历史教师专业发展的有效路径[J]. 江苏教育，2019(46)：37—39.
② 何成刚，沈为慧. 史学阅读与史料教学[J]. 历史教学（上半月刊），2016(11)：3—11.
③ 何成刚，沈为慧. 史学阅读与史料教学[J]. 历史教学（上半月刊），2016(11)：3—11.

史学科的研究成果,也需要关注其他领域的研究,其他领域的研究往往会突破本学科的思维限制,为问题的解释提供不同的视角。

案例:不同视角下关于王安石变法的研究

关于王安石变法,除阅读历史学研究者的成果外,还应当阅读经济学者的论述。例如经济学家、清华大学梁小民教授,对王安石变法的研究成果有着极大的参考价值:

……青苗法推向全国时,却引发了灾难性后果。各地都有固定的贷款准备金,上级下达的任务是要全部贷出去,并完成百分之二十的增值。有了硬指标,官员们就要用硬手段。他们根据农户的经济状况,将之分为不同等级,各自要承担不同的贷款额度,而不论你是否需要。同时,为了保证还贷,又让富户与不同等级的农户结为利益共同体,由富户提供担保或抵押。青苗法实行后连年自然灾害,官员逼债,农户纷纷破产,连富户也无法幸免。

……均输法与市易法……的实质是用官商代替民商,岂不知官商比民商更坏。一来民商之间还是有竞争的,垄断程度和能力有限,盘剥程度也有限,但当国家垄断了市场、货源、价格时,其盘剥的对象扩大到民商和百姓。

……再如免役法,用交钱代替差役,而且原来享受免役待遇的官户、城市居民、女户、寺观、未成丁等也要交纳助役钱,只有城市六等以下、乡村四等以下贫困户享受全额免纳的优惠。又规定在定额之外,各路、州、县可带征百分之二十的免役宽剩钱,以备灾年免征备用。……但在执行中,不少地方官把贫困农户提高到四等以上,城市贫民户提高到六等以上,让穷人也交免役钱。……百分之二十的免役宽剩钱又为官员任意增加免税钱的征收开了一个合法的口子。结果免役法引起富人和穷人的一致反对。

因此梁小民教授指出:“政府把青苗法利率规定为百分之二十,官员擅自提到百分之三十;政府要抑制私商,官员用更坏的官商代替私商;政府要用交钱代替差役,官员就拼命敛钱。无论哪种措施、当初的动机有多好,执行的地方官员都可以把自己的私货塞进去。”“王安石看到的是自己的动机绝对崇高,财政收入也增加了,而苏东坡、司马光看到的是新法执行的种种问题及实际社会效果。看问题的角度不同,结论截然不同,矛盾当然无法调和。”

香港城市大学岳晓东教授,则从心理学的角度对王安石变法失败的原因进行了深入分析:

王安石独断专行,不容异见,导致变法严重受挫。史学界一向认为这是由于王安石缺乏变法谋略及宋神宗支持不足,但就心理学而言,这也是由于王安石人格过于偏执,且刚愎自用,独断专行,导致朝中大臣多与他决裂。这当中有人原来是他的靠山,如韩维、吕公著等人;有人原来是他的荐主,如文彦博、欧阳修等人;有人原来是他的上司，如富弼、韩琦等人；也有人原来是他的朋友，如范镇、司马光等人。虽然他们都是一时俊杰，朝廷重臣，却因为不同意王安石的某些做法而被逐一赶出朝廷。特别是司马光，念在与王安石共事数年的交情上，曾三次写信给王安石，劝他调整自己的治国方略。可惜王安石就是执迷不悟，看一条驳一条，导致司马光最后与他分道扬镳，终身不再往来。[①]

另外，在信息化时代，人们的学习方式变得更加多元化，同一内容的史学阅读可以用不同的方式。尽管获取信息的途径不同，阅读者的感觉也会不太一样，但不会对学习者最终获取的知识产生质的影响。历史教师要根据自身的知识水平、兴趣爱好、执教年级以及学生的学业水平等情况进行选择。

教育叙事：史学阅读的经验分享

李元亨老师是西安市铁一中学历史教师，曾受邀在中国教育学会历史教学专业委员会学术年会上执教"甲午新探——刻不容缓的现代化"一课，下为李老师在备课中进行史学阅读的经验分享（节选）。

1. 讲什么和读什么

要把课讲熟讲透、讲出价值，就必须在了解学术界"主要史学认识"的基础上，形成个人的"基本教学认识"。在认知有突破的情况下，才有可能确立有深度的教学立意，才谈得上围绕教学立意遴选素材、设计活动、展开对话，这一切的基础和前提是高质量的史学阅读。

针对我要讲的内容，我启动了围绕一节课开展的专业阅读计划。我把要读的书分为三类，第一类是中国近代通史、世界通史等书籍（如徐中约先生的《中国近代史》、帕尔默的《现代世界史》）中涉及甲午中日战争的章节，这类阅读我略有积累，只需要把手头上的书籍本着实用主义的原则再看一遍，看是否能有新发现和新体会；第二类是涉及甲午中日战争的专著，这类书籍我存量有限，通过借、买、听等多种方式获得，先后阅读了戚其章先生的《甲午战争史》、祝勇先生的《隔岸的甲午——日本遗迹里的甲午战争》、唐德刚先生的《从晚清到民国》等，除此之外我还听了《逻辑思维》《晓松奇谈》等音频资源中涉及甲午中日战争的部分；第三类是在我确定了课题立意后追加的专业阅读，包括罗荣渠《现代化新论》、吉尔伯特·罗兹曼《中国的现代化》、章开沅《离异与回归》等专业书籍和中国知网上下载的有关中国现代化主题的文章。

2. 怎么讲和怎么读

确立教学立意是我试图通过专业阅读要解决的首要问题，第一类书给了我"现代化刻不容缓"的思路；同时按照主办方要求，这节课要在学生对甲午战争原有认

---

① 何成刚，沈为慧.史学阅读与史料教学［J］.历史教学（上半月刊），2016(11)：3—11.

知的基础上进一步深化,在这一点上第二类书给我提供了多元角度,对第二类书籍的对比阅读提升了教学中史料的质量,避免了以偏概全的问题。

对史学阅读功能和目的的认知,决定了历史教师进行阅读的主动性的持续性,对阅读方法的掌握,则提升了阅读的品质。只有具有终身学习理念的历史教师,才能有强烈的史学阅读热情和潜心学习的状态,教师要增强对史学阅读重要性的认识,掌握科学合理的方法,将内在需求转化为不断拓宽知识与学术视野的行为,朝学者型、科研型、创新型教师发展,化持之以恒的学习为知识的厚度,建立在深厚专业功底基础上的专业发展才有可持续性。

第二节 如何进行课堂观察

随着课程改革的不断深入,课堂研究的逐渐兴起,课堂观察作为研究课堂的一种方法开始受到学界的关注与中小学教师的青睐。西方关于课堂观察的研究成果大量输入,一些学校和教师也开展了课堂观察的本土研究。课堂观察是听评课的高级阶段,是教研工作和校本研修的重要内容之一,它不仅是教师获得实践知识的重要来源,也是教师用以收集教学资料、分析教学方法和了解教与学的基本途径。[①] 科学的课堂观察,是一种融合实践、学习、研究于一体,包含教与学两个维度的综合学术活动。一次高效的课堂观察就是一次完整有效的听评课活动,也是一次很好的实践教研过程。

一、什么是课堂观察

课堂观察就是指研究者或观察者(执教者)带着明确的目的,凭借自身感官(如眼、耳等)以及有关辅助工具(观察表、录音录像设备等)、直接或间接(主要是直接)从课堂情境中收集资料,并依据资料对课堂教学作出有证据的解释与推论的一种教育科学研究法。

课堂观察是进行课堂教学研究的一种基本方法。这种方法着眼于改善教师的教学,促进学生的学习,具有研究明确的目标性。依据目标将课堂教学拆解为一个个相对独立的时间、空间单元,作为观察点,具有研究的针对性。透过观察点,对一个个单元进行定格、扫描、搜索等,记录相关信息,再对观察结果进行分析、研究,具有研究性的具体性特点。

课堂观察是一种按照工作流程依次展开的行为系统。从流程上看,它包括课前系统、课中系统与课后系统三个阶段,共同构成了确定问题——收集信息——解决问题的工作流程。作为行为系统,课前系统需要确定明确的观察目的,如:谋求学生学习状况的改善;促进教师的专业发展;提高教育教学质量等。需要选择观察对象、选择观察场域、确定观察行为、制作观察量表等。在课中系统需要划分时空单元、记录观察情况、填写观察量表等。在课后系统则需要处理观察信息、呈现观察结果等一系列不同阶段的不同行为构成。

---

① 谭永焕等.教师课堂观察的智慧与策略[M].重庆:西南师范大学出版社,2018:3.

　　课堂观察具有强烈的互动性、群体性和实践性的基本特点。课堂观察是一种依靠团队合作的以课堂为主要发生地的互动教研活动。既然是观察就必须涉及观察者、被观察者两个主体，被观察者又基本上会包括教师和学生两个群体。因此，课堂观察必须在群体中互动完成，不可能在书斋中实现。课堂观察从课前系统到课中系统再到课后系统，每一个过程都紧密围绕教师、学生、教学实践展开，都是团队成员多向互动、多次实践的过程。研究者与教师之间、教师与教师之间借助共同的课程观察，进行专业对话，促使团队的每一个成员都得到应有的发展。

　　课堂观察作为一种新型的听评课范式，与以往的听评课相比，具有目的性更强、手段更科学、评价反馈更专业的特点。

　　从目的来看课堂观察不同于以日常工作检查督导为主要目的的听评课，而是立足于提升课堂教学的有效性、提升教师教学素养、提升学生学习能力为基本目标的教学研究活动。因此，课堂观察主体协商参与性更强，开展合作型课堂观察的动力源自每个参与主体的主动与自愿，是一种发自内心的专业追求和向往，它不受外在力量，如学校领导、教研部门的支配和干预，目的直接指向专业发展而非教学任务。因为合作首要指的是人与人之间的合作，而不是某个个体孤立的行动，它至少是两个及以上的主体在认可彼此社会身份基础、背景文化基础上的社会行为。如果参与主体之间在合作上的情感态度、心理相容度与认同感等方面无法取得一致，并非出于主体的意愿，那这样的合作肯定是无效的，教研的目的也无从实现。

　　从操作来看，课堂观察更关注学生的课堂学习。课堂观察的观察核心在学生，最要紧的是观察全体、学生的主体性、学生活动的有效性、多元目标的达成等，具有以学生为本的课堂价值取向。纷繁复杂的课堂教学活动犹如一个多面体，进行合作型课堂观察时必须本着可观察、可记录、可解释的原则对这项整体任务进行合理分解，使每个个体观课者所分配到的内容具体细致、具有可操作性。其实分解就是对任务的分配与落实，要使合作有效就必须要明晰成员分工与彼此的责任，因此每个合作者都要具备相应的独立做事、处事的能力以及相关的合作技能，否则合作会失去方向，陷入低效或无效运作。课堂观察需要根据观察目的选择观察对象，将研究问题具体化为观察点来确定观察行为、设计观察量表、记录观察情况、处理观察数据，将课堂中的复杂教学情境拆解为一个个空间单元，这样的听课不再盲目、随意。通过对教学进行定量和定性的分析，对观察结果的反思分析推论，这样的评课研讨也不再是模糊、粗略的，而是针对具体问题的实证分析，对课堂诊断更准确，构成了确定问题——收集信息——解决问题的过程，共享的规则是有效合作的重要保障。开展合作型课堂观察应具备一定的合作研究规则，包括合作的时间、地点、技术、程序、沟通、文化、组织形式、利益分配等方面的规则，而且这些规则是所有主体都平等享有的。它是由主体间经民主协商而达成的共识，是对合作各方的规定与约束，因此课堂观察是一种更科学的研究方法。

　　在评课阶段，观察者不再凭印象评课反馈，而是基于观察量表的记录，这样更有利于教师认识理解把握课堂教学事件、解决教学实践中的焦点问题，在数据分析的基础上反思自己或他人的教学行为,从而形成新的教学改进策略或方式,合作型课堂观察的效益是双赢甚至多赢的,合作共同体中的每一个成员都能从中获益。因为合作就意味着一个团队按照既定的方法朝着一个目标努力,每个人的成功都有助于自己和其他人的成长。这种合作不仅强调彼此的相互依存,还关注彼此的进步。进一步说,合作研究要产出效益而且是双向的效益,这些效益或显性或隐性,或近期或远期,或物质或精神,这种评价也更专业,更有效。

二、课堂观察的主要内容

影响课堂教学质量的因素有多种,听评课的目的不同(这里我们以研究型听评课为例),观察点就不同(研究的重点不同,观察点的设置也不同)。依据崔允漷教授的研究,影响课堂教学质量的要素,主要有课程、教师、学生、课堂等 4 个。每个要素有 5 个视角,各个视角可以设置的观察点有如下 83 个。

(一)课程——教与学的内容

课堂是从"课标"出发走向"生活",实现教育的终极目标。

课程这个要素包括"目标""内容""方法""资源"和"练习"等 5 个视角,均可从"预设"与"生成"方向去观察,可以设置的观察点有 21 个。

"目标"这个视角可以设置的观察点有 4 个:

- 预设的课时目标(学会、会学、乐学)是什么? 怎么样?
- 课时目标是根据什么(课标、学科、教材、教师、学生)预设的? 怎么样?
- 预设的课时目标在课堂遭遇到怎样的生成问题? 生成什么? 怎么样?
- 课时目标的预设和生成矛盾是什么? 教师如何解决? 怎么样?

"内容"这个视角可以设置的观察点有 5 个:

- 预设哪些教与学的内容? 根据什么(课标、学科、教材、课时、教师、学生)预设的? 怎么样?
- 生成哪些教与学的内容? 根据什么生成的? 怎么样?
- 教与学内容突显本学科的主导概念、核心技能、逻辑关系是什么,怎么样?
- 教与学内容有没有明显的科学性、思想性方面的错误? 为什么会产生?
- 教与学内容的容量、新旧知识迁移、重点难点处理、兼顾学生差异等方面怎么样?

"方法"这个视角可以设置的观察点有 4 个:

- 预设哪些教与学方法(启发、讲授、讨论、活动、探究式)? 根据什么预设的? 怎么样?
- 生成哪些教与学方法? 根据什么生成的? 怎么样?
- 预设与生成的教与学方法有没有体现本学科的特点?
- 预设与生成的教与学方法有没有引起学生对本学科学习方法的关注?

"资源"这个视角可以设置的观察点有 4 个:

- 预设哪些资源（印刷材料、实物与模型、实验、多媒体、人）？意图是什么？
- 预设资源有没有得到实际利用？利用（对教师、学生）的效果如何？
- 生成哪些资源？利用的效果如何？
- 向学生推荐哪些资源？现实性、有效性如何？

"练习"这个视角可以设置的观察点有 4 个：

- 预设、生成哪些（课堂、课外）练习？怎么布置的？
- 练习的质和量，发挥怎样的作用？
- 练习有指导吗？指导的过程、行为、方法、结果如何？怎么样？
- 在练习和"回归生活"上有哪些探索？怎么样？

（二）教师——教师教的技艺

教师是课堂教学的组织者、引导者、促进者，教师教学，从"课程"出发，以"有效"为目标。

教师这个要素包括"环节""活动""手段""机智"和"特色"等 5 个视角，均可从有哪些"行为"（有什么）和行为"程度"（怎么样）两个方向去观察，可以设置的观察点有 20 个。

"环节"这个视角可以设置的观察点有 4 个：

- 由哪些环节构成？
- 这些环节是切合教学目标的吗？怎么样？
- 这些环节是否提供让学生主动参与、主动发展的机会？
- 这些环节是否能促进全体学生学习？

"活动"这个视角可以设置的观察点有 4 个：

- 教师有哪些活动（讲授、训练、讨论、提问、合作学习、自学指导、作业设计、评价）？
- 这些活动是如何展开的？怎么样？
- 这些活动的展开切合教学目标吗？怎么样？
- 这些活动是否能促进全体学生的、主动的学习？

"手段"这个视角可以设置的观察点有 4 个：

- 教师运用哪些手段（语言、板书、实物与模型、多媒体、实验）？
- 这些手段是根据什么（自身水平、学科性质、教材特点、学生特征）选择的？
- 这些手段是如何运用的？怎么样？
- 这些手段的运用是否能促进全体学生的、主动的学习？

"机智"这个视角可以设置的观察点有 4 个：

- 教师遇到哪些生成性问题？如何解决？怎么样？
- 教师遇到哪些课堂管理事件？如何应急处理？怎么样？
- 教学设计有哪些调整？调整的依据？效果怎么样？
- 学生答错、犯错后的反应、态度、语言表达方式怎样？

"特色"这个视角可以设置的观察点有 4 个：

- 哪些方面(语言、教态、学识、技能、思想)比较有特色?
- 这个特色是怎样表现的?
- 推测这个特色的形成因素是什么?
- 对这个特色的进一步发展,你的建议是什么?

(三) 学生——学生的学习方式

学生是课堂学习活动的主体。学生学习,从"课程"出发,以"有效"为目标。

学生这个要素包括"准备""倾听""互动""自学"和"达成"等 5 个视角,均可从"行为""程度"和"习惯""态度"4 个方向去观察,可以设置的观察点有 22 个。

"准备"这个视角可以设置的观察点有 3 个:

- 学生课前准备了什么? 是教师布置还是自己做的? 准备得怎么样?
- 有多少学生作了准备?
- 学难生参与进来了吗? 学优生、中等生、学难生的准备习惯分别怎么样?

"倾听"这个视角可以设置的观察点有 3 个:

- 有多少学生能倾听老师的讲课? 能倾听多少时间? 对哪些感兴趣?
- 有多少学生能倾听同学的发言? 有多少人没认真听?
- 倾听时,学生有哪些辅助行为(笔记、阅读、提问)? 有多少人?

"互动"这个视角可以设置的观察点有 7 个:

- 有哪些互动行为? 学生的互动能为探究新知提供帮助吗?
- 回答行为(主动、被动,群体、个体,教师、学生,回答水平)有哪些? 各有多少人?
- 提问行为(不懂的、拓展的、创新的,主动、被动)有哪些? 各有多少人?
- 提问对象(向老师提问,学生互相提问)有哪些? 各有多少人?
- 讨论行为(不懂的、拓展的、创新的,主动、被动)有哪些? 各有多少人?
- 讨论对象(同桌、小组、班级、师生)有哪些? 多少人没参与? 活动有序吗?
- 学生的互动习惯怎么样? 学难生的互动习惯怎么样?

"自学"这个视角可以设置的观察点有 4 个:

- 学生可自主支配的时间有多少? 有多少人参与? 学难生的参与情况如何?
- 学生自主学习形式有哪些? 各有多少人?
- 学生的学习资源(印刷材料、实物与模型、多媒体、教师、学生)有哪些? 各有多少人?
- 学生的自主学习有序吗? 学生有无自主探究活动? 学优生、学难生情况?

"达成"这个视角可以设置的观察点有 5 个:

- 学生清楚这节课要干什么?
- 学生能用自己的话解释、表达核心知识和概念吗? 有多少人?
- 学生能用核心技能和方法解决新的问题吗? 有多少人?
- 情感、态度与价值观上有什么感受、认同、领悟?

- 学生的当堂作业有哪些？完成情况？反馈过程、行为、方法、结果如何？

（四）课堂——文化氛围

课堂是师生主体与客体之间的多重对话。课堂文化从"课程"出发，以建设"对话"文化为目标。

课堂这个要素包括"愉悦""自主""合作""探究"和"特质"等 5 个视角，均可从主体（师生）和（课程、客观世界）多重关系去观察。可以设置的观察点有 20 个。

"愉悦"这个视角可以设置的观察点有 5 个：

- 学生兴趣盎然的时间有多长？
- 对整堂课有兴趣的人有多少？
- 课堂结束后，学生的表情是怎样的？
- 从学生的语言或表现推测，学生喜欢这样的课堂、这样的老师吗？
- 从教师的语言或表现推测，教师是否享受成功感？

"自主"这个视角可以设置的观察点有 4 个：

- 教师的情境设置、资源利用与生成、自主学习指导能从学生出发吗？
- 学生在课堂主动参与（个体、群体、小组、师生探讨）的时间有多长？
- 学生能否从教师推荐的资源中自主选择、重组信息、"发现"规律并自由表达观点？
- 学生能否对老师和同学提出的观点大胆质疑，提出不同意见？

"合作"这个视角可以设置的观察点有 4 个：

- 课堂呈现的合作形式有哪些？运用的流畅程度怎么样？
- 教师和学生运用哪些合作技能（表述、倾听、询问、赞扬、支持、说服、接纳）？
- 学优生、中等生、学难生的课堂表现，有怎样的差异？
- 课堂中出现各种争端时，能否有足够时空表达观点？是否顾及他人的需要？

"探究"这个视角可以设置的观察点有 4 个：

- 课堂产生了哪些具有思考价值的问题？问题是怎么产生的？
- 有没有进行探究？探究是怎样展开的？有多少人参与？
- 教师是否有指导？提供哪些资源和方法？
- 探究是否有结果？影响结果产生的因素有哪些？

"特质"这个视角可以设置的观察点有 3 个：

- 整堂课，你最大的感受是什么？用怎样一个词可以概括？
- 基于哪些方面作出这样的判断？
- 对这一文化特质的进一步发展，你的建议是什么？

以上可以设置的观察点是综合各种情况归纳出的，一次听评课活动不可能也没有必要都涉及，根据听评课的目的选择部分观察点，编制观察量表。

三、课堂观察的程序

（一）课前系统

安排听评课工作后,为了提高听评课的质量,听课者首先要对听课的内容备课;然后根据听评课计划,印制观察量表与问卷等,为观察课堂教学做好准备。

教研员组织的听评课应该让讲课者最大程度地接受评价结果。因此,在听课前召开一次时间 15 分钟左右的会议,为听评课做好准备。课前会议的地点安排和会议气氛应该保证听课者与讲课者都感到轻松和舒适,确定活动主持人主持会议,先让讲课者进行课前说课,让听课者了解本节课的内容定位、主题立意、逻辑设计,了解重难点的确定、突破策略,了解本班学情,了解教师获得反馈的手段等。然后组织听课者讨论,达到以下目的:明确教学主题;明确教学目标(评价课堂教学的依据);明确授课计划(如有可能,可以让讲课者为每个听课者准备一份教学设计);明确困难和问题;明确观察工具;明确观察重点;明确听课后的讨论时间和地点。

（二）课中系统

课前会议后,一定要独立或合作开发观察或记录工具,体现课堂观察具有任务导向或问题解决的性质。最好在上课开始前就进入教室,熟悉一下听评课工具,明确观察的任务,选择能观察到学生学习的位置,否则只能看到教师教的情况,看不到学生学的情况。也可以课前与学生做简单沟通,以便于掌握更真实的全面的学情。

上课开始后,观察者应该立即进入记录状态,对所需的信息进行定量和定性的记录。利用课前制定的量表,记录所观察到的行为,包括:行为发生的时间、行为出现的频率、师生言语或非言语活动的内容和形式、关于观察对象其他行为的文字描述。如果有条件可以借助音像设备记录音像资料。听课时的重点是听、看教与学的情况,尽可能地记录观察到的信息,为评课搜集和记录证据。对于观察者的现场感受和思考,能够记录的也记录下来,但是一定要与观察到的信息区别开来。同时注意在进行课堂观察时,与学生保持一定的空间距离,避免影响教学。在课堂观察中,"成长自我"或者"成为自己",是很重要的一种目的。而要"成长自我",在课堂观察中应注意三个方面的问题:第一,自己的视角,在课堂观察中,应逐步建立自己独特的视角,这种独特的视角不是求"偏",而是在求真中"求我":既是有普遍意义的,又是具有个性特征的;第二,自己的发现,在课堂观察时,应善于敏锐地发现问题,见人所未见,当然,这种"人所未见"不是无关痛痒的偶然,而是十分重要的信息;第三,自己的见解,在课堂观察后的反思中,应形成独树一帜的见解,当然这种见解首先应是正确而能给人启迪的。我们应抱着一种"成长自我"的诉求去参与课堂观察,我们就会发现课堂观察更多的魅力。

（三）课后系统

课后总结评议开始后,双方都应抱着"对话"的研究心态,就具体的话题开展平等、民主、专业的讨论。每位观察者都应该遵照"开诚布公,崇尚分享;尊重隐私,澄清误解;就课论课,提升专业"的基本原则,给被观察者一定的反馈信息。

　　课后会议观察者不要急于宣读观察记录,为保证讲课者有足够的时间表达自己的感想和感觉。会议的第一项议程应该是讲课者的课后反思。围绕"这节课成功了吗? 是怎样获得成功的? 学习目标达成了吗?""各种主要教学行为(如情境创设、讲解、对话、小组讨论、指导和资源利用等)实施顺畅吗? 有效吗?""有无偏离自己的课程设计? 这种偏离是什么原因造成的?"课后说课主要是结合授课实际,说教学执行情况。即对教学设计与授课实际进行分析、总结,找出问题,提出改进措施,从而优化课堂教学。

　　接下来是观察者评课,由于评课就是作出基于证据的解释与推论。所以,观察者在讲课者说课后,应该在认真思考的基础上,依据课堂记录有理有据地与讲课者平等对话。课堂观察要聚焦质量,就必须观察与分析涉及课堂的主要因素。课堂最基本的要素包括教师、课程、学生和教学方法。那么,课堂观察就应观察与分析四个"是否有利于":教师素养是否有利于教学质量的提高,包括教师的基本素养、学科素养、教学素养、教学智慧等;课程内容是否有利于教学质量的提高,特别是教师对课程、对教材的把握与解读是否到位、是否科学、是否合理;学生的学习是否有利于教学质量的提高,包括学生的学习状态、学习方法、学习习惯等;教学方法是否有利于教学质量的提高,包括问题的设计、情境的创设、讲解的清晰度、语言的启发性、活动组织的有效性等。教师开展课堂观察,主要就是研究这些因素是如何促进教学质量提高的,可以说,提高教学的有效性,这是基于教师主体的课堂观察的使命。

　　最后形成研究文本。课后会议后,被观察者需要撰写一份反思报告,围绕一定主题,有选择地叙述自己的思考过程和行为变化过程。主持听评课活动的人,要根据活动过程和证据,采用定量与定性相结合的方式写出评课报告,报告中要充分肯定讲课者的优点,同时给出改进教学的建议和对策。

四、课堂观察的价值

(一) 改善学生的课堂学习

　　所有教学与教研活动,如果不是为了学生的全面发展和进步,都是无意义的。可见观察的出发点和落脚点终归是学生。在真实的课堂里,教师的教和学生的学是相互交织在一起的,教终究是服务于学生的学。学生通过倾听、与教师对话、交流建构自己的学习方式,改善学习行为,获得新的认知与情感体验。教师的课堂行为、学生的学习习惯及课堂环境都在影响学生的学习。当观察者进入课堂观察学生的学习,关注学生是如何学习以及学得怎样时,在一定程度上会引发学生行为上的改变。观察课堂中的其他行为或事件,如教师教学、课堂文化等,通过教师行为的改进、课程资源的利用或课堂文化的创设,都会直接或间接地影响学生的学习。所以,观察者参与课堂观察始终指向学生学习的改善,这也是课堂观察与传统听评课最大的功能区别。

（二）促进教师的专业发展

课堂观察是一种研究活动,它在教学实践和教学理论之间架起一座桥梁,为教师的专业发展提供了一条很好的途径。课堂观察本身是一种课堂研究活动,经常参与其中,可以提升一线教师课堂研究能力。二是提升教师教学实践能力。课堂观察的直接作用是促进教学实践能力的提高,如:通过长期的"提问有效性的观察",教师在课堂教学中就善于提问;通过长期的"师生对话有效性的观察",教师在课堂教学中就会长于"师生对话",强化互动。课堂观察改变教师的教学行为,使教师的教学进一步指向"有效",追求"有效",实现"有效",课堂教学的效果自然就会实现改变。此外教师借助合作的力量在实践性知识、反省能力等方面将获得新的发展,进而提高教师的整体教学质量。

（三）营造学校的合作文化

开展课堂观察,就要改变原来"单兵作战"的教学工作方式,从教学上的孤立的个人主义走向合作的专业主义,因为完整的课堂观察程序不能没有教师的合作行动。每个教师都要主动向课堂观察合作共同体的成员开放自己的教室,接纳不同的力量进入课堂,共同来探讨课堂教学与学习的专业问题。通过课堂观察,教师在心理与行为上会发生一些变化,变得开放、民主与善于合作,这些变化会感染同伴,影响组织,进而使学校变成合作共同体的联合体。

与以往的听评课相比,课堂观察更关注执教者与听课者的互动交流,有利于形成合作分享的学校文化。课堂观察包括课前会议、课堂观察与课后会议。课前会议时执教者谈班级学生的学情分析、教学内容的分析、教学设计思路和重难点的解决策略等,使听课者对研讨课有了初步的认识,并围绕研究问题合作设计观察量表,这样可以带着自己的思考听课,呈现由听课到观课、思课的转变;课中观察时听课教师分工对多个观察点进行记录与分析;课后会议时执教者围绕目标反思学生课堂的学习行为与效果,听课教师则围绕观察点进行分析、反思、推论,这样的校本教研活动是一种合作的专业研究活动,观察者与被观察者都受益,每位教师都能从自己的观察点进行分析,从课前课中课后进行分析,教研活动氛围浓了,每位教师都能积极参与,主动思考。

第三节　如何进行科研与论文写作

随着社会的发展,传统的单一知识传授型的教师素质结构已经远远不能适应现代教育发展的需求。核心素养导向下的历史教育,迫使教师面临越来越多的现实挑战。能够胜任的历史教师必须是科研型、学者型的,必须具备高水平的教育科研能力。开展教育科学研究已成为时代的呼唤,是中学历史教师实现由"经验型"向"科研型"转变的有效途径之一。

教育科研是伴随着教育教学活动的过程而产生的,它是用科学的方法,来揭示教育教学现象之本质和客观规律的一种创造性的活动。历史教师的科学研究与历史学者的科学研究在取向、方法、路径等很多方面都有本质的不同。教育科研离不开教学与教研,它要研究课程、教材、教法,强调实践性和实效性。一般基于历史教育的现实问题展开。历史教师的科研形式很多,但成果的呈现一般还是以书面文字为载体,因此其核心能力都是教研论文写作的能力。

一、写论文必先读论文

研究的起点不是确定选题,而是确定选题是否有研究的必要和价值。因此,选题之前,一定要先梳理学术动态,了解历史教育各个方向的基本情况。读论文是写论文的第一步,也是最容易被忽视的一步。一线教师看得最多的是教科书,做得最多的是考试题,操心最多的是学生成绩,关注最多的是日常琐事。把读期刊、看论文当作一种职业习惯,既可以紧跟学术前沿,又可以跳出琐碎日常事务,冷静观察反思教学行为,是专业成长必不可少的一环。

阅读历史教育研究的相关成果,首先可以从所谓专业"四大期刊"(《历史教学》《历史教学问题》《中学历史教学参考》《中学历史教学》)开始。长期订阅"四大期刊"中的至少两种,研究发表文章、熟悉期刊风格、捕捉需求信息、明晰篇幅长短,然后结合自身实际,积累写作素材。

其次要读一些大家和名师的专著。2020年在陕西师范大学徐赐成教授主持推动下光明日报社推出了一批有影响力的总结性著作。赵亚夫教授的《理解历史认识自我——中学历史教育研究》[①]一书按照主题编辑文章,分为历史教育理论探索、历史课程改革、历史教学研究、历史教师教育、比较教育研究共计五章,相对系统地展示了赵亚夫教授关于历史教育的基本主张。任鹏杰先生的《历史·教育·人生:任鹏杰历史教育杂文》围绕历史教育的"有人""有心""求新""务实""探真"等主题展开,系统地论述了历史教育要"服务人生"的教育主张。徐赐成教授的《历史教师素养论——基于历史教育实践过程的分析》则是围绕如何做一名成功的教师展开,对于教师成长颇多裨益。

在朱煜老师讲座课件中也推荐了一些历史教育学具有开创意义的学科领域成果,比如郭景扬、林丙义《历史教育心理研究》(杭州大学出版社1991年版),赵恒烈《历史思维能力研究》(人民教育出版社1998年版),朱煜主编《历史教材学》(江苏人民出版社1999年版),陈志刚《历史课程论》(长春出版社2012年版)、《历史课程本体研究》(天津教育出版社2012年版),陈冠华《英国历史教育改革》(台北龙滕文化出版公司2001年版),白月桥《历史教学问题探讨》(教育科学出版社1997年版),王雄《中学历史教育心理学》(长春出版社2012年版),等等。

除此之外,新课程实施以来,赵亚夫先生专门撰写文章,对课程目标、课程内容、教学评价等部分的表述提出批评,认为课程性质应确定为公民教育的核心课程。赵先生拥有广阔的国际视野,依据其对世界各国国家课程标准的研究编成《国外历史课程标准评价》一书。2012年修订版初中课程标准颁布之后,叶小兵、李伟科、李卿、陈志刚、徐蓝、汪瀛、陈辉、姚锦祥、陈志刚、魏恤民等对新课标的课堂教学很多内容进行了详细的分析与解读。2022年新课标出台,可以预见,围绕新课标的研究势必迎来一波新浪潮,这对青年教师而言是挑战也是机会。

---

① 赵亚夫.理解历史认识自我——中学历史教育研究[M].北京:光明日报出版社,2020.

张汉林老师等人 2007 年以后在《历史教学》发表数篇文章,讨论过程与方法的目标。

对历史教科书发展史进行深化研究的有何成刚的《民国时期中小学历史教育发展研究》一书、刘超博士的《民族主义与中国历史书写》博士论文。除此之外,聂幼犁、王世光、许斌、朱煜、叶小兵、黄牧航、支小勇、郑林、李稚勇、夏辉辉等在其著作中都有对教科书编写体裁衔接性等诸多问题的探讨。

王雄老师的《历史教学心理学》代表了目前国内研究历史教学心理的较高水准。

关于历史教学评价方面,聂幼犁、黄牧航、郑林、姚锦祥、束鹏芳都有相关的论著与论文发表。

以上所述大多为历史教育学的学者,中学一线名师的相关论文也是一线教师获取智慧的重要资源,李惠军老师的文章文笔优美,说理透彻,往往给人醍醐灌顶之感。郭富斌老师著述不多,但其关注的往往是当下历史教育的核心问题,读之,陕派历史教育的厚重感和浓郁的人文关怀力透纸背。

要系统了解历史教育学的研究成果,有两本著作不能不关注。一本是人民出版社 2020 年出版的由赵亚夫先生所著的《中小学校历史教育百年简史》,一本是由南京师范大学出版社于 2014 年出版的《历史课程与教学研究》。此书序言部分由赵亚夫、姚锦祥联合执笔,将三十年来历史课程与教学研究的重大成果做了系统的回顾,极具参考价值。

二、确定论文选题

陈梧桐教授建议中学历史教师做研究选题要遵循四个基本原则:一是选择自己有兴趣的课题,没有兴趣就写不好论文,更不要说写出新意。二是必须考虑自己是否具备研究该课题的主客观条件。主观条件是指自己理论上和专业上的学术积累,如研究商朝历史的课题,必须具备一定的古文字学特别是甲骨文方面的知识;研究中国经济史的课题,要有相当的经济学理论修养,并掌握中国经济史的一般知识;研究中外关系史和世界史的课题,要能阅读外文的资料。客观条件是指能否查找到课题所需要的史料,比如,你要写的论文所需要的材料国内根本没有,只在国外某个图书馆里才能见到,而你又没有熟悉的朋友可以帮你复制,撰写这样的论文显然是不现实的。三是可结合中学历史教学存在的问题选择课题,看看哪些问题是你讲不清楚,哪些问题是学生弄不明白的,然后就可以选择其中的某个问题进行研究了。四是青年教师或初次尝试进行史学研究的教师,可先考虑从小处入手。[①]

选题从哪里来?

一是阅读。前文所提到的期刊、著作以及重要历史教育研究者的个人公众号都可以作为阅读的参考,通过阅读,发现问题,确定研究主题。文章是否具有科学性,还取决于作者的理论基础和专业知识。写作论文是在前人成就的基础上,运用前人提出的科学理论去探索新的问题。因此,必须准确地理解和掌握前人的理论,具有广博而坚实的知识基础。如果对

① 陈梧桐.与中学教师谈论文的写作 以历史教师为例[J].课程·教材·教法,2017(08):4—10.

论文所涉及领域中的科学成果一无所知或只是一知半解，那就根本不可能写出有价值的论文。

二是实践。一线教师的论文大多是行动研究，主要是写我们做了什么，怎么做的，为什么这么做，还要怎么做才能更好等。若要写出好论文，平常要善于积累，长于总结，勤于反思，养成写字留痕的习惯。形成文章的实践必然包括周密而详尽的调查研究。掌握大量丰富而切合实际的材料，使之成为"谋事之基，成事之道"。其次作者在观察、分析实践问题时要坚持实事求是的科学态度。在科学研究中，既不容许夹杂个人的偏见，又不能人云亦云，更不能不着边际地凭空臆想，而必须从实际和案例出发。一线教师写论文必然要有实例，实例从哪里来？从日常教学的实践中来。把我们日常上的每一课、每一个有意义的细节都记录下来，稍加整理就是一篇不错的论文。勤于记录，还能促使个人提升理性反思水平，锻炼文字表达能力，积累丰富教学材料。

仔细想想，一线教师之所以忙，其实是做了不少低效重复的工作。大多数教师没有真正建立起自己的课例库、试题库、素材库，而是随用随找，用完即丢，反复在做同一件事且水准不见提高。从新课程实施以来，陕西名师李元亨就把高中历史必修三本教科书的每一课都写下了文字版的课堂实录，之后每讲一遍都会重新修改完善。2019 年，在"统编"教材颁行后，他又提前做了每一课的教学设计，并把这些"设计"和实际上课操作对比后，留下新版的课堂实录。这些扎实的工作让李老师的教学研究有迹可循，也为他现在每年数篇高质量的论文打下了坚实的基础。

三、规范地实施写作

（一）史料的收集

历史学的写作特别讲究史料支撑。因此，历史教师的论文写作在史料收集上至少应该注意四个方面的史料：一是历史学的史料。历史教育研究，无论着眼于历史教育价值、教科书研究，还是课堂教学研究，都要基于具体的历史问题，因此研究者对于历史原始文献、主要的历史学论著、相关历史问题的研究论文，都还是要有一定的了解。二是学术动态和研究综述。个人感兴趣的问题，目前学界已经解决了哪些，还有哪些值得讨论，要做到心中有数。鉴于我们这个学科的尚未成熟，目前除了 2022 年徐赐成教授的梳理之外，没有每一年专门的研究综述可供参考，通过四大期刊和主要的教育教学类权威杂志做必要的论题检索倒是可行，至于学术著作，则需要关注目前历史教育的几个研究高地和知名学者。三是历史教育学论著与论文。这部分内容在前文已经有所涉及，不再赘述。四是一线教师的原始资料，包括课堂实录、教学设计、作业设计、教学反思等。

（二）写作的规范

1. 结构要完整

（1）论文题目：要求醒目、聚焦、新颖。标题往往给编辑和读者产生视觉冲击效应。标题要用语简洁,不要太长,并突出创新点;用词要精当,如浅谈,不如用"××研究""××探讨"或者"关于××的思考"好。所谓聚焦就是标题大小要合适,有基本的时空限制。比如"浅谈中学历史教学",显然题目过大,论述时不可能面面俱到,没有中心内容,显得散。核心要聚集,把议题的选定放在具体的子问题上。"浅谈高中历史课史料教学"限定了范围和主题,相对好一点,但依然讨论的是大问题,不能聚焦,需要再细化,比如"浅谈高中历史史料教学在导课中的运用"问题大小就比较适中,可以把文章做得相当扎实。题目确定好之后要反复推敲,题目让人耳目一新,稿件的录用可能性就会大大提升。例如李元亨老师的论文题目《据源引流处,水到渠自成——例谈高三一轮复习课的探索与思考》《真题乾坤大,教材玄机多》《今朝试卷孤蓬看,依旧青山绿树多》《鸟欲高飞先振翅,人求上进先读书——例谈史学阅读与历史教学的结合》《欲识真面目,深入此山中——"北美大陆上的新体制"备课札记与教学思考》《历既有数,意非偶然——以"辛亥革命"为例谈历史解释素养的培养》《料应必遇知音者 说破源流万法通——2020 年全国卷 Ⅱ 试题分析及启示》,等等,每一个题目都体现着作者独到的匠心主旨,也是反复推敲锤炼的结果。

(2)目录:目录是论文中主要段落的简表。(短篇论文不必列目录)

(3)摘要:摘要是文章主要内容的摘录,要求短、精、完整。字数少可几十字,多不超过三百字为宜。其基本要素包括研究目的、方法、结果和结论。具体地讲就是研究工作的主要对象和范围、采用的手段和方法、得出的结果和重要的结论,有时也包括具有情报价值的其他重要的信息。摘要应具有独立性和自明性,并且拥有与文献同等量的主要信息,即不阅读全文,就能获得必要的信息。对一篇完整的论文都要求写随文摘要,摘要的主要功能是让读者尽快了解论文的主要内容,以补充题名的不足。现代科技文献信息浩如烟海,读者检索到论文题名后是否会阅读全文,主要就是通过阅读摘要来判断。所以,摘要担负着吸引读者和将文章的主要内容介绍给读者的任务。另外摘要也为科技情报文献检索数据库的建设和维护提供方便。论文摘要的索引是读者检索文献的重要工具。所以论文摘要的质量高低,直接影响着论文的被检索率和被引频次。

(4)关键词或主题词:关键词是从论文的题名、摘要和正文中选取出来的,是对表述论文的中心内容有实质意义的词汇。关键词是用作机系统标引论文内容特征的词语,便于信息系统汇集,以供读者检索。每篇论文一般选取 3—8 个词汇作为关键词,另起一行,排在"摘要"的左下方。

主题词是经过规范化的词,在确定主题词时,要对论文进行主题分析,依照标引和组配规则转换成主题词表中的规范词语。

(5)论文正文:

引言:引言又称前言、序言和导言,用在论文的开头。引言一般要概括地写出作者意图,说明选题的目的和意义,并指出论文写作的范围。引言要短小精悍、紧扣主题。

正文:正文是论文的主体,正文应包括论点、论据、论证过程和结论。

A. 提出问题——论点。

B. 分析问题——论据和论证。

C. 解决问题——论证与步骤。

D. 结论。

2. 要注意学术规范

一是尊重知识产权，在引文中要遵循一定的原则。比如，原则上使用原始文献，不采用间接引用方式。引文应以原始文献和第一手资料为原则，尽量避免转引文献。如确需转引二手资料，应在文中指明，并在参考文献中注明原始文献和转引文献，不能造成引用了第一手资料的误解；引用以必要、适当为限。引文应是作者阅读过，且对自己研究的观点、材料、论据、统计数字等有启发和帮助的文献，不能伪引（引而不用）。有些作者为了凑些参考文献装门面，不读文献原文而直接抄录别人的参考文献或现成的文献题录、索引，这是严重违背论文规范的；引用不得改变或歪曲被引内容的原貌原义。引用必须忠于原文，不能断章取义；引用原则上使用最优或最新版本。很多论著有多个版本，其内容大同小异。做学问时，常常要注意这些细节。有时要引用修订本、最新本，有时则要引用最初本，应根据研究时间、引用内容和版本的权威性来定；引用标注应完整、准确地显示被引作品的相关信息，包括作者、题名、出版年、出版地等相关信息务必要准确无误；引用网络资源应该慎重，引用信息包括相关的时间信息。在引用的电子资料没有相对应的印刷版本时，应对其进行评估，选择引用权威的作者、编者、学术机构的有价值的电子资源，同时也注明检索的时间和出处。

二是要注意引文规范。目前国内主要的著录规范是《文后参考文献著录》的国家标准和《中国学术期刊（光盘版）检索与评价数据规范》。除了这两大主要的著录规范之外，还有一些应用于某些特定类型的期刊或某些特定学科领域的著录规范，前者比较典型的是《高校学报规范》，而《历史研究》规范则是后者的代表。引用他人观点或资料出处，应在正文中用上标的方括弧［1］［2］［3］等符号对引用部分做标注，使用文末尾注格式，文末参考文献排序应与正文内序号相对应。规则和示例如下：

（1）专著：

主要责任者. 题名：其他题名信息［文献类型标识/文献载体标识］. 其他责任者. 版本项. 出版地：出版者，出版年：引文页码［引用日期］. 获取和访问途径. 数字对象唯一标识符.

［1］张伯伟. 全唐五代诗格汇考［M］. 南京：凤凰出版社，2002：288.

（2）专著中的析出文献：

析出文献主要责任者. 析出文献题名［文献类型标识/文献载体标识］. 析出文献其他责任者//专著主要责任者. 专著题名：其他题名信息. 版本项. 出版地：出版者，出版年：析出文献的页码［引用日期］. 获取和访问途径. 数字对象唯一标识符.

［1］周易外传：卷5［M］//王夫之. 船山全书：第6册. 长沙：岳麓书社，2011：1109.

（3）连续出版物：

主要责任者. 题名：其他题名信息［文献类型标识/文献载体标识］. 年，卷（期）-年，卷

（期）.出版地：出版者，出版年［引用日期］.获取和访问途径.数字对象唯一标识符.

［1］中国图书馆学会.图书馆学通讯［J］.1957（1）—1990（4）.北京：北京图书馆，1967—1990.

（4）连续出版物中的析出文献：

析出文献主要责任者.析出文献题名［文献类型标识/文献载体标识］.连续出版物题名：其他题名信息，年，卷（期）：引文页码［引用日期］.获取和访问途径.数字对象唯一标识符.

［1］于潇，刘义，柴跃延等.互联网药品可信交易环境中主体资质审核备案模式［J］.清华大学学报（自然科学版），2012，52（11）：1518—1523.

三是注意格式要求。正文各部分的标题应简明扼要，不使用标点符号。论文内文各大部分的标题用一级标题：为"一、二……"，二级标题为"（一）（二）……"，三级标题用"1.2.……"，四级标题用"（1）（2）……"。对一些名词、术语等注解，起到补充说明或解释正文内容的作用，或对作者的观点进行补充说明。注释采用当页脚注格式，不得跨页，并在正文中用上标的小圆圈①②③等序号表示，正文与脚注用横线隔开。

这些要求在不同的杂志选稿的时候略有不同。教师们形成论文之后应该依据目标投稿杂志的版式要求进行修改。稿件完成之后，需要反复修改和打磨。投稿也需要遵守学术规范，遵守杂志社的各种规定。

后　记

历时四年,这本教材终于要面世了,于本书的诸位作者而言,想必都是感慨万千。

这些年,基础教育改革突飞猛进。《普通高中历史课程标准(2017年版)》的颁布以及2020年修订版的推出、《义务教育历史课程标准(2022年版)》的颁布、高考改革、中考改革等一系列教育教学改革,都无时无刻不在提醒着师范教育的从业者必须紧跟时代,面对问题,积极探索,回应变革需求。

也正是在这种大背景下,本书稿从2020年初定型之后,又历经三次大规模的重新撰写和修订,才终于成为今天大家看到的样子。

在编写过程中我们力图抓住课堂教学核心问题,围绕问题提供解决方案;力图突破课堂教学,把教育教学看成一个浑然的整体,把这本教材打造成师范类学生和青年教师可以照此修炼的学材;力图为教师提供互联网时代基于网络上课、备课、学习提升的工具和路径。

在编写过程中我们收集了以李惠军老师、郭富斌老师、王雄老师等为代表的诸位先生们的教学智慧,各位一线师友精彩的课堂案例,为我们的写作提供了丰富的资源,是我们历史教育学的后学们取之不尽的智慧源泉。

在编写过程中,广西民族大学学科教学历史专业的研究生冯云飞、于晴、周泽欣、罗晓红、莫棋棋、许景镇、曾健文、邢淼、谢青青、杨倩、林善媚等参与校对书稿,也一起学习讨论,他们中间多数已经毕业,走上工作岗位,在此一并致谢。

本书得以面世,要特别感谢华东师范大学出版社的师文、张婧等诸位编辑付出的艰辛努力,他们认真细致地工作,时时鞭策我们把工作做细、做好!

感谢各位参与编写的同伴,大家克服各种困难,一路相伴,始终不离不弃,保证了本书的质量,特别感谢!

他们的名字和分工如下:

第一章:华春勇(西北大学、广西民族大学)

第二章:荼建楠(昆明市第三中学)

　　　　华春勇

第三章:华春勇

第四章:刘相钧(西安铁一中滨河高级中学)

　　　　华春勇

第五章:刘其姣(深圳罗湖高级中学)

华春勇

第六章：刘雅雯（重庆市教育科学研究院）

第七章：刘建荣（陕西师范大学教师发展学院、西工大附中）

第八章：丁慧芸（陕西师范大学教师发展学院、西安市曲江第一中学）

第九章：黄一聪（东莞中学松山湖学校）

第十章：陈思睿（重庆市涪陵高级中学校）

华春勇

第十一章：华春勇、丁慧芸、李元亨（西安市铁一中学）

讲课是一门永远存在缺憾的艺术，著述何尝不是。四年来数易其稿，力求做好，但时代的进步实在太快，研究总是在问题的后面，再加上编写者学识不足，眼界有限，其中的错误和不足之处一定很多。期待各位读者可以批评指正。

本书编写者

2023 年 12 月